Este libro está
al cuidado de

____

____

Elogios para
La saga Wingfeather

«Me encantan la aventura y la inventiva salvaje y, sobre todo, el corazón de los libros de Andrew. Es un poeta y un narrador magistral. Quiero leer cualquier cosa que escriba».

—Sally Lloyd-Jones, autora de libros infantiles superventas del *New York Times*

«Una experiencia que tu familia nunca olvidará. ¡No puedo recomendar estos libros lo suficiente!».

—Sarah Mackenzie, autora de *The Read-Aloud Family* [La familia que lee en voz alta] y fundadora y presentadora del pódcast *Read-Aloud Revival* [El avivamiento de la lectura en voz alta]

«La saga de Wingfeather es ingeniosa, imaginativa y llena de corazón. Muy recomendable para lectores de escuela intermedia que se hayan quedado sin novelas de Narnia y estén buscando su próxima gran serie».

—Anne Bogel, creadora del blog *Modern Mrs. Darcy* [La Sra. Darcy moderna] y presentadora del pódcast *What Should I Read Next?* [¿Qué debería leer ahora?]

«Una epopeya frenéticamente imaginativa y maravillosamente irreverente que brilla por su ingenio y sabiduría, y que incluye excelentes instrucciones sobre cómo enfrentarse a los Thwaps, los Colmillos y alguna que otra vaca colmillo».

—Allan Heinberg, escritor y coproductor ejecutivo de *Grey's Anatomy* [Anatomía de Grey], de ABC, y cocreador de *Los Jóvenes Vengadores*, de Marvel Comics

«¡Inmensamente inteligente!».

—Phil Vischer, creador de VeggieTales

LA SAGA

WINGFEATHER

EL GUARDIÁN Y EL REY LOBO

ANDREW PETERSON

LA SAGA

WINGFEATHER

EL GUARDIÁN Y EL REY LOBO

LIBRO 4

ESPAÑOL®
BRENTWOOD, TENNESSEE

El guardián y el rey lobo

Copyright © 2026 por Andrew Peterson
Todos los derechos reservados.
Derechos internacionales registrados.

B&H Publishing Group
Brentwood TN, 37027

Todos los derechos reservados, incluido el derecho de reproducción total o parcial en cualquier formato.
Esta edición se publica en colaboración con WaterBrook, un sello de Random House, una división de Pinguin Random House LLC.

Ilustracionnes del interior © 2020 de Andrew Peterson

Ilustraciones interior: Joe Sutphin
Arte portada: Nicholas Kole
Diseño de portada: Brannon McAllister

Clasificación decimal Dewey: JF
Clasifíquese: HERMANOS Y HERMANAS—FICCIÓN \ AVENTURAS Y AVENTUREROS—FICCIÓN \ IDENTIDAD—FICCIÓN

Ninguna parte de esta publicación puede ser reproducida ni distribuida de manera alguna ni por ningún medio electrónico o mecánico, incluidos el fotocopiado, la grabación y cualquier otro sistema de archivo y recuperación de datos, sin el consentimiento escrito del autor.

Los personajes y sucesos de este libro son ficticios, y cualquier parecido con personas o sucesos reales escasual.

ISBN: 978-1-4300-8364-1

Impreso en China
Manufacturado en Dongguan, Guangdong,
China por R. R. Donnelley, en octubre de 2025.

1 2 3 4 5 * 30 29 28 27 26

Este es para ti, querido lector.
Ya casi llegas.

Soñé con una canción, oí que alguien la cantaba;
En el oído de mi alma sus extrañas notas sonaban.
Cuáles eran sus palabras no sabría yo decir,
Solo la voz que oí muy bien podría distinguir,

Una voz con un grito salvaje pero melodioso.
Llegaba lejos con su vigor poderoso
Triunfo doloroso, y lucha esperanzada,
Muerte gananciosa, y vida recién empezada…

—George MacDonald, 1842

Contenido

Primera parte: Los Valles Verdes

SEGUNDA PARTE: SKREE

un mapa de
Dang
(Dibujado de memoria, porque es difícil bocetar desde arriba de un fendril)

el BOSQUE NEGRO

BAN YORNA

HENDIDOSTIA

Throg

LAS PROFUNDIDADES

LA CORDILLERA DE LA MUERTE

Primera parte:

Los Valles Verdes

En la Cuarta Época, en el año 435, durante el pacífico reinado de Lander Wingfeather y su esposa, Illia Finley de los Valles Verdes, nació una niña. Su hermano mayor, Olmer, sería el guardián del trono, y la niña sería la reina suprema de la Isla Luminosa. Se llamaba Madia y su belleza era famosa en las tierras libres de Dang. Cuando era una joven en edad casadera, visitaba en verano Ban Rona, en los Valles Verdes, donde el rey Lander y la reina Illia solían navegar cuando el viento era cálido. Allí asistían al Banick Durga y pasaban sus días en plena felicidad mientras los vallerinos se deleitaban en los juegos. De todos los placeres de Ban Rona, lo que más le gustaba a la joven Madia era escaparse de los juegos del Campo de Finley a las cavernosas salas de la Gran Biblioteca.

Allí conoció a un joven brillante llamado Bonifer Squoon.

—Tomado de *La Annieríada: La caída de la Cuarta Época*
Recopilado por don Oskar N. Reteep,
apreciador de lo ordenado, lo extraño y lo sabroso;
bibliotecario en jefe; historiador y oledor de libros
de la Gran Biblioteca de Ban Rona

1

El esfuerzo de la guerra

—¿Qué pasa a continuación? —quiso saber Kalmar.

—¿Y yo cómo lo voy a saber? Nunca he estado en una guerra —respondió Janner.

—Pero llevamos aquí al menos tres horas. Y no hemos comido nada.

—Mira, lo único que sé es que se supone que debemos sentarnos aquí y estar callados hasta que las tribus terminen de prometer… o como se llame lo que hacen. Y todos tenemos hambre, pero al menos *tú* no pasas frío.

—¿Cuántas tribus quedan?

—Sabes contar.

—Espera, ¿con cuántas tribus empezamos?

—Kal, ¿puedes encontrar alguna manera de interesarte por lo que está pasando? Mamá dijo que esto no había pasado en décadas. Y, después de todo, están aquí por *ti*. Lo menos que puedes hacer es mostrar algo de interés. ¡Shh! Aquí viene un miembro de la tribu.

Janner y Kalmar estaban sentados en una plataforma de madera con vistas al Campo de Finley, ahora cubierto de nieve. Janner recordó que estos eran los campos donde, muchos años atrás, Podo Helmer se había ganado el corazón de Wendolyn Igiby compitiendo en los juegos de Banick Durga contra los más rudos y pendencieros de los vallerinos. Pero hoy no había juegos. Hoy el tema principal era la guerra. Lo cual significaba aburrimiento.

Aquella mañana, Nia había despertado a los hermanos en su dormitorio de la Colina de la Chimenea con el recordatorio de que había llegado el día del tributo y que, como rey supremo y guardián del trono de Anniera, su presencia era requerida. Tras un rápido desayuno preparado por Podo y Freva, Nia les obsequió a los hermanos y a su hermana, Leeli, unos trajes de etiqueta.

Leeli se puso un vestido blanco forrado de piel de vellurbuja y un abrigo gris moteado que caía sobre ella como una manta. Se sujetaba a los hombros con un broche de plata en forma de estrella resplandeciente. Cuando Leeli salió de su dormitorio con el vestido y el manto puestos, el cabello recogido sobre un hombro y las mejillas encendidas por la esperanza de su propia belleza, los chicos se quedaron boquiabiertos. Podo, que llevaba un delantal y daba vueltas con una sola pierna alrededor de la mesa recogiendo los platos sucios, levantó la vista y susurró: «Madre luna, qué belleza».

Los hermanos no recibieron tales cumplidos, pero se sentían guapos con sus ropas reales. Kalmar no necesitaba abrigo, puesto que ya estaba cubierto de piel marrón plateada. En cambio, llevaba un chaleco de cuero negro forrado de tela roja sangre, abrochado por delante con brillantes botones plateados, cada uno de ellos con el dragón de Anniera, la misma insignia que Janner había visto en los diarios del tío Artham allá en Glipwood. Nia le echó una capa negra sobre los hombros y la sujetó al cuello con un sol de plata. Intentó poner una corona en la cabeza de Kal; no una corona oficial de Anniera, les dijo, sino algo que había encargado a un herrero de Ban Rona, una corona que al menos le daría el aspecto suficiente de rey para la ceremonia. Pero tras varios intentos fallidos de asegurarla sobre sus orejas de lobo, que se movían constantemente, Nia decidió renunciar a la corona, para alivio de Kalmar.

Por último, Janner recibió un abrigo negro de cuero pulido, con botas y guantes a tono. Cuando se puso los guantes y movió los dedos, vio en el dorso de cada mano el mismo dragón annierano cosido en el cuero con hilo carmesí.

—Eso es —dijo Nia, mientras colocaba una capa negra sobre los hombros de Janner. Él se dio cuenta de que cuando su madre se acercó para cerrar el broche (que tenía forma de luna creciente), en lugar de tener que levantar la cabeza para mirarla, estaban frente a frente—. ¿Desde cuándo creciste tanto? —le preguntó Nia con suavidad. Le ajustó la capa y posó las manos en sus hombros—. Pareces un guardián del trono. Alto, guapo y humilde. No pierdas de vista a Kalmar hoy. Esta ceremonia es exactamente el tipo de cosa que detesta.

Janner miró a Kal, que estaba encorvado sobre la mesa, recogiendo las migas del desayuno en un montoncito para luego juntarlas con la lengua.

—¡Kalmar! —espetó Nia, y él se incorporó bruscamente y se limpió las manos en la capa—. ¡Kalmar! —volvió a decir Nia, y él tomó una servilleta de la mesa y se limpió las manos y la capa con una risa nerviosa—. ¡Kalmar! —dijo Nia,

arrebatándole la servilleta. No se había dado cuenta de que estaba manchada de mermelada de bayas de miel, que ahora había quedado untada en su capa nueva y en sus manos, las cuales se limpiaba distraídamente en el chaleco.

—¡Afuera! —ordenó Nia.

Janner apuró a Kalmar y Leeli para que salieran por la puerta, donde Oskar N. Reteep esperaba con el trineo enganchado y listo. Kal saltó al vagón.

—En palabras de Chancho Phanor: «¡Los tres lucen magníficos!». ¿Es eso mermelada de bayas de miel? —Oskar señaló la capa de Kalmar.

De alguna manera, a pesar de tener la cara cubierta de pelo, las mejillas de Kal parecieron sonrojarse cuando se agachó y levantó a Leeli detrás de él. Janner subió por el otro lado.

—¡Va a ser un bello día, joyas! —Oskar puso el caballo en movimiento y se tapó la boca con el pañuelo. Ya era un tipo grande, pero las muchas capas de abrigos y mantas lo hacían parecer enorme. Lo único que Janner podía ver del anciano era su nariz roja y brillante y las gafas que asomaban entre la bufanda y la capucha; el resto era una montaña de mantas.

Después de una hora de cabalgar por la nieve, llegaron a la cima de la colina y vieron lo que parecía ser toda la población de los Valles Verdes reunida alrededor del perímetro del Campo de Finley. Del silencio de la larga cabalgata surgió el repentino barullo de la multitud, los relinchos de los caballos y el chasquido de muchas banderas al viento. El aroma de las hogueras se mezclaba con el de la carne asada en los espetos y el olor a estiércol de caballo. Cada tribu había levantado su propia tienda principal y la había rodeado de otras más pequeñas, entre las que había carromatos, caballos y hogueras. Miles de vallerinos se agrupaban alrededor de las hogueras. Otros habían empezado a jugar y rodaban por la nieve o se perseguían unos a otros más allá de las tiendas.

Pero el centro del Campo de Finley estaba inmaculado, un suave y blanco manto circular tan largo y ancho como un tiro de flecha. Ni una sola huella estropeaba la nieve, aunque el camino alrededor estaba embarrado por el tránsito. En la parte del campo más cercana a la carretera, se había erigido una plataforma, y un hombre de pie junto a ella levantó una mano en señal de saludo al ver a los Wingfeather. Incluso a distancia, Janner reconoció la figura alta y barbuda de Rudric, el custodio de los Valles.

Janner sintió una oleada de dolor. Rudric no había querido matar a su padre, Janner lo sabía, pero eso no hacía desaparecer el dolor ni la incomodidad, ni para Janner ni para Rudric, el cual apenas si había aparecido por la Colina de la Chimenea en los meses transcurridos desde la muerte de Esben. Rudric era un buen hombre, y a Janner le caía bien, pero se había convertido en un emblema de la ausencia de su padre. Janner no podía imaginar cómo debía sentirse Nia, que había estado enamorada de Rudric hasta el mismo día en que Esben regresó.

Oskar gruñó.

—Ya. Bueno, como seguramente dijo algún autor en alguna parte, «Será mejor que nos pongamos en marcha» —condujo el trineo hasta la plataforma y saludó a Rudric.

—Oskar, me alegro de verte —dijo Rudric. Le tendió una mano a Leeli, la cual la tomó tras una leve vacilación y le permitió ayudarla a bajar del carro al suelo. Luego Rudric saludó con la cabeza a Janner y Kal, aunque solo los miró a los ojos un instante—. Por aquí, Wingfeathers. Va a ser un largo día, pero esto es importante si queremos ser un ejército digno de la batalla.

Junto a la plataforma, había una tienda con dos cofrades durganos montando guardia en la entrada. Llevaban las capuchas negras bajas sobre sus rostros y tenían los brazos cruzados. Cuando Janner y sus hermanos siguieron a Rudric al interior de la tienda, los cofrades saludaron en silencio primero a Rudric y luego a Janner y Leeli. Era difícil saber si era su imaginación, pero Janner no creía que aceptaran a su hermano lobo.

No tuvo tiempo de pensarlo más porque, apenas entraron en la tienda, vio a doce hombres y otras tantas mujeres de la tribu muy atentos. Estaban reunidos alrededor de una larga mesa, bajo las ramas de hierro de una lámpara de araña repleta de velas. Janner se dio cuenta de que hacía alusión al gran árbol de Ban Rona. No pudo evitar reparar en la ironía de que hacía tan solo unos meses Nia hubiera declarado *turalay* y puesto la huella de su mano ensangrentada en el árbol para salvar a Kalmar de las mismas personas que ahora le juraban lealtad.

Rudric ocupó su lugar en la cabecera de la mesa y señaló tres asientos vacíos.

—Bienvenidos, clanes de los Valles —Rudric asintió a los niños—. Bienvenidas, joyas de Anniera.

Entonces, todos los presentes se sentaron a la vez. Los niños Wingfeather miraron confundidos a su alrededor y luego se dejaron caer sobre sus sillas.

Todos los hombres de la mesa tenían el aspecto típico de los vallerinos: pechos de tonel, largos bigotes y barbas, caras y manos con nudos y cicatrices de años de duro trabajo y juego. Y aunque sus ropas diferían en color y corte, todos llevaban una mezcla de pieles y cueros fornidos, bien peinados e hilvanados con dibujos y emblemas. Las mujeres, por otro lado, no podían tener un aspecto más variado. Algunas eran delgadas y femeninas, como Nia, mientras que otras, no menos bellas, eran corpulentas como los hombres. Unas llevaban vestidos brillantes y espadas colgadas a la espalda, y otras vestían ropas sencillas pero llevaban el cabello recogido en trenzas. Algunas eran incluso más corpulentas que los hombres, con bigotes y verrugas tan feas como las de Olumphia Groundwich. Estaban sentadas junto a quienes Janner supuso que eran sus maridos, y parecía probable que les hubieran administrado las heridas que habían provocado muchas de las cicatrices de los hombres; sin embargo, la mayoría de las parejas estaban tomadas de la mano.

—Para aquellos de ustedes que aún no lo han visto —dijo Rudric—, les presento a Kalmar Wingfeather, rey supremo de la Isla Luminosa.

Todos los ojos de la sala evaluaron a Kalmar sin una pizca de sensibilidad. La mayoría de los rostros mostraban claramente su desconfianza y desagrado, aunque algunos le dedicaron sonrisas sinceras y asintieron con la cabeza. Janner observó con orgullo que Kalmar se sentaba erguido y los miraba a los ojos.

—Hola —dijo, aclarándose la garganta—. No sé qué decir, salvo que me alegro de que estén aquí. No sé a ustedes pero a mí Gnag el Sin Nombre me ha perturbado la vida. Alguien tiene que detenerlo, o básicamente se apoderará de todo Kistamos y convertirá a todos en… en… —se miró las garras y las manos peludas. La tienda permaneció en un doloroso silencio. Kalmar respiró hondo y extendió las manos de Colmillo para que todos las vieran—. En esto. Alguien debe detenerlo. Y no parece que nadie, salvo la gente de los Valles Verdes, sea lo bastante valiente para contraatacar. Me alegro de que estén aquí. Eso es todo —escondió las manos bajo la mesa y se dejó caer en la silla—. Ah, me olvidaba —Kalmar volvió a levantarse—. Esta es mi hermana, Leeli. Es una doncella musical. Y mi hermano, Janner, es el guardián del trono. No sabemos qué se supone que debemos hacer, pero queremos ayudar.

Leeli miró a los vallerinos alrededor de la mesa, como si los desafiara a hablar en contra de su hermano. Después de una pausa, los jefes y las jefas de clan gruñeron su aprobación y golpearon la mesa con fuertes puñetazos tan largos y fuertes que Janner pensó que la mesa se rompería.

Rudric calmó a la asamblea y explicó el orden del día, que resultó ser insoportablemente aburrido para los tres niños. Bajo los doce clanes de los jefes y jefas, había muchas tribus separadas, y los jefes de cada tribu, cada uno por su turno, debían presentarse ante Kalmar y jurar lealtad a la Isla Luminosa y a su joven rey. De uno en uno, los jefes de clan desfilaban ante la plataforma del campo. Relataban la historia de sus clanes, incluidas sus hazañas en diversas batallas a lo largo de los siglos, desde la Segunda Época. Cada líder se ocupaba de describir los puntos fuertes y débiles de su clan. Tras una eternidad de fanfarronadas, leyendas fantásticas y bravuconadas, el líder del clan se inclinaba, hacía desfilar la bandera del clan primero ante su jefe, luego ante Kalmar y, por último, la colocaba junto a la bandera de Anniera.

Oskar tomaba copiosas notas. Leeli había traído su cancionero y practicaba las digitaciones del arpa silbante, Janner luchaba valientemente por prestar atención y Kalmar hacía todo lo posible por mantenerse despierto.

La ceremonia se prolongó lo que pareció una eternidad hasta que el jefe de la tribu Ban Soran se pavoneó ante la plataforma. Era un tipo enjuto que no llevaba camisa, a pesar del intenso frío. Tenía el pecho y la cara pintados con rayas carmesí y casi gruñía cuando hablaba.

—Mi nombre es Carnack, y no le prometo nada a un Colmillo de Dang.

2

El compromiso de Janner

—Oy —dijo Rudric en voz baja—. Temía que pasara esto.

—¿Qué pasa si no quiere comprometerse? —preguntó Janner. Rudric no lo escuchó porque estaba susurrando algo al jefe de Ban Soran.

—¿Qué está pasando? —preguntó Kalmar bostezando.

—¿No oíste lo que dijo ese tipo?

—No estaba escuchando.

Carnack seguía de pie ante la plataforma, con los puños en las caderas y la nariz al aire. Rudric se levantó y se dirigió a él.

—¡Carnack de Ban Soran! Hace tiempo que no te veo. Tu jefe me dice que has estado patrullando las estribaciones meridionales de la Cordillera de la Muerte. ¿Es cierto?

—Lo es —dijo con un gruñido.

—Entonces has visto Colmillos, ¿verdad? ¿Y has luchado contra ellos?

—Sí. Y han matado a mis parientes. Son malvados hasta la médula, y no me inclinaré ante ninguno ni hoy ni nunca.

Rudric miró a Kalmar, que por primera vez prestaba toda su atención.

—Entonces, ¿cuál es tu desafío, Carnack? —preguntó Rudric.

—Ningún desafío, custodio. Lucharé en tu guerra. Sencillamente, no quiero comprometer la sangre y los huesos de mi clan con un Colmillo de Dang. Si lucho, lucho por los Valles, no por un monstruo.

Janner vio que los jefes se movían incómodos. Todo el objetivo de la ceremonia era unir a los clanes bajo la bandera de Anniera. Carnack era una astilla en esa unidad, y una astilla podía convertirse fácilmente en una cuña. El jefe de Carnack, Horgan Flannery, se dirigió a los miembros de su tribu.

—¡Carnack, pedazo de tonto! Siete tribus se han comprometido sin incidentes. ¿Por qué tienes que ser el problema? Hazlo en nombre de la Isla

Luminosa, si no de su rey. Tenemos una larga trayectoria con ese reino y quiero preservarla.

—Vamos, Carnack —Rudric le tendió la mano—. Por el bien de nuestra fuerza.

—No —Carnack se cruzó de brazos y apartó la mirada—. No le prometo nada a ningún Colmillo.

Leeli guardó su arpa silbante y se inclinó hacia los chicos.

—Kal, este sería un buen momento para hacer algo.

—Pero ¿qué?

—Podrías luchar contra él —sugirió Janner.

—Así es como los vallerinos parecen resolver las cosas. ¿Ves? —señaló a Rudric, que a duras penas contenía a Horgan Flannery para que no saltara del escenario y apaleara a Carnack.

—¡Mira a ese tipo! —susurró Kalmar—. Me destruiría.

—No, no lo haría —dijo Leeli—. Eres más fuerte y más rápido que cualquiera de estas personas.

Kalmar suspiró y sacudió la cabeza.

—Detesto estas cosas.

Con un rápido movimiento, saltó de la plataforma y aterrizó a pocos metros delante de Carnack. Rudric, Horgan y el resto de los jefes dejaron escapar un grito ahogado. Carnack se puso en posición de combate y retrocedió, espada en mano. Por primera vez aquel día, la nieve perfecta del Campo de Finley quedó marcada con huellas de pisadas.

Pero Kalmar no desenvainó la espada, porque no tenía ninguna que desenvainar. Tampoco rodeó al guerrero como si quisiera atacar. Se limitó a permanecer de pie ante él en la nieve, con su capa negra colgando a su alrededor como una sombra.

—¿Qué es lo que pretendes, lobo? —espetó Carnack.

—No pretendo nada —Kalmar extendió las manos para mostrar que no llevaba armas—. Solo quiero que Gnag el Sin Nombre pierda. ¿Acaso tú no?

—Sí —dijo Carnack tras una pausa. Su espada bajó unos centímetros.

—Janner, la bandera —susurró Leeli, señalando la bandera de Anniera detrás de ellos.

En un instante, Janner comprendió lo que ella quería decir. Retiró la bandera de Anniera y ayudó a Leeli a ponerse en pie. El guardián del trono y la doncella musical bajaron de la plataforma y se unieron a Kalmar sobre la nieve. Carnack miró a los tres niños con incertidumbre. Consciente de las miradas de todos los guerreros presentes, Janner plantó la bandera de Anniera en la nieve y se arrodilló, arrastrando a Kalmar con él.

—Si no quieres luchar por la Isla Luminosa —gritó Janner para que todos pudieran oírlo—, entonces que se sepa que la Isla Luminosa lucha por ti —se quedó mirando la nieve y esperó alguna respuesta. Lo único que oía fue el ondear de la bandera en el viento frío.

—¿Qué dices, Carnack? —preguntó finalmente Horgan.

—Está bien —respondió Carnack.

Janner oyó el ruido sordo de la espada de Carnack al volver a su vaina, y entonces levantó la vista para ver al miembro de la tribu regresando a sus tiendas, con la cabeza inclinada con algo que tal vez fuera humildad.

Kalmar enarcó las cejas mirando a Janner y Leeli mientras volvían a la plataforma en un incómodo silencio. Rudric los reafirmó con una rápida inclinación de cabeza mientras tomaban asiento y, durante el resto de la tarde, la ceremonia transcurrió sin más incidentes. Al final del día, el pueblo de los Valles Verdes y los restos de la Isla Luminosa se habían aliado oficialmente.

Al anochecer, cuando los líderes de las tribus y sus regimientos desfilaron por el campo al son de un popurrí de melodías de los Valles como «Sabueso, caballo y pollo», y «La canción del merodeador», y la siempre popular «Bailando y picoteando por el camino», incluso Carnack, con el torso desnudo, guio a su tribu con orgullo y levantó una mano en señal de saludo a Kalmar, aunque este no se dio cuenta porque estaba ocupado lamiéndose las manchas de bayas de miel de su chaleco.

—¡Un día fascinante! —declaró Oskar cuando terminó el desfile—. Gracias, Rudric, por permitirme mirar.

—Por supuesto, Oskar. Bien hecho, Wingfeathers. Me disculpo, su alteza, por la actitud desafiante de Carnack.

—«Alteza» se refiere a ti, Kal —dijo Janner, sacando a su hermano de su cacería de bayas de miel.

—¿Eh? ¡Ah! No te preocupes. No puedo culparlo. Yo también detesto mi aspecto. ¿Cuándo podremos comer?

Rudric sonrió.

—Su trabajo aquí ha terminado, niños. Fue bueno verlos —una mirada de tristeza apareció en sus ojos, y luego se dio vuelta para hablar con los jefes de los clanes.

El viaje de vuelta a casa fue tranquilo, salvo por las risitas de Leeli al oír el gruñido del estómago de Kalmar. Oskar se mostraba extrañamente inquieto cuanto más se acercaban a la Colina de la Chimenea, y cuando cruzaron el puente y doblaron por la subida a la casa, Janner supo que algo andaba mal. No había luces encendidas en las ventanas. Ningún farol parpadeaba en el porche. Si no fuera por el humo que salía de la chimenea, el lugar habría parecido desierto.

—¿Dónde está todo el mundo? —preguntó Janner.

—¡No lo sé! —dijo Oskar, demasiado rápido—. Quiero decir, estoy seguro de que hay una buena razón para que la casa esté a oscuras. Es decir, ¡no lo sé! ¡Ah! Ya llegamos.

Janner se volvió hacia sus hermanos, pero ellos miraban cuidadosamente hacia otro lado. Cuando se volvió hacia Oskar, Janner vio que el anciano ya había salido del trineo y se había deslizado dentro de la oscura casa.

—¿Por qué rayos está actuando así? —preguntó Janner. Pero Kalmar y Leeli se encogieron de hombros como si nada y bajaron, dejando a Janner solo en el trineo.

—¿Hola? ¿Qué pasa? —murmuró Janner mientras entraba en la casa tras sus hermanos, molesto por su misterioso comportamiento. Olía a cena, pero ¿por qué estaban apagados los faroles? Junto al resplandor rojo del fuego de la chimenea, vio a Podo reclinado en su sillón favorito, pero el resto de la habitación estaba a oscuras. Oskar y los demás no aparecían por ninguna parte, y si no hubieran estado actuando de forma tan extraña, Janner habría sospechado que se trataba de un verdadero peligro. Pero si no era peligro, ¿entonces qué?

—¿Hola? —dijo hacia la oscura habitación—. ¿Qué está pasando?

Entonces, Janner oyó una risita detrás de él y una voz ronca dijo: «Agárrenlo».

Antes de que Janner pudiera pronunciar otra palabra, fue abordado por la espalda.

3

La decimotercera magdalena

Mientras Janner era tirado al suelo y aguijonado desde todos los ángulos, por fin puso nombre a la voz que oía: el profesor Clout. Pero, ¿por qué iba a estar aquí Clout? ¿Y por qué emboscaría a Janner en su propia casa? ¿Y por qué, sobre todo, él y otras voces se reían mientras atizaban a Janner en las costillas, las piernas y la barriga?

—¡Feliz cumpleaños, muchacho! —rugió Podo, y al instante la sala principal de la Colina de la Chimenea se inundó de luz. El grupo de cuerpos que había abordado a Janner se dispersó y lo dejó aturdido y parpadeando en el suelo. Janner vio no solo a Clout, sino también a ocho de sus compañeros de la Cofradía Durgan, vestidos de negro y sonrientes. Kalmar aulló de risa y Leeli sonrió. Nia salió de la cocina con una bandeja llena de magdalenas y la colocó sobre la mesa, que estaba repleta de comida humeante.

—¿Es mi cumpleaños? —preguntó Janner, lo cual solo hizo que todos se rieran más.

—Tenía la sensación de que te habías olvidado —dijo Nia—. Últimamente, he estado demasiado ocupada como para llevar la cuenta de los días, por no hablar de las fechas importantes. Así que, sí. Es tu cumpleaños. Tu *decimotercer* cumpleaños.

Por fin, una sonrisa se dibujó en el rostro de Janner. Se sacudió y saludó a sus compañeros de cofradía con puñetazos juguetones.

—¡Larnik! ¡Brosa! ¿Cuánto hace que están aquí?

—Lo suficiente como para querer comerme una pata de gallina —dijo Brosa.

—Vamos a comer —acotó Kelvey O'Sally—. Mis perros están deseando las sobras.

Janner abrazó a Podo y a su madre, recordando el comentario de Nia sobre lo alto que estaba. ¿Cómo había olvidado su cumpleaños? Había preguntado al respecto semanas antes, pero con el entrenamiento de Durgan, los T.H.A.G.S., las tareas de invierno y su ansiedad por la guerra que se avecinaba, lo último que tenía en la cabeza era su cumpleaños.

La comida era una combinación de sus platos favoritos: sadjancho asado con especias, galletas especiadas de mantequilla, salsa de cerdo, sopa de calabaza, frijoles y pastel de carne de pastor. Pero aún mejor que la comida era la alegría que sentía en presencia de su familia y amigos: El profesor Clout, Larnik y Brosa, Morsha MacFigg, Churleston James, Joe Bill y Quincy Candlesmith, junto con los dos hermanos O'Sally, Kelvey y el joven Thorn (que estaba sentado en silencio junto a Leeli). Janner había asistido a clase y jugado a innumerables juegos con estos amigos, pero nunca antes se habían reunido en la Colina de la Chimenea para comer. Que lo hubieran hecho en su honor lo llenaba de alegría. Comieron y comieron, mientras Podo obsequiaba a los amigos de Janner con las historias más embarazosas que se le ocurrían.

—¡Como la vez que se te atascó la cabeza en la puerta del patio!

—Eso nunca ocurrió —dijo Janner.

—¿Ah, no? —respondió Podo, tomando un bocado grasiento de sadjancho.

—Era una rueda de carreta —murmuró Janner, sintiendo entre risas que nunca había comido tanto en su vida.

—¿Podemos empezar ya con las magdalenas de miel? —preguntó Podo, frotándose las manos con alegría—. Es mi parte favorita.

Nia sonrió y le pasó la bandeja de magdalenas a Janner poniendo los ojos en blanco.

—Será mejor que acabemos de una vez.

—Mamá, tienen buena pinta, pero estoy lleno —Janner suspiró y le pasó la bandeja a Brosa, que se la devolvió con una sonrisa ladina. —¿No quieres una? —preguntó Janner.

—Nop.

—Esas son para ti, muchacho —se rio Podo—. Hasta la última magdalena.

Janner miró alrededor de la mesa y solo vio sonrisas, incluso de Nia.

—Es una cosa de la Cofradía Durgan, hijo. Lo siento.

Janner contó las magdalenas con creciente temor. Había trece. Acababa de atiborrarse de comida, ¿y ahora se suponía que tenía que comerse una bandeja llena de pegajosas magdalenas dulces?

—¿Tengo que hacerlo?

—Bienvenido a Ban Rona, cofrade —dijo Clout, echándose hacia atrás y tirando la servilleta al plato—. Esta también es mi parte favorita.

Para cuando hubo terminado la quinta magdalena, Janner estaba a punto de no poder retener la comida y Podo a punto de no retener la compostura, resoplando alegremente cada vez que Janner se secaba el sudor de la frente. El resto del grupo había comenzado a charlar agradablemente entre ellos, pero siempre con la vista puesta en los progresos de Janner. Con cada bocado, disfrutaba menos de su cumpleaños. Cuando se tragó un eructo peligroso, se apartó de la mesa, pensando que la broma se había consumado. Pero Nia, de todas las personas, lo detuvo.

—¿Adónde crees que vas?

—Pero hay ocho más. ¡Ocho!

—Entonces será mejor que te pongas manos a la obra —dijo Morsha MacFigg con una risita.

—Oy. Todos tuvimos que hacerlo cuando cumplimos trece —dijo Quincy Candlesmith.

Janner se paseó por la habitación durante unos minutos con náuseas, luego volvió a sentarse y se tragó a la fuerza cuatro magdalenas más. Podo miraba con ojos brillantes, apenas capaz de contenerse.

—Ah, así es la vida, muchacha. Ver crecer a tu nieto ante tus propios ojos.

Incapaz de creer lo que estaba haciendo, Janner se llevó por fin la decimotercera magdalena a los labios. La bilis caliente le subió a la garganta y decidió que no volvería a comer nunca más. Nadie en la mesa hablaba, y él tenía toda su atención mientras mordía el pegajoso postre. Supuso que era solo porque se sentía muy mal, pero la última magdalena, la que estaba al final del montón, parecía saber diferente. Después de tragar el primer bocado, todos los comensales se levantaron y empezaron a recoger sus platos.

—Esperen, ¿ya está? —dijo Janner, sin apenas darse cuenta de cómo arrastraba las palabras. La habitación daba vueltas y empezó a sospechar que no era solo que había comido demasiado—. ¿Qué había en la última magdalena? – murmuró.

—Ese es tu regalo de cumpleaños —dijo Clout. Le quitó la magdalena a Janner y lo ayudó a ponerse en pie—. Nia, ¿tienes su mochila?

Janner se tambaleó, pero sintió la fuerte mano de Clout en el codo.

—Buena suerte, Janner —dijo Brosa.

Kalmar le dio un mamporro en el hombro.

—Nos vemos en unos días, viejo.

—Ten cuidado —le dijo Leeli, dándole un beso en la mejilla.

—¿Qué está pasando? —preguntó Janner, aunque sonó más como: «¿Quésss-tapsnnndo?». Se le doblaron las rodillas y Clout lo bajó al suelo.

Clout se sentó sobre sus ancas y miró a Janner a los ojos.

—Tienes trece años, muchacho, y eres uno de los mejores durganos que he visto en mucho tiempo. Estarás bien. Ayúdenme, cofrades. Janner se sintió levantado por varias manos. Alguien tiraba de sus brazos a través de las mangas de su abrigo de invierno, mientras otro le colocaba una pesada mochila sobre los hombros. Tenía miedo, pero lo que fuera que hubieran puesto en esa última magdalena hacía que el miedo pareciera lejano. Nia lo abrazó, Podo le dio una palmada en la espalda, y lo siguiente que supo es que estaba fuera, en el aire helado, siendo subido a un caballo delante del maestro Clout.

De la noche, surgió una figura que Janner reconoció vagamente como Rudric. Seguramente se sentía incómodo estando tan cerca de la Colina de la Chimenea, y Janner sintió el impulso de intentar hacerlo sentir bienvenido, pero no podía mover los labios. Rudric le entregó algo a Clout… ¿una espada?

—Asegúrate de que reciba esto, Clout. Era mía cuando era un muchacho, y quiero que se la quede él, si te parece bien.

—Oy, custodio, dijo Clout asintiendo con la cabeza—. Un excelente regalo.

Entonces, Rudric asintió a Janner y se marchó. Janner quería darle las gracias o al menos saludar, pero sus brazos eran tan inútiles como su boca.

—No hay nada que hacer —dijo Clout, mientras recolocaba a Janner y ponía el caballo al trote. Lo último que oyó Janner mientras caía en la inconsciencia fue la voz de su profesor: «Solo tienes que encontrar el camino a casa. Estaremos esperándote».

Cuando Janner despertó, era de madrugada. Estaba tumbado bajo una manta junto a las brasas de un fuego moribundo en un bosque nevado, y no tenía ni idea de dónde estaba.

4

Aventura a ciegas

El cielo blanco, visible más allá de los esqueléticos árboles grises, se iluminaba por el este, pero el sol aún no había despuntado en el horizonte. La escarcha cubría la manta de Janner y el viento había soplado un poco de nieve contra su mochila. Se incorporó y sacudió la cabeza, intentando recordar cómo había llegado hasta allí. Al recordar la noche anterior, se dio cuenta del terrible frío que tenía. Un escalofrío violento comenzó en su estómago y se extendió hasta la punta de los dedos de las manos y los pies. Afortunadamente, había suficientes ramas perdidas como para que Janner pudiera resucitar el fuego. Se quitó los guantes y se calentó las manos, pero sabía que, a menos que encontrara más leña, el pequeño fuego volvería a debilitarse.

Estudió sus alrededores, aún intentando reconstruir el extraño final de su fiesta de cumpleaños. El fuego crepitaba en el centro de un claro no mayor que una tienda de campaña. Los árboles eran altos y delgados, llenos de zarzas y maleza, lo que impedía ver si se encontraba en uno de los pequeños rodales de manzano que salpicaban las colinas de la pradera o en un profundo bosque más al suroeste. Se alegró de estar entre los árboles porque podía oír el viento gélido y verlo rastrillar las copas. Pero cuanto más se despertaba, más molesto se sentía de que sus amigos y su familia lo hubieran dejado solo en el medio de la nada. Alguien había dicho que era una tradición durgana… ¡Vaya tradición más ridícula! No solo Clout —ahora recordaba que el profesor Clout era quien lo había traído ahí a caballo— lo había abandonado, sino que de algún modo había cubierto sus huellas para dificultar aún más que Janner encontrara el camino de vuelta a casa. La nieve entre los árboles parecía no haber sido tocada por nada más que algunos thwaps y pájaros. Clout, un maestro del sigilo, no habría tenido ningún problema en disimular sus huellas, si es que había dejado alguna en primer lugar.

Janner pasó varios minutos recogiendo leña y pronto tenía una hoguera saludable para calentarse los huesos. Cuando su cuerpo dejó de temblar, se dedicó a examinar sus provisiones. Encontró un arco sin tensar y una aljaba con exactamente trece flechas junto a su jergón y su mochila. «Ja, ja», refunfuñó. El arco estaba atado a una espada y una daga, armas reconfortantes para un chico solo en el bosque.

La espada. *¡Rudric!* Janner la desenvolvió y la sacó de la vaina. Admiró la robusta hoja, mellada pero afilada y reluciente a la luz temprana. El cuero de la empuñadura era oscuro y suave por los años de uso, y se ajustaba perfectamente a su mano. «Gracias, Rudric», susurró mientras la envainaba.

Su mochila, la misma que su madre le había hecho en Skree antes de que escaparan de la casa del árbol del tío Artham, estaba a reventar. Sintió una satisfacción familiar al ver cómo el cuero desgastado había perdido su rigidez. Él y su mochila habían sobrevivido a una rocaracha gigante, a los varados del Recodo Oriental e incluso a un viaje a través del Mar Oscuro de las Tinieblas, y ambos tenían cicatrices que lo demostraban. Desabrochó la solapa y salieron varios fardos envueltos en papel y cordel, junto con un sobre con su nombre. Janner abrió el sobre y desplegó una carta.

Janner:

Tu madre me cuenta que escapaste de una fábrica llena de esclavos, viajaste solo por el territorio de los Colmillos y encontraste a tu familia en una ciudad construida bajo el hielo. No deberías tener problemas con esta pequeña prueba de tus habilidades durganas. Cada cofrade se somete a una prueba similar de habilidad y fuerza, aunque hay que decir que no todos cumplen años en pleno invierno, y algunos no están listos para la aventura a ciegas hasta los catorce o quince años. Pero tú estás más que preparado. Lástima por ti. Has aprendido sigilo, caza, rastreo, orientación y combate. No hay ninguna razón por la que no puedas saber dónde estás, encontrar comida y volver a casa, a menos que te encuentres con una vaca colmillo, pero hay pocas en los Valles. También hay que estar alerta a los gruendes, sobre todo en invierno. Pero estarás bien. Solo ten cuidado con los skonks, porque, por supuesto, atraen al vargax de orejas puntiagudas, que solo es vulnerable en la pata del medio... la pata del MEDIO, eso sí.

Tengo plena confianza de que llegarás a casa sin incidentes. A menos que te encuentres con correcumbres. Me había olvidado de ellos. Cada vez son más valientes y entran en los Valles en pequeñas bandas, probablemente en misión de exploración para los Colmillos. Pero, por favor, no te preocupes por ellos. Probablemente no te secuestrarán.

Ahora, probablemente sepas que cuando un cofrade es arrojado en una aventura a ciegas, como lo has sido tú, no hay ningún custodio. Nadie vela por ti, ni está listo para rescatarte en cuanto las cosas se pongan difíciles. No estoy entrenando flonejos aquí... estoy entrenando durganos, defensores de los Valles. Eso significa que estás librado a tus recursos. Por supuesto, si no apareces por Ban Rona en una semana o así, enviaremos un grupo de búsqueda para traerte a casa, aunque probablemente no quede mucho de ti. Tu madre creció aquí; sabe cómo funciona, y me ha dado todo su permiso. Esperaba tener que convencerla, pero aceptó sin vacilar. Eso debería hacerte sentir orgulloso, muchacho.

Una última cosa que debes saber. Cuando leas esto, ya tendrás hambre. Eso es porque llevas dos días durmiendo. Puede parecer que tu fiesta de cumpleaños fue anoche, pero no fue así. Estás más lejos de casa de lo que crees. Un viaje de dos días puede llevarte a casi cualquier lugar en los Valles Verdes. ¡Diviértete!

El profesor Clout.

P.D. Me olvidé de los hendidos. No permitas que te coman.

P.P.D. Además, vi un nido de torcos en los árboles cerca de donde te dejé. Suelen ser dóciles, excepto al amanecer. ¡Y no dejes que tus fogatas se vuelvan demasiado altas! Eso los hace enojar.

Janner volvió a meter la carta en su mochila y se quedó muy quieto. Oyó un chasquido, pero no estaba seguro de si era el fuego o un torco entre los árboles. Clout le había enseñado que los oídos funcionan mejor con los ojos cerrados, así que los cerró y contuvo la respiración, escuchando con tanta fuerza que podía oír su propio corazón. Entonces, se dio cuenta de que algo respiraba entre los árboles. Y estaba detrás de él.

5

Golpeando torcos

Janner tragó saliva. *Torcos.*

¿Qué era un torco?

Rebuscó entre las páginas de su memoria, tratando de imaginarse a la criatura. Sabía que había leído sobre los torcos en la *Criatupedia de Pembrick*, pero no recordaba nada en concreto. *Estoy a punto de descubrir exactamente lo que es un torco, hasta sus hábitos alimenticios*, pensó. *Apenas me dé la vuelta.*

La criatura que tenía detrás debió percibir la tensión interior de Janner, porque en los instantes previos a saltar, la respiración se detuvo, y Janner oyó algún movimiento. Con una plegaria al Hacedor, Janner se dio vuelta con un grito. Ante él, en la nieve, había una criatura peluda con una larga lengua colgando de un lado de su boca dentuda, observando a Janner con calma. Janner se quedó helado, con la punta de su espada a escasos centímetros del hocico de la criatura.

El torco se parecía extrañamente a un perro. De hecho, se parecía a uno de los perros de Leeli, un gran pastor marrón y blanco con los ojos caídos.

«¿Baxter?», dijo Janner, bajando la espada y respirando aliviado.

El perro gimoteó y movió la cola. Atado al collar de Baxter, había un pequeño tubo con un tapón en un extremo. Janner rascó detrás de las orejas del perro, luego sacó el tubo y deslizó un pergamino de él.

Mi querido Janner:

¡Feliz cumpleaños! Le pedí a Baxter que te hiciera compañía. No me gustaría que estuvieras solo en las frías colinas sin nadie con quién hablar. No debe ayudarte a encontrar el camino de vuelta a casa, pero si ocurre algo realmente malo, puedes enviarlo de vuelta a buscar ayuda. Lo único que tienes que decir es: «Busca a Leeli», y él vendrá directamente a la Colina de

la Chimenea y nos llevará hasta ti. Espero que no estés leyendo esto en voz alta, o ya se habrá ido.

Con amor,

Leeli.

«Gracias, Leeli», dijo Janner. Al escuchar el nombre de su dueña, Baxter ladeó la cabeza y miró a Janner expectante. «¡Gracias! Dije: "gracias"». El perro se relajó y le lamió la mano.

Janner comprobó de nuevo que no hubiera torcos, envainó la espada de Rudric y se colocó la vaina y la daga en el cinturón. Debajo de los paquetes de comida y frutos secos (y una magdalena de miel, cuya visión le provocaba náuseas) había cerillas, un frasco de aceite y varias tiras de tela de antorcha, sedal y algunos anzuelos, algo de sal, una cantimplora y su diario. Se alegró de que Nia hubiera pensado en incluirlo. Hacía solo unos minutos que se había despertado y ya se sentía menos solo y más capaz de encontrar el camino de vuelta. No solo eso, sino que Leeli le había dado la ventaja (algo injusta) de las huellas de Baxter en la nieve. Lo único que tenía que hacer era seguirlas fuera del bosque y volver a Ban Rona. Se sintió un poco culpable hasta que recordó que aún le quedaban unos días de viaje, lo que ya era bastante difícil de hacer solo.

Y entonces, como Clout había predicho, le rugió el estómago.

Janner arrancó el envoltorio de uno de los paquetes y mordió un trozo de carne de cerdo seca entre dos panes que se desmenuzaban. Era un sándwich frío, pero delicioso, y al menos no era una magdalena. Tomó un trago de agua de la cantimplora y echó otro palo al fuego. El sol aún estaba bajo el horizonte, pero el cielo se aclaraba rápidamente, lo que daba al aire una ilusión de calidez.

Entonces, Baxter ladró. Janner se volvió para mirar y casi escupió un bocado de cerdo. Baxter miraba entre los árboles a varias manchas blanquecinas que se retorcían a lo largo de los troncos. Si los árboles fueran velas, estas cosas parecían gotas de cera del tamaño de una col que bajaban lentamente. ¿Torcos? Cuando Baxter volvió a ladrar, una de las manchas sin rasgos abrió una boca tan ancha como su cuerpo y siseó. Sus dientes, por supuesto, eran largos y afilados como agujas. Por lo que Janner podía ver, las cosas no tenían ojos, pies ni pelaje, solo boca. Los torcos eran manchas blancas y húmedas con dientes. Al menos no parecían tan rápidos como para ser peligrosos.

Janner desenvainó su espada y esperó en la base de uno de los árboles. Cuando el torco estuvo lo suficientemente bajo, lo golpeó tan fuerte que salieron volando trozos de corteza del árbol. Le dio en el centro y el golpe casi lo partió en dos. Pero la masa blanca volvió a tomar su forma, chasqueó los dientes y prosiguió su descenso. Janner la golpeó de nuevo, y esta vez, la masa se partió por la mitad. Parte de su viscosidad se quedó pegada a su espada cuando la apartó. Sin embargo, el torco volvió a armarse en una masa amorfa, chasqueó los dientes y avanzó sigilosamente.

Mientras Baxter gruñía y brincaba de árbol en árbol, Janner vio cómo un torco se escurría por la nieve y luego rezumaba hacia la pata trasera del perro. Janner saltó detrás de Baxter y golpeó la masa sin forma, ralentizándola pero sin causarle daño.

Un rápido vistazo hacia arriba le mostró que había cientos de esas manchas descendiendo de los árboles que rodeaban la fogata. Si no salía pronto, quedaría atrapado. Janner volvió a meter la comida en la mochila, enrolló la manta y el jergón y tomó el arco y la aljaba.

«¡Vamos, Baxter!».

El perro saltó por encima de tres torcos que ya se deslizaban por la nieve.

Janner tenía que huir. No pensó en seguir las huellas del perro, ni tuvo tiempo de asegurarse de haber recogido todas sus pertenencias. Se retorció alrededor de un árbol por el que se deslizaba una mancha a la altura del pecho y retrocedió hacia otro por el que un torco se abalanzó sobre su mochila. Fue zigzagueando entre los árboles, saltando por encima de algunos torcos y esquivando a otros, mirando hacia atrás de vez en cuando para asegurarse de que Baxter estaba bien. Tras unos minutos de dura carrera, Janner y Baxter salieron de la linde del bosque y se precipitaron sobre la nieve.

Cuando recobró el aliento, Janner se levantó y se sacudió, asegurándose de que habían dejado atrás a los torcos. El sol había alcanzado el horizonte y doraba las cumbres invernales que se extendían a lo largo de kilómetros. Era un campo precioso, y la inmensidad le recordó a Janner no solo que estaba lejos de casa, sino que estaba perdido. Fuera cual fuese el camino por el que Baxter había entrado en el bosque para encontrarlo, no estaba aquí. Y Janner no pensaba volver a esos bosques para encontrar el rastro. Una parte de él se alegró, porque eso significaba que la prueba volvía a ser justa, y con una plegaria de agradecimiento por Leeli, se sentó junto a Baxter, saboreando el calor del sol mientras terminaba el desayuno que los torcos habían interrumpido. Se sorprendió al darse cuenta de que, solo allí en la brillante mañana nevada, era feliz.

Esto era diferente a su viaje por las Montañas Pedregosas con los Colmillos acechando en cada esquina, por no mencionar la carga de vergüenza que había sentido por perder a su hermano en Dugtown. Ahora era un año mayor, había entrenado durante meses con la Cofradía Durgan, y dudaba que estuviera en peligro real de Gnag el Sin Nombre aquí. De lo contrario, Clout no lo habría lanzado a una aventura a ciegas, no con una guerra en ciernes; Nia no lo habría permitido.

No tenía de qué preocuparse. Tenía provisiones y equipamiento suficientes. Estaba sano y bien abrigado, incluso más con Baxter apoyado contra él. Janner contempló el vasto paisaje, silencioso salvo por el trinar de algunos pájaros en las ramas y el susurro del viento de la pradera, y se sintió encantado por la soledad. Saber que, a muchos kilómetros de distancia, sus amigos y familiares velaban por él, le daba una especie de paz solitaria.

El sol calentaba el lado izquierdo de la cara de Janner. Eso significaba que estaba mirando hacia el sudeste. Cerró los ojos e imaginó el mapa de los Valles Verdes que colgaba de la pared de la Gran Biblioteca; lo había visto cientos de veces y lo visualizaba en su mente con facilidad. La línea de bosque se encontraba en el extremo oriental de los Valles, en los Valles Exteriores. El bosque se extendía a ambos lados, pero a la izquierda volvía a engancharse hacia el interior y seguía una cordillera en la distancia.

«Eso es el sudeste», dijo Janner en voz alta. Entrecerró los ojos y creyó detectar en la bruma del horizonte un indicio de picos nevados. Estaba bastante seguro de que era la Cordillera de la Muerte. Si eso era cierto, entonces el bosque a su espalda era la extensión occidental del Bosque Negro.

¿El Bosque Negro? Seguramente Clout no lo habría dejado allí, a menos que estuviera lo suficientemente al norte como para que hubiera poco peligro de encontrarse con un hendido. O tal vez había mucho peligro, y eso era parte del objetivo de la aventura a ciegas. En cualquier caso, Janner se alegró de haberse orientado al menos. Sabía más o menos dónde estaba.

Entonces, ¿ahora qué?

Si seguía hacia el sur, acabaría encontrándose con un camino que llevaba a Ban Rugan, donde podría obtener mejores indicaciones y algo de calor. Eso no debería llevar más de un día, ¿verdad?

«No me voy a acercar más quedándome aquí sentado», dijo, dándole una palmada en el hombro a Baxter. «Vamos, muchacho».

Janner oyó otro chasquido de una ramita entre los árboles, pero supuso que sería un torco o un thwap o incluso un topoespín de algún tipo, así que no se molestó en volverse. No se le ocurrió que podía ser un correcumbres.

Janner nunca regresó a la Colina de la Chimenea.

6

El ejército de la sabuesería

La mañana en que Janner salió del bosque, Leeli enganchó los cuatro perros más rápidos a su trineo para realizar el corto trayecto hasta la Sala de Cofradías, donde se reuniría con los chicos de O'Sally para una sesión de entrenamiento de orientación. Un grupo de cachorros acababa de ser destetado y estaba listo para comenzar su andadura como perros bajo la guía de lo que Leeli y los O'Sally habían llamado el ejército de la sabuesería.

Apenas se declaró la guerra, el ambiente en la sabuesería había cambiado. Antes, Leeli había deleitado a los O'Sally con su rápido dominio del canidio y había pasado la mayor parte del tiempo enseñando a los cachorros los comportamientos básicos («sentado», «gira», «ven» y «baila»), pero ahora ella y Thorn pasaban la mayor parte del día haciendo ejercicios con los trineos para que los perros entendieran y obedecieran rápidamente en el fragor de la batalla. Biggin O'Sally le había contado que los sabuesos de guerra se utilizaban tradicionalmente para transportar armas, suministros e información al frente, tras lo cual transportaban a los heridos y muertos a la retaguardia para que recibieran atención médica o fueran enterrados.

«Es una noble vocación la de estos sabuesos, muchacha», había dicho Biggin, con el cachorro en sus brazos moviendo la colita. «Muchos morirán, pero no sin sentido. Mueren por sus amigos, y eso es lo más parecido a la vida misma».

Ese pensamiento no calmó la tribulación del corazón de Leeli. El invierno estaba llegando a su fin. Todas las mañanas, desde hacía semanas, tomaba su muleta bajo el brazo y se dirigía a través de la nieve a la perrera de la Colina de la Chimenea. Podo le había hecho una muleta nueva que tenía al pie una especie de bota de nieve, lo cual evitaba que se clavara en la tierra helada cada vez que se apoyaba en ella. En lugar de *Patealagartos,* Podo se había limitado a tallar el nombre de Leeli a lo largo del asta, y ella había notado con una punzada de tristeza que las letras eran descuidadas y desiguales, una gran diferencia entre aquello y la mano audaz y segura que había tallado su apodo allá en Skree.

Hoy, cuando estaba en la entrada y respiraba el aire frío, contemplando la vista de los Valles Verdes desde la Colina de la Chimenea, no se molestó en despedirse de su abuelo porque este se había vuelto a dormir en cuanto terminó el desayuno. Podo parecía estar envejeciendo de repente, igual que el invierno parecía convertirse en primavera de golpe. Hacía solo una semana, los montículos de nieve habían estado inmaculados y espesos como el algodón, y ahora el barro se filtraba por los surcos por donde pasaba su trineo. La carretera nevada que bajaba de la Colina de la Chimenea se estaba oscureciendo, y sabía que pronto sería un barrizal intransitable para su trineo.

Leeli sujetó su muleta al trineo y se acomodó en el reclinatorio. Hizo una serie de chasquidos con la lengua que hicieron que los perros jadearan. Cuando llegó a la base de la colina y cruzó el puente de piedra que lleva a la carretera principal de Ban Rona, refrenó a los perros y miró a su derecha. Todos los días, durante tres días, había observado el camino nevado, rogando al Hacedor que viera a Janner y a Baxter llegando a paso relajado de vuelta a casa, pero no había ni rastro de ellos. Nia le aseguró que, aunque tardaría unos días, Janner era más que capaz de encontrar el camino a casa, pero Leeli detectó la preocupación en los ojos de su madre. Por eso había enviado a Baxter.

Leeli dirigió a los perros hacia la izquierda y los dejó correr. Subió a toda velocidad por la carretera hasta la primera curva cerrada y luego desvió el trineo alejándose del camino y adentrándose en una irresistible pendiente de nieve virgen. Los perros ladraron como agradeciéndole el regalo, y la doncella musical de Anniera rio en respuesta. La muchacha y sus perros corrieron juntos más deprisa de lo que habrían podido hacerlo un caballo y un trineo, y llegaron a la perrera minutos más tarde envueltos en rocío de nieve.

Cuando Leeli bajó del trineo, sintió una gran ansiedad que aumentaba en su corazón, y sabía de dónde venía. No era solo que se acercara el momento de partir de Podo, sino que la primavera significaba la guerra. Y la guerra significaba muerte, dolor y terror. Había visto lo suficiente en sus nueve años como para saber que, incluso si los vallerinos salían victoriosos contra Gnag el Sin Nombre, la victoria tendría un precio terrible. Había oído a Janner y a los amigos de Kal en la Cofradía Durgan hablar de la guerra que se avecinaba con cierta fruición, como si estuvieran deseando empezar a luchar. Nia había explicado que solo era su forma de burlarse de su miedo, de hacerle frente de alguna manera. No es que prefirieran la guerra a la paz, había dicho, sino que sabían que debían luchar y, si debían hacerlo, preferían hacerlo cuanto antes.

Pero Leeli había llegado a apreciar cada día en la Colina de la Chimenea, cada comida con su familia, cada visita a la sabuesería, cada siseo del trineo sobre la nieve, cada viaje a toda velocidad por las calles de Ban Rona, cada rostro amable que la saludaba. El barro bajo la nieve derretida y el roce de la piedra en las ruedas de su trineo le resultaban tan tristes como las arrugas cada vez más profundas en el rostro de su querido Podo. Cuán terrible era la verdad de que no había manera de detenerlo, por muy fervientes que fueran sus plegarias.

Cuando hubo quitado el arnés a sus perros y los envió a la perrera (había una entrada del tamaño de un perro en la parte trasera del edificio), Leeli atravesó la puerta principal y descubrió a Thorn O'Sally de rodillas, intentando sacar a un cachorro de debajo de un banco. Varias perras adultas se abrían paso entre sus brazos, intentando agarrar al cachorro.

—¡Atrás, chicas! —decía Thorn, espantando a las perras. Cambió su voz a un falsete suplicante—. ¡Ven, cachorrito! Ven a Thorn, muchacho. Eso es. ¡Ay! —sacó la mano de la boca del cachorro y la chupó—. Leeli, este cachorro no quiere salir. Se agarró una pierna entera de cerdo de la mesa cuando yo no miraba, y ahora no sale.

En cuanto los otros perros vieron a Leeli, ladraron y saltaron hacia ella. Leeli les rascó las orejas con una mano mientras cojeaba por el suelo sembrado de heno.

—Thorn O'Sally, superado por un cachorro.

—Oy, me temo que sí. ¡Mira esto! —Thorn le mostró tres pinchazos rojos en la mano.

—¿Qué cachorro es? —Leeli apoyó la muleta en el banco y se arrodilló.

—Adivina —murmuró Thorn mientras se dejaba caer en el banco con un resoplido, acariciando su orgullo tanto como su mano.

—Frankle ha dado problemas desde que nació, y no ha hecho más que empeorar. A los otros perros también les empieza a caer mal.

Leeli se asomó a las sombras y vio al cachorro de tres meses acurrucado contra la pared trasera, protegiendo un hueso de cerdo con las patas delanteras. Lo miró a los ojos y vio miedo. Miedo y fuerza. Esas dos cosas juntas podían retorcerse en el tipo de negrura que lo convertiría en un perro malo, apto para poco más que un collar y una cuerda. La fuerza no era algo malo, pero el miedo que se enroscaba a su alrededor significaba problemas. Y sabía que la única forma de salvar al perro de sí mismo era desentrañar el miedo lo suficiente como para cortarlo.

Chasqueó la lengua y esperó que Frankle entendiera lo que quería decir: «Soy tu amiga. Come tu carne».

—¿Qué estás haciendo? —preguntó Thorn—. ¿Dónde está mi pata de cerdo?

—Puedes comer mi almuerzo si aún tienes hambre. Hay cosas más importantes en juego que tu barriga, ¿sabes?

Thorn miró a Leeli como si estuviera loca.

—¿Cómo qué?

Leeli se recogió el pelo detrás de la oreja e hizo una seña a Yora, la madre de Frankle, para que se acercara. Yora acarició con la nariz la barbilla de Leeli hasta que ella se echó a reír.

—¿Qué es más importante, un buen almuerzo hoy o un buen perro para los próximos quince años?

—Pregúntale a mi estómago —refunfuñó Thorn. Leeli sacó un bocadillo de carne de gallina de su mochila y se lo ofreció. Él sacudió la cabeza y se levantó.

—No, gracias. Me gusta más el cerdo.

Thorn cruzó la perrera con el aspecto de un perro mojado. Incluso cuando hacía pucheros, a Leeli le caía bien. Desde el principio, no la había tratado como a una chica débil con una pierna averiada, sino como a una amiga. Eran los niños de la escuela que trataban de ser demasiado amables los que la sacaban de quicio. La amabilidad estaba bien; era la lástima lo que le ponía los pelos de punta. Thorn abrió los corrales donde el resto de los cachorros aullaban para su sesión de entrenamiento con Leeli. Ella arrancó un trozo de su sándwich y lo guardó discretamente bajo el banco hasta que Frankle lo agarró con cuidado.

—Empecemos —dijo Leeli, mientras tomaba su muleta y se ponía de pie. Emitió una serie de chasquidos, y los alborotados cachorros que se revolcaban a los pies de Thorn formaron inmediatamente una fila y se sentaron en posición de firmes, moviendo las colas tan rápido que levantaron una nube de polvo. Leeli miró detrás de ella y vio con satisfacción que el hocico y las patas delanteras de Frankle habían salido de debajo del banco. También creyó detectar una cola que se movía. Qué bien. El nudo se estaba aflojando.

Justo cuando Leeli se volvía hacia los cachorros, la puerta principal de la sabuesería se abrió de golpe. Biggin O'Sally estaba en la puerta, jadeando.

—Princesa Leeli —dijo—. Ven conmigo. Ahora mismo.

—¿Qué sucede?

—No lo sé. Estaba en el campo de prácticas con la manada cuando Rudric envió a Doffer con el mensaje de que debíamos llegar al gran árbol tan pronto como pudiéramos. Dijo que estaba todo malo.

Su rostro era tan grave que Leeli no se molestó en corregir su forma de hablar.

—¿Y eso qué significa?

Biggin O'Sally sacudió la cabeza mientras subía a Leeli a su trineo de perros.

—Sé lo que *creo* que significa.

Los perros sintieron su miedo y gimieron, tirando del arnés en su afán por correr. Biggin miró a Leeli, y ella vio la palabra en sus ojos antes de que la pronunciara. «Guerra».

7

El llamado de los cazadores de la luna

Biggin tomó las riendas y se volvió hacia su hijo, que estaba en la puerta con cara de asombro.

—¡Thorn! Busca a Kelvey y preparen los sabuesos. Cuando termines con eso, prepara a los perros mensajeros y envíalos a la imprenta Green Hill en la calle Cherry.

Pero los pies de Thorn estaban inmóviles. Él y los cachorros parecían igual de consternados.

—¡Ahora, muchacho!

Thorn dio un respingo y balbuceó: «Sí, señor», y luego volvió a meter a los cachorros en su corral.

Biggin sacudió las riendas y silbó. Mientras los perros ladraban y se abalanzaban hacia delante, Leeli tuvo la terrible sensación de que esa sería la última vez que vería a Thorn, a los sabuesos y a los perros que tanto quería. El miedo de Biggin significaba que había ocurrido algo imprevisto, y ella temía preguntar qué era.

Se suponía que el ejército vallerino invadiría la fortaleza de Gnag el Sin Nombre, no al revés. No podía imaginarse cómo los Colmillos podrían burlar a los centinelas del Aguacalle o a los vigías apostados en los bordes de los Valles Verdes, o incluso a los barcos que recorrían el Mar Oscuro de las Tinieblas en busca de señales de una invasión de Colmillos. La expresión sombría de Biggin —tenía el bigote tan bajo que parecía que se le iba a caer— le indicó que no preguntara.

El trineo atravesó las puertas de la Sala de Cofradías y bajó la colina hasta Ban Rona. Cuando llegaron, parecía que toda la ciudad estaba abarrotada en el gran salón, tal como había ocurrido en el juicio de Kalmar hacía muchos meses, salvo que esta vez todo el mundo guardaba un silencio espeluznante.

Cuando los que estaban al fondo de la multitud vieron a Leeli, se separaron para que pudiera pasar. Ella soltó la muleta y Biggin la levantó del trineo, algo que ella nunca habría permitido que hicieran sus hermanos. Leeli y Biggin avanzaron hasta ver el enorme tronco del gran árbol. Cuando Leeli por fin vio la plataforma en la base del árbol, sus ojos se desviaron hacia la huella oscura de la mano donde su madre había sellado la libertad de Kalmar.

Kalmar y Nia estaban en el estrado junto a Rudric y otros durganos vestidos con uniformes negros. Cada uno de los durganos tenía un arco tensado, con una flecha apuntando a una figura que se encontraba entre ellos. Un Colmillo gris. Se alzaba sobre ellos, más alto y musculoso que cualquiera que Leeli hubiera visto jamás. Llevaba armadura y una capa azul; su pelaje era más brillante y largo que el de la mayoría, lo cual contribuía a su llamativo aspecto. De hecho, la bestia habría parecido regia de no ser por el horrible gruñido de su rostro y la forma en que sus ojos ardían de desprecio por todas las almas de la sala. De su cinturón, colgaba una vaina vacía.

El Colmillo se volvió hacia ella y la miró con desdén. Su voz era tan profunda como un trueno.

—La doncella musical. No puedo entender por qué el Sin Nombre se preocupa por algo tan asqueroso.

—Cuidado, Colmillo —dijo Rudric sin variar el tono de voz—. Si quieres que oigamos lo que tienes que decir, tendrás que estar vivo para decirlo.

—¿Qué está pasando? —dijo Leeli, corriendo al lado de Nia.

—Esta bestia —dijo Rudric en voz alta para que todos pudieran oírlo—, fue capturada en el Aguacalle. Dice venir con un mensaje de Gnag el Sin Nombre, y su falta de armas nos obliga a escucharlo. El custodio de los Valles apoyó una mano en el mango de su martillo de guerra y se puso frente a frente con el Colmillo—. Y *nuestra* posesión de armas lo obliga a hablar.

El Colmillo puso los ojos en blanco.

—Incluso sin una espada podría dejar viudas a la mayoría de las esposas de esta sala. Ya basta de palabrerías.

Los arcos durganos crujieron amenazadores, pero Rudric levantó una mano.

—Dejen hablar al monstruo. Quiero saber qué amenazas vacías tienen él y su amo para nosotros. Adelante, Colmillo.

—He venido a ofrecerte paz —el Colmillo pronunció la palabra «paz» con un dejo de burla—. Gnag el Sin Nombre no tiene ningún interés en los Valles Verdes. Lo único que quiere es las joyas de Anniera. Entreguen a los tres niños y eviten esta guerra. Esa es su oferta.

—No puedes estar hablando en serio —dijo Nia.

—Eso es lo que yo pensé también —dijo el Colmillo con una risita—. Todos los Colmillos estamos tan... *emocionados* por esta guerra. No nos gustaría perdérnosla. Ahora dame tu respuesta obvia y seguiré mi camino.

Leeli se preguntó si sería mejor para ella y sus hermanos entregarse. ¿No salvaría las vidas de muchos en los Valles? Aunque libraran la guerra y derrotaran a Gnag, la victoria tendría seguramente un precio terrible.

—Jamás —dijo Nia.

—¡Bien, entonces! —atronó el Colmillo con una sonrisa malvada—. Crees que tus hijos son más importantes que todos los niños de esta ciudad y del resto de ciudades del país. Es lo que se podía esperar... de un annierano. Gnag esperaba lo mismo. ¿Y ustedes, tontos vallerinos, están de acuerdo? ¿Están dispuestos a morir con sus familias solo para salvar a los niños Wingfeather? ¿Saben siquiera por qué los quiere Gnag? Tal vez simplemente se sienta solo en el castillo Throg y desee deleitarse con la compañía de estos tres *talentosos* niños. ¿Vale eso el sacrificio de su descendencia?

Leeli miró de reojo a Kalmar. Él miraba al suelo, con las orejas agitadas, sin duda pensando lo mismo que ella. Leeli vio en los rostros de los vallerinos una gran lucha. No habían pedido esta guerra. Antes de que aparecieran los Wingfeather, les iba muy bien. Había algo de verdad en las palabras del Colmillo. Tal vez era hora de rendirse. Si había alguna posibilidad de que ella y sus hermanos pudieran salvar a los Valles, ¿no debían hacerlo?

—Jamás —repitió Nia.

—Debo añadir —dijo el Colmillo con un suspiro—, que los tenemos rodeados. Sabemos que se han estado reuniendo para la guerra y todas esas tonterías. Hemos reunido a las ciudades de trols de las selvas del sur. Hemos reclutado a los piratas de Symia, y están esperando en el estrecho órdenes para avanzar. Ah, y los errantes de los Infortunios se han unido bajo el gobierno de Gnag. No necesitaron demasiada persuasión. No solo eso, ¡sino que los Infortunios han transformado a esos humanos en unos luchadores ásperos! Gnag casi no necesitaría convertirlos en Colmillos. Pero planea hacerlo, ¡y los cruzará nada menos que con escorpiones! Serán hermosos. Estoy seguro de que los conocerán pronto, si es que rechazan esta oferta.

Los vallerinos se retorcieron en sus lugares. Incluso Rudric parecía inquieto. ¿Colmillos escorpiones? Leeli se estremeció al imaginarlo. Y si ella y sus hermanos simplemente decían que sí y se iban con este Colmillo a cualquier destino que Gnag tuviera para ellos, todo habría terminado.

—¿Por qué nos quiere Gnag? —dijo Kalmar con una voz que parecía muy pequeña.

El Colmillo ladeó la cabeza y estudió a Kalmar sin burla, sin su mueca de desprecio.

—Esa es una buena pregunta, joven —Leeli se horrorizó ante el tono de afecto en la voz del Colmillo. Era como si considerara a Kalmar un aliado—. ¿Por qué no vienes conmigo y lo averiguas? Puedo decirte que hay una *fuerza* increíble en el ejército de Gnag. Ya lo sabes. *Tú* de todas las personas. Tú y yo podríamos superar en velocidad, astucia y lucha a toda esta ciudad. Sálvalos y sálvate tú. Ven conmigo, Colmillo.

—No quiero más fuerza —dijo Kalmar—. La fuerza solo me ha metido en problemas, al menos la clase de fuerza de la que tú hablas.

—¿Y qué otra clase hay? —dijo el Colmillo poniendo de nuevo los ojos en blanco.

Leeli avanzó cojeando sobre su muleta. Se apartó el cabello de la cara y se irguió todo lo que pudo, que no fue mucho.

—Deja de hablar con mi hermano.

El Colmillo le enseñó los dientes.

—Sí —dijo Rudric—. Vuelve con Gnag y dile que si quiere las joyas, tendrá que venir a buscarlas.

—Si no lo atrapamos antes —dijo Kalmar, y se puso al lado de Leeli.

El Colmillo miró alrededor de la abarrotada sala antes de estallar en carcajadas. Era un sonido horrible. Los vallerinos se acobardaron ante él. Las mejillas de Leeli se sonrojaron de fastidio al ver que los habitantes de Ban Rona, un pueblo supuestamente famoso por su fuerza, no hacían más que temblar ante un simple Colmillo. Sabía que no solo temían al Colmillo, sino también a la pérdida de sus familias y a la destrucción de sus hogares. Pero su falta de resolución enfurecía a Leeli.

Sacó el arpa silbante de su abrigo y tocó «El llamado de los cazadores de la luna», una vieja canción de lucha vallerina que le habían enseñado los hermanos O'Sally. Su melodía era feroz y conmovedora desde las primeras notas, y en cuestión de segundos, los vallerinos encontraron su fuerza. Levantaron los puños y agitaron las ramas del gran árbol con sus voces.

Cabalga como la luna en el campo estrellado
Plateada y fina, plateada y justa

En lo profundo del corazón de la oscuridad
Para romper la noche, para dispersar y asustar

La luna, redonda como un escudo de guerra
Surca los cielos y escala el firmamento

Ahora clavamos puñales en la oscuridad,
Ruina y perdición, ¡los cazadores de la luna vuelan!

El Colmillo aplanó las orejas y gruñó, primero a la asamblea y luego a Leeli, que miraba impávida a la bestia mientras tocaba su instrumento. El Colmillo se tapó los oídos y se retorció como si la melodía fuera un veneno en su cerebro. Finalmente, no pudo soportar más la canción y se lanzó contra Leeli.

Los durganos soltaron sus flechas. Leeli gritó. El armatoste peludo corrió hacia ella mientras las flechas se clavaban en su piel. Leeli se hizo un ovillo, esperando un impacto que nunca llegó.

Abrió los ojos entre los gritos de alarma y vio a Kalmar de pie entre ella y el Colmillo, con la espada desenvainada. El Colmillo estaba muerto, sin cabeza y tendido boca abajo. Segundos después, se convirtió en polvo y mechones de pelo que se elevaron suavemente en el aire, junto con los vítores de los vallerinos.

Leeli se secó los ojos, que le goteaban contra su voluntad, y abrazó a su hermano. Su corazón estaba atribulado, y podía ver lo mismo en los ojos de Kalmar.

—La gente va a salir lastimada. Por nuestra culpa.

—La gente va a *morir* por nuestra culpa —dijo Kalmar.

Leeli no tuvo tiempo de analizar sus sentimientos porque Nia los envolvió en un abrazo.

—Eso estuvo perfecto —dijo—. Los vallerinos necesitaban verlo. Ahora no los entregarán por nada.

Eso era lo que Leeli más temía.

Rudric pateó la armadura vacía del Colmillo.

—Bueno —dijo—. Supongo que Gnag tiene su respuesta. Iremos a la guerra.

Se escuchó un grito que provenía de afuera. Leeli oyó el golpeteo de unos pies en el techo del vestíbulo. A través de las altas ventanas, vio formas en el cielo, como una bandada de buitres punzantes revoloteando. Entonces, con un chillido desgarrador, una criatura irrumpió entre las ramas deshojadas del gran árbol y se posó en una rama.

Y así, el decimoséptimo día de la tercera luna, los primeros Colmillos alados descendieron sobre los Valles y se desató la segunda batalla de Ban Rona.

8

Disputa territorial

Janner caminó por colinas y valles, arrastrándose por la nieve que le llegaba a las espinillas. El esfuerzo le hizo sentir tanto calor que se quitó la chaqueta y se subió las mangas de la camisa, feliz de sentir el sol brillante en la piel incluso cuando su aliento empañaba el aire. Baxter lo seguía parte del tiempo, pero pasó la mayor parte del viaje explorando. Janner lo veía de vez en cuando como una mancha oscura en la cima de alguna colina lejana, husmeando en la nieve tras un roedor escondido o trotando hacia un valle para investigar un olor o un sonido. Pero a intervalos regulares, Baxter aparecía de nuevo al lado de Janner, tal vez para asegurarse él de la presencia de Janner o para que Janner se sintiera seguro con la suya.

Cuando el sol salió en lo alto, el hambre de Janner reclamó su atención, así que empezó a buscar un lugar donde parar a comer. Se topó con un matorral, se arrastró entre las ramas y descubrió un arroyo helado en el fondo de una hendidura en la tierra. La nieve alrededor de los arbustos estaba marcada con una multitud de pequeñas y gráciles huellas, probablemente de flonejos jóvenes y pájaros estrella que buscaban agua y cualquier gusano de invierno que se pudiera encontrar en las sombras. Janner se deslizó hasta el hielo y rompió la superficie con el tacón de su bota. A horcajadas sobre el arroyo, sumergió su cantimplora en el agua y esperó a que se llenara, intentando mantener las manos secas. Baxter lo miró desde arriba y ladró.

—No te preocupes, te conseguiré un poco. Después, comeremos —dijo Janner.

Entonces, para su gran disgusto, su pie resbaló de la roca helada y chapoteó en el agua. Sacudió la bota y suspiró, temiendo lo frío que le quedaría el pie una vez que se filtrara el agua. Cuando volvió a levantar la vista, Baxter se había ido.

—¿Baxter? —Janner tapó la cantimplora, se la colgó del hombro y salió como pudo.

El solitario matorral en el solitario campo de nieve ya no era solitario. Baxter se debatía en una red rodeado de correcumbres, más de veinte, según las estimaciones de Janner. Parecían un regimiento de niños ataviados con pieles blancas y cuero, que hubieran salido a pasar el día en la nieve, excepto por las hondas, lanzas y dagas que empuñaban, y la sonrisa malvada que se dibujaba en sus rostros.

—Estás en nuestro territorio, muchacho.

—¿Qué? —de repente, Janner volvió a sentir frío—. Lo lamento, señores, pero no lo creo. Estaba en el límite del bosque occidental y he estado caminando hacia el sudeste durante varias horas. Ban Rugan está a solo unas horas.

Janner se encontró hablando con un correcumbres en particular, aunque no era él quien le había hablado. El instinto le dijo a Janner que, de todos los correcumbres, este era su líder. Era unos centímetros más alto que los demás y tenía una cara estrecha, incluso para un correcumbres. Parecía estar tratando de mirar a través del cráneo de Janner y dentro de su cerebro. Los demás se limitaban a fruncir el ceño, pero este lo estudió con una intensidad que a Janner le produjo escalofríos.

—Su territorio comienza en la Cordillera de la Muerte —Janner señaló hacia el este las montañas que se elevaban desde el horizonte blanco—. Y esas montañas están muy lejos de aquí.

—Muy lejos, sin duda —dijo el correcumbres—. Así se ha expandido nuestro territorio por Gnag el Sin Nombre. De hecho, todos los Valles están ahora bajo nuestro dominio.

—¡Fruta! —gritó uno de los correcumbres más pequeños, agitando su lanza. Los demás asintieron.

—Los Valles Verdes no son suyos solo porque Gnag lo diga —Janner sabía que debería haber sentido miedo, pero no lo sentía—. Y ese perro tampoco es tuyo. Suéltalo.

El correcumbres principal se cruzó de brazos, se encogió de hombros y dijo:

—Suelten al perro.

Janner estaba tan estupefacto como los correcumbres.

—¿De verdad? —preguntó.

—Sí. Estamos aquí para buscar fruta, no prisioneros. Tendríamos que dar la vuelta y arrastrarte de vuelta al campamento, y eso está a cuatro días de aquí.

No veo nada malo en dejar libres a un niño y a su perro. Baxter se escabulló de la red y corrió al lado de Janner cuando el correcumbres se adelantó y le tendió la mano.

—Me llamo Nizzik. ¿Tienes algo de fruta?

Janner le estrechó la mano con cautela.

—Yo me llamo… Janner —buscó en los ojos de Nizzik algún indicio de reconocimiento y no vio ninguno—. Eh, sí. Tengo un poco. Janner rebuscó en su mochila y le dio un puñado de zinocas secas y las últimas rodajas de una manzana. También insistió en que se llevaran la magdalena de miel.

—La miel no es fruta —dijo el correcumbres, olfateándola—. Pero se parece. Muchas gracias.

—Saben, los vallerinos no van a dejar que se queden con sus provisiones invernales.

—¿Por qué no? —preguntó uno de los correcumbres—. Gnag dijo que podíamos quedarnos con todo.

A Janner le costó mantener la compostura.

—Pero Gnag no es el que decide lo que ocurre en los Valles. La guerra ni siquiera se ha librado todavía.

Los correcumbres murmuraron entre sí y sacudieron la cabeza.

—¿Qué? —preguntó Janner.

—Eso no fue lo que nos dijeron —Nizzik parecía perplejo—. Los Colmillos Grises de las tierras fronterizas nos informaron que el nuevo ejército invadiría Ban Rona hoy. Prometieron una victoria rápida. La guerra ya debería haber acabado. Por eso vinimos.

Janner sintió que se le hacía un nudo en el estómago.

—¿Qué quieres decir con «nuevo ejército»?

El correcumbres sonrió.

—Ya lo verás.

Tenía que volver a casa. Tenía que volver a casa *ahora.*

—Vamos, Baxter —dijo Janner. Volvió a meter la comida en la mochila, se la colgó del hombro y echó a correr, sin prestar atención a la mirada divertida de los correcumbres.

Esa misma tarde, se encontró con un trol.

9

Un Colmillo en la mazmorra

—¿Qué sucede? —gritó alguien.

Kalmar apenas tuvo tiempo de estudiar a la criatura alada porque Rudric ya le había atravesado el pecho con una flecha. Cayó al suelo, explotando en una nube de polvo. Pero segundos después, otro de los monstruos se arrastró por una gruesa rama de árbol a través de una abertura en lo alto.

—Un murciélago —se dijo Kalmar—. Parece un murciélago.

De hecho, la criatura se parecía exactamente a un murciélago, salvo por sus largos brazos y piernas, por no hablar de su armadura y su espada. Sus alas se replegaron a lo largo de su espalda mientras se arrastraba ágilmente por la parte inferior de la rama. Estaba cubierto de una pelusa marrón claro lo suficientemente fina como para revelar los músculos venosos de sus antebrazos y pantorrillas donde no había armadura. Pero la cara de la criatura era de lo más horrible. Su nariz estaba girada permanentemente hacia arriba, como si alguien le hubiera dado una palmada en la espalda mientras fingía ser un cerdo. Los ojos de la criatura murciélago eran de color blanco lechoso y demasiado grandes, como sus orejas puntiagudas. Su rostro arrugado parecía estirado en una eterna sonrisa maligna. No era de extrañar que sus dientes fueran muchos y afilados.

Mientras Kalmar observaba, las garras de las manos y pies de la criatura se retrajeron, y se balanceó hacia abajo con un chirrido, extendiendo sus alas marrones y coriáceas para planear hasta el suelo. Varias flechas lo alcanzaron mientras volaba, y estalló en otra nube marrón de polvo al chocar contra la base del árbol.

—¡Santo cielo! —gritó Oskar—. ¡Están por todas partes!

Otros tres Colmillos Murciélago aparecieron y aletearon cerca del techo, esquivando flechas y chillando. Uno de ellos vio a Leeli y se lanzó sobre ella.

Kalmar corrió hacia su hermana y la apartó del camino justo cuando la criatura pasaba a toda velocidad.

—¡Sácala de aquí! —Nia agarró los hombros de Kal y lo miró de cerca—. Kalmar, llévatela. Nadie es tan rápido como tú. Vayan.

Kal asintió, levantó a Leeli en brazos y corrió entre la multitud que gritaba. Podía ver a los vallerinos acosados por cientos, tal vez miles, de Colmillos Murciélago en el exterior; el gran salón no ofrecía ningún refugio porque ahora había varias de las bestias dando vueltas por encima y otras más escabulléndose por las puertas y ventanas superiores. El gran árbol estaba infestado. La única seguridad que podía imaginar estaba en el calabozo.

Cuando atravesó la puerta de hierro, la cerró de golpe y tumbó a Leeli en el suelo. Pudo verla parpadear y recordó que sus ojos necesitaban tiempo para adaptarse a la repentina oscuridad, incluso con los faroles encendidos en las paredes.

Oyó que alguien —o *algo*— sacudía el picaporte y dio un salto hacia atrás justo cuando la puerta abría un resquicio. El fragor de la batalla volvió a inundar el pasillo y un rostro parecido al de un murciélago se coló por la abertura, siseando. Kalmar dio un puñetazo y trató de volver a cerrar la puerta, pero un brazo marrón y peludo la atravesó, arañando el aire. Sus largas uñas amarillas raspaban el hierro. Kal golpeó la puerta con el hombro una y otra vez, con tanta fuerza que medio temía y medio deseaba que le cortara el brazo. De un último empujón, cerró la puerta de golpe y se estremeció al ver tres dedos ensangrentados que sobresalían un instante antes de convertirse en polvo. Leeli corrió el pestillo y cerró la puerta, apretando los ojos al oír los terribles rasguños y golpes al otro lado.

—Mamá está ahí afuera —dijo.

—También Oskar. Y Rudric. Pero Mamá me dijo que te sacara de ahí. Este es el mejor lugar que se me ocurrió.

Leeli agarró el brazo de Kalmar.

—¿Dónde está el abuelo?

—Probablemente aún duerme en la Colina de la Chimenea.

—Tenemos que encontrar una salida —Leeli se dirigió al pasillo y Kal trotó a su lado—. Tengo que llegar a la sabuesería.

—Leeli, esas *cosas* están fuera. Tienen el lugar rodeado. Además, esto es una mazmorra: que no haya salida es parte de la gracia. Thorn estará bien.

—No estoy preocupada por Thorn —dijo ella—. Es Janner. Está intentando volver aquí, ¿recuerdas? Tengo que enviar un perro para advertirle.

—Probablemente esté más seguro que nosotros ahora mismo. Aun si está cerca, podrá ver lo que ocurre desde lejos. Estará bien. Ahora es un durgano. Algo chocó contra la puerta y los hizo saltar.

—Vamos —dijo Kalmar, al tiempo que tomaba uno de los faroles de la pared—. Tenemos que encontrar un lugar donde escondernos.

Entonces, Kal se detuvo en seco. Sintió un extraño escalofrío en el vientre y se le erizó el vello de la espalda. Olió algo. Algo podrido y sudoroso, y olía conocido. Olía a…

—Kal, ¿qué pasa?

—¿Eh? —preguntó él por encima del hombro.

—Estabas gruñendo.

—Lo siento. Solo… solo estoy asustado, eso es todo.

Pero era más que eso. No había estado en la Fortaleza del gran salón desde su primera noche en Ban Rona, meses atrás, cuando los vallerinos lo habían golpeado y encerrado por ser Colmillo. Al ver las húmedas paredes de piedra con las raíces de los árboles serpenteando por ellas, recordó aquella terrible noche y la desesperanza que había sentido, y a cierta criatura en la celda contigua a la suya. *Nuzzard,* pensó. Así se llamaba. El Colmillo de la mazmorra. Aún estaba vivo, aún respiraba y lloriqueaba en la oscuridad. Lo peor de todo es que olía igual que *él.* Igual que Kal.

Sintió una familiar oleada de mareo y sacudió la cabeza para despejarse. Había tenido la misma sensación, la de caer en un sueño repentino, cuando había robado las gallinas y los cerditos para Esben hacía meses. Kalmar no se lo había contado a nadie, pero algunas noches seguía despertándose en las colinas nevadas sin recordar cómo había llegado hasta allí. Cada vez era más difícil evitar que aquella niebla que lo aturdía se apoderara de él.

Algo volvió a golpear la puerta, pero esta vez también oyó voces.

—¡Abran la puerta! —era Rudric.

—Quédate aquí —dijo Kal, apoyando a Leeli contra la pared un poco más adelante en el pasillo. Corrió hacia la puerta, desenvainó la espada y sacó el cerrojo.

Oskar, el profesor Clout, Nia, y un montón de otros entraron deprisa. Rudric estaba fuera, golpeando el aire con su martillo. Varios guerreros vallerinos flanquearon la avalancha de criaturas, luchando contra los Colmillos Murciélago para mantenerlos a raya mientras el pasillo se llenaba.

Kalmar saltó con la espada desenvainada, pero cuando levantó la vista, se quedó inmóvil. El gran árbol estaba repleto de cientos de bestias: Colmillos Murciélago y Colmillos Grises. Agitaban las grandes extremidades y chillaban como ratas. Más de ellos giraban sobrevolando el lugar, rodeando el tronco del árbol como si se deleitaran con su victoria. Uno agarró a Kal por el brazo, sacándolo de su estado de conmoción. Él lo repelió con su espada y luego luchó junto a los vallerinos hasta que el último de ellos atravesó la puerta.

—¿Están todos? —bramó Rudric.

—¡Todos los de la Fortaleza, al menos! —gritó Nibbick Bunge—. ¡Cierren la puerta! ¡Vienen más!

Justo antes de que la puerta se cerrara de golpe, Kalmar vio con horror cómo uno de los últimos guerreros era levantado de un tirón y alzado, gritando, hasta perderse de vista.

Rudric encajó la cerradura y se apoyó contra la puerta, jadeando, mientras los Colmillos golpeaban y arañaban.

—¡Ayúdenme! —ordenó, y varios hombres, mujeres e incluso algunos niños se apoyaron contra la puerta.

—¡Kal! ¿Dónde está Leeli? Nia se dio vuelta y lo miró frenéticamente.

—Está bien. Está bien. Kal tomó a Nia del brazo y tiró de ella por el pasillo hasta donde Leeli esperaba entre los demás.

Nia los abrazó con fuerza.

—Janner está ahí afuera —dijo. Kal nunca la había visto tan alterada. Normalmente estaba tranquila ante un gran peligro, pero no solo tenía miedo, sino que estaba furiosa… consigo misma.

—No puedo creer que dejé que lo arrojaran en una aventura a ciegas. Nunca debería haber permitido que se apartara de mi vista. Esto es mi culpa.

—Mamá —dijo Leeli—, esto es culpa de Gnag. No tuya. Como dijo Kal, Janner podría estar más seguro que nosotros —Nia escondió el rostro entre las manos y sacudió la cabeza—. Somos nosotros los que estamos atrapados en una mazmorra, rodeados de monstruos.

—Tal vez deberías habernos enviado a una aventura a ciegas a nosotros también —dijo Kal.

—La próxima vez, por favor, envíanos a todos —dijo Leeli con una sonrisa, y Nia se rio un poco entre lágrimas.

Rudric se abrió paso entre la multitud. Estaba sudoroso y cubierto de manchas de sangre que no eran suyas.

—¿Están bien?

—Sí, gracias —respondió Nia sin mirarlo. Rudric asintió torpemente y se alejó para ver cómo estaba el resto de su gente. Kal y Leeli lo miraron irse y luego intercambiaron una mirada triste.

—En palabras de Erwail en el excelente cuento de animales de Quarvue Cloodge, *La ardilla se escapa:* «¿Estamos atrapados aquí?» —Oskar se dirigió hacia ellos con el Primer Libro bajo el brazo, como siempre. Tenía tres marcas de garras en una de sus mejillas.

—Creo que sí —dijo Kalmar—. Puedo oler a los Colmillos afuera. Demasiados para contarlos —también olía a gente en el gran salón. Mucha gente. Gente que no lo había logrado, que había muerto por su culpa y la de Leeli. Detestaba la idea.

Al cabo de unos minutos, uno de los hombres de Rudric dio la orden de que todo el mundo se dispersara, y luego le informó a Nia que tenían una celda abierta reservada para que descansaran los Wingfeather. Lo siguieron por el largo y oscuro pasillo, pasando por las celdas donde se atendía a los heridos y donde la gente discutía sobre qué hacer a continuación. El soldado les hizo señas para que entraran en una celda, se inclinó y montó guardia fuera. Kalmar y Leeli se desplomaron en el suelo junto a Nia mientras Oskar se paseaba, todos escuchando a los soldados hacer planes y bloquear puertas y ventanas mientras los murciélagos chillaban y los lobos aullaban.

Leeli apoyó la cabeza en el hombro de Kalmar y se llevó el arpa silbante a los labios sin tocarla. Él sabía que estaba pensando en Janner. De una forma que no podía explicar, Kalmar creía que su hermano estaba a salvo.

Era otro pensamiento el que lo inquietaba, un pensamiento reavivado por el olor de Nuzzard, el Colmillo enloquecido. Era un pensamiento que lo había inquietado desde la primera vez que había estado retenido en esta misma mazmorra: *¿Y si me vuelvo como el Colmillo que babea en la oscuridad a pocas celdas de distancia? ¿Y si le hago daño a alguien a quien quiero?* Por mucho que lo intentara, no podía ignorar el olor de esa cosa, el recordatorio constante de que acechaba en algún lugar de las profundidades de la mazmorra, y eso lo llenaba de gran temor. Peor que eso, sabía que también había un Colmillo loco encerrado dentro de él, un monstruo que olfateaba cada grieta, siempre buscando una salida.

Como en respuesta, desde algún lugar de la oscuridad, el enloquecido Colmillo soltó un aullido lúgubre y estremecedor.

10

La decisión del rey

—Necesitamos todas las flechas de Ban Rona —dijo Rudric—. A menos que nos crezcan alas como a Artham Wingfeather, la única forma de luchar contra esas ratas voladoras es derribándolas.

Kalmar, Leeli y Nia estaban sentados en el frío suelo de piedra de la celda más grande, observando cómo el custodio de los Valles daba órdenes a sus hombres. Estaba sentado sobre sus ancas en un círculo de guerreros. El profesor Clout, Danniby y Nibbick Bunge estaban entre ellos, acariciándose la barba y gruñendo de asentimiento.

—Tarde o temprano acabaremos con ellos: Gnag el Sin Nombre no puede tener un suministro interminable de Colmillos Murciélago —dijo Rudric.

—Pero tampoco tenemos un suministro interminable de flechas —acotó Bunge con ansiedad en la voz. Su mujer y su hijo, Grigory, habían estado en la Fortaleza, pero no se encontraban en el calabozo. Agachó la cabeza—. Son demasiados.

—Mantente fuerte, Nibbick —dijo Rudric, con una mano en el hombro de Bunge—. Recuerda, cuando los Colmillos se conviertan en polvo, nuestras flechas habrán tenido buen uso. Necesitaremos a los mejores arqueros de la ciudad apuntando al cielo, y a los corredores más rápidos de la ciudad recogiendo flechas del suelo.

Kalmar intentó escuchar, pero su cerebro se llenó del penetrante e inquietante olor del Colmillo en la mazmorra. Rudric había invitado a los soldados a la celda de los Wingfeather para discutir la estrategia en caso de que Kalmar tuviera alguna idea, y Kalmar estaba haciendo todo lo posible por prestar atención, no porque tuviera alguna opinión sobre la estrategia, sino porque quería demostrarles que le importaba, que lo estaba intentando. *Presta atención. Escucha.* Eso es lo que haría Janner.

—¿Y qué hay de las tribus en el Campo de Finley? —preguntó Danniby—. Es imposible esconderse ahí afuera. Necesitarán nuestra ayuda.

—Oy, puede que ya estén muertos —dijo Nibbick Bunge—. ¿Y si hay algo más que Colmillos Murciélago ahí afuera? Podría haber serpientes y lobos marchando desde todas partes.

Rudric negó con la cabeza.

—Hace demasiado frío para los lagartos. Además, nuestros exploradores son vigilantes. Nuestros barcos han estado recorriendo el mar. La razón por la que nos tomaron por sorpresa es porque no hubo ataques en otros lugares, no se informó de Colmillos. Tan solo nos olvidamos de levantar la mirada. No sabíamos que podían volar.

—Entonces, ¿de dónde salió el Colmillo Gris? —preguntó Bunge.

Danniby miró hacia la ventana enrejada.

—Probablemente el lobo fue traído aquí por uno de esos murciélagos. Tal vez algunos de ellos podrían llevar uno tan grande.

—Solo vi algunos lobos más —dijo Rudric—. Esperemos que sean principalmente murciélagos para combatir. Y confiemos en que el ejército de Finley esté a salvo. Es posible que los Colmillos no sepan que están ahí.

—¡Oy! Si eso es cierto, nuestro ejército tampoco sabrá nada de los Colmillos —dijo Danniby—. Apuesto a que están por ahí bailando como si nada y preguntándose por qué nos demoramos.

—Tenemos que avisarles —dijo el profesor Clout.

—¿Cómo? —preguntó Bunge.

—Los durganos son más que capaces de ese tipo de artimañas —dijo Clout—. Aunque es cierto que ninguno de nuestros entrenamientos ha tenido en cuenta el cielo. Este nuevo enemigo cambia las cosas. El que vaya tendrá que ser rápido. Rápido y astuto.

De repente, Kal supo a quién se refería Clout. Y supo que, aunque nadie lo mirara, todos pensaban lo mismo. Kalmar sintió un escalofrío de emoción. Era el corredor más rápido de Ban Rona. Podía ver más lejos, oler mejor y escabullirse más sigilosamente que el propio Clout. Y si iba, podía escapar de esta temida reunión de estrategia. Más que eso, podría escapar del olor de Nuzzard, que le adormecía el cerebro.

—No —dijo Nia cuando se dio cuenta de lo que Clout estaba sugiriendo—. Mi hijo se queda conmigo. Es parte de la razón por la que Gnag envió a las criaturas en primer lugar, y si lo atrapan, perdemos más que un soldado. Perdemos al rey supremo, y Gnag consigue exactamente lo que quiere.

Danniby tomó la palabra.

—Alteza, no tenemos ni idea de lo que hay ahí fuera. Si asaltamos el gran salón y nos encontramos con diez mil de esos bichos voladores, nos invadirán y el rey supremo y la doncella musical estarán perdidos. Si podemos escabullir a un solo durgano, y si puede llegar a los refuerzos, eso puede darnos una ventaja.

—Oy, y será por su bien también —dijo Rudric, todavía sin mirar a Nia—. Hay que advertirles. Si los toman por sorpresa y a la intemperie, estarán aún peor que nosotros. Se nos acaba el tiempo.

—Puedo hacerlo —Kalmar no se dio cuenta de que se había puesto de pie hasta que todos los presentes lo miraron.

—Kalmar, no —dijo Nia con un dejo de enfado en la voz.

—Mamá, soy el más rápido. También el más sigiloso. Y además, podría pasar inadvertido.

—Dije que no.

Nibbick Bunge se aclaró la garganta.

—Con el debido respeto, su alteza, él es el rey supremo, no usted.

—Tranquilo, Bunge —advirtió Rudric. Pero se dirigió a Kalmar, evitando la mirada de Nia—. Kal, si realmente crees que puedes hacerlo, creo que es nuestra mejor opción.

—Mamá, creo que esto depende de mí. Estaré bien. Me has visto correr —no mencionó que el olor de Nuzzard era como ruido en su cerebro, y temía perderse si no salía pronto.

Nia estaba de pie con los puños apretados a los costados. Kal y ella se miraron fijamente durante lo que pareció un largo rato, y fue Nia la primera en apartar la mirada mientras tomaba aire con fuerza. Todos estos años, ella lo había estado preparando para ser un líder. Ahora que estaba liderando, ¿cómo podía detenerlo?

—¿Cómo salgo, Rudric? —preguntó Kalmar, apartándose de su madre.

—Te mostraré —respondió Rudric—. Hay una puerta en el sótano que se cierra desde adentro. Debería estar cubierta de nieve, así que los murciélagos no sabrán que está ahí. Desemboca en la arboleda detrás del vestíbulo. El bosque es espeso, así que deberías poder alejarte del terreno sin ser detectado. Después de eso, estarás en campo abierto, así que es cuestión de velocidad hasta que superes la primera colina. Proporcionaremos una distracción en la puerta del calabozo por donde entramos. Si tenemos suerte, tendrás unos segundos antes de que te descubran.

—Entendido —el corazón de Kalmar latía con fuerza. Tenía miedo, pero la emoción de la cruzada lo embargaba, así que el miedo era casi agradable. Además, apuntar sus pensamientos hacia algo noble hizo que la niebla Colmillo de su cabeza se despejara.

—¿Con quién hablo cuando llegue?

—Pregunta por Gravin McKeeth, jefe de Ban Hynh —Rudric le puso una mano en el hombro—. Son los mejores arqueros de los Valles. Él sabrá qué hacer. ¿Listo?

Kal sonrió, y por una vez no le importó que se le vieran los colmillos. Por fin había algo que podía hacer, algo *ideal* para él. Escabullirse, correr, llevar un simple mensaje. Esto era mucho mejor que las reuniones, las procesiones y los homenajes.

—Vamos, muchacho —dijo Rudric, mientras se escabullía de la celda—. Clout, danos un minuto, y luego haz algo de ruido en la puerta principal.

—Te amo —dijo Nia, agarrando la mano de Kalmar—. Por favor, regresa con vida.

—Lo haré —dijo él, mientras su sonrisa se desvanecía. Tuvo la extraña sensación de que no volvería a verla en mucho tiempo.

Nia se deslizó hasta el suelo y se sentó con la cara entre las manos, murmurando oraciones.

—Leeli, ahora podría ser un buen momento para tocar una de tus canciones —dijo Kalmar—. Mamá lo necesita.

Rudric tomó un farol y condujo a Kalmar por los pasillos, pasando junto a los vallerinos que lo observaban con respetuoso silencio, como si ya se hubiera corrido la voz de su misión. Rudric giró a la izquierda, hacia un estrecho pasadizo que conducía a una escalera. El custodio de los Valles sostuvo su farol en alto para que Kalmar pudiera ver en lo alto de los escalones de piedra una trampilla cuadrada colocada en ángulo y asegurada con una cerradura. Rudric sacó una llave de hierro de su cinturón.

—¿Listo? —preguntó.

—Sí, señor.

Con un rápido movimiento, Rudric giró la llave y abrió la puerta de golpe. La nieve y la luz llenaron el pasadizo.

—¡Vete, muchacho! ¡De prisa!

Kalmar saltó a la luz. Sus orejas de lobo escucharon el sonido conmovedor del arpa silbante de Leeli bailando tenuemente desde la mazmorra: una canción de batalla, instándolo a seguir adelante hacia grandes hazañas.

11

Olores, sonidos y chillidos

Kalmar estaba de pie, hundido hasta las rodillas en la nieve, con la espalda apoyada en la escarpada piedra de la gran sala. En verano, la parte trasera de la estructura era un sombreado rodal de gruesos árboles de raíz roja, que habrían proporcionado la cobertura perfecta. Pero ahora, lo único que había entre Kalmar y el cielo gris era una maraña de ramas desnudas, y sobre ellas, una nube negra de Colmillos Murciélago. Había miles. Chillaban, se llamaban unos a otros con voces agudas, agitaban espadas y se lanzaban en picada hacia la tierra, perdiéndose de vista bajo los árboles y tejados. Kalmar supo por los gritos que se abalanzaban sobre los vallerinos en las calles.

Tenía que darse prisa. Cuanto antes reuniera refuerzos, antes podrían empezar a salvar vidas. Era así de sencillo. Pero lo que había parecido tan sencillo mientras estaba escondido en el calabozo parecía imposible ahora que estaba afuera y a la vista de todos… ¿o no? Los murciélagos eran más o menos ciegos. Eso era sabido. Quizás los Colmillos Murciélago también lo fueran, y tal vez escapar fuera más una cuestión de silencio que de encubrimiento.

Rudric se asomó por la trampilla.

—Que el Hacedor te ayude, muchacho.

Kalmar señaló al cielo.

—Ya lo ha hecho —entre los cientos de alas, vio unas cuantas patas colgantes. Los Colmillos Murciélago transportaban Colmillos Grises y los dejaban caer en la ciudad. Tropas terrestres—. Ahora no seré el único lobo.

—Es un mal día en los Valles si Colmillos Grises que caen del cielo es algo bueno —musitó Rudric—. Ahora, vete. Nuestro pueblo te necesita.

La puerta se cerró en silencio y Kalmar oyó cómo encajaba la cerradura. Echó un poco de nieve sobre la puerta para ocultarla, luego se agachó y buscó la mejor ruta. Había una valla a un tiro de flecha, más allá de la arboleda. Pasada la valla y tras un corto trote por la ladera, una pequeña caseta de bombeo, hecha de piedra, se erguía como un centinela en la nieve. Llegaría hasta allí y pensaría qué hacer a continuación. Janner probablemente le exigiría que primero ideara un plan, pero la planificación nunca había sido el fuerte de Kalmar.

«¿Quién necesita un plan?», dijo en voz baja. Entonces, saltó hacia delante y corrió con todas sus fuerzas. Apenas se dio cuenta de que sonreía con la lengua colgando de un lado de la boca.

Kalmar saltó la valla, corrió hacia la caseta de bombeo y se deslizó hasta detenerse. Se quedó quieto, con todos sus sentidos hormigueando. A través de los chillidos de los Colmillos Murciélago, podía oír el choque de espadas en la parte baja de Ban Rona, el gruñido de un perro, a una mujer —probablemente una madre— llamando a un tal Fisher y, débilmente, el llanto de un bebé. Oía más que eso, y descubrió que podía atender a los sonidos de uno en uno como si observara los detalles de un cuadro. Oyó los ladridos de Colmillos Grises gritando órdenes y riendo, y pudo distinguir lo que decían los murciélagos por encima de él:

«... tenemos que entrar a esa mazmorra».

«... hay arqueros en esa casa. Mátenlos...».

«... ¿los Wingfeather están en la Fortaleza? ¿Han oído el tercero?».

Así que sospechaban que Janner no estaba con ellos. Pero *no* sabían que Kal se había escapado de la Fortaleza. Su nariz se retorció ante la avalancha de olores amargos y putrefactos. Los Colmillos Grises apestaban, pero estos Colmillos Murciélago olían peor de alguna manera; tenían un olor más penetrante que lo hacía curvar el hocico. Después de unos momentos, descubrió que podía distinguir entre los Colmillos Murciélago, y lo mismo ocurría con los lobos, como si cada olor tuviera matices, como muchas tonalidades de un mismo color. También podía oler a algunos vallerinos, a algunos de los cuales conocía... y podía oler su miedo.

Kalmar se dirigió hacia el otro extremo de la caseta de bombeo. Al pie de la colina, el lecho de un arroyo lleno de maleza ofrecía algo de cobertura. Esperó a que subiera el volumen del ruido de la batalla, con la esperanza de que llamara la atención de los Colmillos, y luego aceleró cuesta abajo. Cerca del fondo, resbaló en una losa de piedra helada y se estrelló contra la maleza, haciendo más ruido del que pretendía. Sabía que los otros Colmillos podían oír tan bien como él, los Colmillos Murciélago tal vez incluso mejor. Así que se tumbó en la maleza tan quieto como pudo, escuchando.

«¿Qué fue eso?», oyó desde lo alto.

«Ve», dijo otra voz.

Kalmar se asomó entre la maleza y vio que uno de los Colmillos Murciélago se desprendía y volaba directamente hacia él. Estaría sobre él en unos instantes, y aunque no podía ver bien, sin duda podía oír.

Kalmar desenvainó su espada y salió de la maleza, poniendo su cara más malvada de Colmillo Gris. El murciélago aterrizó a unos metros y plegó las alas mientras se escabullía hacia él. La criatura era larguirucha y parecía casi frágil, como si sus huesos fueran tan finos como ramitas. Pero lo que le faltaba en fuerza, le sobraba en horror. Sus ojos giraban en sus órbitas como si no tuvieran otro propósito que el de repeler. Sus orejas, sin embargo, eran grandes y triangulares, y captaban los sonidos como las velas captan el viento. Era difícil mirarlo a la cara mientras resoplaba y se acercaba.

—Aquí no hay nada, señor —gruñó Kalmar.

—¿Qué haces aquí, lobo? —chilló el murciélago, con los ojos girando mientras se inclinaba hacia delante, pareciendo mirar a todas partes menos directamente al frente. Sus orejas estaban perfectamente quietas y apuntaban a Kalmar.

—Me pareció ver algo. Me equivoqué.

—Kal sabía que podría vencer a la bestia si decidía atacar, pero el ruido solo atraería a más de ellos en picada. Agarró con fuerza la espada, pero se dijo que

debía mantener la calma y pensar antes de actuar. Ahora era el momento de pensar como Janner, aunque no le resultara natural.

—Hueles… diferente —el murciélago resopló y se lamió los dientes con una lengua puntiaguda—. ¿Por qué hueles diferente?

—Estuve luchando contra algunos de los apestosos humanos. Uno de ellos me tiró sopa encima.

Los ojos blancos de la criatura giraban, sus orejas revoloteaban arriba y abajo y su nariz se movía y olfateaba con curiosidad. Entonces, se oyó un gran estruendo al otro lado de la gran sala. Las orejas gigantes se echaron hacia atrás y el monstruo gorgoteó de placer.

—Por fin. Están derribando la puerta del calabozo. Necesitarán tu ayuda, lobo.

—Excelente —dijo Kalmar, fingiendo una sonrisa cruel. Tenía que llegar al campo.

Ahora.

El Colmillo Murciélago se giró y desplegó sus alas coriáceas, pero sus orejas seguían apuntando hacia Kalmar; estaba esperando que lo siguiera. Kalmar dio

unos pasos en su dirección, y la criatura pareció satisfecha. Agitó las alas y se lanzó al aire, chillando de alegría mientras sus compañeros Colmillos atacaban la gran sala. Pero en cuanto Kalmar se dio vuelta para correr, la criatura inclinó las alas y se abalanzó sobre él, chillando una advertencia a sus compañeros murciélagos.

«¡El rey lobo! ¡Está aquí!».

12

El ojo de la tormenta

Kalmar puso toda su energía y atención en correr. Se abrió paso a través del montón de nieve en la cima de la colina más allá del arroyo y echó a correr. Al llegar a la cresta de la colina, oyó, demasiado tarde, un silbido de aire y olió el hedor del Colmillo Murciélago que había dado la alarma. Unas garras le arañaron los hombros y se agarraron a su capa. Se elevó en el aire, pataleando y agitándose.

—Te tengo, *muchacho* —le dijo el Colmillo Murciélago al oído.

Kalmar luchaba y se retorcía, abrumado por el hedor de la muerte y la inmundicia. Consiguió agarrar la empuñadura de su espada y, con gran dificultad, la sacó de la vaina. El vuelo del Colmillo no era grácil, como lo habría sido el del tío Artham: era un vuelo tambaleante y agitado, que hacía casi imposible blandir una espada. El Colmillo Murciélago volvió a chillar, y los oídos de lobo de Kalmar escucharon llamadas de respuesta en la distancia. Los demás lo sabían. Cada vez que el Colmillo levantaba el ala, Kalmar veía más murciélagos que se volvían hacia él y se acercaban aleteando.

Renunció a blandir su espada y, en cambio, apuntó hacia atrás, bajo su axila. Con ambas manos en la empuñadura, blandió la espada hacia atrás y oyó al Colmillo Murciélago gorgotear de dolor. Las garras se aflojaron, y Kalmar gritó un triunfante: «¡Oy!», antes de mirar abajo y darse cuenta de que estaba a punto de caer una gran distancia.

El Colmillo se convirtió en polvo y Kalmar cayó en picada a la tierra. Cuando chocó contra la nieve, le crujieron los dientes y le temblaron todos los huesos del cuerpo. Pero segundos después, se dio cuenta de que se deslizaba y caía cuesta abajo. Sin perder un momento para recomponerse, Kalmar se puso en pie y corrió hacia el Campo de Finley, sin pensar en los monstruos que se reunían tras él, sino en su familia, sus amigos y los vallerinos que necesitaban su ayuda.

No se dio cuenta de que aún conservaba su espada hasta que llegó a la cima de la siguiente colina, y menos mal, porque un instante después, una sombra pasó por encima de él. Sin volverse ni mirar atrás, blandió la espada, apenas consciente de que había enviado a la nieve las cenizas de otro Colmillo Murciélago. Kalmar corrió con todas sus fuerzas, frenando solo para golpear todas las garras y alas y dientes que lo rodeaban. El chirrido era tan fuerte y constante que ya casi no lo oía. Solo podía pensar en el fuego de sus piernas, en una sensación extrañamente placentera de determinación y en el ejército que lo esperaba.

Cuando por fin llegó a la colina que dominaba el campamento, sus fuerzas estaban agotadas. Estaba de pie en la cima de la colina, blandiendo su espada salvajemente contra la nube de bestias mientras estas amagaban y chillaban y daban vueltas en el aire.

Carnack de Ban Soran fue el primero que lo vio. Estaba de pie con sus compañeros de clan alrededor de una hoguera, sosteniendo una pata de gallina ensartada sobre las llamas, cuando miró hacia el oeste. Según contaría más tarde, vio una nube de oscuridad que se arremolinaba en torno a la cima de la colina. Pensó que era humo, pero en lugar de elevarse, giraba hacia abajo como un viento de tormenta hechizado. Entonces, vio a Kalmar Wingfeather en el ojo de la tormenta, cubierto de sangre verde y polvo de Colmillo, blandiendo su espada como un héroe de antaño. En el Campo de Finley, se oyeron gritos desgarradores, pero a través del horrible sonido se oyó la voz clara y dorada del rey supremo de Anniera:

—¡Ayuda!

De cien arcos, brotaron flechas. Los arqueros limpiaron el aire de Colmillos Murciélago en unos instantes, y entonces, miles de los más feroces combatientes de Kistamos se lanzaron sobre las colinas a socorrer a Ban Rona.

Kalmar cayó de rodillas mientras los guerreros corrían a su lado.

—Flechas… arqueros… a la Fortaleza —dijo, jadeando—. Ayúdenlos.

Entonces, se desplomó sobre la nieve.

Carnack se jactaría más tarde de que hicieron falta dos hombres para arrancar la empuñadura de la espada de entre los dedos de Kalmar.

13

Una lucha por huesos

Cuando Kalmar despertó, estaba de rodillas en la nieve, peleándose con dos perros por una pata de cerdo asada. Se miró las manos. Estaban húmedas de barro y carne. No entendía dónde estaba ni qué hacía.

Los perros se gruñeron el uno al otro y volvieron a abalanzarse sobre el hueso. Kalmar retrocedió, sobresaltado. Podía saborear carne de cerdo en los labios y en los bigotes. Seguramente, había estado royendo el hueso con los perros, pero no lo recordaba. Lo único que recordaba eran las flechas, el remolino de Colmillos Murciélago y la bienvenida visión de los guerreros que pasaban corriendo.

Kalmar miró a su alrededor para ver si algún vallerino se había dado cuenta de que estaba peleando con los perros. Parecía que siempre lo estaban observando, esperando a que demostrara sus peores sospechas. Acarició a los perros, no solo para demostrar a quien lo viera que estaba en sus cabales, sino también para demostrárselo a sí mismo.

—Hola, rey Kalmar.

Kalmar se dio vuelta, esperando no tener carne colgando de su hocico. Una anciana se acercó con una cesta de huesos grasientos, probablemente restos del almuerzo. A juzgar por el sol, ya era tarde, y su estómago gruñía. Luchó contra el impulso de chasquear los labios como uno de los perros. La mujer no mostró indicios de haberlo visto de rodillas en el barro.

—Me alegra ver que te has levantado.

Kalmar se limpió las manos en su capa durgana.

—Solo estaba viendo cómo están los perros.

La mujer llevaba un delantal sucio sobre el abrigo de invierno. Llevaba el cabello largo y canoso recogido en una coleta y le colgaban mechones sobre el rostro arrugado. Parecía que había estado trabajando duro.

—Me dijeron hace una hora que los murciélagos volvieron a los cielos. Ban Rona está a salvo —les tiró otro hueso a los perros—. Gracias a usted, su alteza.

Kalmar sonrió, se acercó a la cesta y lanzó a los perros unos cuantos huesos más, resistiendo el poderoso impulso de meterse uno en la boca.

—¿Están bien mi madre y mi hermana? ¿Y Rudric y el Sr. Reteep?

—Danniby trajo noticias hace un rato. Tu madre y tu hermana están bien, al igual que el custodio y el gordo. En cuanto a tu abuelo, harían falta más que unos cuantos Colmillos para acabar con él. Estarás deseando volver con tu familia, supongo.

—Sí, señora —dijo Kalmar, que miraba por encima de las tiendas hacia la colina donde se había desplomado. La nieve estaba marrón con el polvo de los Colmillos muertos. Quería volver y asegurarse de que su familia estaba a salvo, pero no podía deshacerse del recuerdo del marchito Colmillo Gris en la mazmorra. Todavía tenía su olor en la nariz, y le daba miedo. Además, por mucho que quisiera ver cómo estaban su madre y Leeli, no podía soportar la idea de acercarse a la locura de aquella oscura celda.

Temía estar hundiéndose cada vez más en el mismo desvarío animal que se había apoderado del Colmillo cautivo. ¿Sería por eso que los Colmillos nunca se quedaban en un lugar más de unos meses? Recordó que en Glipwood, los Colmillos Verdes eran reemplazados regularmente, y los que se quedaban, como el comandante Gnorm, se iban a veces y parecían volver más fuertes y más malos. Pero ¿qué significaba?

Kalmar deseaba que Janner pudiera decirle qué hacer. Sabía lo que *quería* hacer. Quería huir. ¿Y si un día se despertaba con algo peor que carne de gallina o cerdo entre los dientes? Se le hizo un nudo en la garganta y se le humedecieron los ojos de lágrimas. Apartó la mirada para que la anciana no lo viera, pero ya era demasiado tarde.

—Valiente muchacho —le dijo ella, poniendo una mano curtida en su brazo—. No hay que avergonzarse de las lágrimas de alegría. Aunque soy vallerina, tu valentía de hoy me ha hecho querer ser annierana. La Isla Luminosa está en buenas manos contigo en el trono.

Si tan solo sus palabras fueran ciertas. Ella no habría dicho eso si supiera lo que había dentro de él. Las lágrimas que mojaban sus mejillas peludas eran de pena, no de alegría. Sabía lo que había en su corazón. Recordó con una punzada de vergüenza la desesperación que había sentido cuando entró en la oscuridad de la cámara de la guardiana de la piedra aquel día en las Islas Phoob. La Isla Luminosa no estaba en buenas manos. *No* —pensó Kal, apretando la mandíbula— *mientras yo sea el rey supremo, Anniera está condenada.* Condenada a ser gobernada por un muchacho débil, envenenado y moribundo, mientras el lobo crecía y gruñía desde los rincones sombríos de su mente, esperando el día en que reinaría en su corazón, una bestia gruñona agazapada en un trono brillante, lista para abalanzarse sobre quienes lo amaban. Lamentaba mucho quién era y temía en quién se estaba convirtiendo.

Kalmar agachó la cabeza. No había forma de detener la locura que se avecinaba. De eso estaba seguro. Si su destino era perder lentamente la razón, tenía que hacer lo que pudiera antes de que fuera demasiado tarde. Tenía que llegar al Castillo Throg. Tenía que encontrar a Gnag y detenerlo, o morir en el intento. Y lo haría solo, para no lastimar a la gente que amaba.

—Será mejor que me vaya —dijo Kal con un resoplido.

—Sí, alteza —la anciana arrojó los últimos huesos a los perros y se volvió cojeando hacia la tienda de comida—. Ve y protege a tus seres queridos. Hay una batalla que librar.

Kalmar sintió un gran agotamiento mientras subía la larga pendiente al oeste del Campo de Finley. Cuando llegó a la cima, miró hacia el campamento vacío. Oyó que los perros seguían peleándose por las sobras. Miró hacia Ban Rona y vio que salía humo de la ciudad.

Como de costumbre, no tenía ningún plan. Así que corrió.

Bordeó el campo, luego giró hacia el sudeste y corrió directamente hacia la Cordillera de la Muerte, hacia Gnag el Sin Nombre, rogando que el niño que había dentro del lobo viviera lo suficiente para hacer lo que había que hacer.

Squoon era un estudiante de historia e idiomas, guapo a su manera, pero incomprendido por los fornidos guerreros de los Valles debido a su carácter libresco y reservado. Bonifer nunca asistía a los juegos y, de hecho, poco le importaba el mundo fuera de la biblioteca. Era el pasado lo que lo fascinaba. Así que, cuando Madia apareció una mañana en la biblioteca, no tenía ni idea de quién era. Madia y él se hicieron amigos rápidamente, y durante semanas leyeron juntos, comieron juntos y pasearon por las calles de Ban Rona. Como era reservado y tímido, Squoon no le contó a nadie que la joven le había conquistado el corazón. Quedó tan encantado por su rapidez mental y su lengua de poetisa como por su belleza, y decidió casarse con ella. Pero no hablaba de ella con nadie, hasta que un día, justo antes del Finnick Durga, confió en lo más parecido que tenía a un amigo: Ortham Greensmith, un joven con el que no tenía nada en común más que la calle en la que vivían.

Ortham era de buen corazón y hablaba a menudo con el extraño Bonifer, incluso cuando crecieron y se distanciaron: Bonifer hacia la soledad libresca y Ortham hacia una gran fuerza y fama entre el pueblo guerrero.

—Ortham —dijo Bonifer aquel día en la puerta de la casa de los Greensmith en el camino del manzano—. Necesito hablar contigo.

Ortham, reconociendo la seriedad en la expresión de Bonifer, salió.

—¿Sí?

Bonifer tanteó las palabras antes de soltar el secreto que le causaría una gran herida.

—Estoy enamorado de una chica llamada Madia.

Ortham estalló en carcajadas. La risa no pretendía menospreciar a su amigo, pero eso fue lo que hizo.

—¡Amigo mío, todo Ban Rona está enamorado de Madia Wingfeather! —y, sin darse cuenta de que sus palabras llegaban al corazón de Bonifer, continuó—: De hecho, Bonifer, ¡pienso casarme con ella! Mañana, después de ganar el Finnick Durga, le declararé mi amor. Ella será la reina, ¿sabías?

Bonifer escuchó poco más de lo que dijo Ortham, tan abatido estaba por la pena y la vergüenza. ¡Una reina! Bonifer había pensado que solo era una chica de Anniera. Sus mejillas se sonrojaron de vergüenza.

Justo entonces, Madia y su familia pasaron y los dos jóvenes se giraron y saludaron, Bonifer agobiado con celoso deseo, Ortham ajeno al tormento de su amigo. Madia sonrió y saludó a su vez, y cada uno creyó que su sonrisa iba dirigida solo a él. Ortham se despidió de Bonifer y cerró la puerta, con el corazón lleno de afecto; Bonifer se quedó solo en la entrada, con el corazón lleno de ira.

—Tomado de *La Annieríada*

14

Otro valle, otro monstruo

A Janner le costaba respirar. Llevaba horas corriendo, primero cuesta arriba a través de una nieve que le llegaba a la cintura, luego cuesta abajo hacia el siguiente valle, a veces dando tumbos hasta llegar al fondo, donde lo estaría esperando Baxter. Solo podía pensar en volver a Ban Rona, a la Colina de la Chimenea.

Se sintió eufórico cuando por fin llegó a una carretera, el primer signo de civilización que había visto. Pero enseguida se terminó su emoción. Las roderas estaban espolvoreadas con unos centímetros de nieve fresca, y hacía días que no nevaba, lo cual significaba que hacía mucho tiempo que nadie pasaba por allí. Miró a izquierda y derecha, pero no había nada que ver, solo colinas y más colinas.

«¿Nos ponemos en camino, muchacho?», preguntó a Baxter mientras se inclinaba para recuperar el aliento. «Creo que hay un pueblo en algún lugar al oeste de aquí. Molcullen, o algo así». Su instinto le decía que siguiera a Baxter hacia el sur, pero la idea de abandonar la primera carretera a la que había llegado lo preocupaba. No solo se vería empujado de nuevo a la soledad salvaje, sino que además tendría que seguir caminando a través de toda esa nieve. La nieve en la carretera solo llegaba hasta los tobillos. Y el camino lo conduciría a *algo,* tal vez una ciudad, o incluso tan solo una granja donde podría pedir prestado un caballo o un sabuestrillo.

Janner pateó la nieve. No podía permitirse perder tiempo, pero no quería equivocarse de elección. Tras beber un trago de agua de su cantimplora, decidió que el camino podría desviarlo demasiado y hacerle perder valiosos minutos. Y si los minutos importaban, no podía permitirse descansar más.

Janner acarició el cálido costado de Baxter y dejó atrás el camino. Corrió y corrió, consciente de la luz que caía, de sus pocas fuerzas y de lo fría que sería la noche.

Tras la siguiente subida, vio una cabaña de piedra en el fondo del valle. Estaba rodeada de algunas dependencias y pastos cercados. Un poco más allá de la cabaña, un arroyo atravesaba el valle por un estrecho puente. Baxter salió disparado hacia un corral de cabras donde Janner pudo ver varios animales husmeando. No vio a nadie, pero la presencia de animales y el aspecto trillado de la nieve alrededor de la granja le indicaron que no se trataba de una casa abandonada.

«¡Hola!», llamó. A esta distancia de un pueblo o una ciudad, los ocupantes seguramente desconfiarían de los extraños. Baxter trotó a lo largo de la valla, ladrando alegremente a las cabras. Janner se dirigió colina abajo, todavía llamando y decepcionándose más a cada paso. No salía humo de la chimenea. Ningún caballo asomó la cabeza por las ventanas del establo. Quienquiera que viviera aquí se había ido, probablemente al Campo de Finley con el resto de su clan. Bueno, al menos podía rellenar su cantimplora en el arroyo, y una granja seguramente significaba que habría otra y tal vez un pueblo cerca.

Cuando Janner se acercó a la parte trasera de la casa, Baxter perdió el interés por las cabras y se acercó al porche. Entonces, Janner olió algo… algo asqueroso. No era un Colmillo, de eso estaba seguro. Pero ya lo había olido antes, y le provocó una punzada de miedo en el pecho. Le trajo a la memoria el Bosque de Glipwood, la guarida de las rocarachas y su huida a las Cataratas Fingap, aunque en los segundos previos a doblar la esquina no supo por qué. Baxter corrió por la casa y gruñó. Janner lo escuchó y pensó en Nugget.

Entonces, se acordó. *Trols.* Las hordas de Colmillos habían marchado a través del Bosque de Glipwood con trols en su compañía, y el viento había llevado el olor ante ellos como una ola oceánica. Los Colmillos ya olían bastante mal, pero los trols apestaban a tierra agria y flatulencias.

«¡Baxter, no!». El gruñido de Baxter fue respondido por un gemido que sacudió las ramas de los árboles. Janner oyó un ruido sordo y carnoso, y entonces el perro voló por los aires y se estrelló contra la nieve del jardín delantero.

Janner desenvainó su espada. Esperaba ver al trol saltando desde el porche para hacerlo pedazos, pero no vio nada. La puerta se balanceó sobre sus goznes. Janner oyó al trol resoplar dentro de la casa, gimiendo de vez en cuando, y por extraño que pareciera, el gemido tenía una nota de tristeza. ¿Acaso estaba llorando?

«Querer irse a casa», murmuró con voz grave, y luego moqueó y dio golpes dentro de la casa, rompiendo cosas y gimiendo más fuerte.

Janner seguía sin ver al trol, pero tenía la sensación de que podría emerger en cualquier momento. «Despierta, muchacho», dijo Janner, al tiempo que sacudía a Baxter. «Tenemos que salir de aquí. ¡Despierta!».

El perro abrió los ojos. Se quejó y se levantó con dificultad. La sangre manaba de una herida en su hombro, oscureciendo la nieve, y aunque ningún hueso sobresalía de su pelaje, Janner podía ver que algo estaba roto. Cuando intentó levantarlo, Baxter chilló de dolor.

«¿Puedes andar? Vamos, muchacho». Janner se palmeó los muslos. «Ven conmigo». Baxter dio un cuidadoso paso adelante sin tocar el suelo con la pata lastimada. Lloriqueando a cada paso, Baxter siguió a Janner por el patio hasta el puente. Con el corazón palpitante, Janner lo condujo por el puente y se escondió detrás de un árbol. No sabía qué hacer. No podía dejar atrás al perro de Leeli, pero a este paso nunca llegaría a Ban Rona a tiempo para avisar a los demás.

Entonces Janner oyó voces, bajas y silenciosas, que se dirigían hacia él en el profundo silencio de la finca. Varias figuras emergieron de un recodo del arroyo río arriba. Correcumbres. Otra compañía de ellos, al menos treinta esta vez. Se hicieron señas mientras se arrastraban, en silencio ahora que la casa estaba a la vista. Sus pequeñas lanzas y dagas estaban desenvainadas mientras avanzaban por la orilla del arroyo. Janner sintió cierta oscura satisfacción al ver que los escurridizos ladronzuelos estaban a punto de encontrarse con más problemas que unos simples agricultores defendiendo su fruta. Se tumbó tranquilamente junto a Baxter, esperando a ver qué pasaba.

Los hombrecillos y las mujercitas se acercaron sigilosamente a la casa, tan silenciosos como la nieve, y luego se dividieron en dos grupos. Un grupo se acercó como thwaps al tejado de la casa y desplegó una gran red, mientras los demás se acurrucaban contra el lateral de la cabaña. Uno de los correcumbres se descolgó del alero e hizo un gesto con la cabeza a otro que estaba en el suelo. Tosió ostensiblemente y luego cruzó haciendo ruido la puerta principal.

El silencio fue roto por el terrible rugido del trol, y Janner casi salió de un salto de su capa. El correcumbres salió corriendo de la casa con un chillido, y el trol emergió y se agachó en el porche. Era más pequeño que los otros que Janner había visto. Este tenía un pequeño mechón de pelo negro y era apenas tan alto como la línea del tejado, aunque su pecho desnudo y sus hombros eran tan enormes que apenas cabían por la puerta.

«¡Déjenme en paz!», dijo el trol, agitando el puño y bajando del porche.

En cuanto el trol puso un pie en el patio delantero, los correcumbres del tejado lanzaron la red sobre él y saltaron hacia abajo. El trol luchó ferozmente, pero la red aguantó. Los correcumbres lo pincharon con lanzas y espadas, mientras uno de ellos sacaba una flecha y mojaba la punta en una botellita. La pequeña criatura apuntó, sonrió y disparó al trol en la grupa. Mientras Janner observaba, el trol se tambaleó hacia delante, se arrodilló, gimió una vez más y cayó desplomado a pocos metros del puente. Los correcumbres gritaron con triunfo y bailaron alrededor de la bestia caída.

De repente, Janner sintió lástima por el joven trol. ¿Por qué rayos querrían los correcumbres capturarlo, sobre todo si lo único que les importaba era la fruta? ¿Y por qué estaba el trol solo y tan lejos en medio de la nada? ¿Y por qué uno de los correcumbres levantaba ahora la espada, dispuesto a clavársela en la base del cráneo al trol? Janner nunca los había visto tan despiadados y violentos, especialmente con una criatura indefensa. Trol o no, no quería que la cosa muriera.

Janner se puso en pie de un salto, gritando que se detuvieran. Caminó penosamente por la nieve para enfrentarse a una banda de enemigos que acababan de demostrar que eran capaces de matar a algo mucho más peligroso que Janner Wingfeather… aun si tan solo tenía trece años.

15

Janner se deja llevar

—¡Espera! ¡Detente! —Janner agitó los brazos y corrió hacia el arroyo, deteniéndose antes de cruzar el puente. No era mucho, pero se sentía más seguro con el arroyo entre ellos—. ¿Qué están haciendo?

El correcumbres que estaba parado sobre la espalda del trol ladeó la cabeza y entrecerró los ojos. Los demás rodearon al trol y blandieron sus armas como si estuvieran protegiendo un tesoro. Sonrieron con desprecio, con sus piernitas dobladas y listas para saltar.

—Eso debería ser obvio, muchacho —el líder bajó la espada, pero solo un poco—. ¿No es acaso obvio, mis furtivos?

—Totalmente —respondió otro—. El chico es un tonto, Grouzab. Probablemente tampoco le gusta la fruta.

Los correcumbres sisearon ante esta sugerencia cuando Janner se acercó al centro del puente y levantó las manos.

—¡No! Me encantan las manzanas. Y las bayas de azúcar y las ciruelillas. Los correcumbres se relajaron un poco.

—Debería estar claro que estoy a punto de ejecutar a este trol —dijo Grouzab.

—Pero ¿por qué? ¿Acaso no están en el mismo bando?

—¿Bando? —preguntó Grouzab—. No estamos de otro bando que no sea el frutal. Gnag el Sin Nombre nos ha ofrecido fruta a carretadas por la cabeza de cada trol que intente escapar de su ejército.

—¡Fruta! —gritó un correcumbres, y los demás sacudieron sus armas.

—Pero no puedes matarlo así porque sí —Janner no podía creer lo que estaba diciendo. El trol apestaba, pertenecía a una raza de brutos, y con gusto los estrujaría a todos hasta matarlos si estuviera despierto. Luego los asaría al fuego, si las historias eran ciertas. Sin embargo, no estaba despierto. Estaba indefenso y lo único que quería era irse a casa. Janner recordó la forma en que Kalmar había cuidado del hendido… el hendido que había resultado ser su padre. Casi se echó a reír al imaginar que aquel joven trol resultara ser un primo lejano.

—Llévaselo a Gnag si quieres. Pero no lo mates.

—Demasiado esfuerzo. Mucho más fácil llevar una cabeza que un troll entero.

Grouzab volvió a alzar la espada y, antes de que Janner pudiera detenerse, cruzó el puente a toda velocidad, con la intención de empujar al correcumbres de la espalda del trol. Los otros correcumbres saltaron para proteger a su líder. Janner los esquivó, pero tropezó con el brazo del trol y aterrizó de cara en la nieve.

Cuando levantó la vista, escupiendo nieve por la boca, los correcumbres tenían la punta de todas las lanzas, espadas y flechas apuntando a su rostro. Janner miró de reojo al trol, que estaba a escasos centímetros, y vio sus ojos apenas abiertos, pero mirándolo directamente. Eran pequeños y estaban muy juntos, ocultos bajo la sombra de una pesada frente, y a Janner le sorprendió ver allí la luz de la inteligencia. Ese destello de comprensión le dijo que el trol era consciente de lo que había hecho Janner, lo cual era un alivio, y que el trol ya no estaba inconsciente, lo cual era aterrador.

El trol se puso en pie de un salto, derribando a Grouzab de su espalda. Uno de sus brazos se soltó de la red y giró como un martillo viviente. Los correcumbres volaron por los aires, se estrellaron contra la cabaña, pasaron volando por encima del tejado para aterrizar en el corral de las cabras, chapotearon en el arroyo y luego quedaron tendidos.

El trol, aún aturdido por el veneno, jadeaba y giraba en la nieve para asegurarse de que se había deshecho de todos los correcumbres. Entonces, volvió sus pequeños ojos hacia Janner, y este esperó a que la mano del martillo lo aplastara contra la nieve. Oyó pequeños gemidos de dolor y vio a los correcumbres levantarse del suelo nevado, aturdidos y parpadeando. Eran más duros de lo que su tamaño mostraba. Uno de ellos ya estaba empuñando una lanza.

El trol gruñó a los correcumbres. Dio un paso adelante, pero su pie quedó atrapado en la red y volvió a estrellarse contra la nieve. Janner desenvainó su espada y se acercó al trol caído. Este miró a Janner con una pregunta en sus ojos brillantes.

—No pasa nada —dijo Janner, impresionado por lo lamentable que parecía la bestia.

Las huesudas facciones del trol se suavizaron y asintió. Janner cortó la red mientras los correcumbres se recuperaban y empezaban a sisear. Para cuando las criaturitas los tenían rodeados, el trol se había liberado de las cuerdas y se mantenía en pie sin obstáculos.

El líder sacó una flecha con una mano y destapó discretamente el frasco de veneno con la otra.

—Es una mala idea, Grouzab —dijo Janner—. No dejaré que mates a este trol.

—¿Tienes algo de fruta? —preguntó Grouzab.

—Para ti, no.

—Entonces la oferta de Gnag es mejor que la tuya. Vete, muchacho. Déjanos hacer nuestras travesuras.

Grouzab sumergió la punta de flecha en la botella. Janner sintió que el pánico le llenaba el pecho. Debería estar dirigiéndose a Ban Rona. Debería estar ocupado haciendo un refugio antes de que cayera el sol o atendiendo a Baxter. En cambio, estaba rodeado de correcumbres, defendiendo a un trol. ¡Un trol! Eso le pasaba por actuar sin pensar primero, como siempre hacía Kal.

Sin embargo, Kal, que siempre se las arreglaba para meterse en problemas, también se las arreglaba para salir de ellos. Entonces, ¿qué haría Kalmar a continuación? Una cosa era segura. Kalmar no se detendría a considerar todas sus opciones. Sencillamente, *actuaría.* Kalmar seguía sus instintos y, por alguna razón, funcionaba.

Pero Janner no confiaba en sus instintos. Apenas sentía uno, lo cuestionaba. ¿Qué le decía su corazón que hiciera? No su miedo, no su cerebro, sino su corazón.

No, eso tampoco estaba bien. No era su corazón lo que necesitaba escuchar, era el *amor* en el cual descansaba su corazón. Eso era lo que necesitaba: el amor de Nia, Kal, Leeli y Podo, y el amor del Hacedor que lo había mantenido a salvo hasta entonces. Se detuvo en eso por un momento.

Grouzab sonrió y sacó la flecha, y Janner murmuró: «Kal, espero que esto funcione». Entonces, saltó hacia delante y golpeó el arco con su espada, empujando a Grouzab a un lado. Pero ya era demasiado tarde. El arco tintineó y la flecha voló, no hacia el trol, sino hacia Janner.

Apenas le rozó el hombro, pero le dolió, y Janner se sintió somnoliento de inmediato. Parpadeaba lentamente, se tambaleó y cayó de rodillas. Hacía apenas unos días que había cumplido trece años y ya lo habían drogado dos veces.

Janner percibió la presencia del trol a sus espaldas, los correcumbres que volvían a surcar los aires, y entonces se sintió levantado por un fuerte brazo. Estaba casi dormido e imaginó que era el gran brazo de Esben el que lo levantaba y lo ponía a salvo. «Papá», balbuceó, y se obligó a abrir los ojos por última vez antes de caer inconsciente. Vio los ojos extrañamente amables de un trol maloliente. Janner estaba demasiado asombrado para tener miedo, y luego tuvo demasiado sueño para asombrarse.

Mientras se dormía, pensó en el pobre Baxter sangrando en la nieve. Pobre Leeli, también. Se le rompería el corazón al saber que su perro había resultado herido, quizás incluso muerto.

Los ojos de Janner apenas estaban abiertos, pero vislumbró al perro, que seguía tumbado junto a un árbol. Con gran esfuerzo formó tres palabras con una boca que no quería moverse. «Encuentra... a Leeli».

Baxter escuchó. Mientras el trol salía del valle con Janner colgado del hombro como un trozo de carne, el perro se puso en pie tambaleándose, olfateó el aire y supo en un instante qué dirección lo llevaría hasta Leeli y Ban Rona y la sabuesería.

Al ponerse el sol en la cabaña, había huellas en tres direcciones: una era de una banda de correcumbres que regresaban cojeando a la Cordillera de la Muerte, tras decidir que algunas cosas eran demasiado problemáticas, incluso para obtener fruta; otra era de un trol que atravesaba las colinas buscando un lugar donde esconderse; y la última era el rastro ensangrentado de un perro que corría hacia su casa.

16

Los heridos y los afligidos

Leeli y Nia estaban de pie en el polvoriento desorden de la gran sala, bajo el poderoso árbol, atendiendo a los heridos. La gente lloraba a los muertos y los colocaba en filas bajo sus propios mantos hasta encontrar a sus familias. Las armaduras y armas de los Colmillos se amontonaron fuera de la Fortaleza, mientras un grupo de muchachos buscaba flechas intactas entre el polvo y el desorden.

Leeli había visto cosas terribles en su corta vida, pero nunca nada comparable a la carnicería que la rodeaba. Muchas caras conocidas yacían muertas, moribundas o doloridas mientras los enfermeros suturaban las heridas y las vendaban. Como no sabía nada de medicina, Leeli seguía a Nia por la sala, consolando a los heridos o buscando suministros para los enfermeros. Se preguntaba qué habría pasado con Thorn y los perros de la perrera, pero temía tener noticias de lo que había ocurrido allí, así que se centró en las tareas que tenía entre manos.

Al principio, la había inquietado ver la sangre y los gritos de dolor, pero enseguida se insensibilizó por necesidad, como todo el mundo. No era el momento de llorar, sino de trabajar, aunque en cuanto dejaba de moverse, el horror amenazaba con abrumarla.

Oskar iba de un lado a otro con un libro de contabilidad en el que escribía los nombres de los heridos y los muertos. Cuando se llenaba una página, la arrancaba del libro y la enviaba al exterior para que los mensajeros anunciaran los nombres y avisaran a las familias en duelo. La última vez que Leeli vio a Rudric, este estaba rodeado de durganos, gritando órdenes mientras salía a toda prisa de la Fortaleza. Se sentía más segura sabiendo que él estaba al mando, pero la urgencia que mostraba implicaba que eran inminentes más ataques.

Entonces, para gran alivio de Leeli, llegaron Podo y Freva (junto con la pequeña Bonnie). Leeli se alegró de ver que se había encendido algo del viejo fuego de su abuelo.

—¡Alabado sea el Creador, están a salvo! —rugió Podo mientras cojeaba entre los heridos hacia su hija y su nieta. Las abrazó a las dos durante tanto tiempo y tan fuerte que Leeli tuvo que pedirle que la soltara para poder respirar.

El rostro de Freva palideció y levantó a Bonnie para protegerle los ojos de las horribles vistas del pasillo.

—Voy a volver, señora —le dijo a Nia—. Bonnie no debería estar aquí, y solo estorbaríamos. Quería asegurarme de que estaban a salvo. La Colina de la Chimenea está intacta.

—Bien —Nia apartó el brazo de Podo de su hombro y lo besó en la mejilla pardusca—. Necesitaremos todas las camas vacías para atender a los heridos, así que, por favor, preparen la casa para recibir visitas. Gracias, Freva.

—¿Señora? —preguntó Freva, con cierta vacilación en la voz—. ¿Va a volver pronto el señor Janner?

Podo, Oskar y Leeli se quedaron en silencio, mirando primero al suelo y luego a Nia.

—No lo sé —dijo Nia—. El profesor Clout dice que volverá en cualquier momento. Estos nuevos Colmillos se concentraron aquí, en la ciudad, lo que significa que debería haber estado tan seguro como siempre en las colinas.

—Lo cual no es muy seguro —dijo Oskar en voz baja, aclarándose la garganta.

—Nos encontró en las Praderas de Hielo —dijo Leeli, y tomó la mano de Nia—. Eso estaba mucho más lejos, y las Montañas Pedregosas estaban plagadas de Colmillos Grises. ¿Recuerdan?

Nia respiró hondo y miró alrededor de la habitación, como si recordara dónde estaba.

—Sí, lo recuerdo. Janner va a estar bien.

—¿Dónde está Tink? —preguntó Podo con un gruñido de pirata—. Quiero apretar a ese muchacho como a una calabaza. Toda la ciudad está chismoseando sobre su vuelo al Campo de Finley. ¡Dicen que hizo polvo a mil murciélagos!

—Carnack dice que se está recuperando en el campo, al cuidado de su propia madre. Dijo que lo enviaría aquí en cuanto despertara —Nia se alisó la parte delantera del vestido y se arrodilló para cambiar la venda de la cabeza de una mujer—. Lo hizo bien, ¿verdad, papá?

—Sí. Y voy a apretarlo como a una calabaza —Podo bajó sus pobladas cejas y miró a Leeli a los ojos—. ¿Y qué me dices de ti, Patealagartos? ¿Estás bien?

— Sí, señor —respondió Leeli. Añadió un gruñido a su voz y balanceó su muleta en el aire—. No tengo miedo de ningún murciélago.

—Esa es mi niña.

—Abuelo, ¿puedes llevarme a la sabuesería?

—Sí. Si a tu madre le parece bien.

Nia no levantó la vista del vendaje de la mujer.

—Si crees que es seguro. Seguro que a los O'Sally les vendría bien su ayuda. Necesitaremos a los perros listos para el próximo ataque, y algunos estarán de duelo.

Leeli y Podo salieron cojeando de la sala, dirigiendo palabras de aliento a los heridos y a los afligidos mientras iban hacia el trineo de Podo. El sol se estaba poniendo, y su luz atrapaba tanto las nubes como el humo, volviendo el cielo mantecoso y brillante.

—El cielo está hermoso aunque la ciudad no lo esté —dijo Leeli mientras Podo la levantaba para subirla al asiento.

—Sí, muchacha. El cielo puede ser lo único bello que nos quede por un tiempo —subió gruñendo al trineo y sacudió las riendas—. Ojalá fuera más joven. Soy tan inútil como un diente picado aquí. Mira a Rudric —la voz de Podo se hizo más baja a medida que se alejaban de la gran sala, como si hablara consigo mismo—. Está haciendo el trabajo de diez hombres. Y eso es *después* de la batalla. Estará haciendo el trabajo de veinte cuando la lucha comience de nuevo. Necesito hacer algo, muchacha, pero no sé qué. Estos luchadores son todos más fuertes que yo. No sirve de nada un viejo pirata cuando hay una guerra en ebullición.

—Puedes ayudarme en la sabuesería —dijo Leeli.

—Sí. Creo que puedo hacerlo.

Las calles de Ban Rona contaban la historia de la batalla. Muchos edificios quedaron destruidos, y estaba claro que si los clanes del Campo de Finley hubieran llegado un momento después, los Colmillos habrían destrozado la ciudad. Mirara donde mirara, Leeli veía dolor y destrucción.

Varios minutos después, la Sala de Cofradías estaba repleta de niños y padres, perros y profesores. Durante la batalla, muchos de los vallerinos habían huido a la Gran Biblioteca o a la Sala de Cofradías, porque los edificios más grandes ofrecían más espacio, más habitaciones y más lugares donde esconderse. Pero ahora, como en la gran sala, había heridos que cuidar.

La directora Olumphia Groundwich estaba de pie en la base de la estatua del patio, con una mano en el antebrazo del jinete de piedra y la otra apuntando en la dirección en que ella gritaba sus órdenes.

—¡Podo! —bramó, con una voz que hizo que se le rizaran los bigotes—. ¡Hazte cargo!

—¿Qué? —Podo dejó el trineo en la puerta y se bajó—. Creí escucharte decir que me hiciera cargo.

—¡Oy! ¡Eso fue exactamente lo que dije! El larguirucho cuerpo de Olumphia bajó de un salto de la estatua y aterrizó de puntillas entre dos mujeres heridas. Agitó los brazos para mantener el equilibrio y bailó de un lado a otro, pasando por encima de la gente, hasta que quedó de pie junto al trineo, jadeando.

—Hola, Leeli —asintió secamente a Leeli y volvió a centrar su atención en Podo—. Tengo que entrar y asegurarme de que la cofradía de cocineros está abastecida, y alguien tiene que supervisar la flechería. Rudric dice que necesitamos más flechas. La mayoría de los adultos están ocupados o heridos o… —miró a una camilla que pasaba con alguien que estaba peor que herido. Olumphia apretó la mandíbula y entrecerró los ojos—. Los Colmillos volverán. Solo el Hacedor sabe cuándo. Y debemos estar listos. Necesito que organices este caos. No podemos tener gente tirada al sol, y aquí nos estamos quedando sin lugar —miró al cielo, consternada por la luz mortecina—. Encárgate. ¿Entendido?

Era extraño ver a alguien dar órdenes a Podo, pero la urgencia de Groundwich penetró en el anciano. Sus ojos se entrecerraron como los de Olumphia, y por un momento parecieron la misma persona: igual de bigotudos, igual de fieros e igual de masculinos. Cuando se produjera la siguiente batalla, Leeli supo que el lugar más seguro para estar era justo entre los dos.

—Sí. Puedo hacerlo —Podo esbozó una terrible sonrisa y trepó por la base de la estatua. Se agarró al cuello del caballo de piedra como un capitán de barco al mástil y continuó exactamente donde Olumphia había dejado—. ¡Tú! —exclamó—. ¡Cuenta a los heridos! Tú, muchacho. ¡Revisa cuántos pueden caminar y envíalos a la gran sala! Puede que estén heridos, pero estorban. Oy, te llamas Gruk, ¿no? Grak. Lo siento. Corre la voz de que las cofradías deben reunirse en su propio centro. ¡La noche se acerca, y los Colmillos Murciélago pueden venir con ella!

La gente asentía y obedecía. Era dudoso que alguno de los vallerinos del patio pudiera distinguir entre Podo y Olumphia, y tampoco les importaba. Necesitaban a alguien al mando, algo de orden para hacer retroceder el caos. Estaban a la deriva, y Podo les dio un puerto.

—Debería ir a la sabuesería, alteza —le dijo Olumphia a Leeli—. Biggin está angustiado. Hoy se han perdido muchos perros —Olumphia dirigió un caballo y un trineo hacia la puerta, pidiendo a gritos que alguien lo cargara con los heridos y los transportara de vuelta a Ban Rona.

Leeli se apresuró hacia la sabuesería. Antes de que abriera la puerta, pudo oír los quejidos de muchos perros doloridos y angustiados. Las antorchas ardían en las paredes, iluminando a más perros de los que Leeli había visto jamás en el granero. Ni una sola cola se movió. Biggin O'Sally estaba sentado en el suelo, con un perro marrón y blanco en brazos. Cuando levantó la vista hacia Leeli, ella vio que estaba llorando.

—Le dieron a Sounder —dijo—. Pero dio una buena pelea, ¿no es así? —los perros que estaban cerca ladraron a media voz y lamieron el pelaje del animal muerto—. Derribó al Colmillo Gris antes de que pudiera llegar a los cachorros. Buen muchacho —Biggin le acarició la cabeza y señaló otro montón de pelo que había junto al banco—. Esa es Barala. Ella y su manada mantuvieron a un montón de esos murciélagos fuera del comedor hasta que llegó la ayuda. Salvaron a muchos niños.

—¿Dónde está Thorn?

—En el Campo de Finley con un sabuestrillo, buscando a los heridos.

—Entonces, ¿no salió herido? ¿Está a salvo?

—Oy, gracias al Hacedor —Biggin se limpió la nariz—. Los sabuesos se llevaron la peor parte.

Leeli se abrió paso entre los perros, tocándoles la cabeza al pasar y pensando en Nugget. Valiente Nugget, que había saltado a una compañía de Colmillos para protegerla.

Cuando llegó a Biggin, se sentó en el suelo junto a su profesor. Un resurgimiento del horror del día se apoderó de ella cuando la noche cayó sobre los Valles, y su alma se oscureció de tristeza. Vio la misma pena en los ojos de sus perros y la oyó también en la voz de Biggin. Había habido tanta muerte, tanto sufrimiento y, a pesar de ello, tanto desafío fogoso. Tantos hombres y mujeres valientes cuyas historias quedarían grabadas en el corazón de la gente de los Valles para la posteridad, porque habían muerto por el bien de sus amigos. No sirvió de mucho para aliviar la tristeza presente, pero lloró, pues sabía que sus lágrimas eran medicina, y se dio cuenta de que los mejores esfuerzos de Gnag el Sin Nombre por ennegrecer el mundo solo servirían para dispersar la luz como las estrellas en los cielos.

Cuando Leeli cerró los ojos e inhaló el agradable almizcle de los numerosos sabuesos y sintió sus narices rozándole el hombro y las espinillas, recordó la expresión de la cara de Nugget mientras arañaba a los Colmillos en el Puente de Miller. Su valor era tan grande como el mundo, y cuando murió, un poco del mundo murió con él. Sin embargo, aquí estaba ella, meses después, en otro día terrible, experimentando un milagroso aligeramiento de la carga de su corazón al recordar el acto desinteresado de Nugget. Era como si una hebra conectara aquel día con este, y el deleite del Hacedor corriera por ella como la sangre por una vena. Entonces pensó en esta única batalla, en la que hubo innumerables actos de heroísmo, sacrificio y honor, que fueron vistos y serían recordados mucho después de que los héroes murieran y se convirtieran en puntos de luz en un cielo oscuro, conectados por recuerdos como constelaciones, cada una de las cuales pintaba un cuadro que toda la oscuridad del universo jamás podría apagar. La luz bailaba a lo largo de las hebras. Gnag no podría pararla ni en un millón de épocas. Leeli estaba angustiada, pero sabía, de un modo que no podía explicar, que su dolor conduciría a algo bueno.

En algún momento antes del amanecer, Thorn regresó del Campo de Finley.

—Leeli —dijo.

Ella levantó la cabeza somnolienta del hombro de Biggin y vio a su amigo de pie en la puerta. El temblor de su voz le dijo que algo iba mal… algo peor que la batalla y la muerte de sus compatriotas y sus perros.

Thorn se hizo a un lado y Baxter cojeó hacia la luz. Su pata delantera apenas tocaba el suelo, y la sangre le manchaba el pelaje desde el hombro hacia abajo. Baxter arrastraba la lengua y gimoteó una vez antes de desplomarse en el suelo.

Leeli se precipitó a su lado y tiró la muleta.

—¡Baxter! ¿Dónde está Janner? ¿Qué pasó? —el perro parpadeó un instante, y luego cerró los ojos. Se quedó inconsciente mientras Leeli se sentaba y le colocaba la cabeza en el regazo. Leeli miró a Thorn—. ¿Dónde lo encontraste?

—Un explorador lo vio unas horas más allá del campo y lo trajo de vuelta. Está muy malherido. Lo lamento, Leeli —Thorn apartó suavemente las piernas de Baxter para poder cerrar la puerta—. ¿Está vivo?

—Sí, pero no por mucho —Leeli escuchó la respiración de Baxter—. ¿Viste a Kal?

—No, creía que estaba contigo.

Leeli levantó la cabeza de un tirón.

—No lo he visto desde el calabozo.

—Una anciana dijo que volvió a la ciudad justo después del mediodía.

—No puede ser. Lo habríamos visto —Leeli imaginó a Kal escabulléndose en busca de comida o intentando evitar lo que fuera que los reyes debían hacer después de una batalla. Se sintió culpable y desechó la idea. Ese era el antiguo Tink. Tal vez estaba haciendo alguna cosa secreta durgana para Clout o Rudric. Aun así, sintió un temblor de preocupación, la intuición de que Kal estaba en apuros.

—Thorn, rápido. Tráeme papel y una pluma. ¡Dugger, ven! —chasqueó la lengua y un joven perro pastor se acercó a su lado. Thorn volvió con un rollo de pergamino y destapó un frasco de tinta. Leeli garabateó una nota a su madre explicándole que ni Kal ni Janner habían regresado. La introdujo en un tubo sujeto al collar de Dugger y luego sostuvo la cara del perro entre las manos. Chasqueó la lengua y susurró—: Encuentra a Nia. ¡Rápido!

Con un ladrido que llenó de emoción a los demás perros de la habitación, Dugger saltó a la noche a través de la puerta para perros. Leeli respiró hondo, acarició el pelaje de Baxter y sacó el arpa silbante de su capa.

—Hacedor, por favor, permite que esto funcione.

—¿Qué está haciendo, alteza? —preguntó Biggin desde el otro lado de la habitación, mientras ella afinaba las cuerdas y rasgueaba.

—Buscando a mis hermanos.

17

El explorador del general Fithyhoop

Kalmar corría por las colinas barridas por la nieve, con su capa volando tras él. Corría a la luz de la luna y, cuando la luna desaparecía, a la luz de las frías estrellas. A diferencia de Janner, no tenía ningún mapa en la cabeza, ningún recuerdo real de la geografía de los Valles Verdes que le sirviera de guía. Se abandonó a sus instintos, a olores y sonidos, y a la paz de la naturaleza salvaje, aunque tuvo cuidado de seguir siendo consciente de lo que hacía. Kal temía demasiado al Colmillo que llevaba dentro como para darle rienda suelta. En cambio, imaginó que montaba al lobo como un hombre monta a caballo, un caballo peligroso e impredecible.

Después de horas escalando empinadas colinas a cuatro patas y bajando a los valles para saltar arroyos o barrancos, se dio cuenta de que estaba cansado. Se detuvo a descansar, jadeando como un perro, y bebió de un arroyo bajo las estrellas.

¿Adónde voy?, se preguntó. Tenía que mantener la mente activa para dominar al lobo interior. *A detener a Gnag.*

Por loco que sonara, era mejor que estar atrapado en Ban Rona languideciendo en los consejos, escuchando a hombres más sabios discutir estrategias que él no entendía. Allí lo obligaban a dar discursos o a dar órdenes a la gente. No quería eso. Sobre todo, no quería despertarse un día con algo peor que sangre de gallina en las manos. Las personas ya lo miraban como si fuera un monstruo. Últimamente habían sido bastante amables, pero Kal se daba cuenta de que sus ojos se detenían en él demasiado tiempo, que se reían demasiado de sus intentos de ser gracioso, que parecían ansiosos por escapar de la habitación cuando él estaba presente. ¿Qué harían si supieran lo que realmente acechaba en su interior? Sus peores sospechas eran ciertas. *Era* un monstruo. Al menos, se estaba convirtiendo en uno.

Kalmar se limpió la boca con el antebrazo y se enderezó. Ni siquiera se había dado cuenta de que había estado agazapado a la orilla del arroyo, lamiendo el agua como un perro.

«¿Cómo me llamo?» —se preguntó—. «Me llamo Kalmar. Mi padre era Esben Wingfeather, y yo soy su hijo, el rey supremo de Anniera».

Esas eran las palabras que había pronunciado en el *Enramere* todos aquellos meses atrás mientras navegaban hacia los Valles. Una y otra vez, Nia, Janner, Leeli y Artham le habían preguntado su nombre, su verdadero nombre. Janner le había contado historias, y esas historias lo habían llamado a casa. Ahora, esas historias eran como faroles a lo largo del camino, guiando su rumbo. Cada vez que recordaba su nombre, se sentía más él mismo y menos Colmillo. Así que lo repitió en el aire frío del fondo del valle: «Yo soy Kalmar. Mi padre era Esben Wingfeather».

Mientras observaba la niebla de aquellas palabras elevarse y desvanecerse, recordando el último aliento de Esben en el barco aquella noche, captó el sonido de voces en algún lugar al norte. Se quedó quieto, luego olfateó el aire y percibió un olor dulce y coriáceo. Se dividía en varios matices. Era un grupo de… algo. No sabía bien de qué. El olor le resultaba familiar, pero no podía ubicarlo. Estaban al menos a tres colinas de distancia y seguían hablando, lo que significaba que no sabían que estaba allí.

Kal saltó por encima del arroyo, subió sigilosamente por el lado más alejado de la hondonada y escudriñó la siguiente colina. Incluso con sus ojos de lobo y las estrellas brillantes, no detectó nada. Tan silencioso como una brisa, trotó colina abajo y subió la siguiente. Las voces se volvieron más fuertes. En cuanto distinguió algunas palabras, quedó claro que eran correcumbres.

—Creo que deberíamos volver y atraparlo.

—Bueno, creo que es una idea que no tiene fruto.

—¡Fruto es lo que ya nos falta!

—Y nos faltará la cabeza si ese trol se sale con la suya.

—¿Y qué me dicen del chico?

—Probablemente ya está en el vientre del trol. Y bien merecido lo tiene, por todos los problemas que causó. Aunque le gustaran las ciruelillas.

Podría haber sido cualquier chico, se dijo Kal. Seguramente no todos en los Valles Verdes habían venido al Campo de Finley. Era probable que hubiera algunos que no podían o no querían luchar, familias que se habían quedado en casa cuidando de sus rebaños y granjas. Pero Kalmar sabía, del mismo modo que sabía en qué dirección correr, que no estaban hablando de *cualquier* chico.

Kal se tumbó boca abajo y avanzó hasta que pudo ver el grupo de correcumbres un poco más abajo. Estaban acurrucados alrededor de una pequeña hoguera en un grupo de árboles clumpentinos pelados y bajos. Ya sabía, por los diferentes matices del olor, que había treinta y dos de esas pequeñas criaturas. Las lanzas y espadas estaban apoyadas en los troncos de los árboles, y varios arcos sin tensar yacían entre las raíces. Los estrechos rostros de los correcumbres brillaban a la luz del fuego. Kal esperó a oír algo más, pero hablaron muy poco mientras estaban sentados, fumando pipa y mirando las brasas.

Kalmar se levantó, respiró hondo y bajó la colina hacia los correcumbres. Como supuso que harían, se apresuraron a tomar sus armas y le sisearon cuando se acercó. Algunos se treparon a los árboles.

—Bajen las armas, tontos —gruñó con su mejor voz de Colmillo Gris.

—¿Qué quieres? —uno de los jinetes se adelantó con una lanza en alto.

—Soy un explorador. Estoy explorando el terreno. Con fines de exploración —Kal se cruzó de brazos y se irguió todo lo que pudo—. Tenemos noticias de un trol. Algo sobre un niño y un trol.

El correcumbres entrecerró los ojos.

—Nosotros no enviamos ninguna noticia de ese estilo. ¿Qué escuchaste?

Kalmar debería haber ideado primero una buena historia, pero ya era demasiado tarde para eso.

—Eso no te incumbe. Me han enviado a buscar trols. Los necesitamos en Ban Rona —*Eso sonaba mejor,* pensó Kal—. La batalla salió mal y el general, eh, Fith-eh, Fithyhoop… me envió a buscar ayuda.

—¿El general qué? Nunca escuché hablar de ningún general Fithyhoop.

—Es nuevo.

—Nuevo —el correcumbres ladeó un poco la cabeza.

Kal se preparó para correr. No le preocupaba perder una pelea con los correcumbres, pero no quería hacerles daño.

—Nunca he oído hablar de él —dijo el correcumbres—. ¿De qué raza es?

¿Raza? Kal no tenía ni idea de cómo responder a esa pregunta, así que pasó a la ofensiva.

—¡Silencio, correcumbres! Estoy aquí para informarme sobre los trols, no para responder a tus preguntas. Ahora dime dónde viste al trol por última vez y seguiré mi camino.

—Bien —respondió el correcumbres—. Te lo diré, pero no te servirá de nada. Es uno de los fugitivos. No peleará. Nos enviaron a traer su cabeza.

—A cambio de fruta —dijo uno de los otros con tristeza.

—Sí, a cambio de fruta. Pero un niño metiche interrumpió nuestra ejecución. No nos dejó matarlo.

Kalmar tuvo que ocultar una sonrisa. Decididamente, se trataba de Janner.

—¿Y qué sucedió? —gruñó Kal—. No lo dejaste escapar, ¿verdad?

—El chico cortó sus ataduras. El trol nos atacó y se llevó al niño, probablemente para comérselo.

La sonrisa interior de Kal desapareció. Pero algo en su sangre le decía que Janner estaba vivo.

—¿Adónde está? Tendré que matarlo yo mismo, supongo.

—La última vez que la vimos, la bestia estaba al este de aquí, a medio día de camino. Estoy seguro de que encontrarás sus huellas y lo que quede de ese maldito chico.

—No encontrarás fruta, eso seguro —dijo otro correcumbres.

El líder suspiró y se sentó, lo cual les indicó a los demás que bajaran sus armas y se unieran a él. Parecían tan desamparados que Kalmar casi deseó tener una cesta de manzanas para darles. Entonces, tuvo una idea.

—Tengo otro mensaje del general Fithyhoop. Gnag aprecia su disposición a ayudar en su campaña, y les ha legado un almacén secreto de fruta.

—¿Qué? ¿Dónde? Los correcumbres se pusieron en pie de un salto y rodearon a Kalmar como escolares a punto de recibir un caramelo.

—Somos los humildes servidores de Gnag —dijo el líder con una reverencia.

—Si viajan hacia el noroeste, llegarás a un lago con forma de zapato —Kal se arrodilló y trazó un mapa en la nieve—. Giren hacia el este y adéntrense en el bosque durante un día, hasta que encuentren un árbol de esnoque con un agujero en el tronco lo bastante grande como para que quepa un sapo de lodo adulto. Es imposible no verlo. Viajen de nuevo hacia el norte durante medio día hasta que vean un depósito de piedra. Está lleno de todas las frutas que puedan imaginar.[1]

Los ojos de los correcumbres centellearon y unas gotas de saliva salpicaron la nieve.

—Corran la voz a todos los correcumbres que vean —dijo Kal—. Gnag es generoso. ¡Valora a tu gente!

Los correcumbres estaban locos de alegría. En cuestión de segundos, apagaron la hoguera, levantaron campamento y las pequeñas criaturas huyeron hacia lo que Kalmar esperaba que fuera el medio de la nada. Se quedó solo, satisfecho consigo mismo y deseando que Janner hubiera estado allí para verlo.

Kal olfateó el aire para asegurarse de que los correcumbres seguían alejándose de él, y luego se alejó también corriendo, con la esperanza de encontrar a su hermano antes de que el trol se lo desayunara.

---

1. Kalmar no tenía forma de saberlo, pero al sur de Grrk, en el Reino de los Trols, hay, de hecho, un lago con forma de zapato, que fue descubierto por estos mismos correcumbres tras una búsqueda de diecisiete años. Esta expedición se conoció más tarde como la Búsqueda de Fithyhoop, y los descendientes de estos correcumbres siguen dispersos por las Selvas de Plontst hasta el día de hoy.

18

El misterio de la ventana de los sueños

Poco después de que Leeli empezara a tocar el arpa silbante, Dugger regresó a la sabuesería con una nota de Nia.

Leeli:

Quédate donde estás. Estás al cuidado de Biggin O'Sally hasta mañana. La Colina de la Chimenea está llena de heridos, así que necesitamos tu dormitorio. Tengo que creer que si Kalmar se fue, lo hizo para encontrar a Janner y traerlo a casa. Si los encuentras en la canción, avísame de inmediato. Que el Creador nos ayude.

Con amor,
Mamá.

Leeli tapó el tubo del collar de Dugger y le acarició la cabeza.

—Dice que debo quedarme en la sabuesería.

—Bien —dijo Thorn con un bostezo—. Es mejor para los cachorros que estés aquí de todos modos —Thorn se sentó con ella un rato y la escuchó, pero cada vez que le ofrecía una palabra de ánimo, la concentración de Leeli se rompía y cada vez le resultaba más difícil ser amable con él. Tocó todas las canciones que recordaba: melodías vallerinas, canciones de navegación, de batalla, canciones tristes, alegres, cantos fúnebres skreeanos, canciones de sopa, de tocino, de salsa, canciones de cuna para cabras, canciones sobre el Hacedor, canciones al Hacedor e incluso algunas canciones tan antiguas que la gente decía que habían sido escritas *por* el Hacedor. Sin embargo, nada sucedió. No hubo visiones. Ninguna conexión misteriosa con sus hermanos.

Thorn estaba sacando agua fresca de la cisterna para llenar el abrevadero. Llevaba toda la noche mirándola con expresión perpleja.

—¿Cómo podrían oírte si están en algún valle? Quiero decir, tu forma de tocar es fuerte, y bonita también. Pero no es tan fuerte.

—Yo tampoco lo entiendo —le dijo Leeli—. Pero a veces pasa algo raro cuando toco. La música se abre y hace que todos podamos vernos.

—¿Como una ventana?

—Algo así. Más bien como un sueño. En realidad, *es* como una ventana, pero una ventana en un sueño —Thorn asintió como si lo entendiera, pero Leeli sabía que no. Sonrió—. Sé que parece extraño.

—Realmente extraño. Pero al menos lograste que los perros se durmieran. Todos menos Frankle —Thorn dirigió el chorro de agua hacia el abrevadero contiguo y señaló los pies de Leeli. Las patas y el hocico del perrito asomaban por debajo del banco, con los ojos brillando a la luz de la lámpara—. Te ha estado observando todo el tiempo.

Leeli se agachó y rascó la barbilla del perrito.

—No me di cuenta de que estaba ahí —suspiró. ¿De qué *más* no se estaba dando cuenta? Las otras veces que la magia había funcionado había sido un accidente; no había estado pensando en gran cosa.

—La primera vez que ocurrió estaba cantando una vieja canción de Anniera en los acantilados de Glipwood —Leeli se paseaba por la habitación, esparciendo heno con su muleta a su paso—. Los dragones se detuvieron y escucharon. La segunda vez fue cuando murió Nugget.

—¿Tu perro gigante? —preguntó Thorn—. Me hubiera gustado verlo.

—Luego toqué de camino a las Praderas de Hielo. Estaba preocupada por los chicos, toqué y, de repente, pude verlos a los dos. Pero más tarde, cuando Janner llegó a Kimera, intentamos encontrar a Tink y no funcionó. Nada. No hasta que Gammon nos tomó prisioneros. Entonces, tarareé y Janner volvió a ver a Tink —Leeli cerró los ojos e intentó imaginar qué había cambiado. Había estado llorando y asustada. Recordaba eso. Intentaba no demostrarlo, pero ahora también tenía miedo.

—¿Cuándo fue la última vez que funcionó lo de tu ventana esa de los sueños? —preguntó Thorn por encima del hombro mientras llenaba el último bebedero.

—En la cubierta del *Enramere,* cuando los dragones de mar vinieron a matar a Podo. Toqué una vieja canción llamada «La melodía de Yurgen» y, de repente, nos conectamos. También oía a los dragones.

—Qué miedo —dijo Thorn con un bostezo.

—¿Qué cosa? —respondió Leeli bostezando ella también.

—Los dragones. Probablemente estés acostumbrada a ellos, porque los viste muchas veces, pero a mí me parecen espeluznantes.

Leeli dejó de caminar.

—¿Qué pasa? —preguntó Thorn.

—Los dragones —musitó Leeli.

—¿Qué pasa con ellos?

—Tal vez la magia funciona mejor cuando están cerca. ¡Me ha pasado casi siempre que los he visto!

—Genial —dijo Thorn con una sonrisa mientras se sentaba en el banco donde Frankle estaba escondido—. Lo único que necesitas es un dragón marino. Fácil.

Leeli se dejó caer a su lado y golpeó la muleta contra la pared. Varios perros se sentaron.

—Si pudiera acercarme al mar, tal vez funcionaría.

—Quizás si tocas esa canción de «Yurgen», él venga nadando.

—No funciona así. Los dragones vienen cuando quieren. Además, lo último que quiero es que salgan del agua.

—¿Por qué? Creí que habías dicho que no eran malvados.

—No todos lo son. Pero el principal, Yurgen, es viejo y retorcido. Quiere matar a Podo, y no confío en él. Me da miedo.

Thorn colgó un hueso de pata de gallina por el borde del banco y sonrió cuando la nariz de Frankle se acercó para olfatearlo.

—Tal vez solo necesitas ponerles un cebo. Agita una pata de gallina y se acercarán lo suficiente para que tu canción haga lo suyo.

Leeli levantó la cabeza de un tirón.

—Thorn, ¡eres brillante! No quiero que salgan del agua. Solo necesito que se acerquen. Necesito a mi abuelo.

—Papá me dijo que volvió a la Colina de la Chimenea hace un rato.

Leeli se puso el abrigo y chasqueó la lengua mientras se dirigía a la puerta de la sabuesería. Seis perros se despertaron y salieron con ella.

—Thorn, ¿puedes ayudarme a preparar mi trineo?

El cielo estaba bajo y la niebla era espesa mientras Leeli conducía su trineo desde la Sala de Cofradías y atravesaba el centro de Ban Rona. Montones de armaduras de Colmillos parecían flotar entre la niebla, junto con centinelas vallerinos vigilando, casas en llamas, puertas rotas y montones de nieve embarrada. Perros quejumbrosos vagaban por las calles, incapaces de encontrar a sus amos. El aire estaba cargado de tristeza y miedo al próximo ataque. Leeli giró hacia el sur y condujo a los perros por la carretera hasta la Colina de la Chimenea.

—Salve, doncella musical —dijo una voz cuando ella se bajó del trineo y cojeó hasta la escalinata de entrada. Danniby, vestido con su uniforme negro de durgano, salió de las sombras, hizo una reverencia y levantó una taza humeante en su dirección—. Biditas para calentar los huesos. ¿Está todo bien? Tu madre me dijo que ibas a pasar la noche en la sabuesería.

—Necesito hablar con el abuelo. ¿Está despierto?

—Intentó dormir, pero ha salido a verme cada dos por tres, preguntando por tus hermanos. Yo me ocuparé de los perros. Danniby se movió para desenganchar al equipo.

—No —dijo Leeli—. Volveré enseguida.

Atravesó la puerta y encontró a Oskar y Podo junto al fuego. Había catres improvisados repartidos por la habitación donde los heridos dormían o intentaban dormir.

—¡Leeli, muchacha! —dijo Podo en voz baja mientras se levantaba gruñendo de la silla—. ¿Qué estás haciendo aquí de noche? ¡Esos murciélagos podrían estar dando vueltas!

—Abuelo, te necesito. Señor Reteep, ¿dónde está el Primer Libro?

—En palabras de Cletus John Jimmyjames, «¿A estas horas? Está en mi habitación». He estado estudiando el Primer Libro, junto con algunos relatos antiguos de los reyes y reinas de Anniera que encontré en la biblioteca. Creo que todo te resultará *muy* interesante. Un material fascinante. Por ejemplo, ¿sabía que el vallerino antiguo fue utilizado en los tribunales de Anniera por los escribas hasta hace solo ochenta años? Y el carácter original para *gleef* era *yimple* con la excepción de *sumpo* en el tiempo terciano… —se interrumpió al darse cuenta de que nadie lo escuchaba—. Voy a buscar el libro. Y lo haré en sumo silencio —Oskar se levantó y soltó un pequeño grito ahogado. Le brillaron los ojos y levantó un dedo—. ¡Me dará la oportunidad de practicar mi sigilo durgano! He estado leyendo mucho al respecto. Observen.

Gruñendo como un corral lleno de cerditos, Oskar se puso en cuatro patas, luego rodó hasta el pie de la escalera y subió los escalones de puntillas, haciendo suficiente ruido como para hacer sonar las ventanas. De los catres, salieron varios gemidos irritados.

—¿Qué sucede, muchacha? —Podo la rodeó con un brazo y la sentó a su lado junto al fuego—. Pensé que eran Janner y Kal, por fin en casa.

—He estado intentando encontrarlos. Sin embargo, la canción no funciona.

—Rayos. Es una pena, pero no es ninguna sorpresa —dijo Podo—. Ese tipo de cosas nunca funcionan cuando quieres que lo hagan. Es la forma que tiene el Hacedor de volverte loco.

—Pero creo que sé cómo hacer que funcione —Leeli tomó la mano de Podo—. Son los dragones.

Podo bajó las cejas y apartó la mano.

—¿Los dragones?

—Siempre que he tocado la canción y ellos estaban cerca, la magia ha funcionado.

Podo se levantó y cojeó hasta su silla.

—Magia —dijo mientras se sentaba relajado y levantaba el pie—. Nunca le hizo bien a nadie.

—Pero eso no es verdad. Pude ver a Kalmar y al tío Artham cuando estuvimos en Kimera. Y pude detener a los dragones en el *Enramere.* Si consigo que funcione, quizás podamos encontrar a los chicos.

Oskar se asomó por encima de la barandilla, y Podo y Leeli fingieron no darse cuenta mientras bajaba sigilosamente las escaleras, haciendo sonar las ventanas con cada paso. Se arrastró de espaldas por el suelo hasta la chimenea, se escondió detrás de la silla más cercana y extendió el Primer Libro, esperando sorprender a Leeli.

—Gracias, señor Reteep —dijo Leeli sin girarse. Oskar salió de detrás de la silla, secándose la frente con un pañuelo. Se sentó con el libro en el regazo, con aire abatido.

—¿Qué es todo este alboroto? —dijo Nia desde lo alto de la escalera. Llevaba el pelo revuelto y el delantal sucio. Cuando vio a Leeli, parpadeó para disipar su somnolencia, se apresuró a bajar las escaleras y la abrazó—. Por favor, dime que los encontraste.

—No funciona —dijo Leeli, levantando su arpa silbante. A Nia se le desencajó la cara—. Pero creo que sé por qué, Mamá. Necesitamos estar cerca de los dragones.

—Dragones —espetó Podo—. No puedes confiar en ellos.

—No *necesitamos* confiar en ellos —dijo Leeli—. Tan solo los necesitamos en el puerto para que la canción funcione. Eso creo. Vale la pena intentarlo, ¿no? ¿Qué es lo peor que puede pasar?

—Los dragones podrían salir del mar y comernos a todos —espetó Podo.

—No quieren comerse a nadie más que a ti —dijo Leeli con firmeza—. Y no saldrán del mar si no pones un pie en el agua —lo conocía lo suficiente como para saber que su ira no era más que una máscara de su miedo—. Abuelo, por favor. Si no funciona, está bien. Pero tenemos que intentarlo. Y tenemos que hacerlo antes de que vuelvan los Colmillos. ¿No quieres saber si los chicos están bien?

Podo lanzó un suspiro, se acercó a la puerta y se puso el abrigo.

—Prepararé el trineo —luego tomó el hueso de su pierna y una espada, y salió al frío amanecer.

Cuando salió el sol, Leeli, Oskar, Nia y Podo cabalgaban hacia el oeste, en dirección al puerto. La luz del sol que se abría paso a través de la niebla gris era débil e inquietante. Y aunque no lo sabían, por encima de las nubes, una gran bandada de Colmillos Murciélago volaba en círculos en el silencio aéreo, esperando la señal para atacar.

19

Lo que vio Kalmar

Kalmar olió al trol mucho antes de encontrar sus huellas. Justo antes de que saliera el sol, vio unas huellas grandes como losas en un bosque de manzanos. Aunque el hedor de la carne de trol le picaba en la nariz, también podía oler a Janner. Estaba vivo.

Kalmar se arrastró lentamente por el huerto, recordando todos los principios de sigilo de los durganos. Tenía que hacer silencio, porque la sorpresa podría ser su única ventaja. Tal vez fuera capaz de vencer a un Colmillo, ¿pero a un trol? Eran grandes, su piel era tan gruesa como la corteza y tenían fuerza suficiente para lanzar un peñasco. Kal los había visto hacerlo en el Puente de Miller.

Al borde del huerto, las huellas se desviaban hacia la izquierda y se adentraban en un barranco lleno de maleza. Si no fuera por las huellas, el terrible olor y todas las ramas rotas, apenas sabría que el trol estaba allí, pensó Kal con una sonrisa sombría. Los trols no eran precisamente maestros del sigilo. Mientras bajaba por la colina y se adentraba en la maleza, pudo oír la respiración de la cosa, un resoplido, como un cerdo gigante engullendo bazofia. Esperaba que no estuviera engullendo a su hermano.

Se puso en cuatro patas y se arrastró bajo las zarzas de espino, deteniéndose de vez en cuando para soltar la capa de alguna espina o rama. El olor se hizo cada vez más fuerte hasta que a Kal se le aguaron los ojos y le subió la bilis a la garganta. Le preocupaba que su nariz sufriera daños permanentes, como el equivalente nasal de mirar demasiado tiempo al sol y quedarse ciego.

Kalmar llegó a un peñasco embarrado y miró a su alrededor, descubriendo al fin la grata visión de Janner sentado entre los espinos de heno con las piernas recogidas hasta el pecho y su capa negra envuelta a su alrededor para darse calor. Pero Kal seguía sin ver al trol. Tenía que estar al otro lado del peñasco.

Kalmar quería silbar o chasquear, pero era demasiado arriesgado. Saludó con la mano, pero Janner no levantó la vista. Kal se apoyó en la roca y se desplazó hasta el otro lado, donde vio el pie gris y abultado del trol, con las uñas amarillas y agrietadas. El pie estaba unido a una pierna enorme, y la pierna estaba unida a un cuerpo enorme, y al instante se dio cuenta de que el peñasco no era un peñasco en absoluto. Era la espalda del trol. Y Kal estaba apoyado en ella.

Chilló, sobre todo de asco por haber tocado esa cosa. Janner levantó la cabeza, y la expresión de confusión de su rostro podría haber sido divertida si no fuera por el peligro. Kal cayó hacia atrás en una maraña de maleza, luchando por desenvainar su espada.

El trol gruñó, se levantó y giró sobre sí mismo. Vio a Kal y entrecerró sus ojos brillantes. Su gordo labio inferior se curvó hacia abajo y se mofó. La capa de Kalmar estaba irremediablemente enredada en los matorrales, su espada estaba debajo de él en un ángulo extraño, y estaba tan asustado que aunque hubiera podido moverse, no habría sido capaz.

El trol levantó sus poderosos brazos por encima de la cabeza y cerró los dedos en puños. Kal cerró los ojos, lamentando, entre otras muchas cosas, que lo último que olería sería sudor de troll.

—¡Oood! —gritó Janner.

Kal fue consciente, en lo que pensó que era su último momento, de que era algo extraño que Janner gritara. Cuando el golpe no llegó, abrió un ojo y vio a Janner de pie entre él y el trol, agitando las manos.

—¡Oood, no! No es un Colmillo.

Tras una pausa, el trol habló con un profundo estruendo.

—Colmillo. Colmillo malo.

—No, Oood. Este es mi hermano —Janner se puso una mano sobre el corazón—. Hermano.

—Hurrmano. El trol estudió a Kalmar y acabó bajando los brazos—. ¿Hurrmano?

Janner le tendió la mano a Kalmar.

—Kal, levántate. Despacio.

Kal tomó la mano de su hermano y se desenredó de la maleza, obligando a sus piernas a no temblar. No tenía ni idea de lo que estaba pasando, pero sabía que no debía hacer preguntas. Rodeó a Janner con el brazo. El trol gruñó de nuevo.

—No pasa nada. No es un Colmillo.

—¿Colmillo bueno? —preguntó el trol, ladeando un poco la cabeza.

Janner sonrió.

—Sí. Colmillo bueno. Hermano.

Al instante, el trol esbozó una sonrisa. Antes de que Kalmar pudiera decir una palabra, el trol los agarró a ambos y los levantó contra su pecho en el abrazo más apestoso de la vida de Kalmar. Kal contuvo la respiración, aunque el abrazo era tan fuerte que no habría podido respirar de todos modos, y justo cuando creía que perdería la consciencia, el trol los soltó a ambos y les dio unas palmaditas en la cabeza con una suavidad sorprendente.

—Yo Oood —el trol se golpeó el pecho inmenso y miró a Kalmar. Sus ojos brillaban con inteligencia—. Tú hurrmano.

—Oood —dijo Kalmar, señalando al troll. Luego, se señaló el pecho—. Kalmar.

—Kahmmar —respondió el trol con otra sonrisa tan horrible que resultaba hermosa. Luego se sentó con estrépito y empezó a limpiarse entre los dedos de los pies.

Las rodillas de Kalmar se doblaron y se desplomó en el suelo.

—Ni siquiera sé qué preguntar —dijo, sonriendo débilmente a Janner.

Janner le devolvió la sonrisa.

—¿Cómo me encontraste?

—Tuve suerte, creo. Me encontré con una banda de correcumbres, y después de eso fue cuestión de olfatearte. ¿Qué pasó?

Después de explicar cómo había rescatado al trol, Janner dijo:

—Cuando me desperté, el trol estaba sentado a mi lado, comiéndose un anca de cabra. Me ofreció un trozo, que me obligué a comer, y entonces supongo que nos hicimos amigos. El trol levantó la vista de sus dedos con una sonrisa y saludó a los hermanos. Janner le devolvió el saludo y luego se puso serio.

—Pero no podemos quedarnos aquí. Escucha, Kal. Me encontré con otra banda de correcumbres y me dijeron que Gnag ya había ordenado una invasión. Intentaba llegar a casa para avisarles a todos cuando me topé con Oood. El ataque puede llegar en cualquier momento.

Kal se quedó mirando el suelo embarrado. Janner no tenía ni idea de lo mal que estaban las cosas en realidad, y odiaba ser él quien se lo dijera.

—Los Colmillos atacaron ayer.

—¿Qué? —Janner se puso en pie de un salto—. ¡Tenemos que volver!

—Escucha —dijo Kal—. Es demasiado tarde. Ya invadieron. Ganamos la batalla, pero no por mucho. Tienen Colmillos Murciélago. Pueden volar.

Janner miró al cielo.

—¿Cuán grave es?

—Bastante grave. Nos tomaron por sorpresa en la gran sala. Mamá está bien, y Leeli también. Podo y Oskar también se salvaron.

—¿Rudric? —preguntó Janner.

—Está vivo. Se están preparando para la próxima oleada de murciélagos, y estoy seguro de que los seguirán los Colmillos Grises. Si los clanes no hubieran estado en el Campo de Finley, Ban Rona se habría perdido.

—¿Te enviaron a buscarme? —preguntó Janner.

—Bueno, no exactamente —Kalmar respiró hondo. No estaba seguro de cuánto decirle a Janner. ¿Debía admitir que temía convertirse en un Colmillo o, peor aún, en un Colmillo loco? ¿O debería contarle la otra parte de su plan, la de intentar colarse en Throg para derrotar solo a Gnag? En cualquier caso, estaba seguro de que Janner lo haría sentir como un tonto. ¿Y por qué no debería hacerlo? *Era* un tonto. Eso había sido lo que lo había transformado en un Colmillo en primer lugar—. Vine por mi cuenta.

—¿Que hiciste *qué*? —dijo Janner con el tono irritado que Kalmar conocía demasiado bien.

—Me dirijo a Throg. Voy a buscar a Gnag —Janner no dijo nada, y Kalmar se obligó a mirarlo a los ojos—. He pensado en esto, lo creas o no. No sirvo de nada en Ban Rona. Sabemos que el tío Artham encontró una forma de salir de las Profundidades a través del Bosque Negro, lo que significa que hay una forma de entrar. Pero un ejército nunca podría hacerlo.

—¿Y los durganos? Pueden escabullirse mejor que nosotros.

—Piénsalo. Rudric los necesita a todos para defender la ciudad. Así que decidí hacerlo yo mismo. Y quiero que me ayudes —Kal volvió a bajar los ojos. La mirada de Janner era ilegible, y demasiado pesada como para sostenerla. Esperó la reprimenda.

Janner tenía buenas intenciones, y él lo sabía; le habían machacado con todo eso de «cuida de tu hermano» desde que eran pequeños, así que no podía evitar tratar a Kal como si fuera un bebé.

Tras una pausa, Janner asintió.

—Te acompañaré.

Kal no podía creer lo que oía.

—¿En serio?

—Eres el rey. Te acompañaré. Además, no es una mala idea —Janner sonrió—. Ya estamos tan adentrados en los Valles, y los Colmillos están centrados en Ban Rona. Si alguien quisiera colarse en territorio Colmillo, tienes el mejor disfraz que nadie podría pedir. Te acompañaré. Hurrmano.

—¡Hurrmano! —dijo Oood.

Kalmar estaba tan aliviado que no podía hablar. Estaba a punto de contarle a Janner su otra razón para huir, pero este le susurró:

—La pregunta es: ¿qué hacemos con nuestro amigo gigante?

El trol había abandonado la limpieza de sus dedos y ahora se rascaba el diente superior con una piedra. Cuando se dio cuenta de que los chicos lo miraban, volvió a sonreír y dijo:

—Ir a Throg. Oood aplasta a Gnag. Oood estrelló un puño contra el suelo y gruñó mientras los chicos reían nerviosos.

—Supongo que eso lo resuelve, su alteza —dijo Janner—. ¡Al Bosque Negro!

Entonces, Janner y Kal oyeron una melodía que parecía filtrarse a través de la tierra y llegar hasta sus huesos. La cabeza de Kal se llenó de imágenes borrosas y Janner y él se miraron con complicidad. En algún lugar, Leeli estaba tocando, llamándolos con la magia del Hacedor. El barranco, el trol, el matorral de espinos de heno, todo se desvaneció hasta perderse en una corriente de música, palabras y visión que se extendía por Kistamos como una trenza que conectaba a las joyas de Anniera.

Sentían la presencia del otro. Kalmar creyó ver también a Artham, pero estaba lejos y apenas perceptible. Leeli estaba en el puerto de Ban Rona, rodeada por Nia, Podo y Oskar. Entonces, de un modo que no podría explicar más tarde, Kalmar dirigió su atención hacia otra presencia, otra conciencia que acechaba en el límite de la magia. Estaba envuelto en sombras, encorvado como una cosa rota. La canción, que en la mente de Kalmar solía plasmarse en vívidas imágenes, se alejó de la figura, como si un viento oscuro apagara la llama de la melodía.

No era ningún dragón. No era un hendido ni un Colmillo. Era Gnag el Sin Nombre, y Gnag *quería* que lo supieran. Kal pudo ver que el enemigo sonreía.

20

Lo que sintió Leeli

Podo tiró de las riendas y detuvo el caballo en el extremo oeste de la avenida Priminy, justo antes de que el camino empedrado descendiera hacia el puerto. La ciudad estaba cubierta de una niebla que hacía que el sol se resistiera a atravesarla, como si también temiera la batalla que se avecinaba. Los adultos miraban constantemente el cielo, y Leeli deseaba que dejaran de fingir que no estaban preocupados. Cada vez que la miraban, le dedicaban una sonrisa que decía: *Todo está bien, pequeña.* Pero ella sabía que no lo estaba. Y podía manejarlo. Lo mismo le ocurría con su cojera: no le importaba que la ayudaran de vez en cuando, pero no quería que la trataran como si fuera una inútil o una ingenua.

—Creo que hasta aquí podemos acercarnos, ¿no les parece? Refrenó el caballo y miró a Leeli.

Leeli tomó las riendas de Podo y las sacudió.

—Un poco más cerca.

—No hace falta que te pongas peleadora —respondió Podo, mirando de nuevo al cielo nublado.

—Creo que es muy necesario ponernos peleadores —la forma en la que Leeli enarcaba las cejas al hablar disipaba cualquier duda de que era la nieta de Podo Helmer—. Los murciélagos de ahí arriba podrían atacar en cualquier momento, y no podemos quedarnos aquí sentados todo el día sin hacer nada —notó con cierto placer cómo Podo y Nia intercambiaban miradas de sorpresa. Oskar empezó a silbar nerviosamente.

A medida que el caballo se acercaba al agua, de entre la niebla surgieron durganos con capucha y vallerinos con armadura, que los saludaron con la cabeza. A Leeli se le revolvió el estómago al pensar en los dragones que se arremolinaban y nadaban bajo la superficie del agua, dragones que casi los habían matado y que querían tragarse a Podo entero. Estaba pidiendo mucho, y lo sabía. Leeli tomó la mano nudosa y temblorosa de Podo entre las suyas y se sintió fatal por obligarlo a esto.

—No tengas miedo —dijo Leeli.

—Ah, Leeli. Qué joven eres. No es el miedo, muchacha —la voz de Podo temblaba—. Son los recuerdos los que hacen reflexionar a un anciano.

Leeli se aferró con fuerza a la mano de Podo. Cuando llegaron a la orilla, la niebla era tan espesa que sus ropas estaban cubiertas de rocío. El muelle desaparecía en la niebla a pocos metros de la orilla, y Leeli podía oír el golpeteo del agua sobre los cascos y el crujido de los maderos de los barcos amarrados a lo largo del muelle.

—Leeli, espero que esto sea lo suficientemente cerca —susurró Podo.

—Sí, señor —le pidió a Oskar que eligiera una canción—. Una antigua. La más antigua que puedas encontrar. Pero nada sobre un dragón. Y algo triste, si puedes encontrarlo.

—Por supuesto, alteza —dijo Oskar, y Leeli oyó el murmullo de las páginas. —¡Ah! —Oskar aplaudió—. ¿Qué tal «Gladys y el viento del norte»? Habla de su dolor cuando murió Omer. Oskar le pasó el libro a Podo, que se lo abrió a Leeli mientras miraba el agua con espanto.

Leeli estudió las notas, las repasó con los dedos en su arpa silbante, luego se la llevó a los labios y empezó a tocar. Al principio no sintió nada, pero luego sintió un hormigueo en los dedos de los pies que le subió hasta las orejas. La sensación la calentó como la luz del sol saliendo de detrás de una nube pasajera. Oyó una música más profunda que la canción que estaba tocando y se dio cuenta vagamente de que tenía los ojos cerrados. Tocaba «Gladys y el viento del norte» sin mirar la página.

Las imágenes pasaban por su mente como olas, y pronto fue consciente de una mujer con el pelo largo y oscuro, con un vestido sencillo pero bonito, el tipo de vestido con el que una niña podría jugar y seguir sintiéndose linda. La mujer paseaba por la orilla pedregosa de una isla verde. Era Gladys, la primera mujer. La música pintaba cuadros de los acontecimientos que la habían inspirado.

La mujer lloraba, se arrodillaba ante el cadáver de un joven y tocaba un arpa silbante (muy parecida a la de Leeli) junto a una lápida. Leeli sintió la tristeza de la mujer, y le pareció que si tocaba el tiempo suficiente, podría entrar en la canción y hablar con Gladys cara a cara: la magia estaba funcionando.

Pero ella buscaba a sus hermanos, no tocaba por placer. Leeli sacudió la cabeza y tuvo la extraña sensación de que Gladys se despedía de ella antes de desvanecerse en una niebla como la que se cernía sobre el puerto.

¿Dónde estás? ¡Janner! ¿Puedes oírme?

Sin dejar de tocar, aún débilmente consciente de la presencia de Podo a su lado, deseó que la niebla se separara para poder ver a sus hermanos. Estaban juntos, de pie sobre la nieve, mientras algo enorme y rocoso acechaba en la periferia de su visión. Entonces, ambos la miraron directamente.

¿Dónde están?, preguntó.

En algún lugar de los Valles, respondió Janner. Sus labios no se movieron, pero Leeli oyó su voz como si estuviera delante de ella. *¿Te encuentras bien?*

Todos estamos preocupados por ti. Baxter volvió, pero está muy malherido.

Ahora fue Kalmar el que habló. *Tenemos que irnos, Leeli.* Sus ojos parecían preocupados.

¿Qué quieres decir?

Vamos a Throg , dijo Kal.

Los dedos de Leeli resbalaron por un momento de los agujeros del arpa silbante. La visión parpadeó hasta que ella volvió a encontrar la melodía. Así que Kal no había ido a buscar a Janner después de todo. No le sorprendió, no después de pensarlo. Nunca había querido ser un rey propiamente dicho. Pero eso no era lo que le preocupaba. La visión le mostró el corazón de su hermano, y vio allí una nube oscura. Sintió su miedo, y se dio cuenta de que era algo más que miedo a Gnag o miedo al viaje. Estaba ocultando algo.

¿Algo anda mal?, preguntó.

Kalmar no contestó. Entonces, Leeli fue consciente de una cuarta presencia en la visión, una sombra como la del corazón de Kal, solo que mil veces más grande y negra, ardiendo en los bordes. Sintió en ese otro corazón una ira hirviente, asesina y mezquina. Hizo que se le helara la piel.

Leeli se dio cuenta de que los chicos también lo percibían, y estaba a punto de preguntarles al respecto cuando, de repente, los ojos de Kal se abrieron de par en par y una expresión de terror apareció en su rostro. Janner jadeó y Leeli lo oyó gritar en su mente. Al principio, pensó que los chicos estaban en apuros, pero luego distinguió las palabras de Janner: *¡Leeli, huye! ¡Ya vienen! ¡Huyan!*

Poco a poco, se dio cuenta de que había otras voces que se mezclaban con la de Janner. No provenían de la visión ni de la música, sino de su lado. Era la voz de Podo, luego la de Nia. Alguien le quitó el arpa silbante de las manos y la visión desapareció como un portazo.

Leeli parpadeó, confundida sobre dónde estaba. El puerto. El trineo. Entonces, el mundo se estrelló contra sus sentidos.

—¡Murciélagos! —Podo bramaba mientras agitaba su espada en el aire—. ¡Murciélagos! ¡Oskar, Nia, desenvainen sus espadas!

Leeli levantó la vista hacia el gris que los cubría y vio formas que giraban en la niebla: alas y patas que colgaban del vientre de las nubes, y Colmillos Grises que caían del cielo como escombros en una tormenta. Había miles.

Entonces, un último remanente de magia pulsó en su mente, otra voz como el estruendo de poderosas olas.

El Escamador morirá si pone un pie en el mar, muchacha. Era Yurgen.

—¡Abuelo, aléjate del agua! —gritó Leeli, rogando que el mar agitado no estallara en dragones, como había ocurrido cerca de las Praderas de Hielo.

—¡Eso es lo estoy tratando de hacer! Podo forcejeaba con las riendas en una mano mientras blandía su espada con la otra.

Ninguno de los Colmillos Murciélago se había acercado lo suficiente como para atacar, pero cada segundo que pasaba se acercaban más. Leeli sabía que su familia no duraría mucho a la intemperie. Tenían el puerto neblinoso a sus espaldas, la ciudad ante ellos y Colmillos arriba. Si no llegaban al corazón de la ciudad, serían conducidos a los muelles, donde acechaban los dragones.

Nia y Oskar se situaron en la parte trasera del carro con las espadas desenvainadas. El caballo relinchó mientras Podo tiraba de las riendas, tratando de girar el carro lo suficiente como para que pudieran dirigirse de nuevo al sendero. Por fin lo consiguió y puso el caballo al galope.

Colmillos Murciélago y Colmillos Grises asfixiaban las calles. Los vallerinos salían de todas las puertas a su encuentro. Leeli se agarró al asiento mientras Podo conducía el caballo hacia la refriega. Las espadas chocaban, los lobos gruñían y los

murciélagos chillaban al pasar volando. Leeli se apoyó en Podo, contenta sobre todo de que estuvieran lo bastante lejos del puerto como para no preocuparse más por Yurgen. No quería volver a oír su vieja y oscura voz nunca más en su mente.

—¡Toma *eso*! —gritó Oskar—. ¡Y eso! —Sobresalía sobre el lateral del carro, golpeando con su espada todo lo que encontraban a su paso. Nia, por su parte, hacía lo mismo en el lado opuesto, con menos protuberancia y más precisión. Incluso Podo dio un par de golpes mientras conducía.

Pilotó la carreta alocadamente por las calles hasta que irrumpieron a través de una fila de guerreros vallerinos en la calle frente a la Gran Biblioteca. Rudric iba de un lado a otro gritando órdenes. Y aunque los árboles estaban repletos de Colmillos Murciélago, los arqueros apostados bajo las ramas los redujeron en instantes.

—¡Entren, rápido! —gritó Podo mientras saltaba del asiento.

A Leeli le habría encantado obedecer las órdenes de Podo. Le habría encantado seguir a su madre y a su abuelo a la relativa seguridad del viejo edificio. Pero, en cambio, sintió que la elevaban por encima de los tejados, por encima de la bruma matinal, hacia el cielo brillante y frío. Dos manos largas y deformes habían envuelto sus huesudos dedos alrededor de sus brazos, y cuando levantó la vista, Leeli vio el pecho agitado de un Colmillo Murciélago mientras sus alas la batían hacia el cielo. Abajo, los edificios de Ban Rona parecían lápidas surgiendo de la niebla.

—Y nos vamos con Gnag —dijo el Colmillo Murciélago con una risa malvada.

21

Lo que oyó Janner

Janner estaba de pie en la nieve con Oood y Kalmar, con el corazón palpitando con la canción de Leeli. Las palabras eran tan claras como si se las hubieran dicho al oído. Oyó a Yurgen, el rey dragón, murmurar sobre los muchos pecados de Podo. Incluso oyó, como a gran distancia, que Artham gritaba algo, aunque no pudo distinguir las palabras. Tal vez estaba en una batalla, o quizás estaba demasiado lejos o demasiado loco para darse cuenta de la canción de Leeli. En cualquier caso, oír aquella voz hizo que Janner sintiera deseos de volver a ver a su tío, de ayudarlo si podía.

Pero Janner también oyó algo más. Algo cercano y espeluznante, como si estuviera detrás de él y le hablara al oído.

Gnag el Sin Nombre.

Su voz goteante y oscura se arrastró por el cerebro de Janner como un gusano. *Los encontraré, Wingfeathers.* Entonces, la voz soltó una carcajada terrible que hizo que Janner sintiera náuseas. Ahora que había oído hablar al verdadero Gnag, se sentía tonto por haberlo confundido alguna vez con dragones marinos o con un hendido. Su voz era más amenazadora, más inhumana por mucho.

¿Y *esto* era lo que Kalmar quería combatir? De repente, su misión parecía una idea terrible. No solo eso, sino que su familia necesitaba toda la ayuda posible.

—Tenemos que volver —dijo Janner sin aliento cuando se cortó la conexión—. Esos Colmillos Murciélago están por todas partes. Colmillos Grises también.

Oood miró a su alrededor con temor.

—¿Qué quieres decir? —dijo Oood. Sus ojitos parpadeaban confundidos—. Oood ver nada.

—Es difícil de explicar —dijo Kalmar—. Es una especie de magia, supongo. A veces, ocurre.

—¿Magia? —preguntó Oood—. ¿Qué es… magia?

—No tenemos tiempo para esto —Janner ya estaba saliendo del barranco en la dirección por la que habían venido—. Leeli y los otros están en problemas.

—Janner, ¡espera! Dijiste que me acompañarías. Ya estamos a medio camino del Bosque Negro.

—Tenemos que ayudarlos —dijo Janner por encima del hombro.

—La mejor manera de ayudarlos es llegar a Throg.

—¡Pero los Colmillos Murciélago invadirán la ciudad! Toda nuestra familia está allí, y esa visión fue una señal de que esta misión tuya es un error. Ahora, vamos. Por favor.

—No —el hocico de Kalmar se crispó y soltó un gruñido, con sus afilados dientes brillando—. No voy a volver.

—¿Por qué no? ¿Qué estás tratando de evitar? ¿Unas cuantas ceremonias? ¿Tener que estar en un consejo o dar algunos discursos? ¿O acaso tienes miedo?

—No lo entiendes —los labios de Kal se curvaron hacia atrás. Sus ojos estaban salpicados de amarillo. El mismo amarillo que la primera vez que se había convertido en Colmillo.

—Kal —dijo Janner, con la voz quebrada. De repente sintió miedo, como si ya no estuviera delante de su hermano, ni siquiera de un Colmillo Gris, sino de un lobo salvaje a punto de abalanzarse sobre él. El pecho de Oood retumbó.

Por el rabillo del ojo, Janner vio movimiento cerca de un grupo de arbustos. Kalmar también se dio cuenta, porque de repente se puso a cuatro patas, gruñendo como un lobo, en la dirección del movimiento. Oood y Janner se miraron con sorpresa. Antes de que pudieran seguirlo, Kalmar salió de entre los árboles con un zorro de las nieves en la boca. La pequeña criatura estaba sin vida.

—¿Kal? —dijo Janner.

Kalmar volvió a erguirse. Parpadeó y miró confundido a Janner y Oood. Sus ojos volvieron a su color azul habitual.

—Mmff —dijo. Entonces, se dio cuenta de que tenía algo en la boca y lo escupió. Cuando vio al zorro de las nieves a sus pies, dio un respingo de repulsión y se limpió la boca—. ¿Q´qué pasó?

—Iba a preguntarte lo mismo —dijo Janner con cautela, volviendo a adentrarse en el barranco.

—Colmillo malo —dijo Oood. El trol se interpuso entre Janner y Kal.

Kalmar cerró los ojos y asintió.

—Colmillo malo.

Janner odió la pausa que siguió. Quería llenarla de palabras de aliento, pero no se le ocurría qué decir. Sabía que Kal había caído en la... colmillidad... cuando había alimentado a Esben en la cueva, y cuando había luchado contra Grigory Bunge, y cuando Janner lo había encontrado en el gallinero. Y sabía que el tío Artham seguía volviéndose un poco loco de vez en cuando. Pero esto parecía algo más profundo y peligroso.

—¿Cuánto hace que sucede esto?

—Desde que cambié, desde que canté esa canción como un cobarde, se ha ido poniendo peor —Kal apretó los puños—. Lo arruiné todo, Janner. Se supone que debo ser un rey, pero soy un monstruo —Kal se rascó la piel de los brazos como si fuera un disfraz que pudiera quitarse—. Y no puedo detenerlo. No importa cuánto intente ser bueno. No importa cuánto intente ser lo que todo el mundo quiere que sea. Quiero hacerlo, de verdad, pero al final sigo siendo un monstruo. Y, Janner —dijo Kal con lágrimas en los ojos—, creo que está empeorando. Tengo miedo de hacerle daño a alguien. Por eso tengo que intentar detener a Gnag mientras pueda. Porque se me está acabando el tiempo.

Janner quería abrazar a su hermano y decirle que todo iría bien, pero no quería mentir. No sabía si todo estaría bien. Había visto los ojos amarillos, los dientes descubiertos: Kalmar seguía siendo Kalmar, pero también había algo más en él, algo profundo y oscuro, y Janner no sabía cómo librarse de ello.

Imaginó lo que podría pasar si volvían a Ban Rona y Kal hacía daño a Leeli o a Nia, y comprendió por qué no quería volver. También se preguntó qué pasaría si Kalmar lo atacaba *a él*. Había ocurrido una vez, en el *Enramere*, y Janner tenía las cicatrices que lo demostraban. Pero él era el guardián del trono y, aunque tenía miedo, sabía lo que tenía que hacer. Sabía lo que Artham, Nia y Esben querrían que hiciera.

—Supongo que será mejor que encontremos a Gnag —Janner puso su mano sobre el hombro peludo de Kal—. Seguiremos adelante con el plan. Llegar a Throg. Encontrar a Gnag. Y luego veremos cómo curarte.

—¿Realmente crees que...? —dijo Kal, mirando esperanzado a los ojos de Janner.

—Barcos y Tiburones. Siempre hay una salida —Janner apartó la mirada antes de que Kal pudiera ver lo inseguro que estaba realmente—. ¿Oood?

El trol gruñó.

—Kalmar *no* es un Colmillo malo. Quiere ser bueno. ¿Entiendes?

—¿A veces olvidar ser bueno? —preguntó Oood.

Kalmar soltó una risita y se limpió la nariz.

—Sí, eso es. Se me olvida.

—A mí también —dijo Oood con una sonrisa.

—Entonces te ayudaré a recordar —le dijo Janner a Kalmar—. ¿Cómo te llamas?

Kal hizo una mueca e inclinó la cabeza, como si las palabras le causaran dolor.

—Me llamo Kalmar Wingfeather, hijo de Esben Wingfeather.

—Rey supremo de Anniera —dijo Janner.

—Rey supremo de Anniera.

—Ahora, vamos al Bosque Negro.

22

El arma secreta de Leeli

Leeli forcejeó, pero el Colmillo Murciélago la sostenía con fuerza. Entonces dejó de retorcerse, tras darse cuenta de que, si se soltaba, caería rápidamente en picada hacia su muerte. Pero no podía dejar que el Colmillo se la llevara a Throg sin hacer *algo.*

Se obligó a respirar lentamente e intentó no pensar en todo el espacio vacío que había entre ella y el suelo. Vio los tejados de Ban Rona surgiendo de un campo blanco. Las flechas salieron disparadas de la niebla, algunas tan cerca que el Colmillo Murciélago se sacudió para esquivarlas. Leeli no quería ser golpeada por una flecha de los suyos, así que decidió hacerles saber dónde estaba.

Se llevó el arpa silbante a los labios y tocó las primeras notas de la peor y más inestable interpretación de «Fellyn la bella» que jamás había tocado. El Colmillo Murciélago chilló y cayó hacia la tierra brevemente antes de recuperar su altura. Leeli cerró los ojos, rechazó el miedo y volvió a tocar, esta vez la primera estrofa sin vacilar.

—¡Silencio, niña! —chilló el Colmillo. Sacudió su horrenda cabeza y voló en un rumbo errático que descendía, descendía, hacia un enorme árbol que sobresalía de la niebla como si quisiera atrapar a Leeli. Ella tocó más fuerte, ganando valor con cada nota. Cuanto más hermosa era la melodía, más se enfurecía el Colmillo Murciélago y más se aligeraba su agarre, hasta que por fin, cuando se tambaleaban sobre el árbol, Leeli torció los hombros y se liberó de las garras.

El Colmillo Murciélago chilló y se lanzó a atraparla. Tenía la boca tan abierta que su cara parecía ser puros dientes y lengua, y fue lo último que vio Leeli antes de chocar contra una rama gruesa y perder el aliento. Jadeaba y se agarraba a lo que podía. Las ramas se desprendieron de sus manos y le arañaron las palmas mientras daba tumbos e iba bajando por el árbol. Se dobló sobre una rama fuerte y se detuvo. Las lágrimas rodaban por sus mejillas mientras sus pulmones se abrían lentamente, lo suficiente para que pudiera jadear.

Resoplando, Leeli flexionó los dedos y pataleó para asegurarse de que no se había roto nada, y luego miró aterrorizada a su alrededor, a la bruma blanca que la envolvía. Desde abajo de ella, llegaban sonidos de lucha: gritos, acero contra acero, gruñidos de Colmillos Grises y gritos de desafío de guerreros vallerinos. Encima de ella, reinaba un silencio aéreo roto solamente por el batir de las alas y los chillidos ocasionales. Estaba lejos de estar a salvo, pero por el momento era invisible y, salvo algunos rasguños y magulladuras, no estaba herida.

—¿Dónde está la chica? —dijo uno de los murciélagos en el aire.

—La perdí, comandante —respondió otro—. La mocosa todavía tiene esa cosa que hace ruido.

—¿El arpa silbante? —se mofó la primera voz.

—Sí, comandante. Me dolía.

—Sí, también la escuché. Encuéntrala. Y esta vez, deshazte del arma.

¿Arma? Leeli miró su arpa silbante. Nunca lo había pensado así, pero su pequeño instrumento era la única razón por la que no estaba a medio camino de Throg. La apretó contra su pecho.

—Sí, señor —respondió el murciélago. Una ráfaga de viento agitó la niebla, y Leeli vio, entre los Colmillos que revoloteaban sobre su cabeza, la silueta aleteante del que hablaba—. La haré pedazos. No puede estar lejos.

Entonces, la niebla volvió a espesarse y ella comenzó una loca carrera hacia el suelo.

Cuando Leeli llegó a las ramas más bajas, la calle se materializó entre la niebla y vio figuras que corrían de un lado a otro. Vallerinos. Leeli dejó escapar un suspiro de alivio.

—Disculpen —dijo cuando pasó un pelotón de guerreros. Nadie la oyó. Cuatro hombres más pasaron al trote, con las armas desenfundadas y el rostro adusto—. ¡Ayuda! —gritó.

Uno de los hombres levantó la vista y la reconoció.

—¡Baje, zu alteza! ¡Rápido!

Leeli se descolgó de la rama y se dejó caer en sus brazos.

El hombre le sonrió con la cara sucia y barbuda. Le faltaba uno de los dientes delanteros.

—Dizculpe. Me golpeó un Colmizho Gris, y perdí mi bonita zonriza. Zhegó la notizia de que la habían zecueztrado. Alabado zea el Creador, me alegro de que ezté a zalvo —se volvió a los demás hombres—. Zigan, hermanoz. La zhevaré de vuelta a la biblioteca. ¡Por las Colinaz y los Vazhez!

—¡Oy! —gruñeron, y siguieron adelante hacia la batalla.

—Me zhamo Ladnar G'noll —dijo el hombre mientras ponía a Leeli a su espalda—. Zostente con fuerza. Se encorvó, desenvainó la espada y volvió corriendo por donde había venido, gritando: «¡Tengo a la prinzeza! ¡Abran pazo!».

Mientras Ladnar corría por las calles neblinosas, los vallerinos vitoreaban. Leeli siempre había imaginado que las batallas eran asuntos largos y prolongados, pero esta había parecido durar solo un instante, más una tormenta pasajera que una lluvia constante. Sabía por los gritos que en algún lugar aún se libraba la batalla, pero aquí había pasado como un viento de tormenta, y las ventanas destrozadas y las puertas rotas reflejaban a los guerreros rotos y heridos que sembraban el camino. La única prueba visible de Colmillos era el polvo marrón y las armaduras que ensuciaban las calles. Pero poco después, la niebla se disipó y el sol brilló, iluminando cabalmente la destrucción del día.

Por fin, Ladnar llegó a la Gran Biblioteca e irrumpió por la puerta principal. Intentó recuperar el aliento mientras bajaba a Leeli al suelo y hablaba con un durgano que estaba de guardia.

—Haz correr la voz. Tengo a la donzella.

Leeli estuvo a punto de llorar al oír el júbilo que resonó en la biblioteca ante la noticia. Nia y Podo bajaron corriendo las escaleras principales con los brazos extendidos y levantaron a Leeli en un abrazo.

Nia la miró a los ojos.

—¿Estás bien?

—Sí, mamá. ¿Estamos ganando?

—No, muchacha —dijo Podo.

Nia suspiró.

—Me temo que Ban Rona esté perdida. Estamos haciendo planes para retirarnos. Los Colmillos Grises fueron expulsados hacia el norte de la ciudad, pero los Colmillos Murciélago siguen en el tejado. Son demasiados. Nos estamos quedando sin flechas, y siguen llegando. Gnag ha estado ocupado. Estaba seguro de que te habías perdido. ¿Cómo escapaste?

—Con mi arma —respondió Leeli, levantando el arpa silbante—. Mamá, creo que podemos vencer a los Colmillos Murciélago.

—En palabras de Badly Bunsome: «¿Cómo?» —dijo Oskar al llegar con el Primer Libro bajo un brazo.

—Llévame a la azotea.

—Esa es mi chica —dijo Podo, dándole a Leeli su muleta—. ¡Abran paso a la Golpeamurciélagos!

Subieron corriendo las escaleras de caracol de la biblioteca, entre libros y vallerinos heridos, entre la bibliotecaria que entraba y salía de las sombras ofreciendo ayuda a quien la necesitara, hasta la puerta que conducía al tejado. Varios guardias, entre ellos Danniby y Rudric, la mantenían cerrada contra los golpes de los Colmillos Murciélago en el exterior.

—¡Leeli! Me alegro de que estés a salvo —dijo Rudric con una sonrisa cansada cuando ella se acercó a la puerta—. ¿Qué estás haciendo?

—Contraatacando —dijo Leeli. Algo en su voz les impidió hacer más preguntas, y los hombres grandes se separaron para que ella pudiera pararse frente a la puerta. Leeli respiró hondo y tocó «El pantano del búho de la corteza» con toda la emoción que pudo reunir. Los golpes en la puerta cesaron y, tras una pausa, los Colmillos Murciélago del exterior soltaron un chillido escalofriante.

Rudric sonrió sombríamente.

—Gracias al Hacedor por las joyas de Anniera —dijo, sacando su martillo de guerra del cinturón—. Sigue tocando, muchacha.

Rudric abrió la puerta de golpe y se precipitó hacia la luz del sol. Danniby y un grupo de guerreros vallerinos lo siguieron. Leeli y Podo subieron al tejado y contemplaron el cielo azul y el sol brillante, y la música de Leeli se esparció en el aire sobre Ban Rona.

Los Colmillos Murciélago se dispersaron ante la canción como si un viento terrible los empujara.

23

La Golpeamurciélagos de Ban Rona

Leeli estaba rodeada de hombres y mujeres armados, todos de espaldas a ella. El aire estaba cargado de olor a sudor y fuego, de sonidos de guerra y lucha. Ella se apoyaba en su muleta y tocaba, temiendo el final de cada melodía porque cada vez que la música se detenía, los Colmillos Murciélago luchaban con más fuerza.

Thorn O'Sally dijo más tarde que, desde la Sala de Cofradías, parecía como si el techo de la Gran Biblioteca se hubiera desvanecido en una nube de alas. Dijo que la música parecía atraer a los Colmillos —«como cuando te agarras la pierna cuando te muerde un perro»—, como si el enemigo supiera que la batalla estaba perdida si no podía detener a la doncella musical.

Leeli tocó durante horas. Estaba en el centro de aquel anillo de protección vallerino, lleno de cuchillas y bramidos, y tocó todas las canciones que conocía. Nia se arrodilló a su lado, con un brazo alrededor de su cintura, mientras le dirigía palabras de ánimo. Los labios y los dedos de Leeli se entumecieron y, cuando sus piernas cedieron al cabo de una hora, Nia la tumbó en el suelo y gritó pidiendo agua. Leeli estaba desesperadamente sedienta, pero no quería dejar de tocar el tiempo suficiente para beber.

Oyó a Rudric por encima de todos los demás, gritando con osadía al ejército alado y alentando a su pueblo a seguir luchando. En otra parte de la ciudad, los Colmillos Grises se separaron y corrieron hacia la canción. Los vallerinos persiguieron hasta que la lucha tanto en tierra como en el aire se centró en la Gran Biblioteca.

—¡Sigue tocando, Leeli! —gritó Rudric, y ella siguió tocando, hasta que las lágrimas rodaron por sus mejillas y sus labios se agrietaron hasta sangrar. Cayó en un trance, sus dedos pulsaron las cuerdas y tamborilearon en los agujeros del arpa silbante durante tanto tiempo que ya casi no sabía lo que estaba tocando. «La melodía de Topper», decía Nia, y aunque la hubiera tocado cinco veces, Leeli volvía a hacerlo, aunque con cada repetición, la canción perdía parte de su eficacia.

Más de una vez a lo largo del día, la canción conectó a Leeli con sus hermanos, y cada vez era más consciente de que en su cabeza no solo estaban Janner y Kalmar, sino también esa otra presencia inquietante, el rostro que no podía ver del todo pero que sabía que la veía a ella. Cerró los ojos y trató en vano de apartar la oscuridad de su mente. La cosa la observaba mientras ella tocaba. Sus hermanos parecían sentirla también, y ella llegó a tener pavor de la magia cuando aparecía. La exponía a ese otro espíritu, que ella creía que era Gnag el Sin Nombre. La última vez que ocurrió, esos ojos oscuros flotaron desde la esquina de su mente hasta el centro y se hicieron tan grandes como el mundo: amenazantes, hambrientos, siniestros.

Las manos de Leeli resbalaron del arpa silbante y sintió que su interior se estremecía de cansancio. *¡No!*, gritó su corazón, y con los últimos restos de su voluntad, se aferró a la conciencia y renovó su melodía. Se obligó a mirar de nuevo a esos ojos y a desafiarlos, y cobró un hilo de alegre fuerza cuando retrocedieron. Oyó cerca el gruñido áspero de Podo:

—¡Tomen eso, comeinsectos! ¡Y eso!

Entonces, oyó gritos de triunfo: la voz de Rudric rugía con una exuberancia nacida de una victoria duramente ganada. Los guerreros que la rodeaban se alejaron y ella sintió la bienvenida luz del sol justo antes de caer en los brazos de su madre. Cuando encontró fuerzas para abrir los ojos, vio, como en un sueño, los rostros exhaustos pero felices de los hombres y mujeres vallerinos que vitoreaban.

—¿Se acabó? —murmuró Leeli.

—Sí, mi niña valiente. Se acabó —Nia besó a Leeli en la frente y la abrazó con fuerza—. Han huido hacia el cielo y el mar. Ban Rona resiste.

Leeli sintió que los viejos y fuertes brazos de Podo la levantaban. Sintió el familiar erizamiento de sus bigotes contra su frente y el cálido almizcle de su pipa mientras la llevaba del tejado a la cálida penumbra de la biblioteca. Los gritos de alegría se desvanecieron, y en los pasillos de la biblioteca, vio a muchos vallerinos, tanto heridos como sanos, observándola a su paso. Sus ojos estaban bien abiertos con asombro, y susurraban entre ellos.

Cuando Podo la llevó escaleras abajo y salió por la puerta principal, los gritos se habían apagado. Multitudes de durganos, miembros de clanes, doncellas de la espada y jefes se reunieron en la calle devastada por la guerra y observaron cómo Podo subía a su nieta al primer carro que veía. Un chico le entregó las riendas al anciano mientras Nia y Oskar subían.

«¡Salve, Leeli!», gritó alguien, y mientras el carro rodaba calle arriba y se alejaba de la Gran Biblioteca, todas las almas de la ciudad se hicieron eco del grito: «¡Por las Colinas y los Valles y la Isla Luminosa!».

Leeli sonrió con las últimas fuerzas que le quedaban y se durmió profundamente.

Cuando despertó, estaba en su habitación de la Colina de la Chimenea. En la mesa de luz, ardía una sola vela. Sintió el aroma de sopa de queso y tocino, y vio a Nia dormida en la silla de al lado.

—¿Mamá? —susurró. Le dolían los labios al hablar. Nia se volvió y sonrió. Leeli quiso devolverle la sonrisa, pero no pudo. Le brotaron nuevas lágrimas y empezó a temblar.

Había estado soñando con Gnag el Sin Nombre.

24

Visitas en la Colina de la Chimenea

—¿Qué viste? —preguntó Nia.

Leeli no sabía por dónde empezar. Seguía tan cansada y tenía los labios tan agrietados e hinchados que hablar era un gran esfuerzo. Se acomodó la almohada y se sentó más erguida. Luego, hizo una mueca de dolor mientras sorbía caldo de carne de gallina de una cuchara de madera.

—Vi a Janner y a Kal.

—¿Dónde están? ¿Están a salvo?

—Sí… y no. Creo que estaban con otra persona. O con otra cosa —Leeli negó con la cabeza, frustrada por no poder ser más concreta—. Estaban cerca del Bosque Negro, pero no parecían heridos.

Nia guardó silencio mientras ayudaba a Leeli a tomar un poco más de caldo.

—¿Están camino a casa?

—No. Se dirigen al bosque.

—¿Qué? ¿Por qué? —Nia se enderezó, como hacía siempre que tenía miedo.

—Van camino a Throg —Leeli se revolvió entre las sábanas y apartó los ojos—. A buscar a Gnag. Cuando Nia no dijo nada, continuó:

—Creo que Kal está cambiando.

—¿A qué te refieres con «cambiando»?

—Sus ojos. Tenían manchas amarillas. Teme volverse loco otra vez, como el tío Artham, así que va a Throg a buscar a Gnag.

—Tontos —dijo Nia en voz baja—. No pueden simplemente derrotar a Gnag. Si fuera tan fácil, alguien ya lo habría hecho. Ni siquiera saben qué es.

—Sabemos que es humano. Bonifer lo dijo, ¿recuerdas?

—Pero ¿y si él también ha cambiado? ¿Y si se ha fusionado con algo? ¿Y si es otro tipo de Colmillo? Ha estado intentando llevarlos a ustedes tres a Throg todo este tiempo, ¿y ahora creen que pueden aparecer y luchar contra él? No pueden hacer esto.

—Es demasiado tarde. Están en camino, y Janner me pidió que te dijera que confiaras en él. Dijo que tenía que proteger a Kal, y que esta era la mejor manera de hacerlo. Kal iba a ir, con o sin él, y Janner es el guardián del trono. ¿Qué más podía hacer?

Nia suspiró y se reclinó en la silla, mostrando por fin su cansancio. Se quedó mirando al techo, pensativa, quizás suplicando en silencio al Hacedor.

—¿Mamá?

Nia miró a Leeli, con los ojos llenos de dolor.

—Mi niña, estuviste magnífica hoy. Ban Rona habría caído sin ti. ¡Pero mis hijos! —a Nia se le quebró la voz e hizo una pausa para recuperar la compostura—. ¿Por qué el Hacedor debe poner a prueba el corazón de una madre? Perdí mi tierra, mi gente, mi esposo… lo perdí *dos veces*. No puedo soportar perder a mis hijos. ¿Lo entiendes?

Leeli asintió.

—¿Qué puedes hacer?

—Nunca debería haber permitido que se apartara de mi vista. Todo este esfuerzo, toda esta muerte. Una tormenta se arremolina a nuestro alrededor. Durante años hemos estado en el centro, y no sé cuánto tiempo más podré soportarlo.

Nia apartó a Leeli para hacer lugar en la cama y luego se acostó y tapó las piernas de ambas con la colcha. Leeli dejó el cuenco en la mesilla y se acomodó junto a su madre, y las dos descansaron en silencio hasta que Nia respiró el aliento del sueño.

Leeli dirigió sus pensamientos al cielo, y retomó su súplica donde la había dejado Nia, elevando una bendición de seguridad para sus hermanos, que se adentraban en la oscuridad a cada paso.

Extrañamente, no sintió ira hacia Gnag, que había causado tanto mal al mundo… solo lástima. Y esa piedad dirigió sus plegarias hacia sus hermanos y su seguridad.

¿Qué podía hacer? Los Colmillos le habían torcido la pierna y solo tenía nueve años. Era tan débil como una flor. Acarició el cabello de Nia, como Nia había acariciado a menudo el suyo cada vez que tenía miedo. Luego, su mano se dirigió al arpa silbante. Si no podía ir con sus hermanos al corazón de las tinieblas, defendería los Valles. Tocaría su música. Su canción era todo lo que tenía, y la enviaría al cielo mientras tuviera aliento para hacerlo.

Hasta bien entrada la noche, la doncella musical de Anniera practicó las digitaciones en silencio, recordando canción tras canción y ordenándolas como un guerrero dispondría las armas y afilaría las espadas. Si, cuando saliera el sol, los Colmillos volvían, ella estaría preparada. Se oyó un ligero golpe en la puerta del dormitorio, Podo asomó la cabeza y sonrió.

—Cambia de lugar conmigo, muchacha. Tienes visitas.

Leeli se bajó de la cama mientras Podo se deslizaba junto a su hija. Nia se movió pero permaneció dormida, apoyada en el gran pecho de su padre, como seguramente hacía de pequeña. Leeli nunca había visto a su madre tan debilitada, y nunca la había amado tanto.

—Tu muleta está junto a la puerta. Como nueva —Podo le guiñó un ojo. La muleta estaba tallada con su nuevo apodo: Golpeamurciélagos. No era un nombre bonito, pero como se le había ocurrido a Podo, lo aprobaba.

Leeli bajó las escaleras en el silencio de la casa. Sabía que había vallerinos heridos en la mayoría de las habitaciones y no quería molestarlos. Cuando llegó al piso de abajo, oyó un murmullo de voces y el tintineo de los platos que limpiaban en la cocina. Oskar estaba parado en la puerta y sonrió al ver a Leeli.

—¡Leeli! Me alegro de que hayas podido descansar. ¡Fue un día digno de quedar registrado! —hizo una reverencia, lo que hizo que su mechón de pelo blanco se desprendiera de su calva cabeza. Cuando se enderezó, los mechones blancos se alzaron como un penacho de plumas hasta que volvió a bajarlos—. Alguien ha venido a verte.

Abrió la puerta y Leeli salió a la fría noche. Primero vio a Thorn O'Sally de pie junto a Kelvey y su padre, Biggin. Le sonrieron con orgullo y se apartaron para que pudiera ver más allá.

Los perros se habían congregado en el patio delantero de la Colina de la Chimenea; parecía que habían venido todos los perros de los Valles. Estaban sentados en posición de firmes, moviendo furiosamente las colas, aunque sus rostros estaban serios. Baxter avanzó cojeando y ladró una vez. Cientos de perros respondieron con un solo *guau*.

Leeli sonrió tanto que se le agrietaron los labios y gruñó de dolor. Baxter ladeó la cabeza y le gimoteó como respuesta. Ella bajó de la entrada y se movió entre los perros, acariciando cabezas y rascando detrás de las orejas. Había tantos que formaban un charco de calor en la fría noche.

—No conozco el canidio ni la mitad de bien que tú, pero estaba claro que tenían muchas ganas de verte —dijo Biggin—. No nos dejarían en paz hasta que marcháramos directamente aquí desde la sabuesería.

—Están esperando órdenes —dijo Thorn—.

—Y solo las aceptarán de su parte, señorita Wingfeather —añadió Kelvey.

—No sé qué decir —Leeli se paró en el mar de perros y miró a Biggin en busca de ayuda.

—Diles lo que tienen que hacer a continuación —le dijo.

Leeli sintió que uno de los perros le lamía el tobillo. Se arrodilló y encontró a Frankle, el cachorro revoltoso. Leeli dio una palmada y él saltó a sus brazos. Entonces, la pequeña se levantó con Frankle, que estaba tan quieto como un bebé dormido en sus brazos, y miró a su alrededor al ejército de la sabuesería, con un placer que la hizo sentirse orgullosa y humilde a la vez.

—Contraatacamos —dijo Leeli. Luego, silbó y chasqueó las mismas palabras en canidio.

Frankle levantó la cabeza y aulló con todas sus fuerzas, que no eran muchas. El resto de los perros se le unieron. Sus aullidos se elevaron en la noche, y los vallerinos que estaban despiertos para oírlos se alegraron.

Más allá del Aguacalle y en los riscos a lo largo del Mar Oscuro de las Tinieblas, donde acechaban los Colmillos Murciélago y los Colmillos Grises, los aullidos de los perros se extendieron por las sombras y sembraron semillas de duda en las mentes de los Colmillos… quizás por primera vez desde que eran Colmillos. Dudas de que la victoria fuera segura. Dudas de que la batalla estuviera a punto de terminar. Dudas de que pudieran derrocar a los defensores de los Valles Verdes.

Segunda parte:

Skree

Bonifer corrió hacia la biblioteca y se desplomó en la mesa donde él y Madia habían pasado muchas largas horas juntos, esperando a que ella se uniera a él como solía hacer. Sin embargo, ella nunca llegó. Se puso el sol y Bonifer se quedó solo con sus libros y el corazón vacío. Lleno de ira, se dirigió a las casas de cada uno de los contendientes del Durga y conspiró para que Ortham fuera el blanco de la fuerza de cada guerrero. Los guerreros, pensando que no era más que un deporte a costa de Ortham, aceptaron con la esperanza de que un esfuerzo concertado para burlar al joven guerrero aumentara sus posibilidades de victoria.

El día de los juegos, Bonifer contempló con secreto regocijo la humillación de su amigo y anticipó la certeza de su unión con Madia Wingfeather. La bota estaba escondida en las colinas; sonó el cuerno y los jóvenes de los Valles se apresuraron a encontrarla y devolverla al campo. Cuando al cabo de varias horas, los vallerinos aparecieron en el horizonte persiguiendo al portador de la bota, no fue ninguna sorpresa que Ortham la poseyera. Bonifer no estaba preocupado, porque veía que su plan funcionaba. Desde su posición ventajosa, estaba claro que Ortham cojeaba y estaba malherido. No había forma de que pudiera ganar, especialmente ahora, al final, cuando lo perseguían cien hombres que no estaban heridos.

Bonifer vio que Madia se levantaba y se llevaba una mano a la boca temiendo por la seguridad de Ortham, y entonces Bonifer comprendió su insensatez. Porque Madia no era una persona corriente, impresionada solo por la victoria y la fuerza física. Ella también tenía ojos para ver la fuerza del corazón y el valor. Y fue el valor lo que llevó a Ortham, herido y cansado, al Campo de Finley al final.

Los secuaces de Bonifer se lanzaron sobre Ortham con feroz intención, pero no pudieron arrancarle la bota de sus garras, pues era el amor lo que lo impulsaba más que la victoria. Bajo un montón de hombres fuertes, Ortham yacía inmóvil, aferrado a la bota que creía que ganaría el corazón de Madia. Y así fue. Ella corrió hacia el campo y le besó la frente, aunque él había perdido el conocimiento, y Bonifer supo que no tenía lugar en el corazón de su amada. Ortham había ganado, a pesar de la traición de

Bonifer. Los guerreros que habían tratado injustamente a Ortham callaron avergonzados y no le contaron a nadie la conspiración de Bonifer.

Cuando Ortham recobró la salud, no supo que su amigo lo había traicionado. En cambio, se mantuvo cerca de Bonifer. Lo incluyó en sus planes de boda. Y el día en que la princesa de Anniera y Ortham Greensmith se casaron, Bonifer estuvo presente como amigo y compatriota de Ortham.

—Tomado de *La Annieríada*

25

La Pata del Flonejo

Tres días antes (mientras Janner comía la decimotercera magdalena en la Colina de la Chimenea), Sara Cobbler y Maraly Weaver se encontraban frente a una posada y taberna llamada La Pata del Flonejo, enclavada en lo más profundo del sucio corazón de Dugtown.

Una mañana de primavera inusualmente cálida se había levantado sobre la tierra de Skree, y el sol había despertado enjambres de moscas, mosquitos y zancudas, que celebraban la nueva estación picando o mordiendo cada centímetro cuadrado de carne que encontraban. Zumbaban alrededor de los carruajes y carros tirados por caballos cuando pasaban y descendían en tropel sobre los excrementos que dejaban a su paso.

Las dos chicas que estaban fuera de la taberna aplastaban insectos con las palmas mientras hablaban. Sara Cobbler se mantenía erguida y aplomada; Maraly Weaver estaba encorvada, pateando el barro con desgano. Sara llevaba un vestido azul brillante y una capa con la capucha echada hacia atrás; Maraly llevaba unos pantalones sucios y una camisa hecha jirones. Sara llevaba el cabello recogido en una coleta; Maraly lo tenía enmarañado y húmedo. Sara arrugó la nariz ante el hedor cada vez más intenso de la calurosa ciudad; Maraly escupió y tragó un eructo. Un extraño que pasara por allí podría haber pensado que la decorosa Sara le estaba comprando algo a la pobre Maraly, o que tal vez la feroz Maraly estaba en proceso de robarle a la inocente Sara. Pero, en realidad, las dos chicas eran amigas íntimas, unidas por su preocupación mutua por el ocupante de la habitación doce de La Pata del Flonejo.

—¿Cómo está hoy? —preguntó Sara.

—Igual. Sigue sin comer mucho.

—¿Está despierto?

—Es difícil saberlo. Ya sabes cómo es —Maraly se limpiaba los dientes con una ramita—. Será mejor que lo levantemos. Pronto dejarán de servir el desayuno.

Sara siguió a Maraly al interior de la taberna, ignorando las miradas hoscas de los clientes que se desplomaban cansados sobre sus jarras o platos de comida. Las chicas subieron las escaleras hasta la habitación doce y entraron sin llamar. Artham P. Wingfeather yacía en el catre, agitado por una pesadilla.

—Esben, no —murmuraba—. Voy a volver. Voy a…

—Artham —susurró Sara, mientras se sentaba al borde de su cama—. Artham, despierta.

—¡No cantes la canción! —chilló él mientras se incorporaba y miraba a su alrededor enloquecido. Extendió las alas y tembló. Después, parpadeó, vio que las chicas lo miraban con preocupación y se cubrió la cara con las manos enrojecidas—. Estaba soñando.

—Ya está. Estamos aquí ahora —dijo Sara.

—Bebe algo —dijo Maraly. Le sirvió una taza de agua de una jarra que había junto a la cama y se la dio—. Después, te llevaremos abajo a desayunar.

—Gracias, chicas. Pero no tengo hambre —Artham volvió a tumbarse y se quedó mirando la pared—. No tengo hambre, no hengo tambre, no me parezco a un estambre.

Al principio, los balbuceos de Artham le habían molestado a Sara, pero ya se había acostumbrado. Era débil e inofensivo cuando estaba así, pero cuando ella lo miraba a los ojos tristes, veía que había alguien más allí, alguien con voz fuerte y sin atisbo de locura. Esa era la voz que usaba cuando dormía. Pero desde la Fábrica Tenedor, cuando se había desplomado en el suelo chillando sobre una canción y alguien llamado Esben, Artham no había hecho más que balbucear y soñar cosas terribles. Durante todo el invierno, se había tumbado en la cama o se había paseado por la habitación, mirándose las garras rojizas y llorando.

Maraly dijo que Artham era un guardián del trono de Anniera, e incluso parecía sincera cuando lo dijo. Pero Sara nunca había estado segura de si la Isla Luminosa de Anniera era un lugar real o solo un cuento de hadas que la gente contaba a los niños pequeños. Parecía demasiado buena como para ser real. Maraly (y Gammon, su padre adoptivo) afirmaban que Artham había sido capturado por Colmillos y lo habían transformado, pero en lugar de convertirse en un monstruo, se había convertido en este extraño y majestuoso hombre con forma de pájaro.

Sin embargo, lo más asombroso de todo era que, si sus historias eran ciertas —si Artham Wingfeather era uno de los Wingfeathers de la Isla Luminosa—,

Janner Igiby, a quien conocía desde el Festival del Día del Dragón en Glipwood, también pertenecía a la familia real. Sin duda, se había comportado como un príncipe, enfrentándose con valor al ataúd de la Fábrica Tenedor para poner en marcha su plan de fuga. Había algo en sus ojos diferente a los de los otros niños, pero Sara no estaba segura de si era real o si solo se trataba de su imaginación.

Sin embargo, ante la sola mención de la Isla de Anniera, sintió una calidez en los huesos. De niña, había oído a Armulyn el Bardo cantar sobre ella; había oído a su madre y a su padre contar historias sobre ella, y esas historias eran semillas plantadas en lo más profundo de su ser que habían dado brotes y hojas verdes alrededor de su corazón. Parte de la razón por la que siempre venía aquí era que Artham le recordaba a Janner. Y aunque apenas se atrevía a admitirlo para sus adentros, también venía porque anhelaba que las historias sobre Anniera fueran ciertas. Estar cerca de Artham Wingfeather la ayudaba a creer.

Sin embargo, ahí yacía en un montón de plumas sobre la cama, cotorreando contra la pared.

—Vamos, ya —dijo Maraly, arrancándole la almohada de debajo de la cabeza—. No desayuné para poder comer contigo, hombre pájaro. Dejarán de servir en cualquier momento. Y sé que hoy hay huevos y cerdo al vapor.

—Muy bien, muy bien —dijo Artham mientras apoyaba los pies en el suelo y se estiraba. Cuando lo hizo, le temblaron las plumas—. Hueverdo.

—¿Qué? —preguntó Maraly.

—Hueverdopor y cerhuevo.

Sara y Maraly pusieron los ojos en blanco mientras lo ayudaban a levantarse. Lo condujeron escaleras abajo, tratando de ignorar las miradas de los sucios habitantes de Dugtown. Una vez sentados en una mesita del rincón, el propietario llegó a la mesa con los brazos cruzados y apoyados en su barriga.

—Tres platos de desayuno, por favor —dijo Sara.

—Sí. Apuesto a que sí. ¿Y quién paga esto? —gruñó.

Maraly entrecerró los ojos y le devolvió el ceño fruncido.

—Ya sabes quién.

—Más le vale. Hace dos días que no lo veo.

—Está ocupado defendiendo tu ciudad de los Colmillos, por si lo has olvidado —dijo Maraly, con sorna—. Y no le hará mucha gracia si se entera de que has escatimado en lo que acordaron.

26

Lo de Snoot: Caballeriza y Magdalenas

Los habitantes de Dugtown en la taberna miraron con odio a la Espada Florida mientras Maraly, Sara y Artham se excusaban. Teniendo en cuenta que Artham y Gammon habían liderado la carga contra los Colmillos y liberado Dugtown el invierno anterior, los residentes deberían haber fingido cierta amabilidad. Pero incluso antes de la Gran Guerra, Dugtown era un ruin hervidero de escoria y miseria, y nueve años de opresión de los Colmillos habían vuelto aún más hostiles a sus habitantes.

Sara deseaba poder manejarlos como lo hacía Maraly. Maraly parecía sentirse como en casa, contestando con desprecio a cualquiera que la mirara mal y llevando las manos a los cuchillos que colgaban de su cinturón. Sara se limitaba a asentir con la cabeza y a sonreír nerviosamente mientras llevaba a Artham de la mano. Él miraba al suelo y caminaba arrastrando los pies como un anciano, lo cual era bueno, pensó Sara, porque al menos era ajeno a todas las miradas maliciosas.

—¡Volamos! ¡Ajá! ¡Afuera! —exclamó la Espada Florida. Agitó la espada en el aire tres veces, se quitó el sombrero de ala ancha y se inclinó—. ¡Reanuden la ingesta de su deliciosa huevesta! —sonrió—. Creo que me inventé esa palabra. ¡Y rima! ¡Alegres son las delicias que trae un nuevo día!

Cuando Artham y las chicas salieron de la habitación, la Espada Florida dio media vuelta y marchó hacia el exterior.

—¿Qué sucede? —preguntó Maraly mientras subían por la calle.

—Es Claxton —dijo Gammon con tono sombrío.

Maraly se detuvo en los escalones de la entrada.

—No voy a volver.

—No te preocupes. No dejaré que te lleve. Pero *es* tu padre, y creo que es justo que al menos te vea antes de…

—¿Antes de qué? —preguntó Maraly.

—Antes de que lo eche de Dugtown. No confío en él. Hay habitantes de Dugtown que creen que los Colmillos van a ganar esta guerra, y están intentando quedar del lado correcto.

—¿Espías? —preguntó Sara.

—Muchos —murmuró Gammon—. Es difícil saber en quién confiar.

—Puedes confiar en nosotras —dijo Maraly, tomando la mano de Gammon.

Él le sonrió, con los ojos centelleantes en la tela negra de su máscara, mientras la guiaba hacia la izquierda y hacia el Patio Veemin.

—Tú también puedes confiar en mí.

—¡Puedes monfiar en quíiiii! —dijo Artham, agitando las alas. Se rascó la cabeza—. Confiar en mí. Confiar en mí. Confiar en *mí.*

Sara tomó su mano de pájaro como Maraly había tomado la de Gammon, y los cuatro doblaron otra esquina.

Pasaron junto a lugareños que llevaban cabras o cestas de tubérculos, y todos gruñían y refunfuñaban al pasar. Gammon los guio cuesta arriba durante varias manzanas, pasando por delante de edificios adosados donde la gente se asomaba a las ventanas superiores y charlaba entre sí, lanzando de vez en cuando algún zapato o un puñado de comida por enfado o simple travesura.

En el exterior de un local llamado Lo de Snoot: Caballeriza y Magdalenas, una pequeña multitud se había reunido y acosaba a dos guerreros kimeranos que permanecían estoicamente en la puerta con las manos cruzadas sobre las empuñaduras de sus espadas. La multitud estaba formada por varados. Sara se dio cuenta por el olor y por el pelo enmarañado, la dureza de sus voces, los cuchillos y las nubes de moscas.

—¡Haced espacio! —dijo Gammon, retomando su voz de Espada Florida—. ¡Ampliad ahora el área entre la entrada de la puerta y su tosco pernil! ¡Pasar debemos!

Los varados volvieron sus rostros raquíticos, verrugosos, grumosos y enfermizos hacia el hombre de negro y se burlaron.

La Espada Florida agarró el borde de su capa, levantó la barbilla desafiante, luego arrojó a un lado la capa y desenvainó su espada.

—Luchad contra mí —dijo, haciéndoles señas con la otra mano—. Se los ruego. Me alegraría la mañana.

—¿Es esa Maraly Weaver? —preguntó uno de los varados.

—¡Sí! —chilló una de las mujeres; al menos, Sara *pensó* que era una mujer. Los bigotes que sobresalían en su rostro hacían que fuera difícil saberlo—. ¿No me reconoces, Maraly? ¡Es tu dulce prima cuarta del lado de Weaver! ¡La prima Poggy!

—Sí, te conozco —Maraly se cruzó de brazos—. Y puede que seas mi cuarta tía-prima, pero ya no soy pariente tuya. Ahora le pertenezco a Gammon.

—¿Quién es *Gammon*? —se burló Poggy.

Gammon se aclaró la garganta antes de que Maraly pudiera responder. Agitó su espada en la cara de los varados, y ellos sisearon en respuesta.

—Claxton Weaver está a cargo de todos ustedes, ¿no? Pidió negociar con la Espada Florida, y la Espada Florida soy yo. He aquí mi volage[1] —expuso el pecho para que pudieran examinar la E y la F cosidas en hilo escarlata—. Os pido que nos dejéis pasar y que dejéis en paz a mis hombres. ¡No más!

—Gracias, mi señor —dijo uno de los guardias con un gesto de la cabeza mientras los varados retrocedían—. Weaver está adentro.

Gammon miró a los varados mientras sujetaba la puerta para Sara, Maraly y Artham. En el interior de la caballeriza y pastelería, había varios guardias más cuya atención estaba fija en la puerta trasera. Sara siguió a Gammon por la tienda, cuyo suelo estaba cubierto de heno, estiércol y harina para hornear. Hizo una nota mental de no probar ninguna de las magdalenas.

La parte trasera del edificio parecía más un corral que una tienda, fuera de lugar en medio de la ciudad. Había un pajar, donde varios varados estaban sentados con las piernas colgando por el borde. A la izquierda, había un puesto con unas cuantas cabras, y a la derecha, un horno de piedra donde una mujer bajita y gorda sacaba una bandeja de magdalenas bien calientes. Los guardias kimeranos gimieron de placer ante el aroma.

Pero la atención de todos se dirigía hacia una mesa situada en el centro de un pequeño patio empedrado donde normalmente se guardaban los caballos o las vacas. Alrededor de la mesa, estaba sentado un grupo de hombres y mujeres, algunos de los cuales tenían un aspecto casi tan sucio como los varados, y otros parecían la clase acomodada desplazada de Torrboro. Encorvado en una silla en la cabecera de la mesa, había un hombre grande y peludo cuyo olor se extendía por toda la habitación y les daba náuseas a los ocupantes.

---

1. *volage*: s. del antiguo gullish «vullidge», que significa «símbolo en el pecho de un héroe, para uso de identificación, propaganda y comercialización».

—Quédate cerca —susurró Gammon.

Maraly le apretó la mano. Artham lo siguió en silencio sin prestar mucha atención a nada más que a sus pies.

Cuando Claxton Weaver oyó que se acercaban, se puso en pie de un salto. Su barba se derramaba sobre su pecho en una serie de mechones enmarañados que se retorcían con algún que otro insecto o gusano. Sus ojos eran fieros y planos, como si estuviera enfadado de todas las maneras posibles y no tuviera el cerebro para saber por qué o el corazón para preocuparse al respecto. Iba vestido con harapos y tenía las botas llenas de barro, pero no era ningún mendigo. Era de constitución temible y de pecho ancho. Parecía capaz de partir la mesa en dos, y los hombres y mujeres allí sentados parecían saberlo.

—¡Maraly! —rugió. Sara vio un destello de ira ardiente parpadear en sus ojos antes de que su rostro se contorsionara con lo que se suponía que era alegría. Sin embargo, como Claxton Weaver no tenía ni idea de lo que era la alegría, principalmente parecía enfermo. Su voz era tan oscura y chirriante como la quilla de un barco que raspa el fondo pedregoso del río Blapp.

—¡Pensé que nunca volvería a verte!

—Sí —dijo Maraly, asomándose por detrás de Gammon—. Y yo nunca *quería* volver a verte.

—Es hora de que vuelvas a casa, muchacha —Claxton ladeó la cabeza y esbozó una sonrisa podrida—. Te hemos extrañado mucho.

—Ya *estoy* en casa. Y dejaste de ser mi padre en cuanto me encerraste en esa jaula.

—Tal vez —dijo Gammon con su voz de Espada Florida—, deberíamos sentarnos y entablar un discurso con nuestra boca antes de que nuestros puños se fundan en una vil contienda.

Claxton apartó la mirada de Maraly y la posó en la Espada Florida.

—No sé lo que acabas de decir, pero creo que quieres decir que deberíamos hablar.

Claxton se sentó y la silla crujió bajo su peso. Gammon se trasladó al lado opuesto de la mesa. Se sentó y Maraly se colocó detrás de él, mirando cautelosamente a Claxton, con la cabeza un poco más alta que el hombro de Gammon.

—Quiero saber quién es ese tal Gammon y por qué cree que puede robarme a mi hija —dijo Claxton—. Mi dulce hija, a quien quiero como a un cubo de tijeretas —estaba claro que para él ese era un altísimo cumplido.

—Lo único que necesitas saber es que Gammon se preocupa mucho por Maraly —dijo la Espada Florida con un tono de voz uniforme—. Moriría por ella.

Claxton entrecerró los ojos mirando a Gammon.

—He oído hablar de ti, sabes. «La Espada Florida», que lucha contra los Colmillos en la oscuridad. Causaste bastantes problemas. A los lagartos les encantaría verte desollado.

—¡El sentimiento es mutuo, os lo aseguro! —dijo Gammon—. Nos pediste que nos reuniéramos aquí contigo, y accedimos porque nosotros, en el consejo de guerra —señaló a los hombres y mujeres a ambos lados— queremos saber si comprometerás o no a tus varados a nuestra gloriosa causa. Una batalla se avecina y pronto hervirá sobre la olla. Los skreeanos (y tú eres uno de ellos, por muy varado que seas) reciben con brazos abiertos a cualquier aliado que puedan reunir.

—Los varados harán lo que yo diga… todos ellos, ya que ahora soy el rey del Recodo Oriental, así como del Medio y del Oeste —Claxton sonrió y sacó su talismán (un medallón de oro) del bolsillo junto con otros dos (una bola de plata y un zapato de bebé)—. Obtuve sus talismanes justo antes de la batalla —se inclinó hacia delante y miró fijamente a Maraly mientras hablaba—. Y les ordenaré que luchen contra los Colmillos. Pero con una condición. Dile a ese Gammon que mi chica no le pertenece. Es *mía.*

—Creía que Maraly ya lo había dejado claro —dijo la Espada Florida—. Has perdido tu derecho a la paternidad. Algunos dirían que has perdido tu derecho a la libertad —Gammon se levantó y puso una mano en la empuñadura de su espada. Cuanto más hablaba, menos sonaba como la Espada Florida—. Tenemos cárceles, ya sabes. Y los miembros de este consejo han acordado actuar como tribunal. ¿Debemos proceder de esa manera, o dejarás ya el asunto con Maraly?

Claxton se puso de pie. Los miembros del consejo, que parecían lo bastante fuertes y capaces, intercambiaron miradas nerviosas. Claxton cerró uno de sus puños y lo apuntó a la cara de Gammon.

—Juro por la Ribera y la mamá de Growlfist que recuperaré a mi hija, Espada Florida. La obtendré de cualquier manera. La pregunta para ti es la siguiente: ¿Quieres que mis varados luchen por Dugtown o no? Si es así, tienes esta única oportunidad de darme a esa chica. De lo contrario, nos esfumaremos.

—¿De verdad lucharías junto a los Colmillos de Dang? —preguntó Gammon sacudiendo la cabeza.

—Lucharemos con quien sea que vaya ganando.

—Traje aquí a Maraly porque consideré justo que tuvieras la oportunidad de despedirte. Esperaba que vieras que está bien querida y cuidada, que agradecieras al menos que tenga un hogar.

—No voy a volver —dijo Maraly. Le temblaba la voz—. Ya no quiero ser una varada.

Claxton tenía la cara de piedra. Un bicho le saltó por la barba y volvió a meterse entre los bigotes. Desde donde estaba Sara, podía ver los ojos oscuros de Claxton. Los estudió, buscando algún atisbo de compasión, pero era como mirar fijamente a un río fangoso.

Gammon se apartó de la mesa y puso a Maraly detrás de él. Los miembros del consejo se pusieron en pie y desenvainaron sus espadas, formando un anillo protector alrededor de Gammon y la niña. Los guardias de la caballeriza desenfundaron sus armas y avanzaron hacia Claxton. Artham, para alivio de Sara, parecía cuerdo. Observó todo el proceso de arbitraje con una mirada estable.

—¿No lucharás por Dugtown, entonces? —preguntó Gammon.

—No sin mi hija.

—Entonces debería ponerte bajo arresto, Claxton Weaver, por traición y sedición. Debería arrestarte también por ser un padre terrible, pero supongo que eso entra también en la categoría de traición —Gammon se quitó la máscara y la arrojó sobre la mesa—. Me llamo Gammon, y si quieres a esta chica, tendrás que matarme para conseguirla. Apártate, Maraly. Ella retrocedió contra la pared y Gammon desenvainó su espada.

Claxton los sorprendió a todos echándose hacia atrás y temblando de risa. Cuando se le pasó la risa, se dio vuelta y de repente tenía un cuchillo largo y dentado en cada mano. Los varados de la sala sisearon y enseñaron sus cuchillos. Artham sacó una daga de una de las vainas de los guardias. Los miembros del consejo, Gammon y todos los demás se acercaron a Claxton, cuya risa se había convertido en una carcajada amenazadora. Sara retrocedió, deseando poder agarrar la mano de Maraly y escapar antes de que empezara la pelea.

Pero no hubo ninguna pelea. Claxton enseñó los dientes amarillos y volvió a reírse; luego le dio la espalda a Gammon. Al instante, se relajó y volvió a guardarse las dagas en el cinturón mientras los varados de la sala se perdían de vista.

—Esto fue más fácil de lo que pensaba. Ahora, me iré —dijo Claxton—. Intenta arrestarme si quieres.

—No quiero volver a verte en Dugtown —Gammon asintió y los confundidos guardias se separaron para que Claxton pudiera pasar.

Mientras se dirigía a la puerta, Claxton miró a Artham con el ceño fruncido y murmuró: «Engendro».

Cuando la puerta de la caballeriza se cerró de golpe, todos respiraron aliviados y se volvieron hacia Gammon.

—¿Qué fue todo eso? —preguntó uno de los miembros del consejo.

—No lo sé —dijo Gammon—. Maraly, ¿estás bien?

Pero nadie respondió.

Maraly ya no estaba.

27

Desgracia villana

—¡Maraly! —gritó Gammon—. ¡Maraly! —buscó frenéticamente por la zona, golpeando las paredes y pateando todas las grietas del suelo—. Sara, ¿viste algo?

—No, señor —dijo Sara, con la voz cargada de miedo.

—¿Hay alguna madriguera de varados aquí? —gritó Gammon.

—No que yo sepa —respondió Snoot, el propietario. Era un hombre panzón y calvo, con grandes patillas que le colgaban de la papada como alforjas—. Solo he vivido aquí unos pocos años, pero nunca he oído hablar de una, ¡lo prometo!

—Si estás mintiendo, haré que te metan en el calabozo —espetó Gammon. Snoot levantó las manos y tembló. Gammon volcó la mesa y pateó las tablas que había debajo, buscando una grieta en el suelo—. Todos, busquen una entrada, alguna palanca que puedan usar para abrir la puerta. *Algo* —Gammon tiró una silla a un lado e investigó el suelo sucio con su espada—. ¡Rayos! Por eso Claxton insistió en reunirse aquí. Debería haberlo sabido.

—Se han ido, señor —dijo uno de los guardias, irrumpiendo desde afuera—. En cuanto Weaver salió del edificio, todos se separaron y desaparecieron.

—Vamos, Sara. Necesitaré dos pares de ojos —dijo Artham. Sara lo miró, sorprendida de oírlo hablar con voz tan firme.

Él la tomó de la mano y la condujo a la calle, luego la levantó en brazos y saltó por los aires. Sara jadeó cuando Artham batió sus alas y se elevaron sobre los tejados grises de Dugtown.

Rodeó el vecindario y los dos escudriñaron la multitud en busca de cualquier señal de Claxton o sus varados. El problema era que el habitante de Dugtown promedio era casi tan mugriento como un varado; así que era imposible distinguirlos desde arriba. Nadie en las calles parecía tener mucha prisa, y la única vez que Sara pudo ver la cara de alguien fue cuando levantaron la vista hacia el extraño hombre pájaro que volaba por encima de ellos.

Artham voló hasta una de las torres de antorchas y dejó a Sara en el suelo.

—¿Ves algo? —preguntó mientras se asomaba al borde y examinaba las calles.

—Nada —dijo Sara. Había oído hablar de las madrigueras de varados, pero le asombró que Claxton hubiera sido capaz de arrebatarles a Maraly delante de sus narices—. ¿Dónde la llevarían?

—No lo sé. ¿De vuelta al Recodo Oriental? —musitó Artham.

—Pero ahí afuera no hay nada —dijo Sara—. Y sabe que Gammon enviará más tropas para recuperarla. A menos que…

Sara y Artham pensaron lo mismo. Su mirada se alejó de Dugtown y cruzó el río Blapp hasta la ciudad de Torrboro. Incluso desde esta distancia, podían ver Colmillos pululando por la orilla del río.

—Va a unirse a los Colmillos —dijo Artham.

—No le hará daño, ¿verdad? —preguntó Sara, con los ojos llenos de lágrimas.

Artham no contestó.

—¿Qué hacemos?

Artham volvió a levantar a Sara en brazos.

—La recuperamos.

Se apeó del borde de la torre y volvieron a deslizarse hasta la caballeriza, donde Gammon seguía gritando. Los guardias de afuera se agitaban inquietos, sin saber qué hacer y temerosos de la ira de su líder. Artham y Sara entraron y encontraron a Gammon en el patio, golpeando el horno con su espada.

—Tráiganlo —dijo Gammon. Los guardias trajeron a Snoot a la rastra. Gammon se inclinó hacia él y lo miró fijamente—. Te lo preguntaré de nuevo. ¿Dónde está la entrada?

—Ya te he dicho que no lo sé. Lo juro —balbuceó Snoot.

—¿Cómo te llamas? —preguntó Gammon.

—Me llamo Lazron Snoot, como dice el cartel, y no sé nada, señor.

Gammon le dio un puñetazo en el estómago.

—¿Dónde está Maraly?

El hombre se dobló y jadeó, suplicando a Gammon que se detuviera. Para Sara, era evidente que el pobre hombre no sabía nada.

—Gammon, no lo hagas —dijo Artham—. Casi nadie sabe dónde están las madrigueras de los varados.

Gammon ignoró a Artham y volvió a levantar al hombre de un tirón. Lo agarró de la camisa y lo acercó de un tirón.

—¡Dímelo!

Ver a Gammon tan enfadado asustó a Sara, y se le saltaron las lágrimas. Lo había visto comportarse noblemente en la batalla, y había visto su ternura hacia Maraly. Sabía que era mejor que esto.

—¡Por favor! —dijo Sara. Los guardias y los miembros del consejo observaron en silencio cómo Gammon empujaba al dueño de la caballeriza contra la pared—. ¡Gammon, no! —gritó Sara—. No sabe nada. ¡Claxton es con quien deberías estar enojado!

Gammon la ignoró. Inmovilizó a Lazron contra la pared con una mano y con la otra desenvainó su espada. Sara corrió hacia delante y agarró el brazo de Gammon.

—Retrocede, Sara —dijo Gammon, y se zafó de su agarre—. Esto es entre Lazron Snoot y yo.

—Artham, ¡haz algo! —exclamó Sara.

Snoot lloriqueaba como un niño pequeño. Artham dio un paso adelante cuando Gammon empuñó su espada y entrecerró los ojos hacia Snoot. Sara escondió la cara.

—Gammon —dijo Artham.

Gammon levantó su espada.

—Es tu última oportunidad, Snoot —dijo apretando los dientes.

Snoot palideció y señaló el corral de las cabras.

—El gatillo está ahí —dijo—. En la base de la puerta.

Sara levantó la vista, conmocionada.

—Gracias —dijo Gammon. Empujó al hombre a los brazos de los guardias—. Que lo metan en la cárcel para que espere el juicio del consejo.[1]

Gammon inspeccionó la puerta del corral de las cabras y apartó un pequeño montón de tierra, dejando al descubierto una diminuta palanca de madera y el mecanismo que ocultaba el agujero con arena fresca. Lo pisó, y la suciedad se

---

1. En los años que siguieron a la guerra, Lazron Snoot se reformó y amplió su negocio de caballerizas y pastelería para incluir clases de baile gratuitas para los menos afortunados. Cada vez que se veía bailar a un niño en Dugtown, no era raro oír el comentario: «Si no fuera por Snoot, ese chico solo estaría hurgándose la nariz». La caballería, pastelería y salón de baile de Snoot se amplió para incluir también locales en Torrboro y Bylome.

escurrió por una costura rectangular en el suelo polvoriento. La trampilla se abrió y dejó al descubierto una escalera que descendía hacia la oscuridad.

Gammon tomó la mano de Sara.

—Lamento que hayas tenido que ver eso, Sara. Pero esto es Dugtown. No se puede confiar en nadie. Tengo que irme. Artham, me vendría bien tu ayuda.

—Por supuesto —dijo Artham.

Sara observó cómo Gammon bajaba por la escalera y entonces Artham le dedicó una rápida sonrisa, cruzó los brazos y las alas y se dejó caer en el agujero. Sara rogó que trajeran a Maraly a casa antes de que Claxton pudiera hacerle daño; también rogó que Artham se mantuviera cuerdo el tiempo suficiente para ayudar.

¿Qué más podía hacer?

Acomodó una silla que Gammon había tirado y se sentó cerca de la trampilla. No podía dejar de pensar en Maraly arrastrada por esos túneles oscuros, probablemente hasta Torrboro y los Colmillos. No sabía qué era peor, si los Colmillos o los varados. No tardó mucho en decidir que Claxton Weaver era peor que cien Colmillos, al menos para Maraly. Una cosa era odiar a los humanos y querer esclavizarlos porque Gnag el Sin Nombre te lo ordenaba. Otra cosa era querer enjaular a tu propia hija.

Pobre Maraly, pensó Sara. El hombre que más debería haberla amado la había traicionado. ¿Qué le haría eso al corazón de una persona? Sus propios padres habían desaparecido hacía tiempo, probablemente asesinados por los Colmillos poco después de que el Carruaje Negro se la llevara. Sería mejor perder a tu padre en la muerte, sabiendo que te amó hasta el final, antes de que tu padre te odiara mientras vivió.

Pero Gammon amaba a Maraly; Sara lo sabía. Y Maraly también lo sabía. Tal vez en aquel túnel negro, la luz del amor de Gammon haría compañía a Maraly.

—¿Reina Sara? —Sara levantó la vista y descubrió a Borley, su pequeño aliado de la Fábrica Tenedor, de pie con una bandeja de comida y una taza con algo caliente—. Te busqué en la posada, pero me dijeron que estabas aquí. ¿Tienes hambre?

—Borley —dijo Sara. Sí que tengo hambre, gracias.

Tomó la bandeja y, al oler por primera vez el bollo de mantequilla, se dio cuenta de que ya había pasado la hora del almuerzo. Borley se sentó con las piernas cruzadas a sus pies, mirándola primero a ella y luego a la abertura en el suelo.

—¿Qué es eso?

—La entrada a una madriguera de los varados —respondió Sara tras un sorbo de sidra caliente—. Los varados secuestraron a Maraly.

Borley se quedó mirando el agujero como si en cualquier momento fuera a salir un Colmillo.

—¿Cómo están los huérfanos? —preguntó ella.

—Bien —dijo Borley, sin dejar de mirar el agujero—. Más o menos. Por eso vine a buscarte.

—¿Qué ocurre? —preguntó Sara.

—No tenemos más lugar.

—Ayer había mucho espacio.

—Lo sé, alteza.

Sara había intentado evitar que los huérfanos se refirieran a ella como su reina, pero habían ignorado educadamente sus peticiones durante tanto tiempo que se había cansado de resistirse.

—Pero apareció un hombre con más. Muchos más. No sé qué hacer, reina Sara.

Sara suspiró. No podía hacer nada por Maraly al quedarse ahí sentada, y sería bueno tener algo que hacer. Los guardias de Gammon estaban apostados en la caballeriza y la pastelería, y estaban mejor equipados para ayudar si se necesitaba asistencia. Además, si Artham y la Espada Florida no podían encontrar a Maraly, nadie podría.

—De acuerdo. ¿Conoces al hombre que trajo a todos estos niños?

—Claro que lo conozco —dijo Borley con una sonrisa—. Es Armulyn el Bardo.

28

Cucarachas en las alcantarillas

—Vamos, chica —gruñó el varado—. Deja de patalear o te enseñaré para qué sirven las botas.

Maraly había estado en la caballeriza, observando a Gammon desde atrás, orgullosa de que fuera su guardián; entonces, una mano le había cerrado la boca y la había arrastrado a la oscuridad.

Ocurrió tan rápido y tan silenciosamente que ella estaba demasiado conmocionada para gritar o forcejear. Entonces ese varado, un hombre al que ella no conocía, había acercado su sombrío rostro al de ella y le había susurrado: «Haz ruido y lo lamentarás». Maraly sabía que los varados no hacían amenazas vacías.

La había puesto de pie de un tirón, le había rodeado el cuello con un brazo y la había arrastrado por el túnel durante diez minutos antes de soltarla. En cuanto lo hizo, ella saltó. Le dio un puñetazo en el cuello y luego echó a correr por donde habían venido.

Pero el varado era rápido. También era despiadado. La tiró al suelo, sacó una cuerda y, momentos después, Maraly estaba atada y amordazada. El hombre también le quitó sus cuchillos. Bueno, se llevó todos menos los que estaban escondidos en sus botas y en los pliegues de su ropa. Aun así, no le servirían de nada si tenía las manos atadas.

El varado se la había echado al hombro y ahora trotaba por la madriguera, gruñendo por el esfuerzo y golpeando a Maraly de vez en cuando para evitar que se retorciera. Ella también tenía los tobillos atados, pero podía patalear.

—¡He dicho que dejes de dar patadas! —gritó el varado. La tiró de su hombro y ella cayó al suelo frío y húmedo. Se quedó sin aliento y se le saltaron las lágrimas. Mordió la mordaza y se hizo un ovillo, esperando la bota que él le había prometido. Las cuerdas alrededor de sus muñecas estaban tan apretadas que tenía pocas esperanzas de alcanzar uno de sus cuchillos.

—Tranquilo, Wonkin —dijo una voz que Maraly conocía bien—. No querrás ser culpable de herir a la hija del rey de los varados, ¿verdad?

—¿Eh? No, señor —dijo Wonkin—. Pero es peleadora.

—Por supuesto que sí. Es mi hija.

Maraly abrió los ojos y vio a su padre a la luz de un farol. Él dio un paso adelante, tan grande como un trol, y empujó a Wonkin contra la pared. Entonces, Claxton se inclinó y empujó a Maraly sobre su espalda. La inmovilizó contra el suelo con una de sus enormes manos y la miró. Ella pudo ver sus ojos cenagosos brillando en su cara embarrada, su barba enmarañada colgando sobre ella como musgo.

—Maraly. Cómo te he echado de menos —la miró fijamente durante un instante y luego le quitó la mordaza de la boca—. Eso es. Ahora tú también puedes decirme cuánto me has echado de menos.

—Te odio —le dijo Maraly. No le importaba lo que pudiera hacerle. El tiempo que pasó con Gammon y los Wingfeather le había enseñado cómo debía ser una familia, y esto no lo era. No quería ser una varada más de lo que quería ser una vaca colmillo.

Claxton sonrió al oír sus palabras, con unos dientes podridos que las sombras hacían aún más horribles.

—Yo también odiaba a mi padre —dijo—. Estás manteniendo la mejor de las tradiciones varadas. Bien hecho. ¿No les parece, amigos míos?

De los recovecos y hendiduras del túnel se escabulleron más varados, siseando y riéndose. Poggy, la que había estado fuera de Lo de Snoot: Caballeriza y Magdalenas, soltó una carcajada y aplaudió.

—¿Qué quieres conmigo? —Maraly se arrastró hacia la pared y se sentó—. Jamás lucharé por ustedes.

—Lo sé, mi dulce niña —dijo Claxton—. He venido a protegerte.

—¿Protegerme de qué? Estaba bien con Gammon.

—¿Es eso lo que crees? —se burló Claxton—. ¿Podría Gammon protegerte de los Colmillos de Dang?

—No les tiene miedo. Ni a ellos ni a ti.

—Bueno, debería tenerlo. Están en camino —Claxton se cruzó de brazos—. Llegarán esta noche, de hecho.

—¿Qué quieres decir? —preguntó Maraly.

Están cruzando el Blapp. Ya contrabandeamos tropas de ellos a la ciudad. Y cuando aplasten Dugtown, han prometido hacerme el rey. No solo el rey de la Ribera —Claxton levantó un puño al aire—. ¡El rey de Dugtown!

Los varados vitorearon y Claxton gruñó como un animal salvaje. Golpeó a Wonkin en las tripas, aparentemente por diversión. Wonkin cayó al suelo, jadeando, y para repulsión de Maraly, se quedó allí animando a Claxton aún más fuerte, junto con todos los demás varados.

Las lágrimas ardían en sus ojos al pensar en los meses que había pasado al cuidado de Gammon, en su amiga Sara y en los pocos momentos de paz que había experimentado en su corta vida. Quería volver a casa, y la palabra «casa» no le evocaba ningún lugar, sino los rostros sonrientes de los Wingfeather, de Gammon, de Sara Cobbler y de Artham.

Hubo momentos en Kimera y Dugtown en los que Maraly había suspirado por la libertad y el desenfreno de la Ribera, cuando la ropa que le hacían ponerse le hacía picar y la emoción del robo la llamaba. Pero poco a poco, había llegado a apreciar la seguridad del afecto paternal de Gammon. Hasta ahora, nunca había comprendido lo perversa que había sido su vida entre los varados, y la idea de volver la hacía sentirse enferma. Deseaba quitarse la piel, eliminar de su sangre y sus huesos toda relación con Claxton y revestirse para siempre con el nombre y la nobleza de Gammon.

Tal vez Claxton estaba diciendo la verdad. Quizás los Colmillos invadieran y mataran a todos los skreeanos de Dugtown. Tal vez Claxton sería el rey. Pero ella prefería morir luchando con sus amigos que compartir la victoria con los varados.

Antes de que las lágrimas llegaran a sus ojos, las empujó hacia atrás. No le serviría de nada gastarlas aquí.

—Gammon vendrá a buscarme —dijo Maraly.

—Espero que sí —respondió Claxton, encogiéndose de hombros—. No solo conseguiré matarlo, sino que dejará a Dugtown sin líder. Eso les facilitará la tarea a los Colmillos.

—Claxton —dijo Poggy—, deberíamos irnos mientras haya tiempo.

—Ya lo sé —espetó Claxton. Se alzó sobre Maraly con los puños en las caderas—. Manténganla atada. Cree que no es de los nuestros, pero aprenderá. Llévala, Wonkin.

Wonkin se levantó del suelo y volvió a echarse a Maraly al hombro. Esta vez, ella no se resistió. Con tantos varados alrededor, sabía que no había esperanza de escapar. Tenía que esperar. Tenía que quedarse quieta hasta el momento oportuno. Entonces, encontraría una manera de advertirle a Gammon que los Colmillos se acercaban.

Los varados siguieron a Claxton, arrastrándose por los vericuetos de la madriguera como cucarachas en una cloaca.

29

Una luna en la oscuridad

Sara se apresuró a atravesar Dugtown con Borley a su lado, sintiéndose menos segura de lo que se había sentido en meses. Era como si todo el mundo que viera fuera un varado disfrazado, como si cada pared, cubo de basura o callejón fuera en realidad la entrada a una madriguera en la que cualquiera podría ser secuestrado en cualquier momento. Como si los Colmillos al otro lado del Blapp no fueran lo suficientemente peligrosos, ahora Gammon decía que había espías y traidores aquí mismo, en Dugtown.

Sara y Borley pasaron por delante de La Pata del Flonejo y luego subieron por la avenida Grimppity hasta los barracones donde se alojaban los huérfanos de Sara.

El edificio había sido una fábrica de ropa blanca llamada Hilos y Dedales. Los Colmillos habían destrozado el lugar en los años posteriores a la invasión, pero los huérfanos habían hecho un rápido trabajo de limpieza y habían cortado sábanas y mantas de los montones de tela desechada en el sótano. Los niños estaban acostumbrados a trabajar duro en la Fábrica Tenedor, y estaban tan deseosos de tener un lugar propio que, en una semana, Hilos y Dedales se había convertido en el lugar más acogedor de Dugtown.

Cuando Sara subió los escalones de la entrada, oyó cantar adentro, lo cual no era raro, salvo que las voces de los niños iban acompañadas de la melodía de un arpa silbante tocada con destreza. Borley sonrió a Sara y abrió la puerta.

Había niños con la cara sucia por todas partes, sentados en el suelo, tumbados en sus literas, encaramados a las vigas como thwaps, todos embelesados por un personaje de aspecto desaliñado, pelo largo y oscuro y pies descalzos. Estaba en el centro de la multitud, de espaldas a Sara, balanceándose con la canción y moviendo la cabeza.

Los huérfanos de Sara, dispersos entre los demás, exclamaron: «¡Reina Sara!». Se precipitaron hacia delante, hablando todos a la vez. Ella les pidió que hicieran silencio, sonriendo ante su alegría, y volvió su atención al hombre que ahora se inclinaba ante ella.

—Así que esta es su reina —dijo con una sonrisa—. Es un honor conocerla, alteza.

—Armulyn el Bardo. Realmente eres tú —dijo ella, haciendo una reverencia—. Te oí cantar en el Festival del Día del Dragón en Glipwood. Cuando era pequeña.

—Ah, Glipwood —dijo él. Su voz era un poco ronca, pero amable y rápida—. La gente de allí estaba más bendecida de lo que creía. No todos en Skree pueden oír cantar a los dragones. Es algo que podría despertar al annierano que todos llevamos dentro, ¿no?

—Supongo que sí —Sara se dio cuenta de que estaba de acuerdo solo porque estaba nerviosa—. En realidad, no estoy segura de a qué te refieres.

—Dime, reina Sara —dijo Armulyn—, ¿qué recuerdas del Festival del Día del Dragón?

Los huérfanos se amontonaron más y se sentaron en el suelo tan silenciosos como un campo de totatas.

Sara recordó el Festival del Día del Dragón, cuando oyó por primera vez a Armulyn cantar sobre la Isla Luminosa.

—Me acuerdo de *ti* —dijo con una risa nerviosa—. Recuerdo a los Colmillos escabulléndose como siempre lo hacían. Recuerdo la luna de verano saliendo cuando se ponía el sol —Sara se encogió de hombros, sintiéndose tonta de repente—. No lo sé.

—¿Qué recuerdas haber *sentido*? —le preguntó—. ¿Cómo te hacían sentir los Colmillos?

—Asustada —Sara cerró los ojos—. Muy asustada. Era pequeña.

—¿Y mis canciones?

—Bueno, me hacían sentir triste. Pero un buen tipo de tristeza, la clase que sientes cuando eres más feliz. Hicieron que mi corazón… sintiera hambre.

—¿Y los dragones marinos? —preguntó Armulyn—. ¿Qué me dices de sus canciones?

—No sé cómo expresarlo —dijo Sara—. Pero me hicieron sentir como si pudiera ver mejor, más lejos… a miles de kilómetros. Y más cerca, también, como si pudiera contar las venas del ala de una mariposa.

—¿La música te hizo sentir valiente?

— Sí, señor —dijo Sara—. Valiente y... con ansias de mi hogar.

—Exactamente —dijo Armulyn, sonriendo a los niños—. Así es como se sentiría una annierana si estuviera en el exilio, en el lado equivocado del Mar Oscuro de las Tinieblas. *Eso* es a lo que me refiero cuando digo que los dragones podrían hacer que cualquiera se sintiera como un annierano.

Sara levantó la mano, como si estuviera en la escuela y el bardo fuera el profesor.

—¿Pero eso quiere decir que *tú* eres annierano? Todo el mundo solía preguntárselo.

—Tal vez —Armulyn guiñó un ojo.

Sara miró a su alrededor a todas las caras nuevas.

—¿De dónde vienen todos estos niños?

—De todas partes —respondió Armulyn.

¿Por qué todas sus respuestas tenían que ser tan imprecisas? «¿De todas partes *dónde*?».

—De todas partes y muchos lugares. He estado viajando. El verano pasado vi algo, a alguien, y he pasado el último año más allá de los límites de los mapas, difundiendo la noticia.

—¿Qué noticia?

El rostro de Armulyn el Bardo se iluminó.

—Que las joyas de Anniera están vivas. Que Gnag, por mucho que lo intentó, no pudo apagar la luz. La noticia de que se acerca el amanecer.

—¿Te refieres a Janner? —preguntó Sara, incapaz de disimular una sonrisa. Artham le había dicho que Janner era el guardián del trono de Anniera. Incluso le había creído, aunque todo eso sobre la Isla Luminosa seguía pareciéndole una ilusión.

—Janner Wingfeather, sí —dijo Armulyn con sorpresa—. El primogénito. Entonces, ¿te has enterado? ¿Los skreeanos saben lo de la esperanza naciente?

—No sé si saben eso —dijo Sara—. A los skreeanos no les importan mucho las leyendas annieranas... excepto cuando *tú* cantas sobre ellas, supongo. Están más preocupados por los Colmillos que por nada. Y para ser sincera, yo siento lo mismo. Los varados se llevaron a mi amiga Maraly esta mañana, los Colmillos atacarán algún día, y no hay suficientes armas en Dugtown para todos. Lo siento, pero la Isla Luminosa está muy lejos de aquí —Sara bajó la mirada—. También Janner.

—Eso no significa que no sea real. La Isla Luminosa existe, tan cierto como el suelo que pisas. Puede ser difícil de creer, pero es *real,* te lo aseguro. A veces, en medio de la noche, puede parecer que el sol solo fue un sueño. Necesitamos algo que nos recuerde que sigue existiendo, aunque no podamos verlo. Necesitamos algo hermoso que cuelgue del cielo oscuro para recordarnos que existe la luz del día. A veces, reina Sara —Armulyn rasgueó su arpa silbante—, la música es la luna.

Algo en su voz, algo de luz tras sus ojos cansados, obró una especie de magia en el corazón de Sara.

—Nunca me dijiste de dónde venían los niños —dijo ella.

—No creerías lo hermoso que es el país, más allá de los mapas —los ojos de Armulyn brillaban de asombro—. Llanuras y montañas y lagos y desiertos: de todo. ¡Y los animales! ¡Tantas criaturas!

—¿También vive gente allí? —preguntó Sara.

Armulyn bajó la voz para que los huérfanos no lo oyeran.

—Ya no. Los Colmillos habían arrasado todos los asentamientos que encontré. Estos son los que escaparon. Los saqué de su escondite con mi música y no tuve más remedio que ocuparme de ellos. A medida que vagábamos por la tierra, encontrábamos más y más. Desde Farrowmark hasta Dunwarg, las pobres almas habían estado buscando comida desde que se llevaron a sus familias. Condenados Colmillos.

Sara se dio cuenta de que algunos de los huérfanos de Armulyn tenían lágrimas en los ojos.

—Niños —dijo en voz alta para que todos pudieran oírla—. ¡Bienvenidos a nuestro pequeño reino en Hilos y Dedales! Me llamo Sara.

—¡Reina Sara! —gritó uno de sus huérfanos, levantando el puño.

—Nuestra casa es su casa, y aquí tienen un hogar. Tenemos comida, camas y amistad que ofrecer. Borley, ¿podrían tú y Chug mostrarles el lugar a nuestros nuevos amigos y ayudarles a encontrar camas? —una vez que los niños estuvieron ocupados, Sara se volvió hacia Armulyn—. Hablemos afuera.

Se pararon junto a la escalinata de la hilandería, observando el ajetreo de los habitantes de Dugtown. Más de una vez, uno de ellos reconoció a Armulyn y gritó un saludo.

—¿Sabes de dónde vienen los Colmillos? —preguntó Sara.

—Tengo mis sospechas.

—Vienen de la gente. Por eso los Colmillos siempre han secuestrado skreeanos, para convertirnos en Colmillos. Hay una señora a la que los Colmillos llaman la guardiana de la piedra, y usa una vieja roca espeluznante para transformarte. No lo entiendo del todo, pero Artham dijo que te torturan hasta que *quieres* que lo hagan; de lo contrario, no funciona.

Armulyn se quedó mirando a Sara, boquiabierto.

Sara soltó una risita.

—¿Qué?

—¿Dijiste «Artham»? ¿Te refieres a Artham *Wingfeather*?

Sara volvió a reír.

—Sí. Ahora está en las madrigueras bajo la ciudad buscando a Maraly.

—¡Primero Janner, ahora Artham Wingfeather, el guardián del trono de Anniera! Una leyenda corriendo bajo Dugtown —el bardo parecía un niño pequeño—. Eres una luna en la oscuridad, Sara Cobbler.

30

En las madrigueras

Gammon y Artham atravesaron el túnel a toda velocidad. Gammon había oído hablar de las madrigueras de los varados, pero nunca había estado en una. Le sorprendió lo extensas que eran, los callejones sin salida, las bifurcaciones... y no solo bifurcaciones a izquierda y derecha, sino también túneles que subían o bajaban. Había imaginado que esos túneles formaban una cuadrícula que seguía las calles, más o menos, pero ahora se daba cuenta de que eran más bien un nido de hormigas, un intrincado laberinto.

También estaba oscuro, pero por suerte habían encontrado un alijo de faroles, cerillas y aceite al pie de una escalera. Mientras Gammon encendía un farol, Artham subió la escalera y tanteó la trampilla de la parte superior en busca de un pestillo.

Gammon se asombró del cambio que se había producido en Artham. Ya no había más tartamudeo, balbuceo ni la expresión infantil de su rostro. Ahora sus ojos eran firmes y su expresión feroz.

—¿Qué estás haciendo? —preguntó Gammon.

—Quiero ver adónde estamos. Nos ayudará a orientarnos —se oyó un chasquido y la trampilla se abrió. Artham asomó la cabeza y Gammon oyó un grito—. Perdón —dijo Artham—. Lamento interrumpir. Se estremeció cuando una sartén voló sobre su cabeza y se estrelló contra algo.

Gammon oyó a una mujer gritar: «¡Fuera! ¡Vete de aquí! ¿Cómo entraste en mi piso? ¡Fuera ya!».

Artham cerró de golpe la trampilla y se apresuró a bajar por la escalera.

—Estaban almorzando —explicó.

—Bueno, al menos sabemos que los varados no subieron por ahí —dijo Gammon.

Se apresuraron por los túneles, Gammon moviendo el farol hacia el suelo para inspeccionar cualquier posible señal de los pasos de Maraly. Siguieron unas huellas durante un rato antes de que varios conjuntos de huellas se dividieran y se dirigieran en tres direcciones diferentes.

—Esto no es bueno —dijo Gammon, golpeando la pared con el puño—. Nunca la encontraremos aquí.

Artham se agachó y examinó túnel por túnel.

—Un momento. Déjame escuchar —cerró los ojos y se quedó quieto. Sus orejas parecían moverse con cada goteo de agua, con cada leve sonido que resonaba en la madriguera. Sus fosas nasales se encendieron y su cabeza se movía como la de un halcón que examina el terreno en busca de su presa. Las puntas de sus alas caían ligeramente sobre el suelo a sus espaldas. *Artham Wingfeather tal vez esté loco,* pensó Gammon, *pero es una criatura magnífica.*

Artham abrió los ojos de golpe.

—Por aquí —se metió a toda prisa por el túnel de la izquierda.

—¿Son ellos? —dijo Gammon desde atrás.

—Quizás —dijo Artham—. Es alguien, eso seguro.

Gammon corrió tras Artham, girando a izquierda y derecha, subiendo cuestas, bajando rampas, atravesando túneles grandes como una casa o tan pequeños que tenían que arrastrarse por el barro, hasta que finalmente Artham paró en seco, tan bruscamente que Gammon chocó contra él. Gammon hizo todo lo posible por controlar su respiración para poder detectar lo que fuera que Artham había oído.

No había ninguna bifurcación, solo el túnel que se extendía en la oscuridad ante ellos. Artham retrocedió un paso y luego otro. Entonces, su brazo salió disparado hacia un hueco de la pared en el que Gammon no había reparado, y arrastró a una mujer mugrienta hacia la luz del farol. Estaba cubierta de tierra de pies a cabeza y se confundía perfectamente con las paredes de la madriguera.

Siseaba y forcejeaba, y Gammon vio el brillo del acero en una de sus manos. Artham la estampó contra la pared opuesta y la daga cayó al suelo. La mujer enseñó sus dientes amarillos y se abalanzó sobre Artham como un animal salvaje. Gammon dejó la linterna en el suelo y ayudó a sujetarla a la pared, preguntándose cuántos varados más se habrían cruzado sin saberlo.

—¡Suéltame! —gritó la mujer.

—Te soltaremos cuando nos digas dónde está Claxton Weaver —dijo Artham.

Ella sonrió con maldad.

—Jamás.

—¿No? —dijo Artham. Flexionó las garras, desplegó las alas al máximo y soltó su grito de halcón más aterrador. Los ojos de la mujer se abrieron tanto que Gammon casi se ríe.

—Se fue por ahí —la mujer señaló con una mano temblorosa hacia el túnel—. Giren a la derecha en la primera bifurcación, luego bajen en las tres siguientes. Giren a la izquierda y suban la escalera. Ahí es donde se reunirán, o eso he oído. Espero que lo atrapen. Además, a los del Recodo Occidental nunca nos cayó bien —sonrió—. ¡Traten de quitarle el talismán!

Artham la soltó y ella cayó al suelo como un montón de harapos. El hombre pájaro asintió a Gammon y salieron corriendo.

La voz traqueteante de la mujer resonó tras ellos:

—¡Yo que ustedes me apuraría! ¡No hay mucho tiempo!

—¿Y eso qué significa? —preguntó Gammon. Artham no respondió, pero los dos hombres corrieron más deprisa, derrapando en la primera curva a la derecha. A Gammon le costaba seguirle el ritmo. Lo único que veía era el aleteo de sus alas a la luz amarilla del farol y, de vez en cuando, el cabello blanco de Artham.

—¡Agáchate! —gritó Artham, y Gammon apenas si tuvo tiempo de deslizarse por debajo de un desnivel del techo del túnel antes de que los dos cayeran por una pendiente empinada y fangosa. Se detuvieron bruscamente en el fondo. Gammon se levantó y se sacudió.

—Supongo que esa es la primera bifurcación descendente —dijo Artham, mirando hacia delante—. Dos más.

—Después de ti —dijo Gammon.

Se apresuraron y pronto llegaron a la bifurcación de la que les había hablado la mujer. Se desviaron a la derecha por otro túnel, tomaron el siguiente desvío a la izquierda y, tras un tiro de piedra, se detuvieron jadeantes en un callejón sin salida, estirando el cuello hacia lo alto de una escalera.

—La pregunta es —dijo Gammon—: ¿se puede confiar en esa mujer?

—No —dijo Artham, sacudiendo la cabeza—. Pero al menos no estamos vagando sin rumbo. Si es una trampa, tendremos que sortearla, ¿eh? —sonrió a Gammon mientras desenvainaba su espada—. ¿Listo?

—La Espada Florida está presta en todo momento —dijo Gammon con ironía. Artham empezó a subir la escalera, pero Gammon lo detuvo—. Déjame ir primero. Si es una trampa, puedes hacer… ya sabes, eso de los pájaros, y salir volando. Eso les dará un agradable susto, ¿eh?

—Me gusta —dijo Artham, mientras se apartaba y flexionaba las alas.

Gammon le entregó el farol a Artham y subió por la escalera, cuya parte superior desaparecía en un estrecho pozo muy por encima de sus cabezas. Los hombros de Gammon tocaban ambos lados, y tuvo que retroceder un poco para poder disponer su espada con la punta hacia arriba. Mientras subía, se dio cuenta de que los peldaños estaban manchados de barro fresco. Alguien había venido por aquí no hacía mucho.

—Aguanta, Maraly —susurró Gammon.

No podía ver mucho, pero tanteó en el borde de la trampilla hasta encontrar el gatillo oculto, y luego se detuvo. Oyó pasos, el crujido de las tablas del suelo y un discurso apagado, pero todo parecía proceder de otra habitación, así que tiró de la palanquita y oyó un *clic* sordo. Gammon contuvo la respiración y empujó la trampilla.

La luz brilló a través de la grieta y lo cegó momentáneamente mientras sus ojos se adaptaban. La habitación estaba vacía… de pies, al menos. Vio las patas de unas sillas, una cómoda y el borde de una manta colgando a unos metros. Levantó la puerta lo suficiente como para sacar la cabeza. Era un dormitorio acogedor. La luz del sol entraba por una ventana y las motas de polvo bailaban perezosamente en el resplandor. Gammon trepó por la trampilla y se escabulló hasta el rincón más cercano, apenas respirando, escuchando las voces de la otra habitación. La cama estaba hecha, unos cuantos libros de lectura descansaban sobre la mesilla y un par de zapatillas estaban metidas bajo el borde de la cama. Quienquiera que durmiera en esta habitación no era un varado. Claxton Weaver no se había puesto unas zapatillas en su vida.

Cuando Gammon estuvo seguro de que su entrada había pasado desapercibida, se arrodilló junto a la trampilla y susurró a Artham. Artham se abrió paso por la abertura, perdiendo unas cuantas plumas en el proceso. Estas flotaron brevemente a la luz del sol antes de posarse en el suelo, y Gammon sonrió al pensar en el misterio que aquellas plumas rojizas le plantearían al dueño de la casa.

Los dos hombres se escabulleron por la habitación, estremeciéndose con cada crujido de las tablas del suelo. Gammon puso la mano con cautela en el pomo de la puerta y luego enarcó las cejas mirando a Artham, quien asintió con la cabeza y preparó su espada. Gammon respiró hondo y giró el picaporte.

Las voces de la casa se callaron. Gammon y Artham se miraron asustados, y Gammon abrió la puerta de un tirón. Los dos saltaron a la habitación y blandieron sus espadas.

Más de veinte Colmillos Verdes los miraron sorprendidos, luego enseñaron sus terribles dientes y sisearon.

31

Colmillos en las calles

—¡Es él! —gritó uno de los Colmillos, señalando a Artham—. ¡El de las alas! ¡Mátenlo!

Gammon se detuvo en la puerta cuando sintió el hedor familiar de la carne de Colmillo. Artham agarró a Gammon del brazo y tiró de él hacia el dormitorio justo cuando los Colmillos se abalanzaron sobre ellos. Cerró la puerta de golpe, pero no echó el pestillo, y la avalancha de lagartos se estrelló contra ella con tanta fuerza que la casa tembló. Artham cayó al suelo por el impacto. Gammon, recuperando la agudeza, saltó hacia delante y sujetó la puerta hasta que Artham se puso en pie.

—¿Cómo rayos entraron Colmillos en Dugtown? —gritó Gammon—. ¡Son demasiados para enfrentarlos!

Artham miró hacia la trampilla y luego hacia la ventana. Los Colmillos volvieron a golpear la puerta.

—Si podemos salir, ¡tal vez podría llevarte volando!

—¡Vamos! ¡Sostendré la puerta!

Con un loco batir de alas, Artham saltó hacia la ventana y la atravesó.

Los Colmillos golpearon la puerta y la abrieron, sus garras escamosas se introdujeron por la rendija como una masa de gusanos retorciéndose. Primero una espada y luego un hacha atravesaron la puerta, a escasos centímetros de la cara de Gammon. No podría detenerlos mucho más. La ventana parecía imposiblemente lejana, al otro lado de la cama. Los Colmillos empujaron la puerta unos centímetros más y las botas de Gammon se deslizaron por el suelo. Apretó la espalda contra la puerta con todas sus fuerzas, contento de oír gritos de dolor al aplastar los dedos de los Colmillos.

Otra hoja atravesó la madera y, con un grito mecánico, Gammon soltó la puerta y saltó sobre la cama, lanzándose de cabeza hacia la ventana mientras los

Colmillos entraban en tropel en la habitación. Se elevó por la abertura y sintió las manos de Artham en la parte posterior de su cinturón y en el cuello de su abrigo mientras se elevaba en el aire. Gammon oyó siseos, madera que se rompía y el furioso batir de las alas de Artham.

Artham se tensó y aleteó, se elevó lentamente por encima del alero y luego no pudo sostenerlo más, haciendo que Gammon cayera y se estrellara de cabeza contra el tejado.

Gammon parpadeó y sacudió la cabeza. ¿Dónde estaba su espada? ¿Dónde estaba Maraly? ¿Dónde estaba *él*? Se puso de pie tambaleándose y trepó al vértice del tejado, mientras los Colmillos se amontonaban en la calle. *Esto no debería ser tan difícil,* pensó. La Espada Florida había escapado de situaciones peores que esta, pero siempre de noche, y siempre con la ventaja de la sorpresa.

Artham aterrizó a su lado y le entregó su espada.

—Se te cayó esto —le dijo—. Además, pesas más de lo que aparentas.

—Es todo cerebro y músculo —respondió Gammon.

Intentó ignorar a los Colmillos que trepaban por la ventana hacia el pequeño jardín trasero mientras examinaba los tejados para orientarse. Conocía bien Dugtown y, gracias a sus merodeos nocturnos como la Espada Florida, conocía los tejados de Dugtown mejor que nadie.

Vio las agujas del Castillo Torr a lo lejos, la cola y las orejas del gatito elevándose sobre el río brumoso del sur. Divisó varias torres de antorchas, el edificio de la Fábrica Tenedor al oeste, y supo que habían salido en el extremo oriental de la ciudad. El grueso de su ejército estaba concentrado cerca del mercado en el muelle, pero había centinelas apostados en ambos extremos de la ciudad.

Entonces, ¿cómo habían llegado tantos Colmillos a Dugtown sin ser vistos? La respuesta era obvia: las madrigueras de los varados. Claxton había estado contrabandeando Colmillos a la ciudad para un ataque sorpresa. Por eso había venido a buscar a Maraly. Por eso la mujer de la madriguera había dicho que no había mucho tiempo.

Uno de los Colmillos trepó por el borde del tejado y se agazapó, con la espada desenvainada y los colmillos al descubierto. El veneno goteaba por su barbilla y humeaba sobre las tejas. Artham esperó a que el Colmillo saltara, giró sobre sí mismo y venció fácilmente a la criatura con su espada. Esta cayó del tejado y aterrizó entre sus compañeros Colmillos, con su piel escamosa ya arrugada y haciéndose polvo. Más Colmillos salieron de la casa y se congregaron tanto en el jardín trasero como en el delantero. Gammon oyó gritos y llantos de alarma y vio a los habitantes de Dugtown en las calles, conmocionados al ver a los Colmillos de nuevo en la ciudad después de tantos meses.

—Supongo que no hace falta decir —dijo Artham, mientras arrugaba la nariz ante la sangre verde de Colmillo en su espada— que tienes que salir de aquí.

—¿Por qué lo dices? —dijo Gammon con una sonrisa traviesa.

—Te cargaría, pero tu exceso de cerebro hace que sea imposible.

Otro Colmillo saltó al tejado y atacó. Gammon esquivó un golpe, plantó su bota en el pecho del Colmillo y lo envió volando hacia sus camaradas de abajo.

—Unas alas me vendrían muy bien ahora —Gammon se pasó un antebrazo por la frente y miró por encima del hombro la línea de tejados que se extendía a lo largo de la parte norte de la ciudad. Señaló una casa de dos plantas al otro lado de la calle—. ¿Puedes llevarme hasta ese edificio?

—Creo que sí —dijo Artham.

—Si me llevas hasta ahí, puedo arreglármelas. Después, necesito que vueles al mercado en el puerto. Busca a Errol. Dile que la batalla ha comenzado. Tenemos que reunirnos en el mercado y levantar barricadas. Vaya uno a saber cuántos Colmillos hay en la ciudad.

—¿Y Maraly? —dijo Artham.

Gammon sacudió la cabeza. No tenía idea de cómo encontrarla ahora. Claxton podría haberla llevado a cualquier parte.

—La encontraré. Pero encontrarla no cambiará nada si perdemos la ciudad. ¿Listo?

Justo cuando otros dos Colmillos subían al tejado, Gammon vio algo que le heló las venas. Al otro lado de la calle, una puerta se abrió de golpe y salió otra compañía de Colmillos. Los asustados habitantes de Dugtown en las calles entraron aún más en pánico. Luego, calle abajo, más Colmillos Verdes y Grises saltaron, rompiendo ventanas y uniéndose a los pobres habitantes de Dugtown en la batalla. Claxton había estado ocupado.

—¡Deprisa! —gritó Gammon—. ¡Llévame a esa azotea!

Artham rodeó con sus brazos el pecho de Gammon desde atrás.

—Contamos hasta tres y salta —dijo Artham—. Necesitaré toda la ayuda que puedas darme.

Cargaron contra los Colmillos que tenían delante, contando mientras corrían. A los tres, Gammon saltó con todas sus fuerzas. Artham aleteó vigorosamente y los dos hombres sobrevolaron las cabezas de los furiosos Colmillos, pero cayeron de inmediato. Las botas de Gammon chocaron con las cabezas de varios Colmillos, los cuales le arañaron las piernas.

¡Más alto! —gritó Gammon.

Pero las fuerzas de Artham flaquearon y los dos aterrizaron en medio de la calle atestada de Colmillos. Los lagartos siseaban y avanzaban.

—¡Tres! —gritó Artham otra vez y Gammon dio un respingo.

Esta vez, se elevaron por encima de las cabezas de los Colmillos y dieron bandazos hacia arriba, cada vez más cerca del tejado. Gammon alargó la mano y cerró los dedos sobre el canalón. Artham se soltó y dejó a Gammon allí colgando. El hombre pájaro voló en círculos sobre las cabezas de los Colmillos, se posó en el tejado y tiró de Gammon para subirlo.

Los dos hombres se desplomaron y se tumbaron boca arriba, recuperando el aliento mientras el caos estallaba bajo ellos. Se miraron el uno al otro y asintieron, y entonces, sin mediar otra palabra, Artham alzó vuelo y salió a toda velocidad en busca de Errol.

Gammon contempló la batalla que se desarrollaba en la calle. Vio cómo caían skreeanos a cada segundo que pasaba, pero también vio con orgullo que muchos Colmillos también se hacían polvo. Hizo su mejor pose de Espada Florida y alzó la voz.

—¡Skreeanos! ¡Esta es su ciudad! ¡No teman a los Colmillos de Dang, porque no tienen alma ni corazón y solo luchan por la guerra! Ustedes pelean por sus camaradas y sus familias. ¡Luchan por su hogar y su libertad! ¡Soy yo, la Espada Florida, y lucho por vosotros! ¡La ayuda viene en camino! ¡Ajá!

Los habitantes de Dugtown y los Colmillos dejaron de luchar el tiempo suficiente para gritar una respuesta. Los Colmillos gritaron pidiendo la muerte de Gammon. Los skreeanos bramaron gritos de batalla. Entonces, los habitantes de Dugtown se enfrentaron a los Colmillos, que salían de sus escondites cada vez en mayor número.

Gammon corría de tejado en tejado, con su capa negra volando, una sombra que recorría la ciudad mientras incitaba a su pueblo a la guerra. Mientras tanto, escudriñaba las calles en busca de un rostro malvado, Claxton Weaver, y de un alma encantadora, Maraly Weaver, por quien planeaba dar la vida cuando llegara el momento.

32

La reunión de la familia Weaver

Maraly estaba acurrucada en un rincón de una casa que no conocía. Las ventanas estaban cerradas y las velas encendidas, aunque algo de luz solar se colaba por las rendijas. Parecía haber sido una casa bien cuidada en algún momento, pero los varados habían intervenido. No solo habían destrozado el lugar, sino que ahora apestaba desde el suelo hasta el techo. Maraly había pasado tanto tiempo con Sara y Gammon que, por primera vez en su vida, deseó que la gente a su alrededor se bañara.

Los varados de los Recodos Oriental, Medio y Occidental se agolpaban en la casa, rebuscando en los armarios en busca de alimentos para comer, embolsándose todo lo que encontraban que tuviera el más mínimo brillo. Dos de ellos —un anciano y una mujer más joven, tan sucios que resultaba difícil distinguirlos— ya se habían peleado por un pequeño espejo. Habían discutido durante unos minutos y luego se habían tirado al suelo luchando, dando patadas y puñetazos mientras los demás los animaban a seguir. Al final, ambos quedaron ensangrentados e inconscientes con el espejo (ahora roto) tirado en el suelo entre ellos. La prima cuarta de Maraly, Poggy, lo había tomado enseguida, apuntando con su cuchillo a todos los presentes.

—De todas formas, soy la que más lo necesita —se burló, mirando su reflejo. Se lamió el pulgar sucio y se acomodó las cejas.

Maraly había disfrutado una vez de la compañía de estas personas. Sacudió la cabeza avergonzada y se apretó contra la pared, abrazándose las rodillas. Hacía solo un año, *ella* habría sido la que se revolvía en el suelo por un espejo.

Claxton estaba sentado cerca de la chimenea con las piernas estiradas. Se arrancaba cositas de la barba y las masticaba como si fueran caramelos.

—¡Mami! —gruñó Claxton—. Necesito un poco de sopa de espúnquel. Date prisa.

¿Nurgabog? Maraly suponía que su abuela llevaba mucho tiempo muerta. Janner le había contado cómo Nurgabog lo había ayudado a escapar de los Colmillos en la madriguera del río. Según él, Nurgabog incluso le había dicho dónde había ido Kalmar. Pero estaba malherida cuando la dejó. Seguramente había muerto.

Por otra parte, Nurgabog era una varada. Uno no vivía mucho tiempo en el Recodo Oriental si no era duro como una ubre, y Nurgabog había vivido más que cualquier persona que Maraly conociera. Tal vez fuera tan mala como los demás, pero siempre había sido buena con Maraly… mucho más amable de lo que jamás lo había sido Claxton.

Maraly intentó echar un vistazo a su abuela, observando discretamente por delante de los hombres y mujeres que estaban de pie y eructaban (entre otras cosas).

Y allí estaba. Solo habían pasado unos meses, pero Nurgabog parecía haber envejecido diez años. Apenas si podía andar y estaba más sucia que nunca, con los ojos caídos y el pelo suelto alrededor de la cara llena de barro.

Maraly quería llamarla, sobre todo para darle a la anciana algo por lo cual sonreír. Se alegraría de ver a su nieta sana y salva, ¿verdad? Pero Maraly decidió no llamar la atención. Tenía las manos y los pies atados, pero aún tenía escondidos algunos cuchillos, lo que significaba que podría escapar si se presentaba la oportunidad adecuada, y escapar era mucho más fácil si uno no llamaba la atención.

Nurgabog se acercó cojeando a Claxton con un cuenco en sus temblorosas manos. Él se lo quitó bruscamente y le gritó cuando se derramó un poco. Nurgabog se quedó allí doblada como la rama de un árbol, asintiendo contrita a su malvado hijo. Cuando se volvió, Maraly se dio cuenta de que Nurgabog mantenía una mano en su costado, donde Janner dijo que la habían apuñalado. Con cada segundo que pasaba, Maraly tenía más razones para detestar a su padre.

Un hombre que Maraly no reconoció entró en la casa, inundando de luz la habitación principal y provocando un coro de maldiciones. Era tan alto como Claxton, pero tan flaco como un remo; y también estaba tan mojado como un remo. El agua goteaba de las trenzas de su barba. Cerró la puerta y se inclinó, luego dijo:

—¿Permiso para acercarme, rey de los varados?

La habitación quedó en silencio. Claxton se secó la barbilla, dejó su tazón de sopa de espúnquel y se encogió de hombros.

—Sí. Acércate, Jimbob. ¿Qué noticias hay de nuestros camaradas Colmillos?

—La batalla ha comenzado, señor. Los Colmillos están luchando a menos de tres calles, a lo largo del camino del río.

El silencio de los varados se hizo más profundo. Maraly creyó ver un destello de preocupación cruzar el rostro de su padre, pero era difícil ver mucho más allá de la barba.

—Eso es antes de lo que me dijeron. Se suponía que iba a ocurrir después de la puesta de sol —dijo Claxton.

—Sí. Dicen que la empezó el hombre pájaro.

Claxton se levantó y arrojó su plato de sopa contra el hogar. Nurgabog se agachó para recoger los fragmentos.

—Déjalo, Mamá —espetó Claxton.

O Nurgabog no lo oyó o lo ignoró, y Claxton la empujó al suelo con su bota. Nurgabog siseó de dolor y volvió a llevar su mano al costado. Incluso para un varado, las acciones de Claxton eran ofensivas. Todos en la sala debían saber que él había administrado la herida en el costado de su madre, porque su atención —quizás incluso una cantidad imposiblemente pequeña de compasión real— estaba puesta en Nurgabog.

Claxton no pareció darse cuenta.

—¿Dónde está el hombre pájaro ahora?

—No lo sé, rey de los varados.

—¿Y el otro tipo? ¿Gammon?

A Maraly le dio un vuelco el corazón al oír ese nombre. También notó que los ojos oscuros de Claxton estaban fijos en ella cuando lo dijo y, aunque intentó ocultar su esperanza, sabía que Claxton la veía en su rostro.

—Tampoco sé dónde está —dijo Jimbob.

—Entonces, ¿por qué viniste? —preguntó Claxton.

—Los Colmillos dicen que necesitan nuestra ayuda —la voz de Jimbob temblaba—. Dicen que, si no vienen a luchar, nos tratarán como a todos los demás habitantes de Dugtown.

—¿Así que eso dijeron? —murmuró Claxton.

—¡Pero si nos dijiste que no teníamos que luchar contra nadie! —dijo uno de los varados—. ¡No luchamos por nadie más que por nosotros mismos! ¡Eso fue lo que nos dijiste!

—¡Sí, dijiste que solo teníamos que escondernos aquí hasta que terminara la lucha! No somos soldados de nadie.

—¡Y dijiste que nos darían magdalenas!

—¡Silencio, todos! —rugió Claxton—. En primer lugar, las magdalenas eran para los que vinieron conmigo a lo de Snoot. Dije que *intentaría* traer unas cuantas. Lo *intentaría.* ¿No fue eso lo que dije, Poggy?

—Exacto —dijo Poggy—. Y a los que fuimos tampoco nos dieron nada —Maraly se dio cuenta de que tenía la cara embadurnada de glaseado amarillo brillante.

Otros también se dieron cuenta.

—¿Qué tienes en las mejillas? —gritó uno de ellos.

—No es glaseado. Es… es agua.

—¿Agua amarilla y pegajosa? —dijo otro.

—¡Poggy, eso no tiene sentido!

—¡Silencio, he dicho! —gritó Claxton—. ¡Olviden las magdalenas! Si quieren, podemos conseguirlas mañana, cuando los Colmillos hayan vuelto a dominar el lugar. En segundo lugar, no, no tenemos que luchar. Jimbob va a informar a los Colmillos de que nos ha encontrado luchando contra los habitantes de Dugtown en los campos de barro del norte. Es todo parte de mi plan. Les dirá lo valientes que somos, ¿verdad, Jimbob?

—Si eso significa que mañana podré comer una de esas magdalenas, entonces sí —dijo Jimbob, frotándose las manos—. Les diré cualquier cosa.

—¿Me das un poco de esa agua amarilla que tienes en las mejillas, Poggy? —preguntó el primer varado.

—¡Nadie comerá agua de las mejillas! —gritó Claxton, golpeando la pared con el puño—. ¡No me importa de qué color sea! Ahora escuchen —continuó en tono conspiratorio— solo tenemos que escondernos aquí y guardar silencio. Los Colmillos seguirán luchando, mi mami seguirá trayéndome sopa y por la mañana —Claxton sacó pecho y sonrió—, seré el rey de Dugtown. De hecho, me gustaría un poco de ese pegote que tienes en la mejilla, Poggy.

—Pero ¿y si los Colmillos vienen a esta casa? —preguntó el segundo hombre.

—Nos metemos en la madriguera.

—¿Y si entran en la madriguera?

—¡No saben lo de las madrigueras, zoquete! ¡Las madrigueras son para los varados!

Claxton sacudió el puño y los varados gritaron en respuesta: «¡Sí!».

—Pero ¿no es por las madrigueras como colaste a todos los Colmillos en la ciudad? —preguntó el hombre.

—¡Sí! —gritó la multitud con incertidumbre.

Claxton hizo una pausa y se rascó la barba. Todos lo miraron en silencio.

Entonces, Maraly oyó un sonido extraño: un silbido agudo y jadeante que procedía del suelo, detrás de Claxton. Era Nurgabog. Estaba hecha un ovillo como una niña pequeña, con una mano en el costado herido y la otra tapándole la boca mientras carcajeaba.

—¿De qué te ríes? —estalló Claxton. Se inclinó amenazadoramente sobre Nurgabog y Maraly se tensó. Si volvía a herir a la pobre anciana, Maraly no podría callarse.

—Claxton… ¡Claxton, el rey de los varados! —dijo Nurgabog entre respiraciones—. ¡Demasiado tonto para darse cuenta de que cavó su propia fosa!

Claxton se echó hacia atrás como si fuera a darle un puñetazo cuando llamaron a la puerta. Era más que un simple llamado. Alguien aporreaba la puerta como si quisiera derribarla.

Jimbob la abrió y apareció un Colmillo Verde.

—¡Afuera! —ordenó.

—Yo me ocuparé de esto —dijo Claxton, apartándose de Nurgabog—. Soy Claxton, el rey de los varados. ¿Qué quieres?

—Saludosss, Claxton. Me enviaron a convocarte. El comandante Varaggo dice: «Ha llegado el momento de demossstrar tu lealtad». ¿Qué les respondo?

—Dile que… —Claxton miró a los varados—. Dile que estaré allí cuando esté listo. Nadie le dice a un varado lo que tiene que hacer.

Volvió a sacudir el puño en el aire y los varados dijeron: «¡Sí!», con incluso menos entusiasmo que antes.

—Y los varados solo luchan por los suyos —continuó Claxton—. Dile eso.

—¿Es en ssserio? —dijo el Colmillo con sorpresa.

Claxton respondió marchando por la habitación y cerrándole la puerta en la cara al Colmillo.

Maraly era solo una niña, pero era obvio que Claxton no tenía ni idea de lo que estaba haciendo. Primero se aliaba con los Colmillos, ¿y ahora les cerraba la puerta en las narices? Le sorprendió que el Colmillo no rompiera la puerta en pedazos.

Apenas pensó eso, el Colmillo hizo añicos la puerta.

33

El nombre de Maraly

Puede que los varados no quisieran luchar en la guerra de los Colmillos, pero no tenían reparos en luchar por sus propias vidas. Los primeros Colmillos que cruzaron la puerta tuvieron un final espeluznante en el que intervinieron cuchillos y unos cuantos dientes de varados.

Pero Maraly podía deducir por los gruñidos de afuera que había muchos más Colmillos, por no mencionar que, por alguna razón, los varados del Recodo Oriental estaban luchando contra los del Recodo Medio, y tanto los varados Orientales como los del Medio luchaban contra los del Recodo Occidental.

Maraly decidió que había llegado el momento de irse. Se puso torpemente de rodillas, buscando un escondite donde pudiera sacar uno de sus cuchillos y cortar la cuerda que le rodeaba los tobillos. Al otro lado de la habitación, había una mesa por debajo de la cual podría escabullirse.

Justo antes de empezar a arrastrarse hacia delante, se dio cuenta con terrible conmoción de que los ojos de Claxton estaban fijos en ella desde el otro lado de la habitación. Se miraron durante un terrible instante, y luego él se abrió paso entre Colmillos y varados por igual, tratando de llegar hasta ella.

Maraly corrió hacia la puerta más cercana, esquivando hombres y mujeres y lagartos y cuchillos, rogando que llegara antes de que su padre le pusiera sus enormes manos encima.

Abrió la puerta con el hombro y se precipitó al interior para descubrir a un grupo de varados metidos hasta la cintura a través de una ventana alta de la cocina. Todos se raspaban y se gritaban en su locura por escapar. Por el rabillo del ojo, Maraly vio cerrarse la puerta de un armario y oyó movimiento al otro lado. Tenía que ser la entrada a una madriguera.

Saltó hacia la puerta, demasiado temerosa de Claxton como para detenerse a cortar sus ataduras, y giró el pomo con ambas manos. Efectivamente, había una trampilla bajo los sacos de harina y los tarros de comida esparcidos. Entró de un salto y cerró la puerta tras de sí, tratando de ignorar los bramidos de Claxton en la sala principal, y se sentó, dejando caer los pies en el oscuro agujero.

Sabía que Claxton la seguiría de cerca, pero había una posibilidad de que tuviera tiempo de cortar sus ataduras y desaparecer en el laberinto de túneles. Tenía que intentarlo.

—¡Ay! —dijo alguien. Maraly no podía ver mucho, pero una pizca de luz de farol salía del túnel, iluminando la cabeza que acababa de pisar. Varios varados estaban bajando por la escalera y entrando en la madriguera. Maraly los siguió, bajando un peldaño cada vez, luchando por mantenerse agarrada a la escalera con las muñecas atadas.

Cuando llegó abajo, oyó que Claxton gritaba su nombre desde arriba:

—¡MARALY! ¡NO TENDRÁS NINGÚN OTRO PADRE QUE YO!

Mientras los demás varados se alejaban con sus faroles, Maraly saltó a la pared junto a la escalera y rebuscó en la pernera de su pantalón, buscando su cuchillo, temiendo el momento en que Claxton oscureciera la entrada de arriba.

—¡MARALY! —retumbó. Maraly saltó, sus dedos temblorosos se esforzaron por alcanzar el cuchillo en su tobillo, pero las ataduras alrededor de sus piernas lo mantenían firme. Una luz iluminaba desde el hueco desde arriba. Apareció la silueta de Claxton, y este olfateó el aire—. ¿Estás ahí abajo, muchacha? Puedo sentir tu olor a limpio.

Maraly contuvo la respiración. Entrecerró los ojos y movió el mango del cuchillo de un lado a otro, sacándolo con agonizante lentitud. No había forma de que pudiera sacarlo antes de que su enloquecido padre la encontrara.

Quería esconderse, pero no tenía adónde ir, así que se apretó contra la pared de tierra y se quedó quieta. El sonido de las botas de Claxton al golpear la escalera se mezclaba con los estampidos, los choques y los gritos de la casa de arriba y el violento palpitar del corazón de Maraly, hasta que ya no fue capaz de distinguirlos.

¿Dónde estaba Gammon? Había prometido protegerla, pero ¿dónde estaba? Sintió un extraño espesor en el pecho y se dio cuenta de que era un sollozo que intentaba salir. ¿Cuánto hacía que no lloraba? No recordaba haber sentido nunca tanto miedo ni tanta tristeza.

Vio el contorno del cuerpo de Claxton cuando llegó al final de la escalera y se dio la vuelta, olfateando el aire. La tenue luz de la cocina caía sobre su frente, sobre el puente de su nariz y, ahora que sonreía, sobre sus redondas mejillas por encima de su barba raída.

La tristeza que apenas empezaba a reconocer se hinchó en su interior hasta eclipsar su miedo. Se suponía que este hombre, este monstruo, tenía que amarla. Le había pertenecido en algún momento, y los padres debían cuidar de sus hijas, incluso en la Ribera. ¿Era acaso tan indigna de amor? ¿Era tan inútil como un perro malo, algo que había que enjaular y cazar, como él había hecho… o sacrificar, como tal vez habría terminado haciendo?

Mientras Claxton permanecía de pie junto a ella con sus grandes brazos cruzados y su barba raída temblando con una risita siniestra, Maraly se deshizo en lágrimas. Los sollozos le brotaban del alma, y le sorprendió el sonido inhumano que producían. Tal vez ella *era* tan solo un animal. Su padre sin duda lo era.

Alguien asomó la cabeza por la trampilla.

—No vengas por aquí —ladró Claxton—. ¡Hay Colmillos por todas partes! ¡Corre!

El varado chilló y desapareció, cerrando de golpe la trampilla y sumiendo a Maraly y Claxton en una oscuridad total.

—Eso es —dijo él con su voz cenagosa—. Ahora estamos solos. —Claxton encendió una cerilla y un farol escondido detrás de la escalera.

Maraly bajó la cabeza y lloró como nunca lo había hecho. No creía que la mataría. Después de todo, se había tomado muchas molestias para recuperarla de Gammon. Pero conocía sus puños. Conocía su ira. Ya la había enjaulado antes.

—¿Por qué no me quieres? —le preguntó.

Claxton colocó el farol en el suelo, entre los dos, y se crujió los nudillos. Se puso en cuclillas frente a ella y se acarició la barba.

—¿Por qué debería quererte?

Maraly tenía los ojos cerrados, pero podía sentir la sonrisa de su padre. Entonces, sintió su mano agarrándole el cuello de la camisa. Gritó cuando él la levantó de un tirón y la inmovilizó contra la pared, con la mano alrededor de la garganta.

—Porque… eres… mi… padre —espetó Maraly, dándole patadas y arañándole la cara mientras él seguía sonriendo, imperturbable.

—Pensé que *Gammon* era tu padre —la sonrisa de Claxton se convirtió en una mueca de odio.

Maraly no tenía más palabras. Dejó de luchar. Aún podía respirar, pero a duras penas. Cerró los ojos y esperó el castigo que Claxton tuviera que darle, pensando en Gammon y Sara Cobbler y en los buenos días que había pasado entre ellos.

—Tus amigos te han hecho débil. ¿Te enseñaron a llorar como un bebé al lado de su mamá? Los varados no lloran, Maraly.

—No soy una varada —respondió ella, mirándolo a los ojos.

—Entonces tendré que *hacerte* una —ladró Claxton—. Tienes mi sangre en tus venas, chica, y nada puede cambiar eso. Tienes *mi* nombre escrito en tus huesos, Maraly Weaver. Puedes ir a bañarte y a comer y a reírte con tus amigos, pero en el fondo siempre sabrás que naciste en el fango de la Ribera, en el fango del Blapp, y que una vez que ese fango te cubre, *nada* te lo quita.

Claxton parecía conocer el miedo más profundo de Maraly y lo decía en voz alta. Ella había pasado noches en vela, luchando por creer que el amor paternal de Gammon era real, que el cambio que había estado sintiendo —el aligeramiento del corazón y los destellos casi dolorosos de alegría— era algo más que una tonta idea de niña. Pensó en el día de la batalla de Kimera, cuando Gammon la miró a los ojos, le tendió la mano y le preguntó si lo dejaría cuidar de ella. Ya entonces algo había burbujeado en el pozo seco de su alma, y durante estos últimos meses había sentido cómo ese manantial la llenaba lentamente. Con la llegada del sol más cálido, por fin se había permitido creer que el agua era lo bastante pura como para beberla, pero cada palabra que Claxton escupía envenenaba el agua, la oscurecía, la enturbiaba como el poderoso Blapp, y ahora sentía que se ahogaba en ella.

—Te daré una última oportunidad, niña. O Claxton es tu padre o Gammon lo es. Solo uno de esos nombres es fiel a tu naturaleza. Responde con cuidado. ¿Quién es tu padre?

Maraly sacudió la cabeza y lloró. Deseaba que aparecieran los Colmillos, o más varados… había renunciado a desear que llegara Gammon. Ese tipo de cosas solo ocurrían en los libros de cuentos.

—¿Quién es tu padre? —gritó Claxton. Luego, la golpeó en la cara. Maraly quedó aturdida, y sintió el sabor de la sangre en la boca—. ¡Eres una varada hasta la médula, muchacha! ¿Quién es tu padre? ¿Acaso hay algo que tire más que la sangre?

Maraly murmuró algo.

—¿Qué? —gritó Claxton, apretando más fuerte su garganta.

Ella parpadeó entre lágrimas, respiró temblorosamente y lo miró a los ojos con toda la fiereza de la que era capaz.

—El amor.

—Amor —espetó Claxton. Resopló entre risas.

Maraly moqueó y dijo:

—El amor tira más fuerte que la sangre. Es más profundo que cualquier nombre que puedas darme.

—Pedazo de perro inútil —espetó Claxton. Cerró los dedos en un puño y se echó hacia atrás para golpear.

Maraly sonrió entre las lágrimas. Sabía que había elegido bien, porque había *sido* elegida. Creía en su corazón que Gammon estaba luchando incluso ahora por encontrarla, que su afecto era más real que la mano que le atenazaba la garganta y el puño que estaba a punto de golpearla. Cerró los ojos y esperó el dolor.

Pero el golpe de Claxton nunca llegó. Jadeó y emitió un sonido ahogado, y su agarre en el cuello de ella se aflojó. Maraly se desplomó en el suelo y miró confundida a Claxton. Él se tambaleó hacia atrás y giró sobre sí mismo, y ella vio un cuchillo clavado en su espalda, enterrado hasta la empuñadura.

—Que te ayude el Hacedor, muchacho —dijo la voz delgada y temblorosa de una mujer—. Y que me ayude a mí también.

Nurgabog estaba con una mano en la escalera y la otra agarrándose el costado herido. Estaba encorvada, pero su rostro se alzaba a la luz de la lámpara y tenía una expresión de torturado triunfo.

—Solo hay un alma en Kistamos a la que quiero más que a ti —dijo Nurgabog con voz ronca— y es ella.

—¡Pero… pero… yo soy el rey de los varados! —susurró Claxton entre jadeos. Se arrodilló ante su madre y le tendió las manos—. No puedes hacerme daño.

—Y tú no puedes hacerle daño a ella —dijo Nurgabog con una sonrisa cansada—. Ya no.

Avanzó cojeando y abrazó a Claxton, y ambos cayeron al suelo en los brazos del otro. Claxton enterró la cara en el hombro de su madre y tosió.

—Corre, niña —dijo Nurgabog. Su respiración era acuosa y débil—. Vienen los Colmillos. Huye, búscalo.

Maraly liberó su cuchillo y aserró sus ataduras. Se levantó con dificultad y se tambaleó a ciegas por el túnel.

—¡Gammon! —gritó, girando el cuchillo para cortar las cuerdas de sus muñecas mientras corría—. ¡Gammon, estoy en camino!

34

La vergüenza de Artham

Artham voló con todas sus fuerzas hacia el camino del río para encontrar a Errol. Durante meses, había sido vagamente consciente de que los skreeanos se preparaban para una batalla inminente. Gammon había enviado emisarios a todas partes para proclamar su victoria en Dugtown y convocar a más skreeanos a la guerra: Maraly y Sara se lo habían dicho. Pero en la locura de Artham, durante la cual era consciente de sus balbuceos, pero incapaz de detenerlos, apenas conocía más que los hechos generales. No podía explicarse por qué su mente había estado despejada desde la desaparición de Maraly, pero lo agradecía. Era la única persona en Skree con alas, y ahora mismo, las alas eran una de las únicas ventajas del pueblo.

—¡A las armas! —gritó, sobrevolando las cabezas de los skreeanos mientras se adentraba en la ciudad—. ¡Los Colmillos están en Dugtown! ¡La guerra ha comenzado!

Artham no miró hacia atrás para ver si le creían. Pronto le creerían, quisieran o no.

Artham pasó por la vía Crempshaw y luego aceleró por la calle Ribereña, chillando: «¡Los Colmillos están en la ciudad! ¡Los Colmillos están en la ciudad!».

Sus ojos de águila se entrecerraron y escrutó a los lugareños y los soldados kimeranos agolpados entre las tiendas y puestos de mercaderes que se extendían a lo largo de la ribera. Reconoció a algunos de los hombres y mujeres, y entonces su mirada se fijó en un hombre apoyado en una pared con los brazos cruzados: Errol, el segundo al mando de Gammon.

En cuanto Errol oyó la voz chillona de Artham, se puso firme y desenvainó su espada. Artham inclinó sus alas y se lanzó directamente hacia él. Aterrizó en una ráfaga de plumas y se agarró a los hombros de Errol.

—Son Claxton y los varados. Han estado introduciendo Colmillos en la ciudad a través de las madrigueras.

—¿Cuántos? —preguntó Errol.

—No lo sé. Cientos. Empezaron en el extremo oriental, cerca de las granjas de barro, pero creo que se han infiltrado en toda la ciudad.

—¿Dónde está Gammon?

—La última vez que lo vi andaba por los tejados como la Espada Florida.

Se oyó un estruendo en el extremo oriental del mercado, seguido de gritos de alarma. Pero la advertencia de Artham había servido de algo. En lugar de huir, los lugareños del mercado se dirigieron furiosos hacia la conmoción para enfrentarse a los Colmillos en la batalla.

—¡Elmer! ¡Olsin! —gritó Errol a dos de sus compañeros mientras pasaban corriendo. Los dos guerreros se acercaron con las espadas desenvainadas, ansiosos por luchar—. Avisen a los bordes occidentales. Díganles que se reúnan, y que se reúnan rápido.

—Pero la batalla está aquí —dijo Olsin, apuntando con su espada a la escaramuza.

—No, muchachos —dijo Artham—. Los Colmillos están en la ciudad. La batalla está en todas partes.

Elmer y Olsin parecían confundidos, pero entonces un estruendo resonó en el edificio situado a su derecha. La ventana estalló y Colmillos Verdes y Grises estallaron en un gruñido de furia.

Errol gritó y blandió su espada salvajemente. Artham saltó al aire y atacó al grupo de Colmillos desde arriba mientras una de las serpientes mordía a Elmer en el antebrazo. Elmer gritó y cayó, mientras sus compañeros lo defendían de los demás; se estremeció y retorció y luego se quedó quieto. Artham y Errol siguieron luchando, eliminando Colmillo tras Colmillo hasta que por fin pareció que los Colmillos de la casa estaban acabados. Olsin se arrodilló junto a Elmer y gritó su nombre, pero su amigo estaba muerto.

—Olsin —dijo Errol—. Tienes que advertirles a los demás. Ve.

Olsin asintió, puso una mano en la cabeza de Elmer y echó a correr.

—Artham, ve al norte. Tenemos que convocar a todos. Soldados, ciudadanos, cualquiera que puedas encontrar. Estamos repartidos por toda la ciudad, y si no montamos una defensa, los Colmillos nos despedazarán como pan caliente. Llama a todos al mercado. De espaldas al agua, la calle Ribereña dejará a los

Colmillos una única vía de ataque. Si hay un lugar donde la resistencia será más eficaz, es aquí. Pero necesitamos ayuda, y la necesitamos rápido. Vuela, Artham, o la ciudad estará perdida.

Artham levantó vuelo mientras Errol gritaba órdenes de formar barricadas en todas las calles de acceso al mercado. Voló hacia el norte, a baja altura sobre las cabezas de los asustados lugareños, ordenándoles que se apresuraran a ir a la orilla del río. Se abrió paso por todas las calles, por todas las curvas, gritando hasta quedarse sin voz, deteniéndose solo lo suficiente para ayudar a los skreeanos atacados por los Colmillos que salían de casa en casa, de escaparate en escaparate.

Afuera de una taberna llamada la Viuda Redonda, vio a un tipo delgado con bigote ancho lanzando jarras de metal a una avalancha de Colmillos. Artham aterrizó y luchó a su lado el tiempo suficiente para repeler a los Colmillos. El hombre graznó un sincero agradecimiento.

—Ve al mercado en la ribera —le dijo Artham—. Trae contigo a todos los que puedas.

Artham se dirigió hacia el norte, contento de ver que se corría la voz. Los habitantes de Dugtown recorrían las calles con las armas desenfundadas, dirigiéndose hacia el río con Colmillos pisándoles los talones.

Artham aterrizó frente a La Pata del Flonejo y se metió adentro, buscando a Sara. Las mesas estaban volcadas y las cenizas del fuego esparcidas por el suelo, pero no había nadie adentro. «¡Sara!», llamó. Subió corriendo a su habitación y no vio a nadie. «¿Sara?».

Artham miró la cama, las mantas esparcidas por el suelo y la bandeja de la mesilla donde las chicas le habían servido el té, y recordó los terribles sueños que había tenido. Revoloteaban en el fondo de su mente y lo asaltaban con burlas familiares: *Cobarde. Fracaso.*

Él sacudió la cabeza y cerró los ojos. «No», dijo. Las voces se volvieron más fuertes. Sintió que temblaba, sintió una lentitud en su mente, la desorientación y el miedo palpitando como música oscura.

«¡No!», repitió, tratando de mantener la cordura. Tenía que buscar a Sara. Tenía que suscar a Bara. El enemigo estaba atacando. El ataque estaba enemigando —encuentra a Cara Sobbler—ella estaba en peligro—Janner le había dicho que la encontrara—que le giera las dracias, le diera las gracias—¡Lo dejé!—Soy un guardián del trono—pero lo dejaste—los Colmillos se acercan—*y ahora está muerto, muerto, muerto, muerto…*

«¡No!», gritó Artham. Cayó de rodillas y se tambaleó, y de repente el sueño le pareció algo muy bueno. Se desplomó de lado, con las alas extendidas en el suelo, y se apretó los nudillos contra la frente. Una terrible bestia emplumada de su alma chilló triunfante y ahuyentó cada pensamiento y cada palabra antes de que pudieran formarse.

Vio a Esben encadenado a la pared en las Profundidades de Throg, con su rostro grumoso y osuno, suplicando: *No me dejes, Artham.* Vio las resbaladizas paredes de las Profundidades mientras se abría paso a través del —*Se suponía que debías protegerme*— oscuro corazón de la montaña y pronto al Bosque Negro donde —*Vuelve por mí, hermano*— su vergüenza se vio duplicada por el alivio de haber escapado de la prisión de Gnag.

Artham se oyó a sí mismo balbucear como un bebé mientras los skreeanos gritaban y corrían por la calle bajo su ventana.

35

El plan del general Borley

Sara vio una figura pasar corriendo junto a la ventana delantera de Hilos y Dedales, pero cuando no ocurrió nada más, volvió a centrar su atención en Armulyn. Le hablaba de los lugares más allá de los mapas, de las extrañas criaturas que había visto, de ciudades y pueblos exóticos, de la forma de la tierra y, sobre todo, de su gratitud al Hacedor por haber ideado un mundo así.

Otra figura pasó corriendo junto a la ventana. *Probablemente no sea nada,* pensó Sara, y luego miró por encima del hombro a los huérfanos de la fábrica. Los huérfanos de Armulyn el Bardo aún eran tímidos, aún se estaban adaptando a la extraña ciudad después de haber perdido a sus padres tan recientemente a manos de los Colmillos. No quería alarmarlos. Pero, de repente, pasaron corriendo más personas, esta vez con armas y herramientas en las manos.

Sara interrumpió a Armulyn y salió.

—¿Qué está pasando? —gritó a quien quisiera escucharla—. ¡Alguien, por favor! ¿Por qué están corriendo?

Un joven con una azada gritó por encima del hombro:

—¡Colmillos en la ciudad! ¡Toma una azada y ve al mercado! ¡Órdenes de Gammon!

Sara se quedó mirándolo. ¿Colmillos? ¿En la ciudad? Sabía que se avecinaba una batalla, pero había supuesto que habría alguna advertencia… alguna, bueno, *formalidad* al respecto. Gammon tenía vigilantes apostados en el perímetro de la ciudad y en las torres de antorchas, listos para dar la alarma a tiempo para la batalla. ¿Cómo pudieron los Colmillos invadir tan repentinamente?

—¿Qué pasa, reina Sara? —dijo Borley desde atrás. Una chica llamada Grettalyn estaba a su lado.

Sara forzó una sonrisa. No quería asustarlos, pero también les debía la verdad. Borley era un chico listo y ya había demostrado un gran valor ante un gran peligro. Aun así, le costaba hablar. Sus últimos meses en el orfanato habían sido dulces y tranquilos, y la apenaba mucho que se hubieran acabado.

—¿Señorita? —preguntó Grettalyn—. ¿Por qué estás triste? ¿Y adónde va todo el mundo?

Armulyn se acercó y se colocó junto a Borley y Grettalyn.

—Está sucediendo, ¿no?

—Sí —dijo Sara, tragándose las lágrimas—. Tenemos que llegar al río. Borley, ya sabes qué hacer.

—Sí, reina Sara —dijo, hinchando el pecho mientras se apresuraban a volver al interior—. Vamos, Grettalyn.

Sara cerró y atrancó la puerta mientras Borley y Grettalyn marchaban hacia una mesa y se subían a ella.

—¡Atención! —dijo Grettalyn, ya que su voz era mucho más alta que la de Borley—. ¡Atención! ¡El general Borley tiene un anuncio!

Los huérfanos de Sara hicieron callar a los de Armulyn y dirigieron su atención a Borley.

—¿Qué está haciendo? —preguntó Armulyn.

Sara bajó la voz y se cruzó de brazos.

—Se le ha metido en la cabeza que soy su reina, y una reina necesita un general. Sería un buen general, ¿no lo crees?

Borley aplaudió dos veces y se puso las manos en las caderas.

—La reina Sara me ha informado que ha llegado el momento —los huérfanos de Sara cuchicheaban entre ellos hasta que él levantó las manos para pedir silencio—. ¡Comandantes de las compañías, permanezcan en el perímetro con sus soldados! Si acaban de llegar con Armulyn, divídanse equitativamente entre los comandantes. Cuando nos hayamos organizado en compañías, se distribuirán las armas y se darán más instrucciones —nadie dijo nada, así que Borley volvió a aplaudir—. Por órdenes de la reina Sara, ¡vamos ya!

Enseguida, veinte de los niños mayores eligieron sitios a lo largo de las paredes de la planta principal. Algunos se subieron a bancos o sillas y levantaron las manos, gritando los nombres de sus compañías.

—¡Aquí, Dragones marinos! —dijo una chica llamada Quinn desde una silla cerca de la puerta de la cocina.

—¡Sabuesos cornudos! —gritó Wallis, el antiguo jefe de mantenimiento, que estaba de pie en una silla cerca de la pared opuesta.

Sara observó con orgullo cómo sus huérfanos se dirigían obedientemente a cada uno de sus líderes, llevando consigo a grupos de niños de Armulyn. En cuestión de minutos, todos los niños de la sala esperaban órdenes en veinte compañías de diez o quince niños cada una. Otro grupo salió de un almacén, con un cofre de madera para cada compañía. Se abrieron las cajas y los jefes de grupo repartieron tenedores.

Armulyn sacudió la cabeza, impresionado.

—¿Tú organizaste todo esto?

—Fue idea de Borley —le dijo Sara, tratando de mantener la calma a pesar del creciente caos en las calles—. Los ejercita con simulacros varias veces a la semana.

No había suficientes tenedores para todos, así que cada grupo los repartió entre los más grandes y los más fuertes. Animaron a los niños más pequeños y les dijeron que se mantuvieran cerca cuando empezara la lucha.

Una vez repartidas las armas, la sala quedó en silencio y Borley tendió una mano a Sara.

—Sus tropas están listas —dijo con gravedad. Si no hubiera estado tan serio y si no hubiera habido un peligro real fuera, habría sido gracioso.

—Gracias, Borley —dijo Sara, mientras subía a la mesa y se colocaba junto a su noble general. Contempló orgullosa a los niños en silencio, en parte por el nudo en la garganta y en parte desafiando el miedo que sentía en las tripas. La miraban en busca de valor, y ella estaba decidida a dárselos... el poco que tenía, aunque sea.

—Los Colmillos están en la ciudad. Gammon nos ha citado a todos en el mercado de la calle Ribereña para hacer nuestra defensa —esperó a que se acallaran los murmullos—. Si nos damos prisa, podemos estar allí en minutos. Pero las calles están llenas de lugareños, y es probable que también haya Colmillos. Tenemos que darnos prisa, pero no podemos perder la cabeza. Comandantes, mantengan sus compañías unidas en todo momento. Niños, obedezcan a sus comandantes. Síganlos. Manténganse cerca hasta llegar al río. No quiero perder ni a uno de ustedes. ¿Entendido?

—Sí, reina Sara —respondieron.

Sara se volvió hacia Armulyn.

—Señor, ¿puede tocar para nosotros mientras vamos?

—Sí, reina Sara —respondió él con una reverencia.

—Niños, si se pierden o se separan de su compañía, escuchen el arpa silbante del bardo y sigan la canción.

Había poco tiempo para decir algo más, pero Sara temía dar la orden de irse. Los huérfanos estaban bajo su custodia, y sentía el peso de cada una de sus jóvenes vidas descansando sobre sus hombros. No quería que ninguno sufriera más de lo que ya había sufrido.

Afuera, los habitantes de Dugtown pasaban a toda prisa. El fragor de la batalla se acercaba, llenando las calles. Justo cuando iba a dar la orden, la puerta se abrió de golpe y allí estaba un Colmillo Gris, jadeando como un perro furioso. Vio a la masa de niños, sonrió, arqueó la espalda y aulló.

Armulyn se interpuso entre los niños y el Colmillo y rasgueó su arpa silbante. Sopló y tocó una melodía rápida, golpeando el suelo con los pies y moviendo los codos como un pato. Pero la melodía era temblorosa y desafinada; había tantas notas erróneas que Sara se encogió.

El aullido del Colmillo se interrumpió y ladeó la cabeza hacia Armulyn, preguntándose qué rayos hacía aquel extraño hombre. Entonces, empezó a reír. Dos Colmillos más aparecieron en la puerta en respuesta a la llamada del primero, y los tres señalaron y se rieron del bardo, burlándose de su baile y aullando aún más fuerte. Una gota de sudor resbaló por la mejilla de Armulyn.

Terminó su temblorosa canción y adoptó una pose con una mano extendida, como si esperara un aplauso. Los Colmillos se doblaban de risa.

—¡Hazlo otra vez! —ladró el primero entre jadeos.

Armulyn volvió a levantar el arpa silbante y Sara vio que le temblaban las manos. Esta vez, sin embargo, las notas fueron claras y hermosas, y los Colmillos se taparon los oídos, se doblaron y gimieron.

De repente, Borley saltó de la mesa.

—¡Por la reina Sara! —gritó, y los huérfanos se lanzaron al ataque. Sara se quedó de pie sobre la mesa, conmocionada, mientras su ejército pasaba junto a ella, junto a Armulyn, y aniquilaba a los tres Colmillos Grises antes de que supieran lo que estaba ocurriendo.

Los niños salieron en fila, pisoteando el polvo y la armadura de los Colmillos. Sara bajó de un salto, tomó la mano de Armulyn y se unió a la loca carrera hacia la calle Ribereña.

Las calles estaban abarrotadas de lugareños. Armulyn se esforzaba por tocar su arpa silbante mientras corría, pero la música era más agradable que antes. Se secó el sudor de la frente y dijo:

—Lo siento, Sara. Es difícil tocar cuando tienes miedo.

—No importa lo bonito que sea —dijo Sara, resoplando—. Es para que los niños sepan que sigues vivo. ¡Sigue tocando!

La calle era un mar de gente, y Sara y su ejército fueron arrastrados por su corriente. Cada vez que pasaban por una calle lateral o un callejón, algunos de los lugareños se lanzaban a la izquierda o a la derecha, buscando un camino más rápido hacia el Blapp, como arroyos en una tormenta. Sara vio a Wallis y a su compañía salir disparados hacia la izquierda, y dos compañías más los siguieron. Justo delante, vio las escamas verdes de varios Colmillos mientras luchaban contra la avalancha de lugareños. El tráfico se ralentizó y más miembros de su ejército se alejaron a toda velocidad por un callejón a la derecha. Se estaban separando, y ella esperaba que fuera algo bueno. Si había Colmillos que bloqueaban las calles principales, al menos algunos de los huérfanos podrían ponerse a salvo.

Cuanto más tocaba Armulyn, mejor se volvía su música, hasta que por fin sonó como Sara lo recordaba en el Festival del Día del Dragón. Los habitantes de Dugtown se animaron con su forma de tocar, y algunos incluso lo reconocieron.

—¡Armulyn el Bardo! —gritaban y le daban palmadas en la espalda mientras corrían—. ¡Me gustan tus canciones! —decían, con risitas absurdas mientras aparecían más Colmillos por las calles.

Armulyn comenzó una vieja canción, que a Sara le pareció annierana, y le hizo doler el corazón por su belleza mientras pasaban a toda prisa junto a La Pata del Flonejo.

36

Demasiado bueno para no ser cierto

Artham P. Wingfeather estaba perdido en una agonía de recuerdos. Daba vueltas en el suelo de su habitación en La Pata del Flonejo como un niño en un sueño febril. Murmuraba y lloraba, babeaba y gimoteaba. En su mente, yacía en el suelo de una cámara oscura mientras espectros y demonios acechaban en las sombras a su alrededor, batiendo alas curtidas, burlándose, mofándose, riendo.

Se tapó los oídos con las manos e intentó acallar sus palabras. *Traidor. Cobarde. Engendro.* Pero cuanto más intentaba ignorarlos, más fuertes se hacían sus voces. Caras horribles y malvadas salían de las sombras y lo miraban con el ceño fruncido cada vez que abría los ojos. Tenía la sensación de que su alma se encogía o de que la versión de sí mismo en la cámara oscura se encogía, mientras los monstruos crecían y crecían en su aleteo enloquecido.

Con todo lo que le quedaba de su menguante voz, suplicó al Hacedor que lo ayudara, que acallara las voces, que iluminara su oscuridad. Pero los espíritus malignos tan solo reían más fuerte, se volvían más violentos en sus giros y se cerraban sobre él como los dientes de una boca gigante a punto de masticarlo y tragárselo.

Entonces, como desde muy lejos, flotaron en su mente los débiles acordes de una melodía luminosa. Las voces malignas de su cabeza cambiaron sutilmente, como si ellas también hubieran oído la canción. Gruñeron y redoblaron sus esfuerzos, pero cuanto más se enfurecían las voces, más brillante parecía la música. La respiración de Artham se hizo más lenta.

Escuchó. Anhelaba la canción que oía, buscándola desesperadamente, como un hombre que se ahoga busca una cuerda.

Entonces, la vio: Leeli Wingfeather en la oscuridad, en el tejado de la Gran Biblioteca de Ban Rona con Nia a su lado. Estaba rodeada de alas —alas oscuras y curtidas como las de su pesadilla—, pero seguía tocando. Su valor ardía como un sol. Sus canciones despertaron su corazón y lo llamaban: *Artham. Protege. Protege a los que están a tu cargo. Lucha por ellos.*

Entonces, se incorporó como si lo hubieran pinchado con un hierro candente. Parpadeó, miró confundido a su alrededor y se puso de pie tambaleándose. ¿Dónde estaba? La habitación le resultaba conocida. Habitación doce. Allí estaba su cama. Vio una taza de té en la mesilla de noche y recordó a una chica que sorbía de ella mientras lo cuidaba.

Sara. Sara Cobbler. Volvió a cerrar los ojos, escuchando la melodía que lo había despertado: Leeli estaba tocando en algún lugar, enviando la canción de su hermoso corazón sobre los tejados de Ban Rona.

Pero ahora, aunque Artham estaba despierto, seguía oyendo la melodía —algo vagamente annierano—, y se dio cuenta de que la canción no solo estaba en su mente, sino también en sus oídos. La melodía, casi ahogada por el clamor de las voces y el fragor de la batalla, se colaba por su ventana y llenó su corazón como agua pura vertida sobre el suelo de un jardín sediento.

—¡Sara! —exclamó. Corrió hacia la ventana y la abrió de un tirón.

Multitudes corrían por la calle de abajo y, a lo lejos, Colmillos rugían y luchaban contra ellos. Entonces, la vio: Sara Cobbler corriendo junto a un tipo de aspecto desaliñado, pelo oscuro y pies descalzos.

—¡Sara! —gritó, y ella se detuvo y lo miró fijamente mientras la multitud la empujaba.

Desde el otro lado de la calle, un Colmillo Verde saltó de la puerta del Almacén de Blarn y blandió su espada contra los lugareños que pasaban corriendo. El Colmillo se acercaba a Sara con cada golpe.

Artham se lanzó desde la ventana, desplegó sus alas y descendió sobre el Colmillo. Le arrebató la espada, despachó a la bestia a su polvoriento destino y se volvió justo cuando Sara Cobbler le rodeaba la cintura con los brazos y lo abrazaba con fuerza.

—Hola —dijo el hombre del arpa silbante, asombrado como un niño pequeño—. ¿Eres… eres *él*?

—Artham Wingfeather a tu servicio.

Armulyn sonrió y miró fijamente a Artham como si se hubiera encontrado cara a cara con el héroe de sus sueños. Después de todo, así era.

—Entonces, ¿es real? —dijo—. Quiero decir… *¿verdaderamente* real?

—¿Qué cosa es real? —dijo Artham con una sonrisa.

—Anniera —susurró Armulyn.

Artham se rio.

—Por supuesto que es real. ¿De dónde crees que vienen las canciones?

—Nunca estuve seguro —dijo Armulyn—. Lo esperaba. Soñaba con ello. Pero parecía demasiado bueno como para ser cierto.

—Demasiado bueno como para *no* ser cierto, querrás decir.

Armulyn el Bardo se secó una lágrima del rabillo del ojo.

—Bueno, no dejes de tocar *ahora* —dijo Artham con una sonrisa y sacudiendo las alas—. Necesitamos esas canciones. Ahora más que nunca. Vamos.

El bardo tocó de nuevo, sin rastro de miedo, tejiendo una melodía que infundió más valor a los lugareños mientras corrían. Los Colmillos de Dang que estaban cerca se encogieron y se doblaron ante la embestida skreeana. Artham caminaba junto a Sara como un rey en un desfile, con su espada en alto para que la vieran los habitantes de Dugtown, y Armulyn el Bardo iba al frente.

37

Habitantes de Dugtown en la orilla del río

En cuanto Artham, Sara Cobbler y Armulyn el Bardo estuvieron a salvo tras la barricada, Borley se abrió paso entre la multitud y abrazó a su reina.

—¡Lo logramos, Sara! ¡Todos llegamos! —gritó—. Tus súbditos están reunidos cerca de La Botería de Johanicle esperando tus instrucciones —se inclinó, sonrió con ojos brillantes y se puso firme, ignorando las miradas divertidas de los adultos que los rodeaban.

—Bien hecho, Borley —Sara lo besó en la frente—. No podría pedir un general mejor.

Borley se quedó boquiabierto y sus mejillas se pusieron rojas como manzanas. Cayó brevemente en una especie de trance con los ojos vidriosos hasta que Artham le dio una palmada en la espalda y lo hizo volver a la realidad.

—Buen trabajo, muchacho —dijo Artham con una sonrisa—. ¿Por qué no compruebas cómo están tus soldados?

—Soldados —dijo Borley soñadoramente.

—Yo también iré —dijo Armulyn—. Tengo que ver cómo están mis huérfanos.

—Huérfanos —murmuró Borley mientras se marchaban.

Artham se volvió a Sara.

—¿Dónde está Gammon?

—Iba a preguntarte lo mismo. No lo he visto desde que se fueron —Sara tenía miedo de preguntarle si habían encontrado a Maraly, así que no lo hizo. Si la hubieran encontrado, Artham se lo habría dicho. Pero seguro que no era demasiado tarde para encontrarla, incluso con la ciudad invadida. Sara escudriñó la multitud que se agolpaba en el mercado, deseando tontamente ver a Maraly escupiendo y riendo con los personajes más rudos.

—¡Artham! —gritó alguien por encima del estruendo.

—Errol —dijo Artham—. ¿Alguna noticia de Gammon?

—No. Lo peor del combate aún está en el este. Sospecho que ahí es donde los varados colaban a los Colmillos en la ciudad. Unas pocas compañías de Colmillos se abrieron paso hacia el norte y el oeste, pero fueron vencidas fácilmente —Errol, harapiento de luchar, miró por encima de las cabezas de los lugareños que se arremolinaban tras la barricada. Hombres con arcos se agachaban cerca de la cima y disparaban flechas a Colmillos al otro lado—. Está por ahí en alguna parte.

—Si alguien puede volver, ese es Gammon —dijo Artham.

—Bueno, espero que llegue pronto. Está oscureciendo, y los Colmillos en las calles son solo una parte del problema.

—¿Qué quieres decir? —preguntó Artham.

—Te lo mostraré.

Errol condujo a Artham y Sara a través de la multitud hasta la orilla del río. El Blapp estaba tan cenagoso como siempre, arrastrándose entre Torrboro y Dugtown, indiferente a la batalla que se libraba en sus orillas. Había fluido durante épocas y seguiría fluyendo mucho después de que esta guerra fuera un recuerdo lejano.

Errol señaló al otro lado del vano, hacia un grupo de barcos y barcazas que se extendían hasta donde Sara podía ver, al este y al oeste. Rebosaban de Colmillos, y las formas corpulentas de los trols se alzaban entre los Colmillos como montañas sobre las estribaciones.

—¿Qué están esperando? —preguntó Sara.

Artham respiró hondo.

—La noche.

Como si hubiera estado esperando la mención de la palabra, el sol se deslizó tras un muro de nubes en el oeste, tiñendo la tierra de una luz gris apagada.

—Calculo que se suponía que los Colmillos en las madrigueras no atacaran hasta el anochecer —dijo Errol—, lo cual habría desviado nuestra atención del río.

—Entonces, la fuerza mayor nos sorprendería en el muelle —dijo Artham.

—Exacto. Algo debe haber desencadenado el ataque en la ciudad —Errol miró a Artham—. Y apuesto a que ese algo fueron tú y Gammon.

Artham asintió.

—Si no hubiéramos estado buscando a Maraly, no nos habríamos topado con los Colmillos. Nos habrían atrapado por sorpresa al anochecer.

—Sí. Y habría funcionado —dijo Errol—. Aun así, estamos en problemas. Nos falta nuestro líder. Solo el Hacedor sabe cuántos Colmillos hay en la parte oriental de la ciudad. Y una vez que el sol se ponga, vamos a tener que lidiar con *ellos* —señaló al otro lado del río—. ¿Crees que podrías encontrar algunos tipos más con alas?

—¿Aparte de los charvos, quieres decir? —Artham señaló con el pulgar un corral de charvos en el extremo oeste del mercado. Graznaban y arrastraban los pies mientras los ensillaban y los preparaban para la batalla.

Errol gruñó.

—Si tan solo pudieran volar.

—¿Saben nadar? —preguntó Sara.

Errol y Artham empezaron a responder y luego se miraron, vacilantes.

—No lo sé —dijeron ambos.

—Apuesto a que sus patas palmeadas se desenvuelven tan bien en el agua como en la nieve.

—Si conseguimos desestabilizar sus buques, podremos desestabilizar todo su ataque —afirmó Artham—. ¿Cuántos barcos tenemos?

—No los suficientes. ¿Cinco? ¿Diez? Los Colmillos tenían el control del río cuando recuperamos Dugtown. Se llevaron la mayoría de los barcos.

—¿Cuántos charvos?

—Esa es toda la caballería allí. Cuarenta y tres.

—Bueno, hasta que vuelva Gammon —dijo Artham, y puso la mano en el hombro de Errol—, parece que tú estás al mando. Si me permites un consejo, es hora de ver cómo se desenvuelven esos pájaros en el agua. ¿Crees que puedes encontrar cuarenta y tres combatientes para abrirse paso en el Blapp a lomos de un charvo?

—Sí. Y los más grandes pueden llevar a dos.

—Bien.

—¿Qué vas a hacer tú? —preguntó Sara.

—Voy a encontrar a Gammon.

—Y a Maraly.

—Sí, por supuesto. Y a Maraly —Artham tomó carrera y sobrevoló las cabezas de los sorprendidos habitantes de Dugtown. Rodeó la torre de antorchas más cercana y desapareció más allá de los tejados.

—Estoy seguro de que ella está bien —dijo Errol, aclarándose la garganta. Miró a la masa de Colmillos y trols reunidos en la orilla más lejana, y luego añadió en voz baja—: Estoy seguro de que todos estaremos bien. Marchó en dirección a los charvos para informarles a sus soldados del plan.

La llama de la esperanza de Sara, que había conseguido mantenerse encendida incluso en la Fábrica Tenedor, empezaba a menguar. No quedaba nadie para ayudarlos. Los kimeranos de Gammon ya estaban aquí. Casi todos los skreeanos al norte del Blapp estaban reunidos en Dugtown, y el resto ya habían sido capturados por los Colmillos o estaban dispersos por el continente, desorganizados, sin armas y sin líderes. Los Colmillos tenían acorralados a los lugareños y solo las barricadas los contenían. Más Colmillos se preparaban para cruzar el Blapp.

—¿Reina Sara? —dijo Borley.

Sara no lo había visto acercarse y dio un pequeño respingo.

—Alteza, los huérfanos tienen hambre. Y quieren verte. Todos quieren saber qué va a pasar.

Sara rodeó con el brazo los pequeños hombros de Borley. Se daba cuenta de que tenía miedo, pero no quería demostrarlo.

—Los Colmillos van a atacarnos —dijo—. Y nosotros vamos a luchar. Eso es todo lo que sé Borley.

—Extraño a mis padres —dijo Borley en voz baja.

—Háblame de ellos.

—Sara llevó a su pequeño general de vuelta con los demás. Él le contó todo lo que recordaba: su padre había sido sastre, su madre una «señora muy grande», según Borley, pero Sara solo escuchaba a medias. Pensaba en su propia madre y su propio padre, probablemente secuestrados años atrás. Aunque Sara sobreviviera a la batalla y a la guerra, ella y los demás seguirían igual de huérfanos y desamparados que antes.

Sara se imaginó llevando a todos los niños a algún lugar hermoso y prístino después de la lucha: Glipwood, tal vez. Así, todos podrían observar a los dragones de mar desde los acantilados cada verano a la media luna. Podrían crecer juntos. Tal vez incluso encontraría un joven con el cual casarse y tener hijos. No Janner… hacía tiempo que ya no estaba. Había albergado la esperanza de volver a verlo, pero estaba a un mundo de distancia.

Tenía que ser realista. Tenía que pensar en Skree. En sus huérfanos. Tenía que encontrarles un hogar. Era difícil imaginar un mundo sin Colmillos, pero valía la pena el esfuerzo. Nunca lo había experimentado, en realidad, pero *había* habido un tiempo así antes de Gnag el Sin Nombre. Tal vez la paz volvería, y quizás ella viviría para verla.

No se permitió mirar por encima del hombro hacia Torrboro y los monstruos que se acercaban con el anochecer. Si lo hacía, el viento podría apagar lo poco que quedaba de su luz.

38

El tejado de la Semillería de Flombode

Maraly había crecido oyendo hablar de las madrigueras de los varados, pero solo las había visto una vez, años atrás, así que no tenía ni idea de adónde iba. No solo eso, sino que los túneles estaban plagados de varados y Colmillos, por lo que a menudo tenía que apagar su farol y agacharse en una hendidura fangosa o fingir estar muerta o inconsciente como los otros varados con los que se había cruzado. Subió varias escaleras, asomó la cabeza por las trampillas y escuchó, con la esperanza de encontrar una casa segura donde esconderse, pero cada vez, había visto u oído a Colmillos y se había metido de nuevo en la madriguera.

Seguro que había lugareños en alguna parte. Tenía que haber, o los Colmillos no tendrían con quién luchar. Y si quedaba una persona para resistir a los Colmillos, sería Gammon. Ella lo sabía.

El túnel giró bruscamente a la izquierda y se bifurcó. La luz de las lámparas brillaba desde la derecha y oyó voces de Colmillos que se acercaban, así que se metió en la oscuridad del otro túnel. Sintió una cavidad detrás de una escalera y se metió allí. La luz de la lámpara creció junto con las voces hasta que pudo distinguir lo que decían.

—¿Acassso no hay forma de entrar? —dijo un Colmillo Verde.

—No que podamos encontrar —respondió una voz más grave, un Colmillo Gris—. Han bloqueado todas las trampillas del mercado. Tendremos que atravesar las barricadas.

—No importará —dijo el primero—. La guardiana de la piedra lanzará el ataque muy pronto. Tenerlos todos en el mismo sssitio solo facilitará las cosas.

—¡Shh! Puedo oler a uno de ellos —el Colmillo Gris olfateó.

Las sombras proyectadas por el farol de la pared opuesta se desplazaron. El corazón de Maraly latía con fuerza. Miró hacia la escalera, preguntándose si podría llegar ahí antes de que los Colmillos la atraparan, pero ¿qué pasaría si salía a una casa llena de más Colmillos?

—Yo no sssiento ningún olor —dijo el Colmillo.

—Eso es porque eres un lagarto, tonto.

—Prefiero ser un lagarto antes que un cachorro.

—No soy ningún cachorro —gruñó el Colmillo Gris y golpeó al otro—. Los cachorros no saben dar puñetazos.

—¡Pero los lagartos sí!

El Colmillo Verde devolvió el golpe, y Maraly escuchó los siseos y gruñidos de una pelea que se desarrollaba a la vuelta de la esquina. Si podía subir deprisa la escalera, quizás no se darían cuenta. El farol cayó al suelo y proyectó la sombra de los dos Colmillos en la pared donde ella podía ver. El Colmillo Gris saltó sobre el lomo del lagarto y lo asaltó a puñetazos, chasqueando los dientes furiosamente, pero el cuello del Colmillo Verde era lo bastante largo como para poder girar la cabeza y morder al lobo en el cuello. El Colmillo Gris retrocedió con un gemido. Maraly se tapó la boca cuando el lagarto le propinó una patada al Colmillo Gris que estaba tendido y se levantó una nube de polvo. Parte del polvo se deslizó por su túnel y flotó en el haz de luz del farol.

—Ouch —dijo el Colmillo Verde, inspeccionando sus heridas—. Los cachorros muerden —agarró el farol y se escabulló, dejando a Maraly jadeando en la oscuridad.

Ella subió la escalera y asomó la cabeza en un almacén poco iluminado. Había pelea fuera, pero no parecía haber nadie en la casa. Salió de la madriguera y cerró suavemente la trampilla. La cocina estaba vacía, y el pasillo que conducía a la puerta principal también. Caminó de puntillas por el pasillo y se asomó por la estrecha ventana que había junto a la puerta. Había Colmillos en la calle, de pie junto a un grupo de lugareños caídos. Los Colmillos envainaron sus armas, se felicitaron y se marcharon, dejando la oscura calle vacía.

—Solo tengo que llegar al mercado —susurró Maraly para sus adentros—. Hacedor, permite que Gammon esté ahí.

Se acercó a la entrada, agradecida de que, al no estar Claxton, solo tuviera que preocuparse de Colmillos. Después de escuchar durante un instante sin aliento, se puso en marcha, manteniéndose cerca de los edificios por si necesitaba esconderse. A una manzana de distancia, en la intersección de la avenida Ewang y la calle Yuplo, se encontró con varios montones de polvo y de armaduras de Colmillos fuera de la Semillería de Flombode y tomó una daga rugosa.

Maraly miró a izquierda y derecha, frustrada por no saber dónde estaba. No recordaba ninguno de los nombres de las calles y nunca había oído hablar de la tienda de Flombode. La luz menguaba rápidamente y no quería perder ni un minuto equivocándose de camino.

Torció el cuello y miró hacia el alero, luego se deslizó hacia la semillería. Se arrastró en medio de las cestas etiquetadas Totatas, Yimples, Bayas de Azúcar y Rutipams, buscando las escaleras que la llevarían al tejado. En la parte trasera de la tienda, las encontró y subió los escalones, estremeciéndose con cada crujido, hasta que llegó al último piso y ascendió por unas empinadas escaleras hasta el tejado. Un velo de nubes altas se deslizaba desde el oeste, y en el este empezaban a titilar las primeras estrellas. Se arrodilló en el borde y esperó a que pasara una tropa de Colmillos, luego se asomó a la ciudad.

A varias calles de distancia, vio el río y, a su derecha, a lo lejos, el mercado ribereño. Entre dos hileras de edificios, vio la masa oscura de la barricada que los Colmillos habían mencionado. Figuras agazapadas en lo alto disparaban flechas hacia las calles sombrías donde ella sabía que se concentraban los Colmillos. Tenía un largo camino hasta ahí. No tenía idea de cómo llegar ni de cómo pasar la barricada para llegar a la seguridad del ejército de Dugtown. Si los Colmillos no tenían forma de entrar, entonces ella tampoco.

Maraly escupió y se sentó, apoyando la espalda en la barandilla del tejado. Se sentía terriblemente sola. Todos sus conocidos estaban en el mercado, y ella estaba atrapada en la oscuridad, donde no podía hacer otra cosa que esperar a que terminara la batalla.

—¡Maraly! —gritó alguien.

—Ahora oigo cosas —murmuró ella.

—Maraly, ¿dónde estás?

No era su imaginación. Se dio vuelta y volvió a mirar la ciudad. A lo lejos, a la izquierda, le pareció ver una sombra que volaba por la noche, saltando de tejado en tejado. Justo detrás, la perseguía una masa aullante de Colmillos.

—¡Gammon! —gritó antes de poder contenerse.

La sombra no se detuvo, y ella volvió a oír la voz:

—¡Maraly!

Los Colmillos lo estaban alcanzando. A Maraly se le subió el corazón a la boca. Se levantó y agitó los brazos, pero sabía que estaba demasiado oscuro. Desde esa distancia, Gammon nunca la vería.

Otro grupo de Colmillos apareció frente a Gammon. La sombra se detuvo en la cúspide de un tejado y giró sobre sí misma, desplegando su oscura capa mientras los encorvados Colmillos se abalanzaban hacia él por delante y por detrás.

—No —dijo ella con el ceño fruncido mientras se alejaba del borde—. Así no es como morirá mi Gammon.

La distancia hasta el siguiente edificio no era grande, no muy diferente de algunos de los árboles entre los que había saltado en el bosque de Glipwood. Si lo lograba, tendría una hilera ininterrumpida de tejados por los cuales correr. Podría acercarse lo suficiente para distraer a los Colmillos y darle una oportunidad a Gammon. De ninguna manera iba a sentarse allí y verlo luchar hasta la muerte.

Maraly respiró hondo, corrió con todas sus fuerzas y saltó desde el tejado de la Semillería de Flombode.

En cuanto estuvo en el aire, supo que había subestimado la distancia. Sus brazos se agitaron, empezó a ver cómo la calle empedrada se aproximaba a toda velocidad y un grito escapó de su garganta. No sobreviviría.

39

Varado, Hombre Pájaro, Espada Florida

—Te tengo —dijo Artham, mientras levantaba a Maraly por encima del tejado. Ella se sintió sorprendida, luego aliviada y después gritó órdenes a Artham, todo ello en el espacio de tres segundos.

Cuando se dio cuenta de que no iba a llegar al tejado, se sintió más irritada que otra cosa; irritada consigo misma por no ser capaz de saltar lo suficientemente lejos y también porque era una forma tonta de morir. Tuvo tiempo de sentir una punzada de pena al saber que Gammon no tendría a nadie que lo ayudara. Pero entonces, dos fuertes brazos aparecieron de la nada y la levantaron. Ahora que no estaba muerta, solo le quedaba la irritación.

—¡Tenemos que ayudar a Gammon! —gritó Maraly, zafándose del agarre de Artham y corriendo de nuevo por el tejado.

—¡Maraly, espera! ¡Necesito llevarte a un lugar seguro!

—¡No quiero seguridad! —gritó por encima del hombro—. ¡Quiero a Gammon!

Si el hombre pájaro quería ayudar, qué bueno, pero ella no lo esperaría.

Mientras corría, sintió los brazos de Artham bajo los suyos y sus pies se elevaron del techo.

—*Suél-ta-me* —espetó, dando patadas al aire como una niña haciendo un berrinche… de hecho, eso era exactamente lo que sucedía.

—¡Tranquila! —dijo Artham, riendo—. Será mejor que prepares esa daga.

Maraly dejó de retorcerse y se dio cuenta de que Artham volaba directamente hacia Gammon, quien, aunque había conseguido mantener a raya a los Colmillos, se estaba quedando sin trucos. La niña sacó la daga de su cinturón y sonrió.

—¡Gammon! —gritó.

Gammon clavó su espada en un Colmillo Gris que trepaba por el tejado y miró por encima del hombro. La luz casi había desaparecido, por lo que no podía verle la cara, pero oyó el temblor de asombro en su voz justo antes de que Artham la soltara.

—¿Maraly?

Ella aterrizó en cuclillas, con una mano agarrada al techo y la otra blandiendo su daga hacia los Colmillos. Estos le siseaban y ella les devolvía el siseo.

—Parece que te vendría bien algo de ayuda —dijo—. Podemos abrazarnos más tarde.

—¡Ajá! —bramó Gammon, pero no como la Espada Florida. Bramó como un hombre cuya hija muerta había vuelto a la vida.

Él y Maraly se colocaron espalda contra espalda, uno en cada pendiente del tejado, blandiendo sus espadas contra los Colmillos Verdes y Grises que los rodeaban. Se enfrentaban a la muerte con el corazón pleno. Y probablemente habrían muerto, porque cada vez llegaban más Colmillos, escalando los edificios y abarrotando las calles de abajo, pero Maraly y Gammon no estaban solos.

Artham aleteaba sobre las cabezas de los Colmillos, blandiendo su espada, a veces aterrizando ligeramente para ayudar a Maraly o Gammon, y luego volvía a alzar el vuelo. Los Colmillos se esforzaban por evitar que sus garras resbalaran en el empinado tejado mientras luchaban, y más de una vez, cuando uno caía, se llevaba por delante a varios otros. Cuando oscureció del todo, los Colmillos se reagruparon.

—No podemos seguir así —dijo Gammon—. Artham, ¿puedes encender esa torre de antorchas? Si pudiéramos ver, creo que podríamos llegar a la barricada.

—Si te dejo aquí, nunca lo lograrás.

—Si nos quedamos aquí, nunca lo lograremos.

—Si siguen discutiendo, nunca lo lograremos —acotó Maraly—. Podemos mantenerlos a raya el tiempo suficiente para que encienda una cerilla. Al menos yo puedo —le dio un codazo a Gammon y siseó a los Colmillos que correteaban por los bordes del edificio.

—Bueno, la jefa ha hablado —dijo Gammon—. Vuelve rápido, Artham. Hay cerillas en todas las torres. Y la madera está aceitada y lista para arder.

Maraly no podía ver las caras de los hombres y se alegró de que ellos no pudieran ver la suya. Estaba mucho más asustada de lo que parecía. Estaba cansada y sabía que era pura suerte que una espada Colmillo no la hubiera mellado. Aun así, estaba feliz. Amaba a Gammon, y la lucha era una de las únicas cosas que realmente sabía hacer: eso y el tacklebol, que era básicamente lo mismo.

En la oscuridad, no se había dado cuenta de que Artham ya había echado a volar. Los Colmillos Grises, sin embargo, se percataron enseguida y avanzaron. Sus sombras se deslizaban por la inclinación del tejado como peces daga bordeando el río.

Un tenue resplandor anaranjado chisporroteó en lo alto y rápidamente se convirtió en una imponente llamarada. Fue entonces cuando Maraly y Gammon vieron lo desesperada que era realmente su situación. La torre de antorchas iluminó a cientos de Colmillos que se arremolinaban en las calles de abajo, trepando por los laterales del edificio, abriéndose paso hacia ellos como si fueran humo. Los ojos amarillos brillaban. Los dientes y las lenguas destellaban. Las escamas y el pelaje oscuro refulgían. Las bestias no decían palabra; era como si se hubieran entregado por completo a un hambre animal sin sentido.

—¡Disparen! —gritó alguien.

Las flechas se estrellaron contra los Colmillos más cercanos. Maraly se dio vuelta.

Errol y una compañía de arqueros estaban agazapados en lo alto de un edificio de la calle opuesta. Los Colmillos más cercanos aullaron y sisearon, luego se deslizaron por el tejado y derribaron a más compañeros a la calle. Errol agitó la mano y otra andanada de flechas diezmó a los Colmillos a la derecha de Maraly.

—Que el Hacedor bendiga a Errol —dijo Gammon, riendo—. Vamos, Maraly.

—Le tomó la mano y corrió hacia el paso que había abierto Errol. Avanzaron por tejados planos, saltando por encima de callejuelas estrechas, acercándose cada vez más al mercado. Pronto Maraly vio a Artham planeando sobre sus cabezas, con las alas rojas brillando a la luz de las antorchas.

Gammon bajó a Maraly hasta los lugareños que esperaban más allá de la barricada. Al ver a su líder, la multitud lanzó una aclamación que incluso los Colmillos del otro lado del río Blapp debieron oír.

Gammon bajó de un salto tras Maraly, se arrodilló y ambos se abrazaron. Maraly apoyó la cabeza en su hombro y cerró los ojos, dando gracias al Creador con las mejores palabras que se le ocurrieron. Pensó en los brazos y los puños de Claxton, en cómo los había utilizado para maltratarla, y luego descansó en el abrazo protector de Gammon, en la sensación de sus manos acariciándole suavemente la espalda. Por fin estaba en casa.

Seguían abrazados en medio de la multitud cuando Errol y sus arqueros regresaron.

—Señor —dijo Errol—. Qué bueno tenerlo de vuelta.

Gammon soltó a Maraly. Se levantó y se secó los ojos.

—Errol, amigo mío, nos salvaste la vida. Tú también, Artham. Gracias.

—Es a ella a quien tienes que dar las gracias —dijo Artham con una risita.

—Sí —dijo Gammon, inclinando la cabeza ante Maraly—. Gracias a *ti.*

Ella escupió, se limpió la boca y se encogió de hombros.

—No te pongas sentimental conmigo. Ese abrazo duró como una hora.

—Supongo que entonces mi abrazo tiene que ser más corto —dijo Sara Cobbler. Maraly sonrió y corrió hacia su amiga, luego la apretó con fuerza—. Lo lograste —dijo Sara—. ¿Acaso Claxton está…?

Maraly miró al suelo y asintió.

—Ya no me molestará más.

Errol lanzó la máscara de la Espada Florida a Gammon.

—Te dejaste esto en lo de Snoot.

—La dejé atrás, aunque no era mi propósito hacerlo. En verdad, os lo agradezco —dijo Gammon mientras se ataba la máscara—. Es una regia máscara para luchar contra sucios Colmillos. ¡Diablillos! ¡Menuda deshonra!

—Oye, ¿cuándo obtengo una de esas? —preguntó Maraly.

—Si sobrevivimos a esta noche —dijo Artham—, yo mismo te coseré una.

—Señor —dijo Errol—. Tenemos que hablar.

Gammon tomó la mano de Maraly y siguió a Errol entre la multitud, asintiendo con expresión sabia a los hombres y mujeres que lo buscaban para infundirle valor. Mientras caminaban, Errol explicó cómo había racionado las armas entre la gente, contado las flechas y las reservas de comida y dado trabajo a los que no podían luchar. Llegaron a la orilla del río y caminaron hasta el final del muelle, donde ardía una única antorcha.

Gammon miró por encima del hombro a la masa de skreeanos que habían enmudecido mientras observaban. Su pequeña fortaleza atrincherada parecía pequeña e indefensa, atrapada entre la pesada noche, el oscuro río y los Colmillos que los rodeaban.

—Están ahí afuera —dijo Errol, señalando la otra orilla—. Son miles. Hay trols también.

Lo único que Gammon veía más allá de la luz de las antorchas era negrura. El río era una masa melancólica que apestaba a garpas y peces daga. En algún lugar, un ejército esperaba para atacar, un ejército que superaba en número a los skreeanos y que estaba mejor armado. Gammon vio a los lugareños mirando temerosos a la oscuridad, equipados solo con palas y azadas. Entre ellos estaban los huérfanos de Sara, armados con tenedores.

Gammon tenía pocas dudas de que, cuando los Colmillos atacaran, aplastarían a su pequeño ejército. Y no tenía idea de qué hacer.

Fue entonces cuando una figura vestida con una túnica negra flotó hacia ellos desde la oscuridad. Gammon supo enseguida que era la mujer que había fusionado a los Colmillos.

La guardiana de la piedra.

40

Parlamento

El barco emergió de la oscuridad con cuatro Colmillos serpenteantes remando. La figura de la túnica parecía levitar en la proa como un fantasma. La capucha de su túnica negra colgaba sobre su rostro y los dedos de sus finas manos blancas se entrelazaban en su cintura. El ruido de los remos atravesaba el agua y hacía eco en los edificios de la ribera. Cuando estuvo a un tiro de piedra del extremo del muelle, Gammon se adelantó y levantó la espada.

—¡Hasta ahí está bien! —gritó.

La guardiana de la piedra levantó una mano, y los Colmillos apuntaron el morro del barco río arriba y se esforzaron por mantenerlo en un mismo sitio. La mujer encapuchada observó a los skreeanos en silencio. Luego, lentamente, levantó los brazos y se echó la capucha hacia atrás. En el resplandor anaranjado de la antorcha, su rostro, enmarcado por su cabello negro, brillaba tan blanco como una luna flotando sobre el agua. Sonrió.

—Gammon —dijo con una voz que flotaba por la superficie del río como un zarcillo de humo—. He venido a pedir tu rendición. Sabes que no puedes ganar. ¿Por qué condenar a tu pueblo a la muerte?

Gammon desenvainó su espada y apuntó al cielo.

—Preferimos luchar hasta la muerte que vivir un día más bajo el dominio de Gnag —una bandada de cuervos graznó a lo lejos, como burlándose de sus palabras.

La mujer volvió a sonreír.

—¿Estás decidido, entonces?

—Así es —respondió él. Maraly sintió que la mano de Gammon se estrechaba en torno a la suya, y no creía que él supiera que la estaba apretando.

—¿Y qué hay de tu gente? —preguntó la mujer, alzando la voz y señalando con una mano pálida a los lugareños que estaban detrás de él—. ¿Es acaso tan insensata como tú? ¿Todos desean morir? ¿Aquí? ¿Ahora? ¿Esta noche? No es demasiado tarde. Podemos darles nuevos nombres y nuevo poder. Gnag les tiende la mano en señal de misericordia. Únanse a nosotros y ustedes también podrán cantar la canción de la piedra antigua. Conocerán un gran poder, ¡como todos mis hijos! ¿Vale la pena morir por esta tierra arruinada?

Los hombres y mujeres del mercado murmuraban y movían los pies. Maraly sabía que Claxton había enviado prisioneros a los Colmillos para que los cambiaran, y había oído hablar de esa mujer con una piedra mágica y una voz tranquilizadora. Se dio cuenta de que Artham Wingfeather temblaba y miraba a todas partes menos a la mujer.

Algo salpicó el agua a la derecha de Maraly. Miró atrás y vio a un niño pequeño junto a Sara Cobbler.

—¡Váyase, señora! —gritó. Tomó un tenedor de una chica que estaba a su lado y lo lanzó lo más lejos que pudo—. Luchamos por la reina Sara, no por ti.

—Querido muchacho —dijo la guardiana de la piedra con voz tranquilizadora—. Seguro que la reina de la que hablas preferiría que vieras el amanecer antes que morir bajo la espada de un Colmillo Gris.

—¡Cierra la boca! —gritó Gammon—. No sufriré tus encantos y tampoco estos valientes skreeanos. El poder del que hablas solo pertenece al Hacedor. Preferimos enfrentarnos a tu ira antes que a la suya. Ahora vete, o la flecha de Errol te entregará al poderoso Blapp.

Errol preparó una flecha y apuntó.

La sonrisa de la guardiana de la piedra se desvaneció. Se recolocó la capucha, les hizo una seña a los Colmillos en su barco y dijo:

—Como quieran.

El barco viró y se desvaneció en la oscuridad. Los cuervos volvieron a graznar a lo lejos y Maraly, al igual que muchos de los habitantes de Dugtown, no pudo evitar imaginarse a las aves dándose un festín de cadáveres.

Gammon envainó su espada y regresó a la orilla con una sonrisa feroz que todo su ejército pudo ver. Saltó a un barril cerca de la orilla del agua.

—¡Viviremos para ver el amanecer, skreeanos! Y si no lo hacemos, ¡nos iremos a la tumba con el beneplácito del Hacedor y la sangre de la libertad manchando el suelo! ¡Nuestros descendientes cantarán sobre esta noche!

La gente respondió con una ovación algo desganada. Armulyn el Bardo tocó una conmovedora melodía de Anniera llamada «Colina y valle, caballo y mano», y cuando terminó, gritó: «¡Los Colmillos son horribles!». Una risa nerviosa recorrió la multitud.

Gammon pronunció un buen discurso, pensó Maraly, y la canción de Armulyn fue agradable, pero hicieron poco por eliminar el miedo de los rostros que veía.

—¿Qué hacemos ahora? —preguntó.

Gammon se ató su máscara de la Espada Florida.

—Primero, encendemos todas las torres de antorchas a las que podamos llegar. Cuanto mejor veamos, mejor nos irá —asintió a Maraly con la cabeza—. Después, afilamos nuestras espadas y esperamos.

41

La hora de las historias con Artham

Sara se sentó en los adoquines con Artham y Armulyn el Bardo. Los huérfanos que no estaban dormidos estaban reunidos como si fuera la hora de las historias. Y era la hora de las historias. Armulyn el Bardo parecía haber rejuvenecido diez años en presencia de Artham P. Wingfeather y estaba sentado con las piernas cruzadas frente a él, haciéndole todas las preguntas que se le ocurrían sobre la Isla Luminosa. Artham le daba el gusto y se reía al ver cómo el bardo se deleitaba con los detalles más insignificantes.

Sara abrió mucho los ojos ante Maraly y señaló disimuladamente a Artham, como diciendo: «¿Puedes creerlo?».

Después de todo este tiempo, *este* era el Artham que Sara había estado buscando. Cuando llegó a la Fábrica Tenedor, hablaba con voz fuerte y clara y sus ojos eran valientes y amables. Incluso con sus alas y su piel rojiza, era guapo. Pero desde aquel día, Artham se había perdido a sí mismo. Sara se alegraba de que hubiera vuelto.

Se hizo a un lado para dejarle lugar a Maraly. Se sentaron bajo el resplandor constante de las torres de antorchas y escucharon.

—Sí, sí —dijo Artham—. Hay montañas, pero sobre todo en el centro de la isla. A medida que la tierra desciende hacia el mar, las colinas se despliegan como un suelo de almohadas verdes.

—¿Están nevadas las montañas en invierno, como se dice en *La leyenda de Eremund el Valiente*?

—Sí, nevadas. Y cuando captan la luz al amanecer, se ruborizan como doncellas.

—Cuéntame sobre los pueblos. ¿Hay muchos? La mayoría de las historias son sobre Rysen.

—Los pueblos son perfectos.

—¿Qué quieres decir?

—Permíteme decirlo de esta manera. Imagina que recorres uno de los senderos que atraviesan el campo. Llevas un bastón y una mochila, y tras unas horas a paso ligero, piensas: *Me vendría bien un buen tazón de guiso de limpinia ahora mismo.* Los pueblos de Anniera están tan perfectamente espaciados que, en cuanto tienes ese pensamiento, llegas a la cima de una colina y ves un pueblo en el valle de abajo, con humo en las chimeneas y olor a heno en el viento. Paseas por el pueblo y, después de unas biditas de la fuente del pueblo (todo pueblo tiene una fuente para los viajeros), te das vuelta y ves una pequeña posada o taberna, probablemente junto a una tienda de ropa o una librería.

—¿Hay librerías?

—En cada ciudad. Es un requisito.

Armulyn suspiró.

—Entras en la posada, apoyas el bastón en la puerta y, en cuanto te sientas y bebes una pinta de algo caliente, el propietario te trae un tazón de guiso de limpinia.

—Pero ¿cómo lo sabe?

—En Anniera, siempre tienen lo que deseas —la expresión de Armulyn era algo escéptica, pero Artham continuó—. No es que los cocineros sean mágicos. Es la *tierra*, ¿entienden? Cuando caminas por esa parte de la isla, la forma de las colinas, el color de las hojas, la manera en que la luz incide en los troncos de los árboles, el frescor de la mañana y el olor de los cultivos (probablemente brotes de limpinia), todo contribuye a que desees exactamente lo correcto en el momento adecuado.

—Nunca he oído hablar del guiso de limpinia —dijo Armulyn—, pero quisiera probarlo. Y lo mismo ocurre con los cocineros, supongo. Es decir, ¿se despertarían esa mañana con la idea de hacer un guiso de limpinia?

—Sí. Por supuesto, hacen una gran variedad de cosas. No todos los viajeros quieren lo mismo al mismo tiempo, pero cuando entran por la puerta, el propietario suele saber por su aspecto lo que van a necesitar. Los habitantes de la Isla Luminosa están atentos a la forma que el Hacedor dio al mundo, pero no es solo eso. También están atentos a la forma en que el Hacedor hizo el corazón. Y solo intentan ser buenos súbditos: intentan darse unos a otros lo que fueron diseñados para dar.

—Así que en Anniera —dijo Armulyn—, lo que quieres y lo que necesitas son una misma cosa.

—Exactamente. Eso fue lo que el Creador pretendía desde el principio —dijo Artham—. No siempre es así, pero en los mejores días, así es como te sientes. Si el reino no se hubiera desmoronado en la Primera Época, gracias a Ouster Will, creo que seguiría siendo así en todo el mundo. Como suele decirse: «Si hace mal tiempo, se debe a Ouster Will».

—«Ouster Will, Ouster Will, respira sobre tus tobillos bajo tu cama» —canturreó Armulyn—. «Espera a que duermas y en tu cabeza exclama».

Borley se estremeció y se acercó a Sara.

—Hacía tiempo que no oía eso —dijo Artham.

—Así que Ouster Will también era real —dijo Armulyn, sacudiendo la cabeza—. El mundo es más terrible y más maravilloso de lo que imaginaba. Tengo esa canción metida en la cabeza desde que la aprendí en la academia de arpa silbante. *Oscurece tus sueños y de muerte los inflama, bajo la tierra en la colina del cementerio hostil con Ouster Will, Ouster Will.*

Borley volvió a estremecerse, y esta vez el bardo también.

—Me sorprende que la sepas —dijo Artham.

—Oh, lo sé todo sobre Anniera —a Armulyn le brillaron los ojos y de repente parecía un niño pequeño—. Bueno, todo lo que puedes saber sin realmente *ir* allí. He soñado con ella desde que era joven. Mis padres me hablaron del lugar, me alimentaron con un suministro constante de libros y, una vez que conocí las canciones de Anniera, dediqué mi vida a mantenerlas vivas aquí en Skree. Especialmente tras la Gran Guerra, las canciones parecían despertar algo de esperanza en los skreeanos. Y los Colmillos las odian con todo su ser —Armulyn lo pensó un momento y luego preguntó—: Después de mi guiso de limpinia en la taberna del pueblo, ¿me quedaría a pasar la noche?

—¡No! Es apenas mediodía, ¿recuerdas? Le pagarías al dueño y saldrías por verdes campos de totatas y fotralias en flor. No necesitarías un mapa, porque hay carteles exactamente cuando los necesitas, y en cuanto tuvieras hambre para cenar, llegarías a otro pueblo, otra fuente, otra librería y otra taberna. Puede que incluso algún granjero te invite a pasar la noche en su casa.

—Quiero ir allí, reina Sara —dijo Borley, bostezando—. ¿Podemos?

Sara abrazó a Borley.

—Anniera está al otro lado del océano, querido. Nuestro hogar está aquí, en Skree.

—Ya ni siquiera tenemos una casa —Borley señaló a los huérfanos esparcidos por los adoquines del mercado como un jardín de niños dormidos.

—No te preocupes —dijo Sara—. Cuando esto termine, haremos un hogar aquí.

—Anniera suena lindo —dijo otra voz. Grettalyn estaba despierta, a unos metros de distancia—. Mi madre solía contarme historias sobre ese lugar cuando era pequeña.

—¿Qué clase de historias? —dijo otra voz, tan pequeña como un ratoncito. Una niña que Sara no conocía se sentó y se apoyó en los codos.

—La misma que te conté cuando veníamos hacia aquí, Lola —dijo Armulyn con suavidad—. ¿Recuerdas?

—Sí, lo recuerdo. Pero aun así me gusta escucharla.

—A mí también —dijo Artham. Se quedó mirando las llamas de la torre de antorchas y suspiró—. Es un lugar encantador para un viajero, pues toda la tierra se siente como tu hogar. Si trajeras tu arpa silbante, Armulyn, nunca te faltaría comida ni cama. Los annieranos aprecian la música como nadie.

—¿Y qué hay del castillo? —preguntó Armulyn.

Sara y Maraly se miraron entre sí y luego a Artham, que seguía mirando el fuego.

—¿El castillo? —Artham cerró los ojos—. Es precioso. Parece como si hubiera crecido directamente de la propia piedra. Agujas, banderas ondeando al viento del este, humo saliendo de las chimeneas y niños riendo en los patios. Es un mugar laravilloso. Cómo me vustaría golver a verlo.

Armulyn miró a Sara con confusión.

—Quizás deberíamos cambiar de tema —sugirió Sara.

Artham movió la cabeza de un lado a otro y aplaudió con sus manos rojizas. Las garras chocaron entre sí de forma extraña.

—¡El rey-rey-rey estaría encantado de recibirte, birte-birteeee! —sonrió ampliamente y se secó una lágrima de la mejilla—. Es mi hermano, ya sabes. El brey de la Isla Rillante. ¡Rillo, rillo, rillo!

—¿Qué está sucediendo? —preguntó Armulyn. Algunos de los niños se incorporaron y parecían asustados.

—Shh —susurró Maraly, acercándose a Artham y acariciándole el brazo—. No pasa nada, señor.

—Pero lo abandoné —gimoteó Artham. Apoyó la cabeza en el regazo de Maraly—. Y ahora, está muerto. Yo era el guardián del trono.

Sara le echó la cabeza hacia atrás y le dio un trago de agua.

—Sigues siendo un guardián del trono.

Al oír esas palabras, Artham entrecerró los ojos e hizo una mueca de dolor, llorando suavemente. El agua goteó de su boca y se deslizó por las brillantes plumas de un ala hasta derramarse al suelo y desaparecer entre las grietas de dos adoquines. Eso era lo que les pasaba siempre a sus palabras de consuelo, pensó ella. Pasaban por encima de Artham sin hacer mella y luego se desvanecían.

Borley se acercó gateando y puso su mano sobre el brazo de Artham. Grettalyn le puso una mano tranquilizadora en la frente. La pequeña, llamada Lola, se acercó y apoyó la cabeza en el hombro de Artham. Al oír su llanto, los demás huérfanos se despertaron y rodearon al pobre Artham, cientos de manos inocentes le palmearon los brazos y las piernas y le acariciaron las alas, diciéndole: «No llore, señor Artham». «No pasa nada, señor». «No tenga miedo».

Los ojos de Artham permanecieron cerrados, pero su llanto se apaciguó.

Entonces, el viento sacó un sonido de la oscuridad, desde la dirección de Torrboro. Era el sonido de los remos chapoteando, de los barcos chocando entre sí, de los trols gruñendo y gimiendo, de los Colmillos siseando y bramando. Por encima de todo, oían el graznido de los cuervos, mensajeros de la perdición que se avecinaba.

Maraly se puso en pie y desenvainó sus cuchillos mientras los huérfanos que la rodeaban sacaban sus tenedores y los extendían con manos temblorosas. Armulyn el Bardo pasó por encima de Artham y avanzó con su arpa silbante en una mano.

—¡Despertad, hermanos y hermanas de Skree! —gritó Gammon desde el final del muelle. Estaba parado con la espada en el aire. Dio la espalda al río para que todos pudieran ver su sombrero negro y su máscara. La E y la F brillaban en rojo sangre en su pecho—. Ahora es el momento de la valentía. Enfrentamos al enemigo con corazón firme, pues el alba ha vencido a la oscuridad desde que el Hacedor creó el mundo con su palabra. La noche es profunda, pero la luz llega más hondo. ¡Que lo proclamen nuestras espadas y nuestra sangre!

Aquella noche, todos los hombres, mujeres y niños del mercado alzaron sus armas y desafiaron a gritos al ejército de los Colmillos, a Gnag el Sin Nombre y a todos los malvados que habían agriado el dulce mundo. Sus gritos atravesaron el río Blapp y resonaron en los muros del castillo Torr, volviendo a ellos como una ráfaga de viento y redoblando el estruendo.

Cuando los gritos se apagaron, miles de ojos se asomaron a la oscuridad, los de Gammon primero, esforzándose por ver el primero de los barcos Colmillo. El chapoteo continuó, los gruñidos se hicieron más silenciosos y Gammon gritó por encima del hombro: «¡Prepárense!».

42

Contemplando el amanecer

Gammon y los skreeanos esperaron y esperaron y esperaron, pero los Colmillos no aparecieron. El pálido amanecer brillaba en el este, por lo que la forma del Castillo Torr y el contorno de los edificios del paseo marítimo eran débilmente visibles, pero no se veía ningún Colmillo. Ningún trol. Los skreeanos murmuraron confundidos, cansados tras haber vigilado toda la noche. Entonces, alguien anunció que los Colmillos más allá de las barricadas también se habían ido.

—¿Las calles están despejadas? —le preguntó Gammon a Errol.

—Sí, señor. No puedo explicarlo. No los escuchamos marcharse. Pensamos que era parte de una treta, pero envié a Olmin a revisar los edificios y no encontró nada. Es como si se los hubiera tragado la tierra.

Gammon miró a su gente, a las barricadas y al río, y sonrió aliviado. Bajó los hombros e inclinó la cabeza elevando una plegaria de gratitud.

—¿Se han ido? —preguntó Maraly mientras trotaba hacia el muelle—. ¿Realmente se ha terminado?

—Al menos por ahora. Sabremos más a medida que avance el día.

—Hablando del día —dijo Errol, señalando hacia el este a lo largo del Blapp. El sol aún no había asomado por el horizonte, pero había iluminado el cielo con nubes ardientes cuya gloria se reflejaba en la quietud del río.

—¡Contemplen el amanecer! —gritó Gammon—. Clavó la punta de su espada en el muelle y la dejó temblando allí mientras él y Maraly, tomados del brazo, caminaban de vuelta al puerto. Se levantó una gran ovación, más fuerte incluso que el grito de guerra de la noche.

Como los skreeanos descubrieron más tarde ese día, no había Colmillos allí para oírlo. Errol y un grupo de sus hombres cruzaron valientemente el río en barco hasta Torrboro y regresaron exultantes.

—Es cierto —dijo Errol. Sacudió la cabeza como si le costara creer sus propias palabras.

Mientras se desmantelaban las barricadas y los habitantes de Dugtown volvían a recorrer la ciudad para inspeccionar los daños sufridos por sus casas y negocios, Gammon y Maraly se sentaron a beber sidra de bayas en una taberna llamada La Pipa y la Pinta de Klert.

Errol se sentó junto a ellos y dio las gracias al propietario por su taza humeante.

—No hay ni un Colmillo en la ciudad, señor. Tampoco hay polvo, así que no los mataron. Vimos barro fresco en el camino al este hacia Fuerte Lamendron.

—Entonces llevaremos la batalla allí —dijo Gammon.

A Errol se le desencajó la cara.

—¿Señor?

—Los Colmillos deben estar reuniendo sus fuerzas en el viejo fuerte. Si podemos atacar rápidamente, tal vez podamos tomarlos desprevenidos. Sorprenderlos. Eso nos daría ventaja. Hay miles de skreeanos, pero muchos miles de Colmillos. Necesitamos todas las ventajas que podamos obtener —Gammon se frotó la barbilla—. Tal vez tú y yo deberíamos explorar un poco. Esto podría ser una trampa. Nos escabulliremos más allá de Glipwood hasta Lamendron y veremos qué traman.

—Quiero ir —dijo Maraly.

—No, muchacha. Es peligroso.

Maraly se cruzó de brazos y entrecerró los ojos ante Gammon.

—¿Peligroso? ¿Quién luchó a tu lado en el tejado? ¿Y quién sobrevivió a una vida entre los varados del Recodo Oriental? ¿Y quién ha derribado seis vacas colmillo y aún no tiene trece años?

—Está bien, está bien —Gammon se rio—. Puedes venir. Claramente, sería un tonto si no te llevara. Errol, si los Colmillos están en Lamendron, tendremos que atacar duro y rápido. Haz que arrastren todos esos barcos Colmillo vacíos hasta nuestra orilla para que estemos listos para movernos cuando llegue el momento.

—¿Adónde van? —preguntó Sara desde la puerta. Artham se puso a su lado con la cabeza gacha. Tenía las alas caídas, con las puntas arrastrándose por el suelo sucio.

—Artham —dijo Gammon—. Justo el hombre al que quería ver. Maraly y yo iremos a investigar el territorio Colmillo. Me vendría bien otro par de ojos… y un par de alas, ahora que lo pienso. ¿Vendrías con nosotros?

Artham ladeó la cabeza y sonrió lastimosamente a Gammon, para luego asentir. Tenía los ojos inyectados en sangre de tanto llorar y las manos apretadas contra el pecho.

—Solo si la reina Sara puede venir —dijo—. No puedo dejarla. Alguien tiene que santenerla a malvo. Mantenerla a salvo. Sí. Necesito santenerla a malvo.

Sara le apartó las garras para poder tomarle la mano.

—Necesita a alguien a quien proteger —dijo.

—Podría ser peligroso —dijo Gammon.

—Si hay peligro, no hay lugar más seguro que al lado de Artham Wingfeather —Sara le apretó la mano y Artham movió la cabeza.

—¿Y los niños? —preguntó Maraly.

—Están de vuelta en Hilos y Dedales, y Armulyn está haciendo un buen trabajo entreteniéndolos. Dice que tiene suficientes historias y canciones sobre Anniera para tenerlos contentos durante días.

Así pues, Sara Cobbler, Artham Wingfeather, Gammon Felda y Maraly Weaver montaron en un transbordador con cuatro caballos y cruzaron el poderoso Blapp bajo el cálido sol primaveral. Llegaron al muelle de enfrente en silencio, inquietos por el vacío de las calles. Errol se despidió de ellos y tomó uno de los barcos de los Colmillos de vuelta a Dugtown mientras el resto conducía sus caballos desde el transbordador hasta la ciudad de Torrboro.

Aparte de algún que otro perro o tortuga correteando por las calles llenas de basura, estaban solos. Era la primera vez que Maraly visitaba la ciudad, así que se maravilló ante los muros de piedra finamente tallada de los edificios, los arcos y los pórticos. Aunque los Colmillos habían maltratado Torrboro durante casi una década, era fácil ver la antigua gloria de la ciudad. Al cabo de una hora, durante la cual el único ruido era el de los cascos de los caballos en las calles, atravesaron la puerta de la ciudad y siguieron el camino hacia el este. Pasaron junto a una señal que indicaba que el municipio de Glipwood y el Fuerte Lamendron se encontraban más adelante y las Llanuras de Palen Jabh-J a su derecha.[1]

---

1. El cartel también señalaba hacia el norte, noreste, noroeste y suroeste, informando al viajero que estaban: «El Blapp, al rato», «Algo de hierba, luego el Blapp», «Algo de hierba, luego algunas rocas, luego el Blapp» y «Algunas colinas cubiertas de hierba, luego otro cartel», respectivamente.

—Vamos a Glipwood —dijo Gammon. No se dio cuenta de cómo Artham se estremecía.

Cabalgaron duro todo el día, Gammon y Maraly al frente con los ojos recorriendo el bosque a la izquierda y la hierba a la derecha. No vieron Colmillos ni trols, aunque estaba claro por el barro removido que habían marchado en esa dirección la noche anterior. Más de una vaca colmillo mugió desde lo más profundo del bosque, y al caer la noche, aulló un coro de sabuesos cornudos. Cabalgaron hacia el sur, alejándose del bosque, hasta que Gammon declaró que era hora de descansar. Ninguno había dormido la noche anterior, y la hierba alta parecía tan suave y acogedora como un lecho de plumas. No encendieron fuego, sino que se acurrucaron para calentarse y se quedaron profundamente dormidos bajo el cielo resplandeciente.

Al amanecer, una niebla cubría la llanura y ocultaba todo excepto las copas de los árboles. Se repartieron bollos de bayas y tiras de cerdo para desayunar, montaron en sus caballos y siguieron adelante.

—Llegaremos en unas horas —dijo Artham, sorprendiéndolos a todos con la claridad de su discurso. Era la primera vez que hablaba desde la conversación del día anterior en la taberna—. Glipwood junto al mar —sonrió para sus adentros—. Un pueblo tan bonito. Dudo que quede algo en pie.

—¿Lo conoces? —preguntó Gammon.

—Vivía allí, cuando vigilaba a los Igiby —Sara sonrió—. Los *Wingfeather*, quiero decir. Todavía no me acostumbro a llamarlos así.

—En el bosque. En mi castillo —dijo Artham.

—¿Tenías un castillo? —preguntó Maraly.

—Sí —dijo Artham, rascándose la cabeza con una de sus manos llenas de garras—. Eso creo. Arriba en los árboleeeees —Gammon y Maraly miraron a Sara con preocupación. Ella se encogió de hombros mientras Artham continuaba—: Aún no tenía alas. Solo calcetines.

—¿Calcetines? —preguntó Maraly.

—¡Sí! En mis manos. Era un disfraz.

—Esto es muy extraño —dijo Sara—. ¿Estás bien?

—Creo que sí —respondió Artham, agitando la mano—. Todo empezó por un perro, ya saben.

—¿Qué quieres decir? —preguntó Gammon.

—Todo. El final de la guerra. Los Iggyfeathers en el carruaje. Kimera. Los Vardes Velles… Valles Verdes. Todo.

Cabalgaron en silencio. En algún lugar del bosque, mugió una vaca.

—Fue Nugget. Mordió un Colmillo. Leeli lo defendió y los chicos vinieron a ayudarla. Pero los Colmillos iban a hacerles daño, así que Zouzab el correcumbres lanzó una piedra. Entonces, Nia utilizó unas joyas annieranas para sacarlos de la cárcel de Glipwood, y así fue como se dieron cuenta de que ellos eran las joyas de Anniera… me refiero a los niños. En un abrir y cerrar de ojos, los Colmillos empezaron a perseguirlos por todo Skree. Así acabaron en Kimera y luego en Ban Rona. Todo por Nugget. Valiente Nuggetito —Artham refrenó su caballo, sobresaltando a los demás—. ¡Ah! Ahí está. El municipio de Glipwood.

43

El municipio de Glipwood

El sol del mediodía brillaba sobre los tejados del municipio de Glipwood mientras Artham, Sara, Maraly y Gammon cabalgaban por la calle principal. Sara se acordaba de la ciudad. Recordaba haber conocido a Janner allí dos años atrás. Pasaron por el Campo de Dunn, donde la gente solía jugar a todo, desde zibzy hasta balonmano. Pero ahora las calles estaban tan desiertas como Torrboro, y algunos de los edificios del Camino Vibbly estaban en ruinas. Entre los que aún quedaban en pie, estaban Libros y Rincones, La Taberna de Shaggy y La Única Posada, donde la familia de Sara se había alojado una vez cuando ella era más pequeña. Ahora la posada estaba desolada y vacía, con maleza primaveral creciendo por encima de la entrada y enredándose en la barandilla del porche. Incluso las telarañas estaban viejas y abandonadas.

Por el rabillo del ojo, Sara vio que Artham se retorcía. Si la pequeña ciudad guardaba recuerdos para ella, tenía que ser mucho peor para Artham.

Se oyó un ruido sordo procedente de la dependencia situada detrás de Libros y Rincones, y Gammon hizo una señal para que todo el mundo se detuviera. Se bajó del caballo, le entregó las riendas a Artham y caminó de puntillas por el polvoriento callejón que había junto a la librería.

Oyeron un estruendo y luego la voz de Gammon:

—¡Están atrapados! ¡Dejen de forcejear o les daré algo por lo que quejarse!

Reapareció arrastrando a un correcumbres en cada mano. Estos se contoneaban y pataleaban como niños.

—¡Él lo robó! —dijo uno de ellos.

—¡Es mentira! Tú lo robaste primero. ¡Yo no robé nada! No son robados si tú los robaste primero —de uno de sus bolsillos cayó una ermentina de color amarillo brillante, y las dos criaturitas lucharon por agarrarla—. ¡Es mía!

—¡No! ¡Te la robaste!

—¡De un ladrón, lo cual anula el delito!

Los dos correcumbres se pelearon hasta que Gammon los sacudió por el cuello y les ordenó que se callaran.

—¿No solías ayudar al librero? —preguntó Sara—. Tu nombre empieza con Z.

—Se llama Zouzab —dijo el primer correcumbres.

—Silencio, *Bizzik* —dijo el otro—. ¿Por qué no sigues y revelas todo, ya que estás?

—¡Quizás lo haga! —gritó Bizzik—. Los Colmillos…

—¡Cállate!

—Los Colmillos se han ido, ya saben —Bizzik se cruzó de brazos y levantó la nariz—. Y yo *no* soy un ladrón de ermentina. Me la robé para mantenerla a salvo.

Al escuchar eso, Zouzab reanudó su lucha, atacando a Bizzik y golpeando a Gammon en el proceso.

—Me alegro de volver a verte, Zouzab —dijo Artham.

Zouzab dejó de luchar y miró a Artham con los ojos entrecerrados. Entonces, abrió bien los ojos.

—El Hombre Calcetín.

Sara, Gammon y Maraly se miraron con sorpresa. Realmente *había* usado calcetines, al parecer.

—Si estás buscando a las joyas de Anniera —dijo Zouzab con sorna—, no las he visto.

—Sé exactamente dónde están —Artham saltó de su caballo y descendió flotando con un batir de alas. Zouzab y Bizzik se acobardaron—. Lo suficientemente lejos como para que nunca más sean molestados por tu traición —se acercó al pequeño correcumbres, lo agarró del hombro y lo miró a los ojos—. ¿Y qué es eso que dice tu amigo de los Colmillos?

Zouzab hizo una mueca, pero finalmente dijo:

—Se han ido.

—¿Ido adónde?

—A Ban Rona.

—¿Por qué? —preguntó Artham, enderezándose y dando un sacudón a sus alas.

—No lo sé. Los oí decir que Gnag ya no tiene interés en Skree. Los necesitaba para navegar hacia los Valles Verdes de inmediato.

—¿Eso es todo, Bizzik? —Artham agitó la fruta en el aire—. Le daré esta ermentina a quien más me diga.

—¡Sí! ¡Es todo lo que sabemos! Bizzik y Zouzab se tensaron contra el agarre de Gammon, tratando de alcanzar la pequeña fruta amarilla que Artham sostenía tentadoramente ante ellos—. Intentamos subir al barco, pero no nos dejaron. En los Valles Verdes hay mucha fruta, ya saben.

—Fruta —dijo Zouzab entre dientes.

—¿Cuándo se fueron? —preguntó Gammon, dándoles una buena sacudida a los correcumbres.

—¡Esta mañana con la marea baja! —gritó Zouzab—. ¡Ahora dame esa fruta!

Artham asintió a Gammon y este los liberó. Entonces, Artham lanzó la ermentina lo más lejos que pudo, por encima de la parte trasera de Libros y Rincones. Los correcumbres se lanzaron tras la fruta, luchando entre sí durante todo el trayecto.

Una voz llamó desde el final de la calle.

—¿Hola?

Gammon desenvainó su espada y Artham se elevó en el aire. Sara y Maraly se tensaron, listas para dirigir sus caballos hacia un lugar seguro. Pero solo eran un hombre y una mujer: el hombre era calvo, con un bigote blanco; la mujer era delgada, con el pelo canoso y un rostro bello. Iban vestidos con ropas andrajosas y caminaban de la mano, tambaleándose de vez en cuando como si estuvieran terriblemente cansados. Vieron a Artham aletear en el aire sobre la ciudad y cayeron de rodillas. Se encogieron y cruzaron las manos como si estuvieran orando.

Artham aterrizó frente a ellos y les levantó la barbilla. Sara le oyó decir:

—¿Joe? ¿Addie? Todo está bien.

Ellos miraron a Artham con asombro.

—¿Peet? —preguntó Joe.

Addie tomó una de sus manos entre las suyas.

—¿Dónde están tus calcetines?

—Supongo que me quedaron pequeños —Artham sonrió—. ¿De dónde vienen?

—De Fuerte Lamendron —dijo Joe—. Los Colmillos, esta mañana… desaparecieron. Uno de los otros prisioneros consiguió abrir su jaula y nos liberó al resto.

—¿Al resto? —preguntó Gammon.

Joe y Addie miraron por encima del hombro y Gammon se quedó boquiabierto. A lo lejos, un desfile de hombres, mujeres y niños subía fatigosamente la colina en dirección a Glipwood. Se sostenían el uno al otro y miraban esperanzados a Gammon y Artham mientras se acercaban.

—¡Es verdad! —gritó Addie, haciéndoles señas con la mano—. ¡Los Colmillos ya no están!

—Addie —dijo Joe—. Tenemos que preparar las habitaciones. ¡Apuesto a que pronto tendremos compañía!

Joe y Addie Shooster se apresuraron a subir los escalones de La Única Posada (la única posada de Glipwood) y empezaron a quitar telarañas y a arrancar malezas. Minutos después, el lugar volvió a tener vida, y justo a tiempo, porque los primeros skreeanos liberados de Lamendron marchaban hacia la ciudad, y algunos subían las escaleras del porche de la posada para pedir comida. Una de las ventanas del piso de arriba se abrió de golpe y Addie sacudió una sábana blanca, quejándose del polvo y los bichos.

Artham les hizo señas a Sara y Maraly para que se acercaran y ellas condujeron sus caballos a través de la multitud, respondiendo preguntas a medida que avanzaban.

—Sí, creo que se han ido de verdad.

—Gammon, de Kimera... liberó a Dugtown este invierno.

—No lo sabemos. Parece que simplemente han desaparecido.

Para alivio de Sara, Artham parecía en paz; su voz y su mirada eran firmes.

—Quiero mostrarte algo —anunció. Montó en su caballo y condujo a Gammon y a las niñas más allá de un edificio rodeado de canalones cuyo tejado colgaba débilmente del piso superior—. Esa solía ser la zapatería. Un tipo gruñón llamado Rawstyme dirigía el lugar. Detestaba el pufo a tie.

—*El tufo a pie* —le dijo Maraly a Sara.

—¿Adónde nos llevas? —preguntó Gammon.

—A la cabaña Igiby. O al menos, a lo que queda de ella. Pensé que les gustaría ver dónde crecieron Janner, Tink y Leeli.

Sara sintió un agradable cosquilleo en el estómago. Había pensado tantas veces en Janner Igiby, aquel valiente muchacho que había dejado parte de su luz en la Fábrica Tenedor, solo por Sara. Ese chico que, según Artham, lo había enviado a buscarla. Un océano los separaba ahora, pero la hacía feliz saber que él había pensado en ella. Y quizás, solo quizás, algún día volvería a Skree, y tal vez la encontraría y…

Sara sacudió la cabeza, agradecida de que todos estuvieran demasiado ocupados esquivando la maleza de zarzas primaverales y ramas bajas como para fijarse en sus mejillas sonrosadas. Pasaron junto a una valla rota y llegaron a una humilde cabaña junto a los restos calcinados de un granero. Maderos negros surgían de la maleza como lápidas. Las ventanas de la cabaña estaban rotas, la puerta colgaba de las bisagras y faltaban muchas tejas del tejado. Una libélula pasó zumbando, entró por una de las ventanas y volvió a salir por la puerta. Los tragadores cantaban en las amplias ramas de uno de los árboles de glipwood más grandes que Sara había visto jamás.

Incluso en ruinas, la cabaña era un lugar precioso. Sara pensó que le gustaría vivir allí algún día si llegaba a casarse, pero volvió a sonrojarse cuando se dio cuenta de que Janner Igiby era el esposo que le venía a la cabeza.

Artham desmontó y se acercó al porche.

—Aquí es donde vivían.

—No está nada mal —dijo Maraly, escupiendo y limpiándose la barbilla con el antebrazo. Señaló más allá de la casa, hacia un sendero que se adentraba en una pequeña arboleda—. ¿Qué hay por ahí?

—Ese es el Sendero Glipper —dijo Artham—. Te lo mostraré.

Desmontaron y avanzaron entre maleza primaveral tan verde y salvaje que parecía haber brotado del suelo esa misma mañana. Se deslizaron entre los árboles y descendieron por una corta pendiente de curvas rocosas. De repente, los árboles se abrieron y vieron cómo el Mar Oscuro de las Tinieblas se extendía bajo ellos como una sábana gris.

Maraly se agarró al árbol más cercano, mareada por la altura.

—Es algo que no se ve todos los días —dijo Gammon—. Hermoso.

—Y aterrador —dijo Sara.

—No da ningún miedo —dijo Artham, riendo. Corrió hasta el borde del acantilado y saltó. Los demás dejaron escapar un grito ahogado y luego se echaron a reír nerviosos mientras él desplegaba las alas y se elevaba sobre el agua.

Sara inhaló el aire salado, sintió el viento fresco que susurraba sobre el acantilado y cerró los ojos con un suspiro. ¿Podría ser que los Colmillos se hubieran ido de verdad? ¿Que hubieran desaparecido para siempre? No entendía por qué se habían ido, pero el aire a su alrededor y el suelo bajo sus pies hormigueaban con una alegría largamente refrenada. ¿Era posible que la propia tierra supiera que la sombra de Gnag el Sin Nombre había desaparecido de Skree?

Cuando Sara abrió los ojos, vislumbró pequeñas formas en el horizonte, muy al este. Entrecerró un ojo y señaló.

—¿Qué es eso?

Gammon estudió el horizonte. Una sonrisa se dibujó en su rostro y sus ojos brillaron con lágrimas.

—Es la flota Colmillo. ¡Se están yendo!

Artham inclinó sus alas y se subió a una ráfaga de viento de vuelta al acantilado, posándose grácilmente junto a Gammon.

—Tus ojos de pájaro ven mejor que los míos. ¿Es eso lo que creo que es? —preguntó Gammon.

Artham se lanzó de nuevo y voló tan lejos que bien podría haber sido el fendril solitario en la distancia. Gammon rodeó a Maraly con el brazo. Sara la vio ponerse rígida y luego relajarse mientras apoyaba la cabeza en su hombro.

Ver esto hizo que a Sara le doliera el corazón como hacía años que no le pasaba. Extrañaba a sus dulces padres y se preguntaba qué habría sido de ellos. Los Colmillos los habían matado o torturado hasta la sumisión. Incluso podrían haberse convertido ellos mismos en Colmillos… algo que Sara no les reprochaba. Artham era para ella la prueba de que incluso el alma más noble podía quebrarse. Si sus padres *eran* Colmillos, tal vez incluso entre los que iban en los barcos a la distancia, Sara rogaba que el Hacedor tuviera misericordia. Se estremeció y se abrazó al árbol del borde del acantilado, deseando tener a alguien que la amara como Gammon amaba a Maraly. Al menos, tenía a sus huérfanos. La necesitaban, y eso era igual de bueno, ¿no?

Artham regresó volando con una sonrisa dibujada en el rostro.

—¡Es verdad! Los Nolmillos están cavegando en retirada. De duelta a Vang… ¡de vuelta a Dang!

Sara se rio, secándose las lágrimas de los ojos. Maraly gritó y vociferó su mejor grito de victoria de varados, y Gammon se sentó como un granjero cansado después de labrar cien kilómetros de tierra. Los cuatro se sentaron a contemplar el Mar Oscuro de las Tinieblas, agradeciendo en silencio su liberación.

—¿Y ahora qué hacemos? —preguntó Maraly.

Gammon sacó la máscara de la Espada Florida de su abrigo y la dio vuelta entre las manos.

—Vamos a casa.

—¿Dónde está eso? —preguntó Maraly.

Gammon se encogió de hombros.

—Donde queramos, supongo. En los bosques de Linnard hay algunos pueblitos preciosos. Podría volver a la agricultura.

Maraly lo miró como si estuviera loco.

—Dijiste que eras horrible como agricultor.

—Es cierto —dijo con una carcajada.

—Siempre habrá varados que causen problemas en Dugtown —dijo Maraly—, y alguien tiene que hacer cumplir la ley, vigilar por los tejados y todo eso. Además, Artham, dijiste que me harías una máscara propia si sobrevivíamos a la noche —se puso en pie y desenvainó uno de sus cuchillos, adoptando una pose temible—. ¿Quién protegerá a los ciudadanos de Dugtown de los ladrones y varados de la noche? ¡La Espada Florida y su fiel compañera, Daga Sombría!

—Me gusta —dijo Sara.

Los hombres se rieron y Gammon anunció:

—A mí también me gusta.

Los cuatro volvieron caminando entre los árboles hasta la cabaña Igiby para ir a buscar los caballos. Cuando regresaron a la ciudad, se encontraron con una pequeña multitud que se arremolinaba, riendo y cantando como si fuera la Fiesta del Día del Dragón. Joe y Addie Shooster saludaron a Artham y a los demás desde el porche de su casa. Ya habían llenado cubos de agua de su pozo y la estaban sirviendo a la multitud. De la chimenea, salía humo, y Sara olió algo delicioso que provenía de la cocina.

—Volveremos —anunció Gammon mientras él y Maraly montaban a caballo—. Errol necesita saber lo que sucede. Tenemos buenas noticias, y eso ha sido algo raro en esta tierra durante demasiado tiempo.

Sara miró a Artham, que se paseaba por delante de Libros y Rincones con la cabeza gacha. Sabía que tenía que volver con los huérfanos, pero Glipwood era un remanso de recuerdos tan agradables que detestaba marcharse.

—¿Podemos quedarnos un rato?

—Quiero ver mi castillo, Cara Sobbler —Artham parpadeó varias veces y sacudió la cabeza como para despejarse—. Pero no quiero ir yo solo-lo-lo.

Gammon la miró a los ojos.

—¿Estarás bien?

—Sí, señor. Dile a Borley y a los huérfanos que volveré pronto. Adiós, Maraly.

—Es la Daga Sombría para ti —Maraly bajó la voz—. Pero no se lo digas a nadie. No pueden conocer mi verdadera identidad.

Sara saludó con la mano mientras Gammon y Maraly regresaban a Dugtown para anunciar la paz que por fin había llegado y, por supuesto, para recorrer los tejados de Dugtown por la noche, manteniendo a salvo a sus ciudadanos.

—¿Lista? —dijo Artham.

Sara asintió y empezó a subirse a su caballo, pero Artham la detuvo. En un abrir y cerrar de ojos, Sara descansaba en sus brazos, elevándose sobre los rostros sonrientes de la gente de la calle principal. Se aferró al cuello de Artham mientras sobrevolaban los campos detrás de las casas, subiendo por la ladera cubierta de hierba hacia la línea del Bosque de Glipwood.

Sobrevolaron los restos calcinados de una gran finca, donde Sara divisó varias estatuas extrañas, y luego planearon a lo largo de la linde del bosque, pasando por granjas y prados y pastos cercados antes de girar hacia el norte, hacia el bosque propiamente dicho, sobre copas de árboles que parecían suaves nubes verdes. Las hojas nuevas eran tan brillantes y hermosas que a Sara le resultaba difícil imaginar lo peligroso que era realmente el bosque.

—Aquí debería ser —dijo Artham, y descendieron en picada por debajo de las copas de los árboles hasta un pequeño claro. Colocó a Sara suavemente en el suelo y escuchó para asegurarse de que no hubiera animales al acecho—. Aquí estamos —dijo, poniéndose las manos en las caderas con orgullo—. Mi castillo.

44

El castillo de Peet

Sara no vio nada parecido a un castillo. Entonces, Artham le levantó la barbilla. En lo alto de las ramas, había una impresionante casa en un árbol cubierta de hojas marrones. Había puentes de cuerda entre las ramas que llevaban de una habitación a otra y luego a otros árboles.

—¿Vivías aquí? —preguntó Sara, sin aliento.

—Sí. Y también los Iggyfeathers durante un tiempo.

—Artham se puso en cuatro patas y hurgó en el mantillo como un perro tras un topo, esparciendo hojas por todas partes—. ¡Ajá! —gritó.

—¿Qué ocurre?

—Mis diarios. Mira.

Artham apartó un montón de ramas y hojas viejas y dejó al descubierto un fardo envuelto en lona desgastada. Desenvolvió la cubierta y mostró un libro encuadernado en cuero. Se lo dio a Sara y dio una voltereta hacia atrás, sentándose de nuevo con hojas enmarañadas en el pelo.

—¿Quieres que lo lea? —preguntó Sara.

Artham no contestó. Se puso de pie de un salto, trepó al árbol y dio vueltas por las distintas estancias de su castillo. Sara abrió el libro y leyó.

La escritura era hermosa y precisa. Leyó poemas sobre las blancas costas y las verdes colinas de Anniera, poemas sobre la navegación, sobre el castillo Rysen al atardecer y al amanecer, sobre Esben y Nia, poemas sobre los niños. Avanzó leyendo por arriba hasta que encontró un poema sobre Janner. Describía sus ojos atentos y su espalda fuerte, el buen trabajo que hacía en el campo y la forma en que siempre velaba por sus hermanos. Decía que se parecía a Esben, el rey, y entonces la letra se volvía nerviosa y salvaje.

Mientras Sara tomaba otro diario, oyó un susurro en las hojas detrás de ella. Entonces, oyó el sonido más aterrador que se puede oír en el Bosque de Glipwood: *múuu.*

Se volvió para enfrentar a la bestia. Esta resoplaba y pateaba el suelo, luego abrió sus terribles fauces y volvió a mugir, con la baba goteando de los extremos de sus dientes amarillos. Antes de que pudiera gritar, Artham la elevó por encima de las copas de los árboles.

—Lo lamento, reina Sara —dijo Artham mientras se elevaban.

La llevó volando de vuelta a Glipwood y les preguntó a los Shooster si Sara podía pasar la noche con ellos. Él planeaba quedarse en su castillo.

—Quizás para siempre —les dijo.

Sara se acostó en una cama blanda, pero con olor a humedad después de una deliciosa comida de verduras silvestres al vapor. Todas las habitaciones de La Única Posada estaban ocupadas, y oía el agradable murmullo de las conversaciones a través de las paredes, conversaciones que por primera vez en nueve años no se habían visto perturbadas por el miedo a los Colmillos de Dang.

Sin embargo, Sara estaba preocupada. No podía dejar de pensar en Janner y en el peligro que corría. Tampoco podía dejar de pensar en sus queridos huérfanos, que tenían que construir nuevas vidas ahora que los Colmillos se habían ido.

Si la guerra realmente había terminado, todo volvería poco a poco a la normalidad, y el dolor por la pérdida de sus padres los aplastaría como una ola; lo sabía porque podía sentir cómo la aplastaba a ella. Nunca se había sentido tan sola como aquella noche en la mullida cama, rodeada de desconocidos en Glipwood, donde parecía que los fantasmas de sus padres rondaban las calles. Añoraba su hogar como nunca.

Los demás ocupantes de La Única Posada permanecieron despiertos aquella noche, mucho después de que cesaran sus conversaciones, y se preguntaban quién estaba llorando.

Cuando Sara despertó, Joe y Addie Shooster la trataron como a una reina. Le sirvieron el desayuno en la cama, Addie le llevó a Sara su abrigo (recién lavado y secado junto a la chimenea) y los tres tomaron el té en el porche. Mientras estaban sentados, se despidieron del desfile de skreeanos que seguían subiendo desde el Fuerte Lamendron, partiendo hacia sus antiguos hogares y aldeas.

—¿Disculpe, señorita? —preguntó un hombre harapiento mientras se acercaba. Una mujer de ojos hundidos cojeaba a su lado—. ¿Ha visto a algún niño?

—Perdimos a nuestra hija Grettalyn hace dos años —dijo la mujer.

La taza de té de Sara cayó al suelo y ella se puso en pie de un salto.

—¿Grettalyn la del pelo rojo rizado?

La pareja miró sorprendida a Sara y asintió aturdida.

—¡Sí! Sara bajó corriendo del porche y los tomó de la mano.

—Estuvo conmigo en la Fábrica Tenedor. Está en Dugtown, ¡y está bien!

El hombre cayó de rodillas y miró a Sara a los ojos.

—Llévanos con ella. Por favor.

Sara no se dio cuenta de que había olvidado agradecer a los Shooster su amabilidad hasta que estuvo a medio camino de Dugtown. Mientras caminaba con los padres de Grettalyn, corrió el rumor entre los skreeanos del camino de que una chica llamada Sara Cobbler conocía a todos los huérfanos de la ciudad. Hombres y mujeres la rodeaban, suplicantes; algunos se marchaban tristes, pero otros se regocijaban al saber que sus hijos habían sobrevivido. Al día siguiente, cuando Sara tomó el ferry para cruzar el Blapp, ya había localizado a los padres de docenas de sus niños.

No se permitió albergar esperanzas de volver a ver a sus propios padres, pero mientras el transbordador llegaba al muelle, se armó de valor para preguntarle en privado a un hombre llamado Portis (el padre de Trilliane) si había oído los nombres de sus padres mientras estaba encarcelado. No lo había hecho, y estaba tan distraído por la esperanza de volver a ver a su propia hija que no se dio cuenta de cómo se afligía el rostro de Sara. Decidió no preguntarle a nadie más.

Era el final de la tarde cuando Sara condujo a los cansados hombres y mujeres a Hilos y Dedales, y fue testigo de muchos reencuentros felices. Al anochecer, solo quedaban ella, Borley y otros veintiséis huérfanos. Nadie hablaba mucho, y todos hacían un gran esfuerzo para expresar la alegría de que tantos de sus amigos se hubieran reunido con sus padres o parientes.

La fábrica estaba triste y silenciosa aquella noche. Sara yacía en su catre pensando en su madre y en su padre. En su alma, brillaba obstinadamente una chispa de esperanza de que aún pudieran estar vivos, pero hizo todo lo posible por apagarla. Ya no estaban. Estaba sola. Lo mejor era hacerse a la idea. Cada vez que pensaba en Janner Igiby, se reprendía a sí misma porque él tampoco estaba ya. Maraly tenía a Gammon. Joe Shooster tenía a Addie. Incluso Janner, dondequiera que estuviera, tenía su familia.

—Yo sigo aquí, reina Sara —susurró Borley desde su litera, como si pudiera leerle el pensamiento.

—Me alegro —respondió ella.

Soñó con sus padres, y cuando despertó, su ausencia era aún más dolorosa. Sara fingió estar de buen humor mientras Armulyn y ella preparaban el desayuno para los huérfanos, pero intuyó que Borley, que nunca se separaba de ella, se había dado cuenta de su dolor. Su presencia tranquila y firme era un gran consuelo, y para cuando la comida estuvo servida y comida y la cocina limpia, el corazón de Sara estaba más ligero.

No estaba sola… no mientras tuviera a Borley y a los demás a su cargo. Gammon los ayudaría siempre que lo necesitaran, y Armulyn también, al menos hasta que su inquietud viajera se lo llevara. Se las habían arreglado en la Fábrica Tenedor y en la guerra contra los Colmillos, y se las arreglarían ahora.

Sara estaba barriendo el suelo aquella tarde cuando se abrió la puerta de Hilos y Dedales y el lugar se llenó de luz. No pudo ver el rostro de la mujer silueteada en la puerta.

45

Encontrados y perdidos

A Sara le hormigueaba la piel. Se le cayó la escoba al suelo. La mujer jadeó y abrió los brazos, y Sara dio un paso vacilante hacia delante.

—¡Eres tú! —exclamó la mujer.

El corazón de Sara dio un salto y su alegría fue tan grande que fue incapaz de hablar.

—¡Eres tú! —exclamó la mujer—. ¡Mi Borley!

—¿Mamá? —dijo Borley inseguro desde al lado de Sara.

La mujer se abalanzó sobre él y lo levantó en el aire. El pequeño Borley estaba demasiado aturdido para llorar, y sus ojos estaban fijos en Sara, incluso mientras su madre lo abrazaba.

Ese fue el momento en que se desvaneció la última chispa de esperanza de Sara. Tiesa, tomó la escoba y siguió barriendo, incapaz de llorar, de pensar, de sentir.

Antes de irse, Borley le rogó a Sara que fuera con él.

—Me encantaría tenerte como hija, querida —dijo la madre de Borley—. Necesitaremos ayuda para reconstruir la granja.

—No puedo. Tengo que cuidar a los demás —Sara besó a Borley en la cabeza y lo miró a los ojos—. Está bien, general Borley. Iré a visitarte alguna vez.

—Te esperamos —dijo la madre de Borley—. Estamos a pocos kilómetros al sur, hacia los Bosques de Linnard. Un pueblito encantador llamado Stellen, cerca de Warren Downs. Ven a visitarnos.

Cuando Borley se fue, el sol se fue con él. Armulyn encendió un farol y cantó a los niños su canción de buenas noches mientras Sara se afanaba por limpiar el suelo de la fábrica, fingiendo no darse cuenta de cómo la miraban los últimos veinticinco huérfanos. No se sentía mejor por la mañana, pero alejó su tristeza y descubrió que a veces conseguía no sentir nada en absoluto.

A medida que pasaban los días, Armulyn se ponía ansioso, mirando a menudo por la ventana, deseoso de escapar del orfanato para ir a buscar provisiones al mercado o hacer algún otro recado, y Sara sabía que pronto él también los abandonaría.

—Puedes irte, ¿sabes? —le dijo una mañana durante el desayuno—. Todo está bien.

Armulyn se quedó mirando su taza de brebaje de alubias.

—No, no lo está.

—Te extrañaremos, pero estaremos bien.

—No es eso. Sé que puedes cuidar de ti misma y también de los huérfanos —Armulyn bebió un sorbo y miró por la ventana—. Me he pasado toda la vida viajando, Sara, siempre buscando el próximo pueblo, la próxima ciudad, la próxima aventura, y nunca supe lo que estaba buscando hasta ahora. Solía pensar que era la emoción de conocer nuevos lugares, nuevas personas, la satisfacción de cantar una historia que nunca han oído. Hay una magia poderosa en las canciones. Pueden apuntar al corazón, dirigirlo a lo que importa. Mi propio corazón ha apuntado siempre al horizonte lejano, y mis pies lo han seguido. Pero ahora estoy tan cansado como una cama vieja. Pensé que, si no estaban los Colmillos, podría establecerme aquí y ayudarte con los niños. Parecía un buen hogar. Pero mis pies siguen inquietos, Sara. Estoy cansado de moverme, pero no veo la hora de irme. Siento nostalgia de mi hogar… siempre la he sentido. No puedo descansar hasta que descubra por fin lo que eso significa —Armulyn tomó la mano de Sara—. Lo siento.

—¿Cuándo te irás?

Armulyn respondió señalando con el pulgar su mochila, que descansaba cerca de la puerta principal y estaba repleta de provisiones. Cuando se lo contó a los huérfanos, le suplicaron que no se marchara, sobre todo los que habían venido con él desde más allá de los mapas. Él trató de parecer animado y prometió volver a visitarlos pronto.

Sara y los demás se quedaron de pie en la calle, frente a Hilos y Dedales, y lo observaron marcharse. Armulyn caminaba a un paso mucho más ligero de lo que Sara había visto en días, pero le pareció un gran error que se fuera. Ella también añoraba su hogar, pero no podía hacer las maletas y marcharse al campo. Tenía que arreglárselas.

Si no podía ir a buscar un hogar, se quedaría y crearía uno. Era lo que estaban haciendo los Shooster. Era lo que Artham Wingfeather estaba haciendo en su casa del árbol. Nada en sus historias había sucedido como ellos querían: la mente de Artham estaba rota y su familia estaba al otro lado del mar; los Shooster no tenían hijos. Innumerables skreeanos reconstruirían sus vidas sobre los escombros de lo perdido, y Sara se quedaría a cuidar de su familia de huérfanos como ella. El único hogar que Sara conocería sería el que ella creara para sí misma y para los niños a su cargo. No había ningún hogar allí afuera, ninguna tierra mística donde se calmaran todas las inquietudes y se cumplieran todas las esperanzas.

Desde la distancia, Armulyn saludó a los huérfanos agrupados en la calle. Hizo una reverencia y luego dobló la esquina mientras tocaba las primeras notas de una melodía annierana.

Sara sintió que se le rompía el corazón. Miró a su alrededor, los escombros en las calles de Dugtown, los cristales rotos que aún ensuciaban el suelo tras la batalla, las caras manchadas de todos sus niños sin padres. Pensó en Artham Wingfeather solo en el bosque. La melodía le llegó al corazón y le sugirió una gran belleza que estaba más allá de su capacidad de imaginar.

—Quiero irme a casa —dijo un niño llamado Cliffin.

—Yo también —respondieron otros niños.

—Esta es nuestra casa ahora —dijo Sara con firmeza. Se puso las manos en las caderas y miró el cartel de la puerta. *¿De verdad?*, pensó. *¿Hilos y Dedales es nuestro hogar?* La canción de Armulyn se desvaneció entre los sonidos de la ciudad y Sara suspiró.

—¿Qué hacemos ahora, reina Sara? —preguntó una niña llamada Layna.

—Sacamos lo mejor de la situación —Sara volvió a meter a los niños adentro. La verdad era que no sabía qué más hacer. Lo único que sabía era que nada parecía estar bien. Le parecía mal que Armulyn se fuera, que ella se quedara, que Borley se hubiera ido, que Artham estuviera solo en su casa del árbol… que los padres de Sara nunca hubieran aparecido.

Lo único que parecía correcto era ver a Maraly y Gammon enmascarados, luchando contra los malos en Dugtown a la luz de la luna.

Tercera parte:

Throg

Como era costumbre en la larga alianza entre los Valles Verdes y Anniera, Ortham se despidió de Ban Rona y vivió con su esposa en el Castillo Rysen de la Isla Luminosa, llevando consigo a un amigo y consejero de confianza. Eligió, por supuesto, a Bonifer Squoon. Así, con el tiempo, Bonifer se convirtió en el principal consejero del rey supremo de Anniera, y su alma estaba desgarrada por su amor a la reina y su odio oculto al rey. Sabía, con lo que le quedaba de conciencia, que el costo de su cercanía a la reina era la destrucción de lo que quedaba de bondad en él, pero permaneció allí, esperando el momento en que pudiera vengarse de Ortham Wingfeather.

A Bonifer Squoon le otorgaron una pequeña casa cerca del Castillo Rysen, y la llenó de libros. Dedicaba todo el tiempo que podía a leer historias y relatos de batallas y estrategias de grandes reyes y, de hecho, era un valioso consejero del rey cada vez que los enemigos de los Infortunios de Shreve o las Selvas de Plontst ponían en apuros a los pueblos libres de Dang. Cuando los piratas de Symia comerciaban con carne de dragón y sembraban el terror entre los marineros de los Estrechos de Symia, fue el consejo de Bonifer, según muchos, lo que puso fin a la contienda.

Así que Bonifer era muy conocido en las tierras y viajaba a menudo en busca de libros y conocimiento. Pero cuando regresaba a su pequeña casa cerca del vasto castillo, sentía una y otra vez el puñal en el corazón del amor de Madia por Ortham. Buscó enriquecerse, demostrarle que podía ser grande como lo era Ortham. Quería mostrarle su fuerza y, aunque sabía que no cambiaría nada, su mente corrupta no pudo resistir el impulso de hacerse visible y de gran valor a los ojos de Madia.

Durante sus viajes, Bonifer se enteró de que un sabio que vivía en lo alto de la Cordillera de la Muerte pagaba mucho dinero por animales de todo tipo, y aprovechó la oportunidad. Bonifer empezó a enviar discretamente ganado y bestias peligrosas (lagartos, serpientes, osos y lobos) desde Anniera y Dang al misterioso sabio de las cumbres. Pensó poco en lo que el hombre quería con los animales y mucho en el oro que adquirió al venderlos. Planeaba construir una gran casa en Anniera, más grande que el Castillo Rysen, todo para Madia. Todo por amor.

—Tomado de *La Annieríada*

46

Un poeta de Plontst

El día amaneció claro y luminoso, y un calor sin viento derritió la nieve a lo largo de los Valles Exteriores donde acampaban Janner, Kalmar y Oood. Varias veces durante su larga caminata hacia el sudeste, hacia el Bosque Negro y las estribaciones de la Cordillera de la Muerte, las mentes de los hermanos captaron la música de Leeli y tuvieron que detenerse hasta que la visión pasó.

En las visiones, Janner oía sus pensamientos cansados y la letra de las canciones que su hermana interpretaba, pero solo veía indicios de las numerosas sombras que se arremolinaban a su alrededor. Kalmar, sin embargo, se estremecía ante la vívida visión de los Colmillos Murciélago, describiendo a Janner sus narices levantadas, sus dientes afilados, sus alas pardas y venosas y sus ojos lechosos. Veía los labios agrietados de Leeli, su cabello ondulado meciéndose mientras su cabeza se balanceaba con la música, y veía a Nia a su lado, y luego a Podo agitando su hueso de la pierna junto a Rudric. Pero siempre, Gnag el Sin Nombre acechaba en los bordes, burlándose de ellos, y Janner oía su vieja voz gorgoteante en su cabeza: *Los encontraré, Wingfeathers.*

Cuando las visiones se desvanecían, los chicos no tenían más remedio que sacudirse el miedo y seguir adelante. A última hora de la tarde, cuando ocurrió por última vez, los chicos vieron que los Colmillos habían retrocedido y que su familia estaba a salvo. Gritaron y se abrazaron mientras Oood miraba confundido. Janner intentó explicarle la magia al joven trol, pero no consiguió que la entendiera.

En su primer día de viaje, no se toparon con correcumbres ni con criaturas más peligrosas que un gorgoteador. Acamparon en un manzanar en flor y continuaron al día siguiente mientras la línea oscura del bosque se acercaba y los picos blancos de la Cordillera de la Muerte se hacían más nítidos y brillantes, como si la propia tierra enseñara los dientes. La velocidad de Kalmar les sirvió de mucho; pudo cazar un flonejo para almorzar, y más tarde, cuando persiguió a un gronzo hacia la maleza, sacó de su escondite a una bandada de sabrosos michones. Atrapó cuatro aves gordas: una para cada chico y dos para Oood.

Al tercer día, acamparon cerca de los primeros árboles desgarbados del Bosque Negro y decidieron que, con un Colmillo y un trol en su compañía, encender un fuego era suficientemente seguro. Además, las vacas colmillo seguían hibernando y suponían una pequeña amenaza tan temprano en primavera.

Janner, el primero en despertarse, se puso en cuclillas junto a las brasas y las avivó. Oyó a Kalmar revolverse y se volvió para ver las piernas de su hermano crisparse en medio de un sueño. Janner intentó no pensar en lo mucho que le recordaba a Nugget persiguiendo thwaps mientras dormía. Kal no había tenido más deslices; Janner no había visto rastros de amarillo en sus ojos, e incluso cuando Kal cazaba, era él mismo cuando volvía, llevando su presa en las manos y no en la boca.

Pero Janner no podía negar que algo le ocurría a su hermano, algo que no comprendía y que no podía detener. Le había dicho una y otra vez mientras caminaban: «Eres el rey supremo de Anniera. Tu nombre es Kalmar Wingfeather». Había hecho que Kal se lo repitiera hasta que se convirtió en una especie de cántico: «Soy el hijo de Esben, rey de la Isla Luminosa. Soy el hijo de Esben, rey de la Isla Luminosa. Soy el hijo de Esben, rey de la Isla Luminosa». Janner oyó que Kal lo susurraba para sí mientras caminaban. Incluso Oood, que seguramente pensaba que se trataba de una canción de marcha o algo así, les sonrió y dijo: «¡Sonuilijod Esben, reyda islarrillant!».

Pero ahora, mientras dormía, Kal parecía un lobo. Parecía un *Colmillo.* Solo cuando Janner podía ver los ojos de su hermano tenía la certeza de que se trataba del mismo Tink de siempre. Cuando Janner volvió a centrar su atención en el fuego, se sobresaltó al oír la voz de Oood.

—¿Bueno Colmillo todavía? —preguntó el trol. Estaba tumbado de lado, un montón de carne viva y grumosa al borde del campamento. Tenía un dedo gordo en lo profundo de la oreja, rascándose como si una familia de ratones hubiera hecho un nido allí por la noche. Janner se estremeció al pensar qué podría haber realmente allí dentro, y entonces no necesitó más imaginación porque Oood sacó el dedo, empapado de cera, y lo arrojó a la nieve detrás de ellos. Se rio cuando Janner tuvo una arcada.

—¿Chico creer que Oood es asqueroso?

—¡No! —Janner tragó saliva—. Bueno, sí, pero está bien. Janner *querer* a Oood.

—Oood llevar a Janner a su casa algún día.

—¿A las Selvas de Plontst? —Janner no podía imaginarse querer ir allí: si Oood olía tan mal, ¿qué les haría a sus fosas nasales toda una ciudad de trols? ¿Y a su cerebro? Incluso una magdalena de miel sería mejor que eso—. ¿Cómo es ese lugar?

—Áaaaarboles —Oood suspiró mientras rodaba sobre su espalda y dirigía sus pequeños ojos al cielo—. Tantos árboles que Oood no puede ver el azul. Árboles grandes. Oood trepar a los árboles, los árboles no doblarse. No arbolitos tontos como este —dijo, señalando la linde del Bosque Negro, donde algunos árboles eran tan grandes como los que Janner había visto en su vida.

—¿Vives en los árboles? —preguntó Janner.

—¡No, tontín! —se rio Oood. Mientras tanto, se rascó distraídamente el ombligo con un palo—. Oood vivir en castillo. No castillo de juguete como Throg, castillo *de verdad.*

—¿Un castillo? —Janner apenas podía creer lo que oía. Había supuesto que todos los trols vivían en cuevas o pantanos—. ¿Eres un príncipe?

Oood volvió a reír, lo suficiente para despertar por fin a Kalmar.

—No, príncipe no. Oood tener una gran familia. Familia amiga del rey, pero no rey. Familia de Oood hacer palabras —el pesado ceño del gnomo se frunció mientras se esforzaba por expresar lo que quería decir. Extendió su gigantesca mano con un bastón entre los dedos como si sostuviera una pluma.

—¿Escribir? ¿Acaso escribes? —preguntó Janner con sorpresa.

—¡Escribir! Sí. Oood escribir. Papá de Oood escribir. Mamá escribir.

—¿Qué escribes? —preguntó Janner.

—¿Está listo el dsssyuno? —murmuró Kalmar mientras se incorporaba y bostezaba.

Janner lo ignoró.

—¿Escribes… historias?

—No historias. Oood escribir… palabras bonitas. Palabras sobre esto —se señaló el pecho.

—¿Palabras sobre tu corazón? —preguntó Janner—. ¿Poemas?

—¡Ja! Sí. Oood escribir *poemas.*

Janner se quedó sin palabras. Los trols no solo vivían en castillos, ¿sino que también escribían *poesía*?

—¿Poemas? —dijo Kal sin interés alguno—. Qué bueno. Haz que recite uno esta noche para que pueda dormirme más rápido. ¿Y el desayuno?

—¿Tienes algún poema? —preguntó Janner, ignorando a Kalmar.

—¿Poemas? ¡Jo, jo! —volvió a reírse Oood. Su sonrisa era tan horrible que Janner no pudo evitar sonreír en respuesta—. ¡Oood saber poemas! ¡Poemas y poemas y poemas! —Oood se incorporó y miró a Janner con desconfianza—. ¿Janner querer que Oood diga poema? ¿Janner no bromear?

—No, no estoy bromeando —Janner se rio—. Me encanta la poesía.

La boca de Oood se ensanchó en una sonrisa tan grande que sus ojos desaparecieron entre sus mejillas y su frente. Era una cara que no había tenido muchos motivos para sonreír en mucho tiempo. Pequeños trozos de suciedad que se habían apelmazado en su piel cayeron al suelo. Oood aplaudió. Incluso Kalmar dejó de hurgar entre los huesos de michón y escuchó.

—Oood no debería decir poema a los humanos. Pero papá y mamá no estar aquí. Los chicos no contar. ¿Sí?

—Sí —dijo Janner—. Será nuestro secreto.

Oood se aclaró la garganta y respiró hondo.

—Oood decir poema llamado… llamado… en palabras de humanos llamado «Lluvia y fuego». ¿Sí?

—Sí —repitió Janner—.

Después de un momento de silencio, durante el cual el sol rompió el horizonte y un coro de pájaros cantó, Oood cerró los ojos y habló con una voz suave y retumbante a la vez:

Grrk. ¡Glog-glogackwoggi!
Grrk. Glog-glogacsnoc-jibbit,
Ooog, wacklesnodspadgenoggi,
¡Nacketbriggleswiiiiiiim! Grrk. ¿Squibbit?[1]

---

1. La poesía trol no se había pronunciado en los Valles Verdes desde la Segunda Época, cuando el rey trol Goot el Sabio bendijo a la custodia de los Valles (una mujer llamada Berinelle) recitando el ahora incomprensible «Varkyvar Gickle Snop», o, en vallerino: «Gozad siempre de buena salud y que vuestro corazón se alegre».

Cuando terminó, los pájaros se habían callado. Janner descubrió que, aunque los sonidos habían sido extraños y, para sus oídos, desagradables, la rica voz de Oood y su apasionada recitación le habían conmovido el corazón. Kalmar miró a Janner y alzó las cejas como diciendo: «Qué agradable sorpresa».

Oood parpadeó y volvió en sí, luego miró al suelo con timidez.

—Gracias, Oood —dijo Janner—. Eso fue hermoso.

Oood levantó la cabeza y sus mejillas se ruborizaron; si no rojas, al menos de un tono menos cetrino de carne verrugosa.

—¿Chicos gustar poema?

—Sí —dijo Kal, acercándose y dándole una palmadita en el hombro a Oood—. Estuvo genial. ¿Quién tiene hambre?

Oood se encogió de hombros tímidamente y clavó su bastón en el suelo, tan satisfecho de sí mismo que no podría mirar a Janner a los ojos.

—Papá de Oood escribir poema. Papá gran hacedor de poemas —entonces, sus grandes hombros se desplomaron—. Papá de Oood no estar más. Trols malos llevar a papá a Gnag —el pecho de Oood retumbó de una forma que habría aterrorizado a Janner en cualquier otra situación. El trol arrojó el palo al fuego y golpeó el suelo con el puño con tanta fuerza que saltaron chispas.

—Gnag también se llevó a nuestro papá —dijo Janner.

—¡Gnag… es… malo! —retumbó Oood.

—Entonces, vamos por él —dijo Kalmar en voz baja—. Después de desayunar.

Oood asintió. Janner también. Kalmar olfateó el aire y giró sobre sí mismo.

—¿Qué ocurre? —preguntó Janner, tomando su espada. Kalmar señaló un poco hacia el sur, al borde del Bosque Negro, y Janner vio movimiento.

—Vacas colmillo. Deben haber olido el fuego —Kalmar miró a Janner con preocupación—. Es toda una manada, y se acerca rápido.

—Supongo que dejaron de hibernar —dijo Janner—. Lo cual significa que tienen hambre.

47

Una estampida colmilluda

—¿Vaca? —Oood se levantó y miró a lo lejos—. Oood matar vaca. Comer vaca también.

—¡No es una sola vaca, Oood! ¡Muchas vacas! —gritó Janner, mientras metía provisiones en su mochila y se abrochaba la vaina al cinturón.

—¿Muchas vacas? —Oood se acarició la barriga y sonrió—. ¡Oood comer muchas vacas!

—¡No! —gritó Kalmar—. ¡Muchas vacas comer a Oood! ¡Comer a chicos también!

Por fin, les llegó el sonido de la estampida: mugidos horribles, el estruendo de las pezuñas, el rechinar de dientes amarillos. Finalmente, Oood pareció comprender el peligro que corrían.

—¡*Demasiadas* vacas!

—¡Tenemos que volver! —dijo Janner.

Oood tomó a los niños en brazos como si fueran bebés y corrió directo hacia el bosque. A cada zancada se adentraba más en los árboles, chocando con ramas bajo las que Janner habría preferido agacharse. El Bosque Negro los envolvió mientras la estampida atronaba hacia el fuego, pero Janner sabía que las vacas colmillo no tardarían en captar su olor.

Janner no tuvo tiempo de pensar en el hedor de Oood ni en las ramas que le arañaban la cara porque había más vacas colmillo en el bosque, muchas saliendo atontadas de sus madrigueras o estirándose como si acabaran de despertarse. Parecía que todas las vacas colmillo de los Valles Verdes habían elegido este día en particular para despertarse hambrientas.[1]

---

1. Como es bien sabido, no todas las razas de vacas colmillo hibernan. Algunas son malvadas durante todo el invierno.

Los árboles frenaban a las vacas, pero también a Oood. Con cada mirada a sus espaldas, Janner veía que las bestias estaban cada vez más cerca y que el estruendo despertaba a más vacas a cada instante.

—¡Oood, sube a los árboles! —gritó Kalmar—. ¡Las vacas no pueden trepar!

Oood gruñó mientras saltaba hacia la rama más cercana. Janner y Kalmar se prepararon para lo que iba a ser una escalada llena de sacudones, pero la rama se rompió y todos cayeron al suelo. Los chicos tropezaron con las hojas y se levantaron tambaleándose.

Janner quería agarrar a Kalmar y trepar a uno de los árboles. Pero ¿qué sucedería con Oood? No podían quedarse sentados en las ramas y ver cómo engullían a su amigo. Además, los árboles eran tan delgados que, al haber tantas vacas, las bestias no tardarían en roer el tronco.

El bosque que los rodeaba mugía con furia mientras vacas de todos los tamaños y colores se aproximaban velozmente desde todas las direcciones. Oood volvió a levantar a los chicos con un gruñido, apartó una vaca con un brazo y siguió adelante por el bosque.

De repente, Oood aulló de dolor y se tambaleó. Janner miró por encima del hombro y vio a una vaca joven y flaca que mordisqueaba la pierna del trol. Janner desenvainó su espada, pero Kalmar ya había girado, sujetando el cinturón de Oood con una mano y blandiendo su espada contra la vaca con la otra. Oood consiguió echarse hacia atrás y golpear a la vaca en la mandíbula. Esta cayó a tierra e hizo tropezar a varias vacas que venían justo detrás.

Cada vez, se acercaban más. Oood corría pero estaba herido, y los árboles flacos, retorcidos e inútiles parecían no tener fin.

Entonces, Janner vio a Esben.

Bueno, no exactamente Esben, pero se parecía tanto a la forma hendida de su padre que a Janner se le heló la sangre. Vio a la criatura solo un momento, algo grumoso y gris, encorvado contra un árbol. No parecía preocupado por la estampida de vacas colmillo, lo cual era extraño, pero aún más extraño era que el hendido llevara una espada en la mano.

—¡Ayuda! —gritó Oood—. «¡Ayuda!» Era una palabra que los trols rara vez utilizaban.

Janner se volvió, preguntándose con quién rayos estaba hablando Oood, y vio un muro de piedra musgosa que se cernía sobre ellos. En lo alto de la muralla, había una serie de monstruos: algunos peludos, otros escamosos, unos flacos y otros corpulentos, muchos con antorchas y todos con armas.

Cuando Oood se acercó, se abrió un amplio portón de madera y luego se cerró tras él. Las vacas rugieron y chocaron con la verja, pero esta resistió. Oood se tambaleó y cayó al suelo, lanzando por los aires a Janner y Kal.

Janner aterrizó a diez pasos y sacudió la cabeza para recuperar los sentidos. Miró a su alrededor a una multitud silenciosa de hendidos.

Janner estaba demasiado aturdido como para tener miedo.

Las criaturas eran tan variadas en forma y color que a Janner le costaba distinguirlas unas de otras. Eran como una masa viva hecha de partes del cuerpo y con ojos.

Janner se quedó boquiabierto hasta que surgió uno de entre la multitud. Tenía el cuerpo de un caballo y el torso y los brazos de un hombre, pero su cara era abultada y parecida a la de un gato. Llevaba una espada colgada del hombro. Inclinó la cabeza ante los chicos y dijo con voz ronca: «Bienvenidos a Hendidostia».

48

Elder Cadwick

Janner, Kalmar y Oood fueron levantados por una criatura con aspecto de mujer, con escamas de pez en los brazos y el cuello, pero con las orejas de varios animales —perro, oveja, flonejo y más— que brotaban de su cara, manos y cada parte expuesta de su cuerpo. Sin embargo, se movía con gracia y hablaba con una voz que era, supuso Janner, femenina. Tenía los ojos bajos a los lados de la cara y los labios azules y vueltos hacia abajo en un mohín como el de un pez tijereta.

Los condujo más allá de la congregación de hendidos y a un sencillo pero robusto edificio de troncos donde les dijo que serían interrogados por el líder de los hendidos, al que llamaba Elder Cadwick.

Janner se sorprendió de que aún no se los hubieran comido. Según todos los relatos, los hendidos eran monstruos mortales que los vallerinos de los Valles Exteriores habían mantenido a raya durante años, pero estos parecían civilizados y casi hospitalarios.

La hendida llena de orejas trajo una bandeja con tazas de barro y una jarra de agua, sonrió y los dejó solos. Oood se sentó en el suelo, ya que no había sillas del tamaño de un trol, mientras que los chicos se sentaron a la mesa, bebiendo agua e intercambiando miradas perplejas.

—Bueno. Esto es una sorpresa —dijo Kalmar.

—Oood sorprendido también —dijo el trol, sin levantar la vista de su pierna herida. Hizo una mueca de dolor y Janner se dio cuenta por primera vez de lo profunda que era la herida.

La puerta se abrió de golpe y entraron otros dos hendidos: uno con la cabeza de un Colmillo Gris pero el cuerpo de un gran thwap (aunque seguía siendo bastante pequeño: su cabeza apenas sobrepasaba la mesa), y el otro, un oso con la cabeza al revés y huesos nudosos sobresaliendo de los hombros, como alas que no hubieran brotado. Llevaban entre los dos la mecedora más ancha que Janner había visto nunca; la colocaron detrás de Oood y luego lo ayudaron a sentarse en ella. Hicieron una reverencia antes de irse, y el oso con la cabeza al revés dijo:

—La médica está en camino. Ella arreglará turrrr *AAAAARRR*... lo siento. Tu pie.

Se dio la vuelta y retrocedió para salir de la habitación... o no, según cómo lo vieras. El thwap-Colmillo meneó la cabeza como un bebé y sonrió de una forma que mostraba que sus dientes, de hecho, no eran colmillos, sino cuadrados. *Como los dientes de un caballo,* pensó Janner.

—Esto es lo más raro del mundo —le dijo a nadie en particular.

—Estuvo la rocaracha gigante. Eso fue bastante raro —dijo Kal, y luego hizo una pausa y asintió con la cabeza—. Tienes razón, esto es más raro.

La puerta volvió a abrirse y una mujer bajita y fornida entró en la habitación, junto con el oso de la cabeza al revés. Sus movimientos eran rápidos y seguros, como si estuviera acostumbrada a mandar. Llevaba el cabello negro corto, y le enmarcaba un rostro agradable. Tenía una mochila repleta de provisiones: tijeras, cuchillos, rollos de tela, frascos de ungüento.

—¿Un troll herido, me han dicho? —se puso las manos en las caderas y miró de Janner a Kal y finalmente al trol. Cuando ninguno de ellos dijo nada, se puso las manos en las caderas y sacudió la cabeza con fastidio—. ¿Y bien? ¿Quién de ustedes es?

Janner y Kalmar señalaron a Oood, que levantó la mano.

—Muy bien. Como sospechaba. Pareces un trol —la mujer hizo un gesto con la mano al oso con la cabeza al revés—. Wizzle, hazle saber a Elder Cadwick que los refugiados no están seguros de cuál de ellos es el trol. Están más dañados de lo que pensábamos —cruzó la habitación y tomó la pierna herida de Oood con las manos, girando el pie de un lado a otro—. A mí me parece que está bien. ¿Está quebrada? Oood gruñó y señaló con un dedo de trol gigante la herida abierta en la parte posterior de su pantorrilla de trol gigante—. Sí, sí. ¿Pero tienes el pie quebrado?

Oood miró a Janner y de nuevo a la mujer antes de decir:

—¿No?

—¡Excelente! Entonces será mejor que echemos un vistazo a esta mordedura de vaca. Es demasiado tarde para salvar el pie, pero deberíamos poder suturar esa herida en un santiamén. Me llamo Madre Mungry. Estoy segura de que tienen preguntas. Elder Cadwick no tardará en llegar. Está apaciguando a las vacas que tan tontamente alburungaron.

—¿Alburungaron? —preguntó Janner.

Madre Mungry sacó un fajo de hojas de su mochila y las aplicó a la pierna de Oood, murmurando palabras tranquilizadoras cuando este siseó de dolor.

—Tranquilo, grandulón. ¿Cómo te llamas?

—Oood.

—¿Y eres un troll?

—Sí —su respuesta sonó somnolienta.

—¿Eso es todo? ¿Solo un trol?

Oood no contestó porque estaba profundamente dormido. Madre Mungry guardó el fajo de hojas en su mochila y sacó algo que parecía un anzuelo. Entrecerró un ojo mientras enhebraba el agujero y se disponía a coser la herida.

—Sí, *alburungar*. No suelen acercarse tanto a Hendidostia. Las oímos por la noche, cuando cazan, pero hace mucho tiempo que no se alburungaban a nuestras puertas. Tuvimos suerte de que ninguna entrara.

Hizo un nudo en el hilo y evaluó su trabajo. Asintió, recogió sus cosas y se volvió hacia la puerta. Janner y Kalmar se quedaron boquiabiertos cuando vieron que tenía una cola larga y peluda, en cuyo extremo había una mano humana perfectamente formada. Tenía los dedos abiertos como las patas de una araña y, mientras caminaba, la seguía como una mascota con correa.

La mujer sonrió al ver la mirada de asombro en el rostro de los niños.

—¿Alguno de ustedes está herido?

—No, señora —Kalmar forzó una sonrisa.

—Muy bien. Elder Cadwick no tardará en llegar.

Llamaron a la puerta y Madre Mungry la abrió para revelar a la criatura parecida a un caballo que les había hablado afuera.

—¿Todo bien? —preguntó mientras se escabullía por la puerta.

—Sí, señor. El trol… es ese grande de ahí. Su pie está bien, pero he reparado la mordedura de vaca, y debería despertar en unos minutos.

Elder Cadwick cerró la puerta tras de sí y estudió a los chicos y al trol. Janner no quería quedarse mirando fijo, pero no pudo evitarlo. Cadwick era una fascinante mezcla de animales, algo aterrador a la vista, pero la forma en que estaba de pie, la manera en que cruzaba los brazos y los miraba sin miedo ni malicia, le pareció noble a Janner. Pronto, Janner se dio cuenta de que la criatura lo estaba mirando fijamente *a él*. No a Kal ni a Oood.

La mirada de Elder Cadwick era firme. El hombre (o lo que fuera) dio un paso adelante.

—Eres un niño —afirmó.

Janner se puso tenso, sin saber si la criatura de cuatro patas estaba a punto de atacar o no.

—¿Un niño de verdad?

—Sí, señor —respondió Janner, detestando cómo le chirriaba la voz.

—Dime —le dijo Cadwick a Kalmar—, ¿cómo un hendido como tú terminó en compañía de un niño?

—¿Hendido? —dijo Kalmar con una risita nerviosa—. No soy un hendido. Soy Kalmar. y este es mi hermano.

Ahora Cadwick se rio.

—No eres un hendido, ¿eh? Madre Mungry tenía razón, estás más dañado de lo que crees.

—No lo entiendo —dijo Janner.

Cadwick volvió a mirar a Janner e inclinó la cabeza. Su rostro era tan extraño que Janner no podía saber qué significaba aquella mirada, pero una vez más, tuvo la sensación de que la criatura no pretendía hacerles daño.

—Permíteme tratar de explicar… *niño* —Cadwick lo dijo como si fuera una palabra nueva a la que se estaba acostumbrando. Se acercó y sus nudosas patas de caballo se arrodillaron en el extremo de la mesa, de modo que parecía estar sentado en una silla. La luz de las lámparas hacía brillar su piel azulada y sus grandes ojos oscuros. Se cruzó de brazos y pensó antes de hablar—. Estás en el Bosque Negro. ¿Eso lo sabes?

Janner y Kal asintieron. ¿Por qué todo el mundo parecía pensar que sus cerebros no funcionaban?

—Han venido aquí sin invitación, sin previo aviso, y han traído con ustedes una manada de vacas colmillo. Estaba desayunando con mi esposa esta mañana al amanecer cuando recibí el aviso de que venían vacas. Y, pensé, si se acercan vacas, entonces algo ha causado que esto suceda. Pero es imposible que haya vallerinos en el Bosque Negro. Nunca serían tan tontos. Y, sin embargo, aquí estás —otra vez estaba mirando a Janner—. Un niño.

—No fue nuestra intención venir —dijo Kalmar—. Las vacas nos persiguieron.

—¿Y qué hacías, hermano hendido, en los Valles Exteriores, con esta extraña compañía?

—No soy un hendido —dijo Kalmar.

—Claro —respondió Cadwick con un gruñido.

—No, señor.

—Pero no eres un Colmillo. Es evidente que no estás completamente fusionado.

—No señor, tampoco soy un Colmillo.

Elder Cadwick se inclinó hacia delante y estudió el rostro de Kal.

—Entonces, ¿qué supones que eres, hermano?

—Soy el hijo de Esben, rey de la Isla Luminosa.

—No digas ese nombre en broma. ¿Qué quieres decir?

—Solo quise decir lo que dije. Me llamo Kalmar Wingfeather. Mi padre era el rey, pero ahora está muerto. Eso me convierte en el rey, supongo.

—Y yo soy el guardián del trono —dijo Janner.

Elder Cadwick se echó hacia atrás y se cruzó de brazos.

—Entonces, es cierto.

—¿Qué cosa es cierta? —preguntó Janner.

—La historia de Esben.

49

Pinturas rupestres

Janner y Kalmar se quedaron mirando atónitos a Elder Cadwick.

—¿Conocías a nuestro padre? —preguntó Janner.

—Si tu padre era un oso hendido llamado Esben, sí.

—¿De qué historia estás hablando? —quiso saber Kalmar.

—Podría contarles todo, pero creo que sería mejor mostrárselos. Vengan conmigo —Cadwick se levantó y miró a Kalmar y Janner con asombro antes de conducirlos a la puerta.

—¿Qué pasa con Oood? —preguntó Janner.

Al oír su nombre, Oood se incorporó y sonrió.

—Oood despierto ahora —se hurgó en la herida cosida y dijo—: ¿Adónde vamos?

—Oood, puedes quedarte aquí si quieres. Tus compañeros no sufrirán ningún daño. Mi gente ha atrapado una de las vacas colmillo y ahora mismo la están preparando para el asador. Si quieren quedarse a comer, son bienvenidos. Además —dijo Cadwick con una sonrisa—, Madre Mungry cree que debes evitar caminar por un tiempo. Tiene una sensibilidad especial con los pies rotos. Creo que se darán cuenta de que muchos de nosotros en Hendidostia tenemos… *excentricidades*. Madre Mungry es una de las más cuerdas entre nosotros. A Shimrad lo vuelven loco los postes de las vallas. Los admira durante horas —asintió a Oood—. ¿Qué dices, amigo?

Oood miró a los chicos con incertidumbre y luego se palmeó el estómago. Oood *tener* hambre.

—No te preocupes. Volveremos —dijo Janner, y luego se volvió hacia Cadwick—. ¿Adónde nos llevas?

—A la cueva de Esben.

Janner sintió un cosquilleo en la piel mientras seguía a Elder Cadwick fuera de la sala. Los condujo a un patio atestado de hendidos, que hicieron una pausa en sus quehaceres para observar a los Wingfeather. La luz del sol caía a través de las copas de los árboles y calentaba el suelo en brillantes lugares, iluminando los tejados de las cabañas de madera, que se alineaban a lo largo de las murallas del pueblo. Las cabañas eran sencillas, pero estaban bien hechas, y las zonas que las rodeaban estaban ordenadas y limpias de hojas.

—Hola, Shimrad —le dijo Cadwick a una criatura con aspecto de hombre, alas arrugadas y hocico de cerdo. La cosa asintió con la cabeza cuando pasaron, y luego volvió a lo suyo (mirar amorosamente una hilera de postes en una valla).

Otro grupo de hendidos estaba de pie alrededor de un fuego donde se cocinaban en un espetón trozos de vaca colmillo. Olía delicioso, y le recordó a Janner que no habían desayunado. Kalmar se desvió y se habría unido al grupo junto al fuego si Cadwick no lo hubiera llamado.

—Cuidado, hermano hendido —dijo con una carcajada—. Esos son algunos de los más salvajes de nosotros. Es demasiado temprano en la mañana para una pelea.

Los hendidos alrededor del fuego los miraban pasar con expresiones indescifrables; podrían haber estado enfadados, curiosos, acogedores o desinteresados, pero cada rostro era tan diferente y cada rasgo estaba tan fuera de lugar o retorcido que Janner no pudo interpretar ningún significado de sus monstruosas formas y, en cambio, apartó la mirada.

A medida que se adentraban en el asentamiento forestal, Janner vio que estaba flanqueado por numerosos senderos y que en él vivían cientos de hendidos, tal vez más. Pronto se acercaron a una callejuela atestada de viviendas, que no eran casas propiamente dichas, sino un conjunto de cobertizos y casetas con puertas de distintas formas y tamaños, hechas para adaptarse a las correspondientes rarezas de los que las habitaban.

Al mirar a su alrededor, Janner se dio cuenta de que los hendidos que se detenían a verlos pasar estaban fascinados con *él*; apenas si miraban a Kalmar. Janner se sintió cohibido, casi deseando ser un hendido y no un chico normal. *Esto debía sentir Kalmar cada vez que atravesaba Ban Rona; no era de extrañar que odiara aparecer en público.*

—Hendidostia lleva aquí muchos años —dijo Elder Cadwick.

—Creía que *hendido* era un apodo que les habían dado los vallerinos —dijo Janner.

—¿Nos llaman así? —preguntó Cadwick con sorpresa—. No sabía que los vallerinos nos habían visto lo suficiente como para molestarse.

—Hace años que saben que el bosque está lleno de… monstruos —Janner tragó saliva. Esperó alguna reacción de Cadwick, pero no se produjo ninguna.

—Sabía que había agitación en el Bosque Negro, hendidos que se adentraban en los valles, pero no creía que fueran suficientes para causar problemas. Tendré que aumentar mis persuasores en las fronteras del bosque.

—*¿Persuasores?* —se preguntó Janner. Todo lo que decía Cadwick abría bibliotecas enteras de preguntas. Doblaron una esquina y llegaron por fin al muro trasero del fuerte.

Cadwick se detuvo ante la puerta.

—Esto puede molestarte, niño. Aquí no están los mansos —Elder Cadwick abrió la verja y revelando un sendero que atravesaba árboles más oscuros y espesos antes de desaparecer en un recodo. Los tragadores revoloteaban bajo los rayos del sol. Cadwick se escabulló por la verja y se adentró en el bosque—. Quédense cerca.

Inmediatamente, se oyó ruido en la maleza junto al sendero. Janner y Kalmar se apretaron contra los flancos de Cadwick mientras caminaban, dispuestos a correr o a subirse a su espalda, aunque Janner no estaba seguro de que Cadwick lo permitiera.

—¡Miren! —Kalmar señaló algo grande y escamoso mientras se deslizaba fuera de su vista. Se oyó otro crujido al otro lado del sendero y Janner vio una criatura trepando por un árbol con patas de araña; no era más grande que un perro, y le pareció ver manos humanas agarrando ramitas mientras trepaba. A medida que avanzaban, vieron más y más criaturas, algunas tan horrorosas que desafiaban cualquier descripción. Una se cruzó en el camino, sin piernas y gorgoteando. Otra, visible en lo profundo de los árboles, tenía extremidades tan largas y delgadas como palos y se paseaba entre las ramas, arrancando hojas y mordisqueándolas con largos dientes negros. En cada rostro deforme, Janner vio la sombra de una profunda tristeza, como si los ojos fueran ventanas a una mazmorra donde lloraba un prisionero.

Eran los rotos, los «indómitos», como los llamaba Elder Cadwick, y su tristeza llenaba el bosque de tal manera que hasta el canto de los pájaros resultaba solitario.

—Cuidado —dijo Cadwick, apartando a Janner del borde del sendero; casi había pisado el pie de un sapo de lodo mezclado con thwap, que tenía cara de mujer y un cabello largo y rubio que se desparramaba por el suelo—. Esa te ataca.

—Lo siento —dijo Janner a la especie de sapo de lodo, y para su sorpresa, ella respondió: «No hay problema», con una voz que sonaba como un eructo.

Siguieron caminando hasta que se detuvieron ante un montón de rocas musgosas. Un sendero conducía entre las enormes piedras, y Cadwick señaló.

—Aquí estamos. Véanlo ustedes mismos.

Los chicos se dirigieron con cautela hacia la entrada. No era una cueva, pero los árboles eran tan espesos que parecía una. El lugar tenía un aura inquietante de dolor y recuerdo, y parecía estar esperando a Janner. Él no quería mirar en el interior. Kalmar pasó junto a él y se perdió de vista tras una losa. Respirando hondo y mirando por última vez a Cadwick, Janner siguió a Kalmar hasta la casa de su padre.

Allí, encontró a su hermano de rodillas, llorando.

El lugar no era más grande que un cobertizo, y el suelo tenía suciedad acumulada por años de habitación. Había una manta raída amontonada en un rincón y huesos de roedores apilados en otro. A Janner le recordó a la cueva donde Kalmar había atendido a Esben. Un torrente de emociones surgió en el pecho de Janner y las lágrimas se deslizaron por sus mejillas.

Kalmar estaba arrodillado frente a la pared del fondo, con un brazo extendido ante él y la mano sobre la fría piedra gris. La roca estaba cubierta de imágenes, dibujos al carbón teñidos con algún tipo de tinte. Janner se arrodilló junto a su hermano y se secó los ojos. El nombre *Esben* estaba garabateado en el centro, y a su alrededor había escritos cuatro nombres: Janner, Kalmar, Leeli y Nia.

Un escalofrío cosquilleó los omóplatos de Janner. Las letras eran descuidadas, pero las imágenes no. Una era de una isla rodeada de olas rompientes. Sobre la verde isla, se alzaba un castillo de muchos chapiteles, y cerca de la orilla flotaban pequeños veleros. En otro cuadro, las líneas oscuras estaban salpicadas de estallidos de verde —campos cultivados con cosechas que surgían de la tierra, se dio cuenta Janner— y hombres, mujeres y niños estaban de pie entre las hileras con cestas al hombro y expresiones de alegría en el rostro.

—Janner, mira. Somos nosotros —Kal señaló a la pared en la parte más profunda de la guarida.

Ahí estaba la cara de Nia; de hecho, había muchos dibujos de su rostro. Algunos sonreían, otros estaban tristes, otros serios, y todos eran casi tan hermosos como la propia mujer.

Junto al *collage* de Nia, había un retrato del tío Artham. Era Artham antes de convertirse en hombre pájaro, antes de que su pelo se volviera blanco y sus ojos se llenaran de pesar. Era la imagen de un joven seguro, un Artham al que Janner no había visto nunca.

Debajo de Artham, había tres niños de pie juntos sobre la cubierta de un barco: Leeli con un vestido y una muleta bajo un brazo, Janner con vendas en las piernas y el brazo en cabestrillo, y Kalmar… con su aspecto de niño. Eran los niños tal y como Esben los había visto en la canción de Leeli, cuando habían llegado a los Valles Verdes, pero el dibujo de Kalmar no mostraba ningún signo de orejas ni pelaje de lobo. Una mano manchada de hollín había frotado la piedra y manchado su cara. Kal agachó la cabeza.

Un poco más a la derecha, Janner descubrió un Colmillo grande y cuidadosamente dibujado, los ojos azules tan vivos que parecían mirarlo fijamente. Debajo estaba escrito: MI NIÑO.

Janner tomó a Kal por los hombros y lo giró suavemente hacia la pintura. Cuando Kal la vio, sus lágrimas brotaron con más fuerza. Los hermanos descansaron en el recuerdo del amor de su padre tanto tiempo que Cadwick se asomó a la puerta para asegurarse de que estaban bien.

—¿Lo conocías? —preguntó Janner.

—Sí —respondió Cadwick—. Y no.

—¿Qué quieres decir? —Kal se limpió la nariz y se levantó.

—Tal vez deberíamos contar esta historia durante una comida caliente. ¿Sus preguntas pueden esperar? Hay alguien a quien me gustaría que conocieran.

—¿Tenemos que volver caminando a través de los «indómitos», o como sea que los hayas llamado? —quiso saber Kalmar.

—No, hermano hendido.

—No soy un hendido.

Cadwick entrecerró los ojos.

—Te llevaré al corazón de Hendidostia. Allí verás que no es tan malo estar roto.

50

Arundelle

Hendidostia era mucho más grande de lo que Janner pensaba al principio. El fuerte donde habían escapado de las vacas colmillo era uno de los varios puestos de avanzada diseminados a lo largo de la orilla del Bosque Negro, y desde la parte trasera de cada fuerte amurallado, partía un camino que llevaba a la ciudad propiamente dicha.

Y era una ciudad, aunque no construida por hendidos; era una antigua ruina de estructuras de piedra. Arcos y columnas ornamentadas se alzaban entre los árboles. El camino empedrado estaba bordeado por muros de piedra derribados y verdes por el musgo invernal y las enredaderas en ciernes. Cuanto más se acercaban al centro de la ciudad, más estructuras se erguían intactas a la sombra de poderosos árboles. Las raíces se apretujaban entre las losas y envolvían los cimientos, como si bailaran una danza milenaria con las ruinas.

Pero *ruinas* no era la palabra adecuada, decidió Janner. La ciudad distaba mucho de estar en ruinas, y la forma en que se fundía con el bosque le hizo pensar a Janner que debía ser más encantadora de lo que había sido cuando era nueva.

Una vez que salieron de la naturaleza y entraron en la ciudad, vieron a más hendidos que podían caminar erguidos y hablar. Janner incluso vio niños: jóvenes hendidos jugando, subidos a los hombros de sus mayores, sentados en escalones y riendo entre ellos. Muchos eran Colmillos Verdes y Grises deformes, y unos pocos tenían ojos lechosos como los murciélagos que Kalmar había descrito a Janner.

Elder Cadwick saludó a un hendido que llevaba una cesta de peras en dos de sus cinco brazos.

—¿Tienes hijos? —preguntó Janner.

—Ninguno de nosotros tiene hijos, muchacho —dijo Cadwick—. Ya no.

—Pero ¿quiénes son los más jóvenes? —quiso saber Kalmar.

—Los encontramos en el bosque. Los traemos aquí. Alguien tiene que cuidar de ellos, igual que alguien cuidó de mí cuando me abandonaron en el Bosque Negro hace muchos años.

—¿Así que todos vienen de Throg? —preguntó Janner.

—Sí. Y antes de ser expulsados de las Profundidades de Throg, éramos humanos.

—¿Te acuerdas de algo? ¿De antes? —preguntó Janner.

Cadwick bajó los ojos y se quedó callado.

—Recuerdo algunas cosas. Era un herrero. Vivía en una cabaña. Recuerdo campos de flores blancas y un aroma en el viento que me agita el corazón. De vez en cuando, recuerdo caras… rostros llenos de alegría, pero no sé quiénes eran… ni quién era yo —suspiró mientras se agachaba bajo una rama baja—. Hemos aprendido que es mejor no recordar demasiado. Esto —agitó una mano a su alrededor— es lo que tenemos ahora. Esto es lo que somos.

—Pero nuestro padre… Esben… recordaba, ¿no? —quiso saber Kalmar.

—Sí, y casi se volvió loco. Como muchos de nosotros, vagó por el bosque durante años hasta que encontró un hogar en Hendidostia. Una vez instalado en la guarida, apenas hablaba con nadie. Se pasaba el tiempo haciendo las pinturas de las paredes. Una noche, salió de la guarida con un terrible rugido y abandonó el Bosque Negro. Los persuasores no pudieron detenerlo.

—¿Quiénes son los persuasores? —preguntó Janner.

—Hendidos en las fronteras, estacionados allí para mantener a nuestra gente fuera de los Valles Verdes. De poco sirve intentar detenerlos con fuerza, así que se persuaden. Intentan ayudar a los hendidos errantes a encontrar el camino a casa, de vuelta a Hendidostia. Suele funcionar.

—¿Por qué tratas de mantenerlos fuera de los Valles?

—Porque sabemos que, si demasiados abandonan el bosque, pueden hacer daño a los humanos que viven más allá, y pronto los humanos entrarían en el Bosque Negro y harían daño a los hendidos. Hemos encontrado la paz aquí, y nos gustaría que siguiera siendo así. Gnag nos ha causado suficiente dolor. No deseamos que los humanos añadan más. La reina intenta protegernos.

—¿La reina? —dijeron Janner y Kalmar al mismo tiempo, justo cuando el camino doblaba la esquina de un robusto edificio de piedra con otro hendido de aspecto equino asomado desde el tejado.

Ante ellos se alzaba un magnífico edificio antiguo cubierto de hiedra florida, en cuyo centro había un arco que daba a un patio. Los árboles habían sido talados, y la zona estaba al sol brillante como una isla de piedra cubierta de flores violáceas.

—Sí, la reina. Le avisé en cuanto llegaron y accedió a concederles una audiencia. Saludos, Halibart —Cadwick asintió con la cabeza a uno de los dos guardias que había a ambos lados de la entrada—. Jaffan —le dijo al otro. Los dos centinelas eran tan altos como Cadwick. Como el suyo, sus rostros eran felinos, y cada uno empuñaba una espada.

—Elder Cadwick —ronroneó Halibart—. Su alteza te está esperando.

Janner sintió la mirada de los guardias al pasar al patio. En cuanto estuvieron dentro de los muros del palacio, la fragancia de las flores los inundó y Janner se sintió mareado con el dulce aroma. El suelo rebosaba de flores y plantas de muchos tipos, algunas de las cuales ya daban frutos y hortalizas a pesar del frío invernal. Pequeños senderos de piedra serpenteaban por el follaje, bajo pérgolas cubiertas de racimos de flores que colgaban como uvas.

—Mi reina —dijo Cadwick con reverencia—. Le presento a Janner y Kalmar, hijos del hendido Esben.

Al principio, Janner no vio a nadie. Entonces, en la esquina más alejada del jardín, vio movimiento en las ramas de un árbol de flores blancas. Se preparó para encontrarse con alguien enorme, lo bastante alto como para rozar las ramas superiores del árbol. Las ramas parecieron rotar, y luego se acercaron. Janner y Kal observaron con asombro cómo las ramas brotadas crujían hacia ellos con un silbido de hojas que agitaba el aire y acentuaba la fragancia.

El árbol era la reina de los hendidos. Su piel era una suave corteza gris, su tronco era inclinado y grácil, y sus grandes ojos verdes estaban engarzados en el árbol como joyas. Su boca era una costura sonriente en la corteza, y no tenía más brazos que las numerosas ramas que sostenía sobre su cabeza como si estuviera alabando la luz del sol. Sus pies eran raíces que serpenteaban suavemente por el suelo, acariciando plantas, tierra y piedra a medida que se acercaba. Cuando se detuvo a varios metros de distancia, sus pies de raíz se asentaron sobre el suelo como el barrido de un vestido y se mezclaron con la hierba como si llevara allí plantada un siglo. Sus ramas florecidas daban sombra a los chicos y ella los miraba con tanta amabilidad que Janner tuvo que resistir el impulso de abrazarla.

—Inclínense, muchachos —dijo Cadwick, que se arrodilló entre ellos.

Janner y Kal cayeron de rodillas tan rápido que la reina soltó una carcajada… un sonido como de agua corriendo sobre la piedra de un río, y sus ramas se estremecieron. Por el rabillo del ojo, Janner vio que otras flores y plantas se estremecían también, y el jardín parecía inclinarse hacia su reina como si una brisa soplara hacia ella desde todas las direcciones a la vez.

—Bienvenidos —dijo con una voz tan encantadora que a Janner le dio un vuelco el corazón—. Soy Arundelle, la reina de Hendidostia. ¿Es cierto que son hijos de Esben?

—Sí, señora —dijo Janner con voz temblorosa.

—¿Acaso pudo encontrarlos?

—Sí —dijo Janner.

—¿Y cómo está? —preguntó Arundelle. A Janner se le hizo un nudo en la garganta.

—Murió, su alteza —dijo Kalmar.

El jardín quedó sumido en el silencio. Todas las hojas permanecían inmóviles, como si estuvieran escuchando.

—Es una pérdida terrible —dijo la reina en voz baja—. Tal es el precio del recuerdo. Lo lamento, niños. Algunos despertamos a nuestro verdadero yo, y eso nos lleva fuera del bosque y hacia el dolor. Pero es mejor el dolor que el olvido.

Janner no entendió qué quiso decir, pero se quedó callado.

—Kalmar, ¿te acuerdas?

—¿Si me acuerdo de qué, su alteza?

—De tu verdadero yo. ¿Recuerdas quién eres?

Kalmar miró a Janner y luego se obligó a mirar el rostro de Arundelle.

—Sí, señora. La mayor parte del tiempo. Pero cada vez es más difícil.

Las hojas volvieron a crujir y Arundelle dijo:

—Levántense, hijos de Esben. Veo que están hambrientos. Vengan y coman.

Siguieron a la reina hasta una mesa de piedra en lo más profundo del jardín. Janner vio a otros hendidos, pequeños, parecidos a zorros y ratociélagos, que iban de planta en planta, recogiendo verduras que amontonaban sobre la mesa mientras la reina se inclinaba sobre ella, murmurando una oración de agradecimiento. Les sonrió a los hermanos y, con una de sus ramas, les indicó que se sentaran. Uno de los hendidos, que parecía un ratociélago, llenó dos vasos de piedra de una cisterna que había junto a la pared y los colocó delante de los chicos.

—Adelante —dijo la reina—. Mi alimento es el sol, mi bebida es la tierra.

Janner mordió una larga verdura verde y un sabor dulce estalló en su boca. Kalmar olisqueó una fruta redonda y azul, le dio un mordisco y luego la engulló mientras el jugo le corría por la barbilla.

—Tienen preguntas. Pueden preguntar lo que deseen.

Janner tenía tantas que no sabía por dónde empezar.

—¿Qué pasa si algo te pica? —preguntó Kalmar mientras se limpiaba la barbilla y pelaba una verdura amarilla moteada.

—¡Kal! —susurró Janner.

—¡Dijo que podíamos preguntar cualquier cosa! —dijo Kal con la boca llena de bayas.

Pero la reina Arundelle volvió a reír, haciendo que motas de polen quedaran a la deriva bajo la luz del sol.

—Tengo muchos pájaros que me cuidan, e insectos también.

Janner trató de ignorar el sonido de cómo Kal masticaba.

—¿Qué sabes de nuestro padre?

Arundelle miró amablemente a Janner.

—Sé que los amaba. Hablaba poco cuando llegó. Intenté ayudarle a recordar, pero esa es una sanidad que causa mucho dolor. Los indómitos son los que se niegan a recordar. Muchos de ellos se esconden en la naturaleza y nunca vuelven a hablar. Pero algunos me permiten guiarlos a los bosques de la memoria, y otros, como Cadwick, llegan a conocer sus verdaderos nombres y encuentran algo de paz. A Esben le sucedió eso. Le ayudé a encontrar su nombre y nos habló de ustedes, sus hijos, y de su esposa. Pero solo recordaba un poco a la vez, como yo. Su nombre me resultaba conocido, pero recién mucho más tarde recordé que era mi rey —sonrió al ver la cara de asombro de Janner—. Sí, niño. Soy annierana. Sé quiénes son. Tal vez debería ser yo quien se inclinara.

—¡No! Por favor, no lo haga —Kalmar agitó una mano y hurgó en su plato en busca de más fruta—. No me gusta tanta reverencia. Arundelle se inclinó de todos modos, proyectando una frondosa sombra sobre la mesa de piedra, hasta que Kalmar respondió con un tímido movimiento de cabeza.

—¿Así que, una vez que alguien recuerda su verdadero nombre, está curado? —preguntó Janner.

—Ojalá fuera así. Todos olvidamos de vez en cuando, y por eso necesitamos que los demás nos cuenten nuestras historias. A veces, una historia es el único camino para salir de la oscuridad.

—¿Usted también se olvida? —preguntó Kalmar, interesado por primera vez en algo que no fuera el almuerzo.

—Sí. Incluso Elder Cadwick olvida. Cuando lo hace, enviamos persuasores a buscarlo a los confines del Bosque Negro.

—¿Y a usted? —quiso saber Kalmar—. ¿Quién la ayudó a recordar?

La reina sonrió de nuevo y buscó en su propia memoria.

—Pocos me han preguntado eso, Kalmar. Pero te lo diré porque necesitas saberlo. Fui sacada de las Profundidades, arrojada al suelo del bosque como un tronco muerto. Lo único que sentía era una terrible sed, hasta que por fin mis raíces encontraron tierra y, con el tiempo, pude ponerme en pie. Durante muchos meses, permanecí en el bosque mientras cambiaban las estaciones, sin conocer más que la tristeza y el miedo. Vi a muchos hendidos salidos del calabozo, pero ninguno hablaba y ninguno parecía capaz de verme. Pero entonces… —hizo una pausa y una mirada lejana apareció en sus ojos— vi a mi verdadero amor. Se arrastró fuera de la cueva como un niño asustado, y pude ver que su pena era tan pesada como la mía. En aquellos días, no sabía hablar ni moverme. Así que lo vi pasar a mi lado sin darse cuenta, y ni siquiera pude gritar su nombre ni tomarle la mano al pasar. Cuando se fue, mi corazón roto por fin me dio una voz para llorar. Recordé su nombre y lo grité al Bosque Negro una y otra vez, recordando con cada grito quién era y en qué me había convertido.

—¿Cómo se llamaba? —preguntó Janner, sabiendo ya la respuesta de algún modo.

—Artham Wingfeather.

51

El consejo de la reina de los hendidos

Arundelle, la reina de los hendidos, se mecía con la cálida brisa. Sus ojos que miraban hacia abajo destellaron, y entonces una lágrima resbaló como savia por la lisa corteza gris de su tronco. Sus ramas caían tan bajo que sus hojas cosquilleaban el suelo.

—¿Conociste a tu tío?

—Sí, señora —dijo Janner, sin saber cuánto decir.

—Me temo que nunca más lo veré. Y por eso, al menos en parte, estoy agradecida —el tronco de Arundelle se dobló y sus hojas volvieron a crujir—. Se espantaría al ver en qué me he convertido.

—No, no lo haría —dijo Janner, entrecerrando los ojos a la luz del sol que se colaba entre sus ramas—. Vería lo hermosa que eres, como yo lo veo. Y sí, está vivo.

Los ojos de Arundelle se abrieron de par en par y se inclinó hacia delante.

—¿Lo has visto? ¿Dónde?

Janner sonrió. Era una noticia que le complacía dar.

—Se dirigió a Skree, donde vivíamos.

—¿Skree? —susurró Arundelle con asombro—. ¡Tan lejos!

—Nos estaba buscando. Estaba… loco. Apenas si podía hablar. Vivió en una casa del árbol en el bosque de Glipwood, vigilándonos durante años, y luego, cuando llegaron los Colmillos, luchó por nosotros.

—Y me salvó a mí —dijo Kalmar— de la guardiana de la piedra. Ahora ha vuelto a Skree, y creo que está luchando contra los Colmillos otra vez.

Las hojas de Arundelle temblaron de alegría. Levantó los ojos al cielo y murmuró algo que Janner no pudo entender. Los capullos de sus ramas superiores florecieron blancos y morados en un instante, y cada vez estaba más hermosa.

—Mi Artham —dijo, y los chicos se miraron mientras esperaban a que se recuperara.

—Y ahora han venido, sobrinos del guardián del trono, hijos del rey, a Hendidostia. Mil milagros al día, y aún me sorprende la buena voluntad del Hacedor —se agachó y estudió detenidamente el rostro de Janner—. ¿Será posible, Cadwick?

—No lo sé, mi reina —contestó él desde el borde del jardín—. No fue mi sueño.

—¿Qué cosa será posible? —preguntó Janner.

Arundelle y Cadwick intercambiaron una mirada.

—Me dijeron en un sueño —dijo—, que un niño vendría a Hendidostia, y sería la semilla de un nuevo jardín.

—¿Qué se supone que significa eso? —preguntó Kalmar riendo.

Janner no sabía nada de profecías ni de sueños. Pero sabía que no era una semilla y, desde luego, no quería que lo plantaran. Al menos ahora sabía por qué Cadwick seguía llamándolo «niño» con ese tono de asombro.

—El Hacedor no suele hablarme así, aunque siempre lo percibo en lo más profundo de la tierra —continuó Arundelle. Algunas de sus raíces más pequeñas acariciaron la tierra y cavaron en ella—. El sueño me vino hace años. Dudaba que un niño humano pusiera jamás un pie en Hendidostia, pero Cadwick y yo hicimos correr la voz a todos los hendidos para que vigilaran. A medida que pasaban las estaciones, nos fuimos olvidando del tema. Sin embargo, aquí estás. Un niño en el Bosque Negro. Díganme, niños, ¿por qué han venido?

—Nos dirigimos a Throg —anunció Kalmar—. Para evitar que Gnag siga haciendo esto. Antes de que sea demasiado tarde.

—¿Y cómo piensan hacerlo? —preguntó la reina.

Kalmar abrió la boca para hablar, pero la volvió a cerrar.

—No sé exactamente. Pero el tío Artham nos dijo que encontró una forma de salir de Throg y llegar al Bosque Negro. Eso significa que hay una forma de entrar.

—Hijos de Esben, no pueden hacer esto.

—¿Por qué no? —preguntó Kalmar.

—Throg es un lugar de locura. Es un mundo negro de hendidos y Colmillos indómitos y cosas desdichadas. No es lugar para las joyas de Anniera.

—Pero tenemos que ir —dijo Janner—. ¿Qué más podemos hacer?

—Vuelvan. Regresen a los Valles Verdes. Pueden encontrar una vida, como nosotros, tras la maldad de Gnag —las raíces de Arundelle serpentearon por el suelo y se giró hacia el muro del jardín.

—Pero no hay hogar al cual volver.

Su tronco se torció y los miró atentamente.

—¿Qué quieres decir?

—Los Colmillos ya han invadido —dijo Kalmar—. Están atacando Ban Rona en este momento. Si no hacemos esto, invadirá los Valles. Matará a todos los que conocemos. Ya destruyó Anniera.

—No, niño. Hendidostia *es* Anniera. Este es tu pueblo, esto es lo que queda de tu reino. Gnag intentó borrarlo de Kistamos, pero aquí ha encontrado un hogar. Ha sobrevivido en las sombras del Bosque Negro. Quédate y gobiérnanos, Kalmar, donde ni siquiera Gnag pueda encontrarte. Guardián del trono, quédate y cumple la profecía. Sé la semilla de un nuevo jardín para nosotros.

Janner miró a todos los hendidos que merodeaban por los bordes del patio, asomando sus deformes cabezas por encima del muro y husmeando entre la maleza. ¿Eran annieranos? Sabía que los Colmillos habían sido personas, pero saber que eran de Anniera, del reino de su padre, encendió un fuego de ira en sus entrañas, y quiso más que nunca atacar a Gnag y todo lo que había provocado.

—No quiero gobernarlos —dijo Kalmar.

—Janner, por favor —susurró Arundelle—. Dile a tu hermano que esto es una tontería. Ambos morirán en las Profundidades de Throg.

—Lo lamento, alteza.

Janner se levantó de la mesa de piedra.

—Soy el guardián del trono, no una semilla. Estoy con el rey, y el rey se va a Throg.

Kalmar se quedó mirando una grieta que atravesaba la mesa de piedra. Arundelle les dio la espalda y se hizo el silencio en el jardín. Incluso los pájaros primaverales dejaron de cantar.

Después de un incómodo silencio, la reina de los hendidos tomó la palabra.

—Elder Cadwick los llevará tan lejos como pueda. No puedo prometer su seguridad. Ojalá Esben estuviera aquí para detenerlos.

—Gracias, su alteza —dijo Kalmar.

Ella se quedó cerca del muro de piedra, con savia goteando de sus ojos y bajando por su tronco hasta la tierra oscura. Kal y Janner se retiraron a la entrada del jardín, donde esperaba Cadwick.

—¿No hay manera de disuadirlos? —preguntó Cadwick.

—No, señor —respondió Kalmar.

—Entonces, síganme.

52

En el Bosque Negro

Cuando regresaron al fuerte, Oood estaba sentado junto a una hoguera, recitando poesía a una reunión de hendidos que fingían disfrutarla. Sonrió al ver a los chicos y se acercó cojeando a saludarlos con un muslo de vaca asado en una mano.

—Hendidos gustar palabras de Oood —dijo alegremente. Saludó al hendido, el cual le devolvió el saludo, visiblemente aliviado de que la recitación hubiera terminado—. ¿Buscar a Gnag ahora?

—Sí, Oood —dijo Kalmar, mientras se dirigía directamente a la puerta principal—. Buscar a Gnag.

Janner trotó para mantener el ritmo, saludando con un gesto de disculpa a los hendidos que los miraban pasar.

Cuando Kalmar llegó a la puerta, tiró de ella y la encontró cerrada. Se volvió hacia Cadwick.

—¿Vienes?

—Sí, hermano hendido —respondió él—. Preferiría dejarlos ir solos, pero la reina Arundelle me ha pedido que los guíe hacia la oscuridad. Primero, debo despedirme de mi familia. Tal vez no vuelva a verlos.

Cadwick los miró a ambos con pesadez y luego se volvió hacia el edificio donde Madre Mungry había atendido a Oood. Cuando llegó a la puerta, una hendida de lustroso pelaje negro y cabeza de topoespín la abrió de par en par y lo abrazó. Dos jóvenes hendidos treparon alrededor de sus cuatro patas y otro se le subió a la espalda.

—Recuerda, amor. Eres Cadwick, herrero de Pennybridge. Estás en mi corazón, y mi corazón esperará tu regreso. Los pequeños arrullaban y gorjeaban mientras Elder Cadwick los abrazaba y besaba sus rostros malformados.

—Adiós, pequeños —dijo Cadwick con ternura—. Aférrense a Kinnan, porque ella los ama.

Madre Mungry entró por la puerta y le entregó a Cadwick una cartera.

—Encontrarás bálsamos aquí, así como algunos chicharrones. ¿Tu pie está bien?

—¿Mi pie? —preguntó Cadwick.

—Alguien tenía el pie roto, ¿no? —le hurgó en una de las pezuñas.

—Era el troll —dijo Cadwick con una risita.

—¡Ah! —entonces, miró a Janner—. ¿Tu pie está bien?

Janner asintió, flexionando primero un pie y luego el otro para que pudiera ver. Cadwick depositó a los pequeños en el suelo, besó a su esposa en la frente y se reunió con los chicos en la puerta.

Elder Cadwick miró a un centinela en lo alto de la muralla.

—¿Se han ido las vacas?

—Sí, señor. Por ahora. Tenga cuidado ahí fuera, señor.

Cadwick asintió, la puerta se abrió y se adentraron en la maraña de árboles. El bosque era silencioso y siniestro, y Janner de repente sintió ganas de quedarse. ¿Qué creían que estaban haciendo? Adentrándose en un bosque de monstruos, colándose en una mazmorra de monstruos, infiltrándose en la fortaleza de un monstruo tan poderoso que básicamente había destruido el mundo… Parecía el colmo de la insensatez, incluso para un guerrero experimentado, y más para dos chicos que no sabían lo que hacían.

Los muros de Hendidostia eran fuertes y seguros. Si Gnag había estado arrojando sus fusiones fallidas a la naturaleza todos estos años, entonces parecía que no le importaba el Bosque Negro ni lo consideraba una amenaza. Quizás lo mejor sería llevar a Leeli y al resto de la familia a Hendidostia, donde por fin podrían tener un poco de paz. Pero moverse, huir y esconderse era lo único que habían hecho desde que escaparon de Glipwood: primero al Castillo de Peet, luego a las Praderas de Hielo y después a los Valles Verdes. Fueran donde fueran, Gnag el Sin Nombre los encontraba, los atacaba y, en el proceso, hacía daño a todos los que los rodeaban. Hendidostia no sería la excepción.

Mientras caminaban, Janner echó un vistazo a sus espaldas para contemplar por última vez Hendidostia, pero la verja estaba cerrada, oculta ya por las ramas y las hojas en ciernes. Bien podrían haber estado solos en medio del Bosque Negro. No era de extrañar que los vallerinos no supieran nada de Hendidostia. Quizá Gnag tampoco lo sabía, ni lo sabría.

Tras caminar en silencio durante una hora, Janner observó que los árboles se hacían más densos y las ramas disminuían. Seguían un tenue sendero, probablemente hecho por animales salvajes o hendidos, y Janner pudo deducir por la inclinación del sol vespertino que se dirigían hacia el sur.

—¿A qué distancia está? —preguntó.

—No lo sé —Elder Cadwick no miró a ninguno de los chicos mientras hablaba, sino que se quedó mirando al frente como si caminara sonámbulo—. Podrían ser horas, o podrían ser días. He intentado evitar el bosque del sur desde que recordé mi nombre, y esperaba no tener que volver nunca. Una esperanza vana, resultó ser.

Había un dejo de ira en su voz, y Janner decidió no hacer más preguntas.

—No tienes por qué hacer esto, ya sabes —dijo Kalmar—. Estábamos de camino a Throg antes de saber que existías. Podemos seguir adelante solos. Vuelve con tu familia.

Cadwick miró por encima del hombro en dirección a Hendidostia. Torció el labio y sacudió la cabeza.

—La reina me lo ha ordenado. Obedeceré.

—Pues yo soy el rey y te ordeno que vuelvas —Kalmar se puso delante de Cadwick y se detuvo en medio del camino—. Sabemos que la entrada a las Profundidades está al sur de aquí. Sabemos que está en algún lugar en la base de la Cordillera de la Muerte. Somos durganos entrenados. Tal vez creas que no podemos cuidar de nosotros mismos, pero hemos llegado hasta aquí. Vuelve con tu familia. Gnag ya te ha quitado bastante.

La cola de Cadwick se movía mientras consideraba las palabras de Kalmar.

—Si en verdad tu hermano es el niño que profetizó la reina Arundelle, entonces es necesario mantenerlo a salvo.

Janner empezó a hablar, pero Kalmar le interrumpió.

—También tenemos un trol de nuestro lado. No muchos chicos pueden decir eso.

—Oood aplastar —dijo el trol.

La pezuña delantera de Elder Cadwick pateó el suelo y se ajustó la vaina.

—Muy bien. Me voy a casa.

—¿En serio? —dijo Kalmar.

—Tengo jóvenes que cuidar y una ciudad que proteger. Les deseo un viaje seguro —Cadwick se dio la vuelta y regresó por donde habían venido.

—¡Espera! —gritó Janner—. ¡No sé si es buena idea! Podríamos necesitarte.

—Ten valor, muchacho. Tienes un trol de tu lado, ¿recuerdas? —dijo Cadwick por encima del hombro.

—¡Kalmar, detenlo! No sabemos movernos por este bosque.

—Tampoco él. Acaba de decírnoslo. Además, no quería estar aquí, y no lo culpo.

—Pero... pero... —Janner estaba tan desconcertado que no supo qué más decir. Miró de Kalmar a Cadwick, que desaparecía rápidamente en el bosque. Enseguida, desapareció—. Y ahora, estamos solos —dijo Janner—. ¿Por qué enviar de vuelta a la única persona de nuestra pequeña banda que mejor conoce el bosque?

—Porque me asustaba —dijo Kalmar.

No era lo que Janner esperaba.

—¿Qué quieres decir?

—Sé lo que se siente... perderse a uno mismo. Es horrible. Y lo peor de todo es que no sé que está pasando hasta que se acaba. ¿Te imaginas cómo sería si se volviera salvaje? Es casi tan alto como Oood.

—Oood no temer a hombre caballo —dijo el trol.

—Ya lo sé —contestó Kalmar—. Pero si Cadwick se pusiera raro con nosotros y tuvieras que detenerlo, esos pequeños hendidos de ahí atrás perderían al único padre que van a tener. Solo hacía una hora que habíamos salido y ya estaba diferente. Más malo, o algo así. Me daba miedo.

Janner tuvo que admitir que él también había percibido el cambio. Pero ahora que Cadwick había desaparecido, el bosque parecía el enemigo más temible. Todavía quedaba un largo camino por delante. Y el sol empezaba a ponerse.

—Bien. Vamos —dijo Janner.

Kalmar olfateó el aire y señaló.

—Por aquí, creo. Intenten hacer el mayor silencio posible. Siguió adelante.

—¿Por qué? —preguntó Janner.

—Porque puedo oler cinco vacas colmillo cerca. Y varios hendidos también.

53

Los furiosos atacan

Pasaron la noche en las ramas de un árbol tan alto que Janner nunca llegó a ver la copa. Aunque las hojas nuevas eran diminutas, las enmarañadas ramas de arriba eran lo bastante densas como para ocultar las estrellas. Durante toda la noche, criaturas, ya fueran hendidos o animales salvajes comunes, husmearon, gruñeron y corretearon por el suelo bajo ellos, y más de una vez, algo de tamaño considerable subió o bajó por el tronco opuesto al lugar donde dormían.

Cuando llegó la mañana, Kalmar olfateó el aire con cuidado y les advirtió que esperaran mientras pastaba un rebaño de glicines saltarines. Una vez que se fueron, volvió a olfatear e indicó que era seguro bajar.

Ni Janner, ni Kalmar ni Oood tenían idea de adónde se dirigían, pero era obvio que se acercaban a las estribaciones de la Cordillera de la Muerte. Cada valle era más profundo que el anterior y se enfrentaban a barrancos cada vez más escarpados con rocas del tamaño de edificios. La mente de Janner repasaba las entradas de la *Criatupedia de Pembrick,* atento a cualquier señal que pudiera indicar una guarida de rocarachas gigantes o algo peor.

Comieron bayas recogidas a lo largo del camino, y Kal y Janner utilizaron sus arcos para atrapar suficientes flonejos, thwaps y topoespines para mantener sus vientres llenos. El agudizado sentido del olfato de Kalmar les sirvió de mucho; fue capaz de guiarlos hacia el este o el oeste para esquivar manadas de vacas y otras bestias inidentificables en su camino.

Incluso Oood se quedaba en silencio cuando era necesario... aunque sus recitaciones de poesía suponían una mayor amenaza. La presa se había roto con «Lluvia y fuego», y desde entonces, Oood los había inundado con poemas de trols. Los chicos fingían aprecio, pero al oír las primeras sílabas de la rima trol, los pájaros y los animales salvajes cacareaban, rebuznaban y graznaban con irritación hasta que el poema terminaba misericordiosamente. Janner incluso empezó a sospechar que Kalmar olía algún peligro solo como pretexto para silenciar la poesía de Oood.

En la tarde de su segundo día en el Bosque Negro, se encontraron con el primero de los hendidos indómitos... indómito y furioso. Saltó sobre ellos desde una roca cuando salían de un barranco. Sus patas eran largas y escamosas, pero su cuerpo y su cabeza eran una masa circular con manos que sobresalían de los lados como orejas. Su enorme boca se abrió de par en par para morderlos, pero antes de que sus mandíbulas se cerraran, Oood le asestó un golpe que lo hizo caer en una lluvia de hojas. Se quedó pataleando en el aire mientras los dedos de sus manos-cabeza se retorcían. Parecía estar haciendo un berrinche.

Cuando los hermanos se recuperaron, la criatura se calmó, se puso en pie y los miró desde varios metros de distancia.

—*Malos* —dijo indignado, y luego se alejó a grandes zancadas.

—Es bueno tener un trol —dijo Kalmar, sonriéndole a Oood.

—Si es tu amigo —añadió Janner.

—Amigo —dijo Oood, y se golpeó el pecho.

—¿No oliste venir esa cosa? —preguntó Janner mientras seguían caminando.

—La olí —dijo Kalmar—. Pero no pensé que atacaría.

—¿Por qué no?

Kal dudó.

—Porque los he estado oliendo toda la mañana, y ninguno había atacado. Hay hendidos por todas partes. Quizás se están conteniendo por Oood.

Janner sintió escalofríos mientras miraba a través del bosque... escalofríos porque no veía ningún hendido. Que estuvieran rodeados y siendo vigilados casi le hizo desear que los hendidos atacaran y se terminara todo de una vez.

—¿Cuántos hay?

Kalmar olió el aire y aplanó las orejas.

—Unos treinta, creo. Tal vez más. Cuanto más caminamos, más de ellos huelo.

—¿Más cerca? —preguntó Oood mientras rompía una gran rama muerta de un árbol y la blandía como si fuera un garrote.

—Quizás —dijo Janner—. Podría haber más hendidos cerca de la boca de las Profundidades, y si lo que dijo Cadwick es cierto, serán más salvajes.

Kalmar se detuvo en seco.

—Janner, desenvaina tu espada. Hay uno justo delante. ¿Lo ves?

Janner sacó su espada de la vaina y escrutó los árboles que tenía delante. No veía nada más que bosque y más bosque.

—¿Dónde? —susurró.

—A tu izquierda.

De detrás de un viejo tronco surgieron dos tallos, cada uno de ellos coronado por un orbe verdoso que parpadeaba. Globos oculares. Unos dedos acolchados, como los de una rana, se deslizaban sobre el tronco, como si fueran enredaderas u orugas posadas sobre la madera podrida. Janner tuvo la inquietante sensación de que la cosa estaba a punto de saltar.

Entonces, algo se estrelló en la maleza detrás de él. Janner giró. Dos cerdos hendidos cargaron hacia él, chillando. Sus colmillos estaban negros de moho y eran largos como puñales. Janner arremetió con su espada. Su primer golpe falló, pero el segundo hizo contacto con una de las patas delanteras del animal: una pata que no terminaba en una pezuña de cerdo, sino en un pie humano. Oood rugió mientras saltaba hacia delante y golpeaba con los puños, primero al cerdo al que había atacado Janner y luego al otro, que atacaba a Kalmar.

La cosa con los globos oculares detrás del tronco soltó un estruendoso *croac* y saltó por encima del árbol caído. Su cuerpo era como el de un sapo de lodo, pero con púas que brotaban de una capa de lujoso pelaje blanco. Janner no quería matarlo. Sabía que una vez había sido humano. Sabía que probablemente sufría de la misma locura olvidadiza que atormentaba a Kalmar.

Antes de que cayera sobre él, se agachó y levantó la espada. El sapo peludo se estrelló contra él y rodó con un gemido. Janner se puso en pie y se dio cuenta de que ya no tenía la espada en la mano. Estaba incrustada hasta la empuñadura en el vientre del sapo de lodo.

Los globos oculares del hendido temblaban en el suelo mientras jadeaba intentando respirar. Los cerdos estaban a varios metros de distancia, uno de ellos haciéndose polvo y el otro herido y luchando por respirar. Oood giró lentamente en círculo, preparado para cualquier otro ataque, pero no se produjo ninguno.

Kalmar envainó su espada y se arrodilló al lado del sapo de lodo.

—Janner, está tratando de hablar.

Janner apartó los ojos de la herida que había infligido y se arrodilló junto a Kalmar. Quería hablar, pero el nudo en la garganta no se lo permitía.

—¿Eres… un… chico? ¿Un *niño*? —dijo la cosa entre respiraciones. Su voz era rasposa, pero había en ella suficiente humanidad como para que la tristeza de Janner aumentara. El sapo respiró hondo y dijo:

—Lo recuerdo. Una vez fui un niño.

—Ya lo sé —contestó Kalmar. Puso la mano sobre el pelaje blanco de la criatura—. Yo también.

—Lo siento —dijo Janner. Quería decir más, pero no tenía palabras.

—¿Eres tú el que… sembrará el nuevo jardín?

—No lo sé —respondió Janner.

—Ahora lo recuerdo —dijo el sapo—. Anniera. Mi hogar. Con algo parecido a una sonrisa, se aquietó y se convirtió en polvo.

Janner se enjugó las lágrimas y sacudió el polvo de su espada antes de envainarla.

—Lo lamento.

La respiración del otro cerdo se agitó, y luego murió. Otras formas asomaban detrás de árboles y rocas, ojos y rostros abultados, todos observándolo con lo que a él le parecía ira y acusación.

—¡No quiero lastimarlos! —dijo Janner. Era una súplica, no una amenaza.

Varios hendidos susurraron y murmuraron.

—Es un niño.

—¿Qué es un niño?

—Un joven. Lo que éramos antes.

—¡Ya me acuerdo!

—Quiero volver a ser un niño.

—Deberíamos matarlo. Me duele al pensar.

—No podemos. Podría ser la semilla.

Kalmar habló a los ojos que observaban el bosque.

—Mi nombre es Kalmar Wingfeather, rey de la Isla Luminosa de Anniera.

—¿Anniera? —susurraron.

—¡Ya me acuerdo! ¡Duele! ¡YA BASTA!

—La Isla Luminosa. Mi madre se llamaba Norra.

—¡BASTA!

Las voces se volvieron furiosas, silbando y chasqueando el aire, monstruos visibles solo como sombras y formas detrás de los árboles. Otros, sin embargo, dieron un paso al frente, cautelosos y parpadeando ante Janner como si fuera una aparición o un rey. Uno de los furiosos mordió la pata de una pequeña cabra hendida mientras se acercaba.

—¡Suéltala! —gritó Janner.

Corrió hacia la cabra que chillaba y la sacó de las fauces de su atacante, que era el hendido más horrible que había visto. Era grumoso y sin patas, como una babosa gigante, pero su cara de hombre se extendía sobre una masa negra y viscosa, y cada vez que abría la boca, Janner veía unos dientes torcidos y amarillos.

—¡Atrás! ¡Todos ustedes, atrás! —dijo Janner.

El escurridizo bicho se escabulló detrás de una roca mientras otros se encogían en sus escondites.

La pequeña cabra en brazos de Janner se calmó una vez libre y se volvió a mirarlo. Sus ojos eran de un azul brillante, como los de Kal, y era imposible negar el alma que vivía en su interior. Dijo:

—Creo que mi nombre era… Elin. Sí, eso creo. Elin. Pero temo recordar más que eso.

Elin, la cabra hendida, tembló, luego rebuznó y se zafó de los brazos de Janner. Aterrizó en el suelo y corrió en círculos enloquecidos mientras la babosa se reía en algún lugar cercano. Los demás se unieron con risas enloquecidas y gritos animales; era como la hora de comer en un establo, pero con sonidos humanos mezclados con el jaleo.

—¡Escuchen! —gritó Kalmar—. ¡Silencio! Los hendidos se calmaron y volvieron a cuchichear entre ellos cuando Kalmar dio un paso al frente—. Mi padre era Esben, rey de Anniera. ¿Se acuerdan de Anniera?

Unos pocos respondieron que sí. Pero algunos aullaron y huyeron.

—No importa lo que hayan hecho, necesitamos su ayuda. Tenemos que llegar a las Profundidades de Throg. ¿Entienden? Tenemos que encontrar a Gnag.

Al oír ese nombre, el bosque quedó en un silencio sepulcral.

—¿Nos llevarían a las Profundidades?

Tras una pausa, algunos de los hendidos aparecieron y les hicieron señas para que los siguieran. Kalmar y Janner se miraron con aprensión y luego se unieron a la extraña procesión que atravesaba el Bosque Negro.

54

El dolor del recuerdo

Pasaron las horas. Janner, Kalmar y Oood subieron y subieron, adentrándose en el bosque y escalando las estribaciones. En algún momento antes de la puesta de sol, los árboles se abrieron en un pequeño claro.

—Miren —dijo Janner, señalando los picos nevados de la Cordillera de la Muerte que se alzaban en lo alto. Eran aterradores: afiladísimos e imposiblemente altos.

—Así que allí es donde vamos —dijo Kalmar.

—Throg —retumbó Oood.

Los hendidos siguieron adelante sin mirar las montañas. A medida que caminaban, se les unían más y más criaturas salvajes, hasta que el bosque pululaba de miembros retorcidos y rostros abultados. Al principio, se mostraron ruidosos, gruñendo y amenazando, de modo que los chicos desenvainaron sus espadas y se quedaron cerca de Oood. Pero cuando vieron a Janner, los hendidos huyeron o se pusieron en fila, pareciendo entender de algún modo adónde iban. Los que se quedaron cojeaban y se tambaleaban entre los árboles, susurrándose unos a otros. Lo único que Janner oía eran las palabras «niño» y «Anniera». Muchos de los hendidos lloraban mientras caminaban.

Cada vez hacía más frío y costaba más respirar, lo cual le recordó a Janner su viaje por las Montañas Pedregosas con Maraly Weaver. El viento agitaba las copas de los árboles, haciendo parpadear las estrellas heladas en lo alto.

Su camino los condujo por fin a la cresta de una colina desnuda bajo una cúpula de estrellas. Janner la habría calificado de montaña si no se hubiera visto empequeñecida por los picos nevados que se alzaban aún más alto sobre ella. Los hermanos y Oood se encontraron en el centro de una gran multitud de monstruos, que parecían estar esperando… algo.

—Nunca he visto nada igual —dijo una voz profunda y conocida de entre los animales. Una figura alta salió del círculo de hendidos.

—¿Elder Cadwick? —preguntó Janner, asomándose a la oscuridad—. Pensé que habías vuelto.

—¿Y desobedecer a mi reina? —respondió amablemente.

—En cambio, desobedeciste a tu rey —dijo Kalmar—. Y agradezco que lo hayas hecho. No sé lo que va a pasar, pero puede que necesitemos tu ayuda. —Kalmar miró a los monstruos a la luz de las estrellas, sombras resoplantes con ojos y dientes brillantes.

—Estaba seguro de que la necesitarías antes —dijo Cadwick—. Me sorprende, tan cerca de las Profundidades, que siga siendo… yo mismo. Pero eres tú —dijo, volviéndose a Janner.

—¿Yo? ¿Qué quieres decir? —Janner sabía que lo observaban, pero no entendía por qué.

—Eres un niño —respondió Cadwick, como si eso lo explicara todo.

—¿Por qué todo el mundo sigue diciendo eso? —preguntó Janner.

Cadwick puso una de sus manos azuladas sobre el hombro de Janner.

—Eres un recordatorio no solo de lo que se perdió, sino también de lo que se puede encontrar. Para algunos es demasiado, pero para estos, has encendido el recuerdo, y el recuerdo enciende la esperanza. La reina Arundelle creía que esto podría suceder algún día.

—No lo entiendo —dijo Janner—. ¿Qué quieren que haga?

—No lo sé —Cadwick alzó la voz y se dirigió a los hendidos—: ¡Hermanos y hermanas! Un chico ha entrado en el Bosque Negro. Busca las Profundidades de Throg. ¿Qué quieren de él?

—Queremos que nos cure —respondió uno de ellos—. La reina dijo que podría ser así.

—¡No sé de qué están hablando! —dijo Janner, temeroso de lo que harían cuando se dieran cuenta de que no podía ayudarlos—. Kal, díselos. Yo no puedo curar a nadie.

—Pero ya has empezado a hacerlo —dijo Cadwick—. Hace solo unos días, tenía miedo de acercarme tanto a las Profundidades. A decir verdad, aborrecía el mandato de la reina de acompañarte. Pero la presencia de un niño (un niño *annierano*, el hijo de Esben, no manchado por Gnag) aquieta la locura de la memoria. Despierta la esperanza de que nuestra historia no ha terminado.

Los hendidos parloteaban y arrullaban con entusiasmo. Era el ansia lo que más preocupaba a Janner, porque era como el hambre. Pero ¿qué podía hacer?

—Tenemos que llegar a Gnag —exclamó Kalmar—. Él tiene las piedras antiguas. Si podemos detenerlo, tal vez podamos encontrar una manera de ayudarlos.

—Cuando se canta la canción de las piedras antiguas —canturrearon las criaturas—, la sangre de la bestia impregna tus huesos.

Inmediatamente el aire cambió, y los hendidos chasquearon y dieron zarpazos en el suelo. La tranquilidad que había prevalecido hacía un momento se estaba desvaneciendo. Los cascos de Cadwick también raspaban el suelo, y Janner sintió que se producía un cambio en él. Se paseaba de un lado al otro y sacudía la cabeza, como si intentara despertar de una pesadilla.

—Eeh —dijo Kalmar—. Esto no tiene buena pinta.

Oood gruñó y adoptó una postura de combate mientras los hendidos entonaban: «Cuando se canta la canción de las piedras antiguas, la sangre de la bestia impregna tus huesos».

La rima retumbaba en la desierta cima de la montaña y, con cada repetición, los hendidos se volvían más salvajes y se acercaban más a los chicos, formando una turba que chasqueaba, gruñía y resoplaba. La mención de las piedras había roto la paz, y Janner era el objeto de su ira. No era un hermano hendido como Kalmar. No era un trol formidable. Era un extraño, una amenaza tal vez, y un agitador de recuerdos amargos.

—Váyanse —dijo Elder Cadwick entre dientes apretados.

—¿Ir adónde? —preguntó Janner.

—Váyanse —repitió Cadwick con un gruñido—. Deben... darse... prisa. La puerta a las Profundidades está en ese valle. ¡Vayan!

Pero estaban rodeados.

—Oood, ahora sería un buen momento para liderar el camino —dijo Kalmar con un quejido.

El trol no necesitó que lo animaran. Lanzó un gruñido y corrió hacia el valle, bajando el hombro ante el muro de hendidos que gruñían. Janner y Kalmar corrieron tras él, rogando que les abriera un camino a través de su peligro actual, aun si solo los conducía a uno mayor.

Su huida hacia el valle fue peor que una pesadilla. Janner nunca había tenido tanto miedo, ni siquiera en el ataúd de la Fábrica Tenedor. Bajó resoplando la colina en la oscuridad, consciente de los puñetazos de Oood y de los gritos de dolor de los hendidos al ser golpeados y enviados hacia atrás. Tenía la espada desenvainada, pero corría demasiado rápido y a ciegas como para usarla. Oyó gruñir a Kalmar y supo que el gruñido era el de un Colmillo Gris de ojos amarillos. Lo que había hecho cambiar a los hendidos también había tenido un efecto en su hermano. Janner solo podía esperar que, cuando llegaran a la entrada de las Profundidades, pudiera volver a llamar a su hermano.

De repente, estaban de nuevo entre los árboles, bajando a toda velocidad con los hendidos en sus talones. La oscuridad se hizo más profunda, y Janner medio corrió, medio rodó ladera abajo, siguiendo tanto el olor de Oood como su bramido.

—¡Tu nombre es Kalmar, hijo de Esben, rey de la Isla Luminosa! —gritaba Janner en la oscuridad. Lo repitió una y otra vez. El bosque que los rodeaba adquirió una inquietante quietud y Janner se dio cuenta de que estaban solos. Los hendidos habían regresado. Sus aullidos llenaban el Bosque Negro y recorrían el bosque desde todas las direcciones como fantasmas. Oood dejó de correr.

—¿Estás herido? —preguntó Janner entre jadeos.

—Herido —dijo Oood en voz baja.

—Kalmar —llamó Janner entre las sombras. Podía ver la corpulenta figura de Oood en la oscuridad, pero no estaba seguro de dónde estaba su hermano—. ¿Estás aquí? ¿Recuerdas quién eres? —Janner cerró los ojos y escuchó en busca de su hermano.

La voz de Kal llegó desde algún lugar a la derecha.

—Sí. Eso creo —parecía asustado—. Janner, cada vez es más difícil volver.

Las rodillas de Oood se doblaron y se desplomó en el suelo.

—Oood, ¿cuán grave es? —preguntó Janner, corriendo hacia donde estaba sentado el trol.

—No tan grave —respondió. Luego, tras una pausa—: Grave.

Janner puso su mano sobre el hombro de Oood.

—¿Dónde estás herido?

—Todas partes —dijo Oood.

Janner rebuscó en su mochila y sacó las cerillas, luego encendió una, temeroso de lo que encontraría. Oood sangraba… por todas partes. Cortes y rasguños le cubrían desde la cabeza hasta los pies. Algunas eran heridas punzantes de mordeduras, y otras eran tajos como si lo hubieran atacado con una espada. Los hendidos habían desatado toda su furia sobre el trol.

—¿Amigos a salvo? —El sudor y la sangre le resbalaban por la cara y goteaban de su enorme barbilla.

—Sí —dijo Janner, incapaz de contener las lágrimas. Kalmar se acercó con un quejido y apoyó una mano en la frente de Oood mientras la cerilla de Janner se consumía.

—Sed —dijo Oood. Janner encendió otra cerilla. Oood bajó la mirada, se recostó en las frías hojas y cerró los ojos.

—Kal, dale un poco de agua.

Kalmar revisó las cantimploras.

—No queda más —olfateó el aire—. Pero huelo agua no muy lejos. La buscaré.

—Kal, no. Los hendidos...

—No me importa. Voy a traerle agua.

La segunda cerilla se consumió mientras Kal se escabullía con su capa durgana, silencioso como una sombra. Janner escuchaba los aullidos lejanos de los hendidos y la respiración superficial de Oood. Sin poder hacer nada, esperó en la oscuridad durante lo que le pareció un largo rato hasta que oyó el leve crujido de las hojas cercanas.

Janner se esforzó por levantar la cabeza de Oood mientras Kal vertía el agua en su boca caída. Los chicos se sentaron en la oscuridad sin hablar. Las respiraciones de Oood se hacían más cortas y débiles, y el lento ritmo de su corazón moribundo adormeció a los chicos.

Cuando llegaron rumores a Anniera de que se veían bestias extrañas y peligrosas merodeando por el Bosque Negro, Bonifer sospechó que había una conexión entre los monstruos y los animales que él traficaba. A menudo, se preguntaba qué oscuro propósito tenía el Señor de Throg para los animales, pero su codicia lo impulsaba. Y así, sus reservas de oro aumentaron a medida que aumentaban los hendidos, como llegaron a llamarse.

Una noche, en pleno invierno, un mensajero llegó a la puerta de Bonifer. El hombre vestía de negro y, aunque un paño ocultaba su rostro, Bonifer vio las motas rojas de pintura de roca sanguínea alrededor de sus ojos: un errante de los Infortunios, gente feroz que podía asesinarte con la misma presteza que ofrecerte vino. Bonifer aceptó el mensaje con cautela. Sabía que los animales que vendía iban por el camino de los Infortunios, pero nunca soñó que un errante aparecería en su puerta.

La nota estaba escrita con letra temblorosa y era difícil de leer, pero sabía que procedía directamente del extraño hombre del castillo Throg. Le agradecía su ayuda para adquirir los animales y le ofrecía una suma increíble por —¿qué?— un niño humano.

¡Un niño humano! Bonifer se estremeció. Una cosa era vender animales en secreto. Otra era secuestrar a un bebé para un fin imprevisto y miserable.

Bonifer le cerró la puerta en las narices al mensajero y se acobardó en sus aposentos. Aquella noche, tumbado en la cama, sus pensamientos volvían una y otra vez a la riqueza que podría ser suya. Pero por la mañana, se avergonzó de haber considerado siquiera la oferta.

Pronto, Madia dio a luz a una hija, Illia. Fue criada como una justa guerrera, para ser la guardiana del trono. Tenía tres años cuando se corrió la voz por los campos, valles y aldeas de Anniera de que la reina suprema esperaba otro hijo, el futuro rey o reina de la tierra.

Bonifer amaba a Illia, pues en su retorcida mente le gustaba imaginar que los hijos de Madia eran suyos. La alegría con la que Ortham criaba a su hija y amaba a Madia era veneno para Bonifer Squoon, y así se hizo querer por la joven Illia, como sabía que haría también con el segundo hijo de Madia cuando naciera.

Una noche, al final del embarazo de Madia, Ortham invitó a Bonifer, su viejo amigo, a un banquete en el castillo. Bonifer solía negarse, por lo doloroso que era ver al rey y a la reina juntos, pero el rey insistió. Bonifer llegó y descubrió que era objeto de una pícara artimaña. Una doncella de la aldea de Bernhold, a pocos kilómetros de distancia, se sentó a la mesa con un fino vestido y miró a Bonifer con timidez.

Después de una cena incómoda, durante la cual el enfado de Bonifer con Ortham se multiplicó diez veces, el rey le dijo en privado a Bonifer: «Viejo amigo, ¿te has enfriado al amor? La reina y yo te deseamos felicidad».

Con gran esfuerzo, Bonifer contuvo el torrente de comentarios amargos y mordaces que podría haber hecho, pues estaba convencido de que su única esperanza de felicidad era que Ortham muriera y Madia aceptara su amor. «Soy más feliz, mi rey, al servicio de Illia, Madia y usted, y moriría solo antes de dividir esa lealtad con una mujer por la que no siento afecto».

Tan cerca estuvo de perder el control de su lengua, expresando su odio hacia Ortham y quedando así censurado de la presencia de Madia, que Bonifer salió corriendo, y Ortham quedó muy disgustado.

—Tomado de *La Annieríada*

55

Oskar sugiere una canción

Cuando la primavera llegó a los Valles Verdes y las flores blancas brillaban en los árboles, el suelo de Ban Rona estaba teñido de sangre.

Durante días, los vallerinos habían luchado contra los Colmillos: Colmillos Murciélago que se abalanzaban desde los acantilados más allá del Aguacalle, Colmillos Grises que se colaban en la ciudad al amparo de la noche. Rudric informó que se habían avistado barcos en la distancia, una armada de las fuerzas de Gnag reunida en el horizonte, acercándose cada vez más, y fue a estos barcos a los que los Colmillos se retiraron después de que cada asalto fuera contenido.

Por la noche, los guerreros vallerinos dormían por turnos mientras el aire sobre ellos chillaba con Colmillos Murciélago que caían en picada. Las bestias eran nocturnas, por lo que aumentaban sus ataques al anochecer y decaían al amanecer. Los vallerinos sufrían durante las noches y esperaban la mañana como única esperanza de descanso.

Pero en cuanto se hacía de día, había trabajo que hacer: había que abordar los muertos y heridos, inventariar los suministros, discutir estrategias y reparar fortalezas. Era una guerra diferente a todas las anteriores, y Rudric y sus comandantes luchaban por adaptarse.

Leeli se desplomó sobre una cama en una de las salas de estudio de la Gran Biblioteca. La habían colocado allí después de que Nia decidiera que había llegado el momento de abandonar la Colina de la Chimenea. Las casas periféricas de Ban Rona habían sido peligrosamente vulnerables, sin importar cuántas brigadas montaran guardia. Incluso con perros y durganos patrullando las colinas alrededor de la ciudad, la posibilidad de que los Colmillos los separaran de Ban Rona había sido una preocupación siempre presente.

Tres días antes, Nia, Oskar, Podo, Freva, Bonnie y Leeli habían cargado sus pertenencias más preciadas y necesarias en el carro y se habían despedido de su hogar. Habían llegado a la Gran Biblioteca en medio de una multitud de sabuesos que los escoltaban hasta un lugar seguro.

Ahora, tumbada en su dormitorio improvisado, rodeada de estanterías de libros viejos, Leeli oía ladrar afuera a su ejército de perros.

Se lamió los labios doloridos y tomó un tarrito que había en una estantería junto a la cama. Nia lo había adquirido en la botica e insistía en que Leeli se lo aplicara tan a menudo como pudiera. Ayudaba con el dolor, pero olía como la pata de un burro. Leeli contuvo la respiración mientras destapaba el tarro, luego metió el dedo y sacó un poco de sustancia viscosa y amarillenta. Le había preguntado a Nia de qué estaba hecho, pero la respuesta había sido: «No quieres saberlo».

Cuando Leeli se untó los labios con el ungüento, el hedor le llegó a la nariz y le provocó arcadas.

Entonces, alguien llamó a la puerta.

—¡Hola, Leeli! —dijo Oskar al asomarse, arrugando la nariz por el olor—. Estuviste espléndida anoche —Oskar se sentó en el borde de su cama, lo que hizo crujir las tablas y cabecear el colchón como un barco con viento fuerte. Leeli tuvo que fingir que no estaba por caerse al suelo—. Los guerreros están cansados. Estamos todos cansados. Pero cuando tocas —Oskar cerró los ojos y sonrió—, parecen recordar toda la belleza del mundo y luchan con más fuerza. Y nos da mucho placer ver el daño que les hace a los Colmillos —ladeó la cabeza y la miró a través de las gafas—. Pero necesitas más canciones, querida.

—Lo sé —dijo Leeli con un suspiro—. ¿Trajiste más?

Oskar sacó un pequeño libro de su mochila y se ajustó las gafas.

—Se llama *El cerdito del primo Joe Bob y otras canciones igualmente deleitosas* —hojeó las primeras páginas—. Por desgracia, no hay nombre del autor, así que no podré citarlo correctamente —volvió a dirigir sus ojos centelleantes a Leeli—. Pero las canciones son vallerinas y annieranas, y reconozco muy pocos títulos.

—Eso es bueno —Leeli se levantó y sacó su arpa silbante—. Necesitamos municiones.

—Sí, muchacha. Claro que sí —dijo Oskar con una sonrisa triste—. ¿Te ayudo o te dejo tranquila con eso?

—Estaré bien. Creo que puedo seguirlo.

Leeli volvió su atención al libro, con la intención de memorizar al menos algunas de las melodías antes de quedarse dormida. Si los Colmillos atacaban antes del anochecer, y probablemente lo harían, sería mejor que tuviera una canción nueva, por su propia cordura y por su poder contra los Colmillos.

Oskar, sin embargo, se quedó en la puerta, mirando el suelo.

—¿Qué ocurre? —preguntó Leeli.

—Su alteza —le dijo— *hay* una canción que todavía no has tocado.

Leeli desvió la mirada.

—Y ya sabes que cuanto más viejas son las canciones, más parecen odiarlas los Colmillos.

¿Acaso no he hecho suficiente?, se preguntó Leeli. Tenía ampollas en los labios, estaba agotada y se había puesto en peligro en el tejado todas las noches, pero Oskar quería más. Todos querían más.

—Y esta canción, alteza, es *muy* antigua. Y la sabes de memoria.

—No.

Oskar seguía mirando al suelo, con una mano en el pomo de la puerta y la otra rascándose nerviosamente la barriga. Suspiró.

—¿Puedo preguntar por qué?

—Porque no confío en ellos. Especialmente en Yurgen.

—Pero los dragones una vez ayudaron a Anniera. Podrían volver a hacerlo si tú...

—Necesito practicar. Por favor, quiero estar sola —Leeli odiaba dirigirse así a su viejo amigo, pero su corazón estaba hirviendo de emoción y no sabía dónde dirigirla—. Lo siento, señor Reteep, pero estoy muy cansada.

Oskar asintió y cerró la puerta.

Leeli se llevó el arpa silbante a los labios, pero no sopló. Simulaba pulsar cuerdas con una mano y tocar el silbato con la otra, imaginando la melodía sin tocarla. Así era como siempre había practicado en el dormitorio de la cabaña Igiby cuando no quería molestar a los chicos. Sin embargo, solo de pensar en la canción, la ardiente emoción de su pecho dejó de ser ira para convertirse en lo que realmente era desde el principio, desde el momento en que Oskar la había mencionado: miedo. Le temblaban los dedos al pensar en «La melodía de Yurgen».

Recordó al gran y antiguo dragón saliendo atronador del mar helado, su enorme cabeza reluciente abalanzándose sobre la cubierta del *Enramere* como un demonio a la caza. Yurgen, el rey dragón, olfateando a Podo, queriendo matarlos a todos para vengar la muerte de sus jóvenes dragones. A Leeli se le partía el corazón al pensar en Podo, el hombre que tanto los había querido a ella y a su familia, temblando de vergüenza y terror ante el dragón. Incluso ahora, la visión del mar le producía tal dolor a Podo que apenas podía mirar hacia el oeste sin que una sombra le pasara por la cara.

No, Leeli no volvería a tocar esa melodía. No quería recordar aquel día en las Praderas de Hielo, ni a los dragones marinos, ni los muchos pecados de su abuelo contra ellos, y tocar «La melodía de Yurgen» traería esos recuerdos amargos como ninguna otra cosa.

Pero había algo peor, algo más inquietante que ese recuerdo.

Leeli sabía que había algo más fuerte que Colmillos rondando el Mar Oscuro de las Tinieblas. Los dragones marinos, al menos algunos, seguían allí en el puerto, vigilando y vigilando y vigilando el momento en que Podo Helmer se subiera a un barco. Ella había sentido la gran ira de Yurgen aquel día, y aunque el dragón le había concedido a Podo un último paso a través del mar, Leeli había vislumbrado en el alma antigua del dragón una oscuridad inquietante.

Oskar se había enterado por el Primer Libro de que había habido una alianza entre Anniera y los dragones, pero ella no deseaba restaurar esa alianza, no con Yurgen. Había maldad en él. No confiaba en el viejo dragón más de lo que confiaba en los Colmillos de Dang.

Esa era la verdadera razón por la que no quería tocar la melodía. Temía que hiciera más que enloquecer a los Colmillos y animar a los vallerinos.

Podría invocar al rey dragón, y si lo hacía, ocurriría algo terrible.

56

Una buena patada a la desesperación

Leeli se despertó al anochecer con el familiar sonido de la batalla.

—Cariño —dijo Nia.

—Me necesitan —murmuró Leeli con los ojos aún cerrados.

—Sí. Lamento despertarte, pero el sol se está poniendo.

Leeli se estiró y se incorporó. Suspiró, tomó su muleta y se impulsó para ponerse en pie. Sus labios se sentían mejor, pero sabían aún peor que su aliento. Tomó *El cerdito del primo Joe Bob* del estante junto a la cama, pero dejó el bálsamo labial.

—No olvides tu medicina —dijo Nia.

—Prefiero sangrar —murmuró Leeli.

—Pero tu gente prefiere sobrevivir —la voz de Nia seguía siendo tranquila, pero había adquirido un tono que Leeli conocía bien—. Eres la doncella musical, y te guste o no, tu música ha hecho más por ganar estas batallas que todas las espadas de la ciudad. Aplícate el bálsamo.

Cuando llegaron a la cuarta planta de la biblioteca, a la sala llamada Libros sobre raíces de árboles y robo de joyas, Leeli estaba despierta y hambrienta. Rudric y varios jefes y jefas vallerinos se levantaron cuando ella entró y esperaron a que se sentara antes de continuar su reunión. Podo entró en la habitación con una bandeja de potaje de frutos rojos y un bollo de espinela. La dejó en la mesa delante de Leeli y le dio un beso en la mejilla.

—Tal vez dos días —dijo Danniby—. Quizás menos.

—¿De dónde vienen todos estos malditos barcos? —dijo Clout, golpeando la mesa con el puño.

La señora Sidler, la bibliotecaria en jefe, asomó la cabeza por la esquina. —¿Puedo ayudarlos?

—¡Por quincuagésima vez, Sidler, no! —gritó uno de los hombres.

La señora Sidler se alejó, con aire profundamente ofendido, mientras se reanudaba el consejo.

—Disculpen. Llego tarde —dijo una de las jefas—. ¿Por qué no podemos abrir el Aguacalle el tiempo suficiente para sacar nuestros barcos?

Leeli mojó su bollo de espinela en el potaje. Le gustaba escuchar. También le caía bien la jefa que acababa de hablar. Algunos de ellos eran todo brusquedad y ninguna sonrisa, especialmente las mujeres que, ya fueran hermosas o tan rudas como sus maridos, podían ser tan desafiantes que de vez en cuando estallaban peleas entre ellas. Pero Hemmica la Peluda (como la llamaba Podo) era tan dulce como agria. Era inmensa —tan alta y voluminosa que se encorvaba sobre la mesa como un trol— y tenía la piel flácida y moteada de lunares donde no había bigotes. Pero sus ojos brillaban como velas, y cuando sonreía, sus arrugas sonreían con ella.

—Porque, Hemmica —dijo un jefe llamado Kayden Evergreen—, no podemos prescindir de los guerreros. Si enviamos una flota para detener a los barcos Colmillo, la ciudad se debilitará. Nuestras defensas se desmoronarán.

—Y no solo eso —añadió Rudric—, los Colmillos aún no han puesto su atención en los portales del Aguacalle. Están bien cerrados. Pero me temo que, en cuanto enviemos soldados a abrir la puerta, sufrirán un ataque feroz, y si perdemos las puertas, solo las recuperaremos a costa de muchas vidas.

—Pero tarde o temprano hay que abrir el pasaje —Hemmica se aclaró la garganta y se ajustó el hacha de combate que llevaba al hombro—. Tendremos que arriesgarnos a que entren para poder salir.

—Y una vez que estemos fuera, ¿entonces qué? —preguntó Nibbick.

—Luchamos contra los Colmillos —dijo Hemmica, como si fuera obvio.

—Oy —dijo Nibbick—, pero hay… ¿cuántos barcos dijiste, Rudric?

—Sesenta, por lo menos.

—¡Sesenta naves! —Nibbick se echó atrás y se llevó una mano a la frente—. Tenemos la mitad. ¡Y hace tanto tiempo que la mayoría de nuestros muchachos no navegan que apenas distinguen una cubierta de popa de un orinal!

Hemmica frunció el ceño y se rascó la barbilla verrugosa. Todos se quedaron sentados en silencio mientras Leeli terminaba su potaje.

—Así que incluso con nuestra flota de treinta naves —dijo Rudric—, no podemos hacer otra cosa que esperar a que llegue la nueva flota de Gnag.

Podríamos defendernos de los Colmillos Murciélago y los demás… mueren a cientos cada día. Pero la flota es otra cosa. Solo el Hacedor sabe qué bestias merodean por esas cubiertas o de dónde vienen.

—Si yo fuera ellos —dijo Hemmica—, lo primero que haría sería tomar las garitas y bajar la cadena del Aguacalle. Entonces los barcos podrían entrar, y Ban Rona sería saqueada como una bolsa de totatas.

—¡Bueno, por qué no se rinden ahora y se lo hacen más fácil! —Podo gruñó desde el rincón donde había estado tallando con rabia el hueso de su pierna.

—¿Qué propones, viejo? —dijo Nibbick Bunge.

—Cien cosas además de estar aquí sentado esperando a que llegue el final —dijo Podo. Se levantó de la silla y se dirigió a la mesa. Leeli se dio cuenta de que Hemmica le sonreía, sus ojos centelleaban como diamantes sobre ropa sucia—. Esto es igual que Barcos y Tiburones —gruñó—. Si no pueden enfrentarse con la flota en mar abierto, entonces amontonen todos los barcos de Ban Rona alrededor del Aguacalle. Átenlos juntos y echen todas las anclas. Así pueden bajar la cadena si quieren, pero seguirán sin pasar. De hecho, una vez que vean la aglomeración de naves, es probable que dejen en paz las garitas.

La cara de Nibbick pasó de estar contraída a estar pensativa.

—No es mala idea —musitó—. Pero seguimos en el mismo barco, por así decirlo. La única diferencia es que, una vez que tomen las garitas, quemarán nuestras naves.

—Pero nos da un poco más de tiempo. Algo es algo, ¿no? —preguntó Leeli.

—Oy, sí que es algo —dijo Rudric.

La conversación continuó y Podo se dejó caer en su silla y encendió su pipa. Leeli se excusó y se unió a él.

—A veces —susurró guiñando un ojo—, alguien necesita darle una buena patada a la desesperación. Siempre hay una salida, ¿eh, princesa?

—¡Arrr! —gruñó Leeli como un pirata.

—¿Sabes? —dijo Podo después de un momento—, he estado hablando con Oskar, y él cree…

—Cree que debería tocar «La melodía de Yurgen».

—Sí —dijo Podo en voz baja.

—Bueno, no lo haré.

Podo aspiró su pipa y se quedó pensativo.

—¿Y por qué no? Puede llegar un momento en que nos superen en número y esos dragones sean nuestra única esperanza. Lucharon por Anniera hace mucho tiempo.

—No confío en ellos. Y *ellos* no confían en ti.

—Sí, es cierto —Podo se rascó la poblada barbilla—. Pero no pretendo estar cerca del agua. Si decides llamarlos, claro.

—Pero, abuelo, aunque los llamara, aunque funcionara y tocara la canción y vinieran… ¿quién dice que nos ayudarían?

—¿Y quién dice que no lo harán? ¿Tú?

Leeli jugueteaba con el dobladillo de su vestido.

—No oíste su voz como yo —respondió la niña—. Hay algo oscuro en ese viejo dragón. Tiene que haber otra manera. Como Barcos y Tiburones, ¿verdad?

—Sí. A mí esos dragones me desagradan más que a ti —lanzó una bocanada de humo—. Esperemos no llegar a eso.

Leeli se relajó y se dio cuenta de que había estado apretando la mandíbula. Nunca llamaría a Yurgen. Por nada en el mundo. Lo único peor que enfrentarse al mismísimo Gnag el Sin Nombre sería volver a ver a esa vieja bestia desdichada.

Un guerrero vallerino entró en la habitación y llamó a Rudric. Era Ladnar, que había perdido un diente.

—Cuztodio, la bataza de la noche ha comenzado. Loz murziélagoz eztán al azecho, y una nueva oleada de Colmizos Grizez ze arraztra por loz acantiladoz. Nezezitamoz a la prinzeza.

Rudric contempló con sus ojos cansados a Leeli. Ella sonrió, aunque le dolían los labios al hacerlo. Sacó su arpa silbante de los pliegues de su abrigo como si fuera un caballero desenvainando una espada, y luego siguió a Ladnar fuera de la habitación.

57

Canciones que tocar, batallas que librar

Leeli subió los escalones que conducían al tejado de la biblioteca, flanqueada por una compañía de soldados, hombres y mujeres armados hasta la punta de los dedos y que miraban al aire con recelo. Leeli no podía ver mucho por encima de sus hombros, pero vio lo suficiente. Más allá del puerto y de los acantilados del Aguacalle, a contraluz del crepúsculo púrpura, una sombra se movía lentamente hacia ellos.

—Gracias por venir, alteza —dijo una de las mujeres. Su pelo rojizo estaba trenzado y colgaba sobre una armadura de cuero chapada en metal oxidado. Hizo una reverencia con la cabeza—. Sé que está cansada.

—Tú también estás cansada —dijo Leeli—. ¿Dónde están los O'Sally?

—Justo detrás de ti —respondió Thorn, que se situó en la compañía con un perro a cada lado.

Leeli se volvió y, sin querer, una sonrisa se dibujó en su rostro.

—Ay —dijo, tocándose los labios. Le daba vergüenza alegrarse tanto de ver a su amigo. No quería que él pensara que le gustaba. O quizás sí. De repente, sus mejillas se sonrosaron como el cielo de la mañana. Respiró hondo y se enderezó, como haría Nia, y luego dijo lo más seriamente que pudo:

—Me alegro de verte. ¿Cuál es el plan?

—Iba a preguntarte lo mismo —Thorn arrancó una tira de carne de cerdo seca, la masticó unos segundos y luego escupió—. Los perros están agotados, pero harán lo que les pidas.

—¿Cuántos perdimos ayer?

—Cuarenta y tres —Thorn sacudió la cabeza—. Es difícil saber cuántos quedan. Algunos cientos, tal vez. Estamos muy malamente.

—Muy mal.

—Oy. Como dije.

Era algo terrible enviar a los perros a la batalla. A Leeli le pesaba cada vez que daba la orden, sabiendo que muchos de ellos no volverían. Pero estaban tan ansiosos por luchar como cualquiera de los vallerinos, y en su forma sencilla, parecían entender lo que estaba en juego.

Muchos de los miembros del ejército de la sabuesería pasaban cada hora de vigilia recorriendo y olfateando la ciudad en busca de flechas gastadas, devolviéndolas a la improvisada flechería de la Posada del Huerto. Otra compañía de perros enviaba mensajes desde la imprenta Green Hill, en la calle Cherry, a distintos puntos de la ciudad. Dado que el enemigo no se reunía en una línea clara en campo abierto, sino que venía desde arriba y podía soltar Colmillos Grises en distintas partes de la ciudad, la comunicación era crucial.

Días antes, Leeli había planeado preguntarle a Rudric qué podían hacer los perros para ayudar, aparte de acompañar a los guerreros en la batalla. Él acababa de entrar en la sala de guerra de la Gran Biblioteca, recién salido de una batalla. Estaba sudoroso, sucio y agotado mientras respondía a preguntas de todo el mundo a la vez. Leeli sabía que había mil cosas más importantes que reclamaban su atención, así que se quedó cerca de la pared y escuchó.

—Necesitamos soldados al sur del Aguacalle. Los lobos se acercan por los acantilados —jadeó uno de los hombres. Rudric le dio sus nuevas órdenes justo cuando alguien irrumpió en la sala pidiendo más flechas para la Sala de Cofradías. Rudric daba otra orden y otra, y Leeli se dio cuenta de que los hombres que había despachado estaban agotados. Fue entonces cuando se le ocurrió la idea de los perros mensajeros.

Los perros eran más rápidos, más ágiles, estaban más cerca del suelo y, por tanto, eran más difíciles de detectar. Se acercó cojeando a uno de los hombres y le pidió que anotara el mensaje y fuera a buscar agua y a descansar. Ella se encargaría de hacer llegar el mensaje. Habría sido mejor que Rudric lo hubiera aprobado, pero Leeli tenía razón al creer que, cuantas menos cosas tuviera que abordar Rudric, mejor líder sería.

Le había pedido a Thorn O'Sally que llamara a Leaper. Habló con Leaper en canidio y le dijo que le trajera cualquier respuesta, le ató la nota al cuello y lo envió a la noche. Solo unos minutos después, el perro regresó ileso, habiendo entregado el mensaje y traído una respuesta.

Rudric ni lo notó, hasta que al día siguiente se dio cuenta de que la mayor parte de la correspondencia de la batalla la llevaba el valiente Leaper, ayudado por el don de la comunicación de Leeli. Le guiñó un ojo a Leeli y le dedicó una sonrisa. Esa era la aprobación que había estado esperando la niña.

En los pocos ratos libres en que no se necesitaba a Leeli con su arpa silbante en los tejados, ella y Thorn habían reunido a un grupo de los perros más listos: Leaper, Flag, Baxter (que ya se había recuperado lo suficiente como para ayudar), y el pequeño y peleador Frankle entre ellos. Leeli se arrodilló ante ellos en la Taberna de Gully y les transmitió el plan en canidio. Era difícil, incluso para Leeli, comunicárselo todo a los perros en tan poco tiempo, pero toda la manada se había sentado en posición de firmes y clavado los ojos en la doncella musical como si comprendieran cada palabra, y Leaper rellenaba los espacios en blanco por ella con quejidos y pequeños ladridos.

Thorn y Biggin sujetaron tubos a los collares de los perros con el fin de llevar órdenes escritas. Leeli les enseñó a Thorn y Biggin a decirles a los perros los nombres y cargos de cada uno de los comandantes, y los perros debían encontrarlos en las distintas secciones de la ciudad cada vez que se les enviaba un mensaje urgente.

Había funcionado de maravilla, pero al segundo día, Leeli se dio cuenta de que la mitad de sus perros mensajeros estaban muertos o heridos. Eso no solo significaba que su alma estaba apesadumbrada, sino que tenía que adiestrar a más perros cada día, incluso mientras lloraba a los que habían caído.

A instancias de Leeli, el resto del ejército de la sabuesería fue a la batalla junto a los vallerinos. Luchaban con una voluntad y un propósito que ninguno de los guerreros vallerinos había visto jamás. Los perros saltaban de los muros de piedra para engancharse a las piernas de Colmillos Murciélago; rodeaban a Colmillos Grises y los atacaban o los retenían hasta que llegaban los guerreros vallerinos.

No se tomaban prisioneros, no porque los vallerinos fueran implacables, sino porque los Colmillos nunca dejaban de luchar. Cada mañana, una película de polvo marrón y gris cubría la ciudad. Y mientras los guerreros vendaban sus heridas y descansaban, la conversación en Ban Rona siempre derivaba hacia el valor del ejército de la sabuesería y lo indispensables que eran los perros para la lucha nocturna.

En el pasado, aunque los perros siempre habían ocupado un lugar central en la cultura y la comunidad de los Valles Verdes, los perros habían sido adiestrados para luchar con sus amos, y sus amos enseñaban a sus perros las habilidades individuales que consideraban oportunas. Eso significaba que un perro no necesariamente entendería la orden del amo de otro perro. No solo eso, sino que a menudo había peleas entre perros, cuando cada uno buscaba el dominio o el establecimiento de un territorio.

Pero Leeli lo había cambiado todo aquella noche de luna en la Colina de la Chimenea. Todos y cada uno de los perros habían levantado la cabeza y aullado su lealtad a la doncella musical, y desde ese momento, para vergüenza de Leeli, muchos de los perros habían empezado a ignorar por completo a sus amos. Ante la batalla, habían transferido su lealtad a la niña del pie tullido, aquella cuya música cantaba en su sangre, aquella que hablaba su propia lengua.

Al principio, se habían congregado en el césped de la Colina de la Chimenea y se resistían a marcharse si Leeli estaba allí. Cuando iba a la ciudad, los perros la seguían en un desfile. Pero ella les había hablado en canidio afuera de la Gran Biblioteca y los había animado a reunirse con sus amos, que sin duda los necesitaban. Los perros se dispersaron, no sin antes acercarse a Leeli y tocarle con el hocico la mano abierta. Fue un alivio porque escuchaba murmullos airados de vallerinos cuyos perros se habían vuelto raros de repente y solo hacían caso de vez en cuando.

Entonces, empezó a recibir noticias de Biggin o de los hombres de Rudric de que tal o cual línea del frente estaba siendo duramente atacada y no había guerreros disponibles en la reserva. Así que Leeli silbó un llamado a los perros de toda la ciudad y envió jauría tras jauría al frente de batalla. Biggin y Thorn O'Sally eran los que mejor hablaban canidio en los Valles, pero no podrían haber hecho tanto. Y así, la pobre Leeli no solo era necesaria en los tejados para tocar su música y confundir a los Colmillos Murciélago; sino que también la necesitaban toda la noche una y otra vez para dar órdenes a los perros.

Todos los que veían a Leeli Wingfeather la miraban con asombro y susurraban entre ellos con temor reverente, porque nunca se quejaba, nunca flaqueaba y nunca mostraba ningún signo de miedo. Tocaba una canción tras otra, haciendo retroceder al enemigo con toda la pasión de su alma, y luego se arrodillaba y acariciaba las cabezas heridas de sus leales perros mientras les susurraba y chasqueaba palabras de ánimo y órdenes.

Cuando los perros se marchaban, bebía o comía lo suficiente como para mantenerse, y luego se subía al tejado, se metía la muleta bajo el brazo y lanzaba su canción al cielo lleno de alas de murciélago como una salva de flechas. Sus guardias, que cambiaban a lo largo del día, luchaban no solo por Ban Rona o incluso por sus propias vidas: luchaban por la doncella musical de Anniera, que vaciaba sus fuerzas cada noche como una nube se vacía de lluvia.

Frankle nunca se separaba de ella. Leeli le había ordenado alejarse una y otra vez, le había metido mensajes en el tubo del cuello y le había señalado adónde ir, pero el pequeño travieso desobedecía alegremente cada una de sus palabras. Irritada, se dio por vencida y volvió a centrarse en su música. Pero, pronto, la firme presencia de Frankle se convirtió en un consuelo, un compañero tranquilo en el fragor de la batalla. Cada vez que Colmillos Murciélago caían en picada, ladraba y chasqueaba el aire, como si fuera tan grande como un abomachacador. Los guardias de Leeli también llegaron a valorar la presencia del perrito, y si se iba trotando a hacer sus necesidades o a comer, parecían inquietos hasta que volvía para dejar caer su cola meneante en el suelo a los pies de Leeli.

Ahora, Frankle estaba revolcándose por el suelo y saltando sobre la muleta de Leeli, chasqueándola juguetonamente con sus afilados dientes de cachorro. Thorn le lanzó un trozo de carne de cerdo.

—Creo que es lo mismo que ayer. Pá me dijo que había una brecha en la barricada sobre el camino del manzano y que probablemente no lleguen a repararla antes de que caiga la ola nocturna. Prepárate para enviar una jauría o dos en esa dirección, a primera hora. He hecho todo lo posible por enseñar a los sustitutos sobre los puestos de mensajería, pero no estoy seguro de que todos lo hayan entendido. Si se vuelve confuso, puede que tenga que traértelos.

— No hay problema. Tan solo no los traigas hasta que haya una pausa en la batalla. Las cosas se pondrán feas si tengo que dejar de tocar en pleno ataque.

—Oy. ¿Quieres un poco de cerdo?

Leeli arrugó la nariz.

—No, gracias. Acabo de comer.

Thorn se encogió de hombros mientras daba otro bocado y lo masticaba, mirando hacia los tejados.

—Me gustas, Leeli. Pá dice que, si salimos de esta, deberíamos casarnos. Creo que sería bien bueno.

Leeli no sabía qué pensar, decir o hacer. Ni siquiera estaba segura de que hubiera dicho lo que ella creía que había dicho. Thorn masticó su tira de cerdo, se inclinó y rascó a Frankle detrás de las orejas. Algunos de los guerreros intentaron ocultar sonrisas, lo que hizo que las mejillas de Leeli pasaran de rojas a blanco pálido. Agarró su muleta porque sintió una oleada de vértigo. Una embestida de Colmillos Murciélago habría sido preferible a la extraña, deliciosa y aterradora sensación que crepitaba por toda su piel.

—¡Frankle es bonito! —espetó.

—Bueno —dijo Thorn—, te veré más tarde —se alejó muy tranquilo, al parecer sin darse cuenta de que Leeli jadeaba y de que la mayoría de los soldados sonreían tras él.

—Vamos, Frankle —dijo Leeli sacudiendo la cabeza, y se subió a una robusta mesa que habían puesto allí solo para ella.

Contempló Ban Rona, las ventanas rotas, los edificios humeantes, las murallas de escombros y cascotes. Por toda la ciudad, se encendían antorchas. La nube de Colmillos Murciélago estaba a solo unos minutos. Un aullido resonó por los tejados desde algún lugar del sur, y fue respondido por otro en el norte. Los vallerinos gritaron desafiantes. La ciudad se preparaba para otra larga noche, otra batalla, y Leeli rogó al Hacedor que le diera fuerzas para tocar su canción mientras pudiera respirar. Ansiaba ver el amanecer, ver a esa gente valiente hacer retroceder de nuevo a la maldad y, en algún lugar profundo de su corazón, anhelaba el día en que tuviera edad suficiente para casarse. Pero primero, pensó, tendría que enseñarle algo de gramática a Thorn.

—Aquí vienen —dijo la mujer de la trenza.

Un Colmillo Murciélago chilló en las alturas y un Colmillo Gris gruñó y cayó sobre el tejado. Los guardias de Leeli blandieron espadas, martillos y hachas, y una amarga nube de polvo se arremolinó en el aire. Leeli rasgueó su arpa silbante y luego tocó una melodía que acababa de aprender del nuevo libro de Oskar: «Trae al pony, Tony». Era una melodía emocionante, e inmediatamente se imaginó vestida de blanco, bailando en su boda. Le produjo tal emoción que, antes de darse cuenta, la magia hizo brillar el aire y vio a Janner y Kalmar arrastrándose por una húmeda oscuridad. La conexión duró solo un instante, pero fue suficiente para decirles que los amaba antes de que un remolino de murciélagos cortara su concentración y se olvidara por completo de las bodas.

Había canciones que tocar y batallas que librar.

—Vuelvan a casa —susurró entre versos—. Por favor, vuelvan a casa, hermanos.

58

La guerra de Leeli

La batalla duró toda la noche. A Leeli le sangraban los labios, y soportó el bálsamo maloliente. Los Colmillos sabían que ella era su único verdadero obstáculo, pero era fácil ver que tampoco tenían permitido matarla. Cada vez que un grupo de Colmillos Murciélago se abalanzaba sobre ella para apresarla, tocaba más fuerte y sus guardias se acercaban. Y como el canto de su arpa silbante llegaba lejos, sus efectos se dejaban sentir por toda la ciudad.

Sin embargo, varias veces por la noche, sus perros le avisaban que se estaba produciendo un nuevo ataque en otra parte de la ciudad y era necesario llevarla allí en secreto. Los guardias se quedaban, y una de las mujeres más pequeñas, ataviada con un vestido y un abrigo similares a los de Leeli, permanecía de pie sobre la mesa mientras Leeli se escabullía. Se apresuraba escoltada hasta una carreta, que recorría a toda velocidad las calles hasta el lugar donde la necesitaban. Leeli tocaba, los refuerzos aporreaban al enemigo, y así se defendía la línea. Luego, tan rápido como un aplauso, era escoltada de vuelta a la Gran Biblioteca para volver a su puesto en el centro de la ciudad.

Esto siempre confundía a los Colmillos, confirmando la sospecha de los vallerinos de que, aunque el ejército de Gnag era fuerte en número, estaba desorganizado y era fácil de engañar. «Pero —le había recordado Podo a Leeli—, un enjambre de abejas puede tumbar a una vaca colmillo». Y suficientes Colmillos, por muy tontos que fueran, podían tumbar a Ban Rona.

Leeli tocó durante largas horas, improvisando cuando había agotado todas las canciones que conocía. Uno de sus guardias le abrió el nuevo libro para que pudiera seguir las notas de las nuevas canciones. Algún buen efecto tenían, pero solo cuando Leeli había interiorizado una pieza musical veía el mayor efecto sobre los Colmillos.

Nia permaneció en la periferia de la azotea, vigilando a su hija y rogando por su fortaleza. Parecía saber exactamente qué necesitaba Leeli y cuándo, llegando con una cantimplora de agua fresca justo cuando Leeli se daba cuenta de que tenía sed, o aplicándole más bálsamo, o escabulléndose entre los guardias para traerle palabras maternales de ánimo.

Leeli apenas podía mantenerse en pie cuando los primeros rayos del alba iluminaron las colinas del este. Los Colmillos se retiraron al amanecer, y mientras los cansados soldados cambiaban de turno, Podo apareció y subió a Leeli a su espalda. Nia tomó su muleta y caminaron hasta su habitación.

¿Hasta cuándo podía sostener semejante esfuerzo? ¿Lucharían todas las noches hasta que los Colmillos estuvieran todos muertos? No. La nueva flota de barcos estaba llegando, y Leeli sabía que con ella llegaría el final de la guerra.

Leeli se tumbó en la cama con los ojos cerrados. Nia se sentó a su lado y le limpió la cara con un paño húmedo y fresco. Mientras tanto, tarareaba una canción de cuna vallerina. Era dulce que Nia le cantara, pero Leeli no necesitaba ningún estímulo para conciliar el sueño. Justo cuando cerraba los ojos, Leeli sintió con placer cómo Frankle saltaba a su cama y se acurrucaba a sus pies.

—¿Cómo está? —dijo Rudric desde la puerta.

—Se está agotando —dijo Nia—. ¿Y tú?

—Igual —hubo un largo silencio—. Han tomado la Sala de Cofradías. Un grupo de correcumbres se coló entre las defensas y distrajo a nuestros combatientes lo suficiente para que los Colmillos pudieran entrar. Perdimos… demasiados. —Rudric suspiró—. Pero eso no es todo. La nieve casi ha desaparecido. Los días se vuelven cálidos. Alguien vio una compañía de Colmillos Verdes cerca del Aguacalle justo cuando salía el sol.

—Colmillos Verdes.

—Sí.

—Lo que significa que vendrán legiones —la voz de Nia se estremeció—. Esto terminará pronto, ¿no?

—De una forma o de otra.

De algún modo, Leeli supo que Nia y Rudric se estaban mirando. Se arriesgó a abrir los ojos y los vio mirándose fijamente a los ojos. Parecía que Rudric iba a hablar, y parecía que Nia quería que lo hiciera. Pero una nube de terrible tristeza pasó entre ellos, y él se volvió. Nia se quedó mirando largamente la puerta vacía, escuchando los pasos de Rudric que se alejaban.

Leeli volvió a cerrar los ojos y se quedó quieta mientras Nia ordenaba la habitación, corría las improvisadas cortinas y cerraba la puerta en silencio tras de sí.

Cansada como estaba, Leeli se incorporó. Acarició a Frankle, que la observaba alegremente mientras se llevaba con cuidado el arpa silbante a los labios. Tenía el corazón lleno de tristeza, y necesitaba un lugar donde vaciarlo. Volvió a cerrar los ojos y dio voz a todos sus sentimientos: todas sus esperanzas frustradas de que Nia encontrara la felicidad con Rudric, toda su alegría por haber conocido a su padre aquella noche en el barco, todo el dolor por su muerte, todo el anhelo por el regreso de sus hermanos, todas sus ansias por el fin de la guerra.

Sabía que había una presencia oscura en la magia de su música, pero hoy no le importaba. Necesitaba tocar; necesitaba el consuelo del amor de sus hermanos. Y en el silencio de su habitación, volvió a verlos en la oscuridad, solo que ahora estaban separados. Janner estaba asustado con un nuevo tipo de miedo, y Kal estaba cerca de la desesperación. Había en él una negrura que ella no comprendía.

Kal.

Sabía que la había escuchado. Janner también la oyó.

Seguimos estando aquí. Seguimos luchando. Ustedes también tienen que seguir peleando.

No le respondieron con palabras, sino con un remolino de emociones y recuerdos. Los corazones de las joyas se entrelazaron invisiblemente durante un rato, y entonces, en lugar de aferrarse a la conexión, Leeli les deseó viaje seguro en el idioma de su corazón y terminó la melodía.

Una oleada de cansancio la envolvió y se desplomó sobre la almohada. Pero antes de que el sueño se apoderara de ella, una voz agitó su mente y la sacudió de tal manera que casi se cae de la cama.

TE VEO. TE ATRAPARÉ, MUCHACHA.

—¡Mamá! —gritó Leeli, y Nia irrumpió en la habitación.

—¿Qué ocurre?

—Era… era *él.*

—¿Quién? —Nia abrazó con fuerza a Leeli—. ¿Tuviste una pesadilla?

—No —sollozó Leeli—. Era Gnag. Sabe que los chicos se dirigen ahí. ¡Dijo que podía vernos!

—Shh —susurró Nia—. Solo fue una pesadilla.

La voz de Nia era tan tranquilizadora después de las horribles palabras de Gnag que Leeli le creyó a medias.

—No, vi a los chicos. Están en problemas. Están en las Profundidades. Cuando dejé de tocar, oí la voz de él… ¡y lo sabe! ¡Tenemos que hacer algo!

Leeli sollozó en el hombro de Nia, tan conmocionada que se quedó sin palabras. Quería levantarse para despertar a los vallerinos, pero tenía los ojos llenos de lágrimas y cansancio.

Frankle gimoteó y acarició la pierna de Leeli. Solo tenía nueve años, y su pobre cuerpecito estaba sin fuerzas. El abrazo de Nia, la cama tibia y sus lágrimas vencieron la urgencia de su miedo y el mundo se desdibujó. El sueño se la llevó contra su voluntad con la misma seguridad con la que Gnag había prometido llevársela, y no pudo hacer nada para impedirlo.

59

Tragados por las Profundidades

Cuando los chicos se despertaron en el Bosque Negro, Oood había desaparecido... literalmente.

Janner y Kal se quedaron sentados en el bosque, temblando y solos. No había rastro del cuerpo del trol. La sangre manchaba las hojas donde había yacido la noche anterior, y brotes verdes y brillantes brotaban donde había estado su cabeza. Los chicos lo llamaron, con la esperanza de que estuviera vivo y solo hubiera ido a recoger comida o leña.

—¿Puedes olerlo? —preguntó Janner.

—Nada fresco. Todo huele a viejo, pero no a *muerto*. Como a un viejo antiguo. Y vivo. Es difícil de explicar. Huelo la sangre de Oood y su hedor habitual, pero solo aquí donde yacía. Es muy raro.

—¿Qué hacemos? —preguntó Janner, estudiando el bosque.

—Seguimos avanzando.

—¿Queda un poco de agua? —Janner estaba dolorosamente sediento, y también tenía hambre.

—Anoche se la di toda a Oood —Kalmar agitó la cantimplora vacía—. Puedo volver al manantial, pero está a unos kilómetros en esa dirección —señaló hacia el norte—. En la dirección equivocada.

Los chicos se volvieron hacia el sur y miraron en silencio la ladera que tenían debajo. Ya no necesitaban un guía que les mostrara el camino hacia las Profundidades de Throg. La parte más profunda del valle bajo ellos parecía respirar, como si su camino condujera a la guarida de un dragón en una de las historias que a Janner le encantaban.

Kalmar dijo:

—Huelo más agua ahí abajo.

Con una última mirada al suelo donde había muerto Oood, Janner y Kalmar bajaron, deseando a cada paso poder dar media vuelta y huir a casa. Los árboles se espesaban, el terreno se empinaba y pronto se encontraron saltando de piedra en piedra, agarrados a viejas raíces y ramas bajas para mantener el equilibrio.

Al cabo de un rato, Janner oyó agua que goteaba. Siguieron el sonido hasta un hilito que corría hacia el barranco entre dos rocas como la sangre de una herida. Llenaron sus cantimploras, se las bebieron todas y volvieron a llenarlas.

Tras horas de bajar y bajar, a más profundidad de la que Janner creía posible, llegaron al fondo. Se encontraban en un húmedo pasillo de tierra con paredes de raíces y piedras y un suelo de hojas empapadas. La débil luz del sol se filtraba entre los árboles.

Una vez más, no tuvieron que preguntarse qué camino tomar. Eran atraídos a las Profundidades como el goteo del agua entre las piedras. Pasaron por encima de los restos podridos de los árboles, aplastando insectos mientras avanzaban durante horas sin hablar. Janner pensó en Esben y Artham todos aquellos años atrás, arrastrándose por este mismo camino en dirección opuesta, de la oscuridad a la luz.

Entonces, vio una caja torácica enmohecida medio cubierta de hojas viejas. Kalmar señaló más adelante el esqueleto de una bestia de muchas patas, intacto salvo por la falta del cráneo. Cuanto más caminaban, más huesos veían, hasta que fue imposible evitar pisarlos. Janner se alegró de que hubieran llenado sus cantimploras en el último hilillo, porque ahora la única agua estaba estancada, recogida en pequeños charcos sembrados de pequeños huesos blancos y lodo verde.

Los chicos rodearon un montón de rocas caídas y vieron la boca de la cueva. Encima se alzaba una losa plana de roca, como una enorme lápida, tan alta que desaparecía entre los árboles. Debajo, se abría la boca negra de una caverna que se tragaba el agua que caía en ella. Al principio, no vieron ningún camino hacia abajo, pero Kalmar detectó un sendero que conducía de un lado a otro sobre rocas y esquisto y raíces resbaladizas, hacia las Profundidades de Throg.

—Comamos —dijo Kal. Se sentó con las piernas colgando del borde y abrió su mochila. Janner agradeció, esta vez, el apetito de Kal, porque los retrasó al menos unos minutos. Se sentó junto a su hermano y comió unos trozos de pan y una tira de topoespín seco.

—Supongo que tenemos que bajar para poder subir —dijo Janner, mientras tapaba su cantimplora y se echaba la mochila al hombro—. No sé a ti, pero a mí todo esto me parece una mala idea.

—La peor —respondió Kalmar con una sonrisa—. ¿Estás listo?

Invocaron la ayuda del Hacedor y saltaron a la primera saliente. Janner fingió que no le temblaban las piernas. Se obligó a seguir adelante, recordándose a sí mismo que era el guardián del trono, que era mayor que Kal, que no había nada que hacer salvo seguir adelante. Kalmar avanzaba a saltos rápidos por el sendero, deteniéndose cada pocos minutos para esperar a Janner. La luz se desvanecía, pero los ojos de Janner se adaptaron lo suficiente de manera que, cuando llegaron al fondo, aún podía ver un poco, aunque no había mucho para ver aparte de rocas caídas, huesos y telarañas.

Miró hacia arriba por donde habían venido y se asombró de lo acogedor que parecía ahora el Bosque Negro. Estaba verde con hojas nuevas, y la luz del sol que antes parecía tan tenue ahora se veía tan brillante como un día de verano. Cuando apartó la mirada hacia el camino que descendía a las Profundidades, solo vio oscuridad.

—Necesitamos una antorcha —dijo, avergonzado por lo débil que sonaba—. Tengo algunas tiras, y podemos usar uno de estos huesos.

—Yo veo bien— dijo Kal.

—Bien por ti. Yo no veo nada.

—¿Cuánto aceite tienes?

—Solo un frasco.

—Quédate con el hueso. Deberíamos guardar el aceite para cuando esté demasiado oscuro para que yo vea.

—No me gusta esto.

—Te ayudaré.

Janner sintió la mano de Kal sobre su hombro. Se tragó su orgullo y tomó la pata peluda de su hermano.

—Tan solo no me arrojes por un precipicio, ¿de acuerdo?

Tomados de la mano, los Wingfeather se adentraron en la cueva, mientras la luz se desvanecía como el aliento de Oood la noche anterior. Al principio, Kalmar tuvo que ayudar a Janner a sortear grandes piedras y cruzar grietas lo bastante anchas como para caerse, pero al cabo de un rato, le aseguró que el suelo era liso y seguro.

—¿Qué ves?

—El techo es más bajo. Las paredes están más cerca. Ahora se parece más un túnel.

—¿Hay un solo camino por el cual ir?

—Eso creo. Y parece que volvemos a subir.

Ese fue un pequeño ánimo. Janner no quería adentrarse más, no si el Castillo Throg estaba en la cima de la montaña.

Kalmar los guio durante lo que pareció una eternidad antes de detenerse.

—No veo nada. Acabo de darme cuenta.

—¿Cómo que te acabas de dar cuenta?

—He estado oliendo mi camino, y es como si pudiera escuchar por dónde va el túnel. Acabo de cerrar los ojos y me he dado cuenta de que ahora todo está totalmente oscuro.

Saber que ninguno de los dos podía ver casi desquició a Janner. Había empezado a sentir que la montaña lo apretaba, aplastando la parte de su mente que conocía la luz y la forma hasta dejarlo ciego para siempre. Necesitaba encender la antorcha antes de volverse loco. Cuando soltó la mano de Kalmar, se dio cuenta de que llevaba un rato apretándola con fuerza. Pero sin nada a lo que agarrarse, perdió el sentido del lugar y sintió que se caía. Se tambaleó y se agarró contra la pared. Era fría y húmeda, como la pared del túnel bajo la mansión Anklejelly.

Janner se rio entre dientes.

—¿Qué pasa? ¿De qué te ríes?

—Estaba pensando en la mansión Anklejelly. El fantasma de Brimney Stupe. *Aaaaaaaaaaah* —Janner resopló entre risas—. ¡Estábamos tan asustados ese día!

—El fantasma hambriento de Brimney Stupe espera tus *huesos* para tragarlos —dijo Kalmar, y ahora también se reía—. ¿Recuerdas lo rápido que corrimos a casa?

—¡Gritabas como una niñita! —Janner resolló y se dobló. La risa era una agradable sensación, por muy descabellado que pareciera en su situación. Cuando se apoyó en la pared y se deslizó hasta el suelo, se enjugó los ojos y vio un millón de colores. Era una ilusión reconfortante—. Nunca tuve tanto miedo en mi vida. Y ahora estamos en las Profundidades de Throg, y ninguno de nosotros puede ver nada. Si apareciera el fantasma de Brimney Stupe, le daría un abrazo.

Era, tal vez, la primera vez que sonaba una carcajada en las Profundidades de Throg, y cuando pasó, los hermanos se sintieron más valientes por ello.

Descansaron un rato, ensimismados cada uno en sus pensamientos y agradecidos por la presencia del otro. Fue entonces cuando Janner escuchó la música. Al principio, solo fue un sonido insinuante, suficiente para que Janner contuviera la respiración y mandara callar a Kalmar. Se esforzó por oírlo de nuevo, y pronto el sonido se encadenó en una melodía tan tenue que incluso la respiración dificultaba escucharla.

—¿Oyes eso? —preguntó Janner.

—Sí —la respuesta de Kalmar fue lenta y suave. Y lobuna.

A Janner se le erizó la piel.

—¿Kal?

Al ver que no contestaba, Janner rebuscó a ciegas en su mochila hasta encontrar las cerillas. Se le cayeron porque le temblaban los dedos y tuvo que tantear el suelo de piedra hasta encontrarlas. Kalmar estaba gruñendo.

El corazón de Janner latía con fuerza cuando encendió la cerilla y vio lo que más temía: a su hermano, agazapado a solo unos metros, con los dientes enseñados, mirándolo fijamente con unos ojos tan amarillos que parecían brillar. La cerilla se apagó y la oscuridad cayó sobre Janner como una cortina.

Entonces, Kalmar se abalanzó.

60

El Colmillo ataca

—¡Kalmar, no! —gritó Janner.

Sintió las garras de Kal clavándose en sus antebrazos, oyó el chasquido de sus mandíbulas a escasos centímetros de su cara. Janner levantó los pies hacia el pecho de Kal y lo apartó de una patada. Oyó a su hermano chocar con la pared de la caverna, gruñir y saltar de nuevo. Janner se lanzó a un lado y oyó cómo Kal se estrellaba contra la piedra a sus espaldas.

Solo ahora comprendía Janner lo insensato que había sido infiltrarse en las Profundidades con Kalmar a su lado. Probablemente era el lugar más peligroso para él, tan cerca de donde se había producido la fusión.

—¡Kal! —gritó Janner, mientras se deslizaba por la pared—. Tu nombre es Kalmar, hijo de Esben, rey de la Isla Luminosa —las palabras llegaban tan rápido que parecían una incoherencia. Otro gruñido llegó como respuesta. Oyó a Kal levantarse del suelo.

Janner quería desenvainar la espada, pero no se atrevía. No podía lastimar a su hermano, aunque fuera un Colmillo. Sería mejor dejar que Kal lo matara. Entonces, oyó la voz de Artham en su mente: *¡Protege! ¡Protege! ¡Protege!* Pero ¿cómo? ¿Qué debía hacer? Si Janner luchaba, podía matar a su hermano. Si no luchaba, podía morir, y cuando Kalmar recobrara la conciencia, se daría cuenta de lo que había hecho. Eso sumiría a su hermano en una vergüenza aún más profunda que la de Artham.

—Kal, por favor. Por favor, regresa. Tu nombre es Kalmar, hijo de Esben…

Janner no pudo seguir. Se le quebró la voz y no podía hablar sin sollozar. Temía por su vida y por el alma de Kal, y no podía dejar de pensar en toda la gente que los amaba a ambos, gente que nunca sabría cuán profunda era la maldad de Gnag, cómo el guardián y el rey lobo habían muerto desgraciadamente en las Profundidades de Throg.

Janner agradeció no poder ver. Esos ojos amarillos eran demasiado horribles. Oyó cómo Kalmar se acercaba arrastrándose, y luego otro gruñido bajo.

—Por favor, Kal. Te amo.

El gruñido se convirtió en rugido, y la mano de Janner se dirigió a la empuñadura de su espada. La sacó hasta la mitad, luego la volvió a meter en la vaina y esperó el final. No se le ocurría nada más para hacer.

Un grito surgió del vientre de Janner y estalló de su boca mientras se preparaba para el dolor. Pero el gruñido de Kalmar se convirtió en un aullido lastimero que llenó el túnel. Cuando el aullido se desvaneció, Janner se dio cuenta de que la canción lejana también había cesado. Quizás el que cantaba los había oído.

Mientras Janner pensaba esto, oyó un quejido y el sonido de Kalmar adentrándose solo en el túnel. Janner había estado conteniendo la respiración, y la dejó escapar en breves jadeos, agarrándose el pecho y parpadeando para evitar las lágrimas. Estaba seguro de haber llegado al final. Pero no estaba muerto.

No. Esto podía ser algo peor.

Ahora estaba solo en la oscuridad.

61

Solo en las Profundidades de Throg

Solo.

Solo en las Profundidades de Throg.

Janner sentía el peso de la montaña, kilómetros de piedra que llegaban hasta el frío techo del mundo, toda ella presionando sobre el túnel donde estaba sentado en la húmeda oscuridad.

Llamó a Kalmar, pero el eco solo se burló de él, su propia voz solitaria tan aterradora como cualquier otra cosa que pudiera haber oído. Estaba de nuevo en el sótano de la mansión Anklejelly, o en las madrigueras de los varados bajo Dugtown, o peor, en el ataúd de la Fábrica Tenedor. ¿Por qué su camino siempre conducía a la oscuridad?

Por favor, no me dejes morir aquí. Por favor, permite que encuentre la salida.

Janner abrió los ojos, con la leve esperanza de que fuera así de sencillo; tal vez habría alguna luz, algún mensajero mágico que lo guiara de vuelta a la superficie. Pero no había nada. Tenía sus cerillas, junto con la antorcha de hueso y el frasco de aceite, pero del mismo modo que su voz solo lo hacía sentirse más solo, temía que la luz de la antorcha solo iluminara su aislamiento.

Estaba perdido y solo en el peor lugar que podía imaginar. El lugar que había vuelto loco a su padre, a su tío, y convertido en monstruos a casi todos los annieranos, incluido Kalmar.

¿Qué debía hacer? ¿Arrastrarse más adentro de la montaña? ¿O dar marcha atrás, aunque eso solo condujera al Bosque Negro y a una horda de hendidos furiosos?

Una palabra se le vino a la mente: *protege.*

Proteger a Kalmar, que no podía escapar de su vergüenza. Kalmar, que corría por los túneles con sus ojos amarillos. Kalmar, que casi lo había matado.

¿Cómo se suponía que iba a proteger a un Colmillo? Janner estaba enfadado, pero su enfado no iba dirigido a Kal. Su ira iba dirigida contra Aquel que había permitido que todo esto sucediera.

Entonces dime, Hacedor, ¿qué debo hacer? ¿Qué otros tormentos tienes preparados?

La palabra le llegó de nuevo, clara y brillante como una joya: *protege.*

Esta vez, imaginó la voz de Artham. La voz de Esben también. De repente, oyó a Nia, Podo, Oskar y Leeli, todos hablando en voz baja, instándolo como lo habían instado desde que nació: *Cuida de tu hermano. Eres el guardián del trono. Kalmar te necesita.*

¡Pero me dejó! ¡Me atacó!, pensó Janner. *El guardián del trono protege al rey, pero ¿quién protege al guardián del trono?*

Janner apretó los dientes y golpeó el suelo de piedra con los puños. Era algo infantil, pero le daba igual. Quería a su padre. Quería un hogar. Quería vivir un solo día sin miedo al mal, el de adentro y el de afuera.

Descanso. *Eso* era lo que quería. Estaba tan cansado de huir, tan cansado del temor constante de que cada día encerrara algún nuevo peligro o traición o mentira. Quería una buena comida, un buen libro, un poco de fuego en invierno y un poco de sombra en verano. ¿Podría haber algún mundo en el que existiera algo así?

Incluso antes de que Gnag llegara al poder, había guerras y escaramuzas y amenazas a la paz: Kistamos era un lugar terriblemente desgarrado. Tampoco tenía que mirar muy lejos para verlo. La pierna que le faltaba a Podo… por haber cazado jóvenes dragones de mar por dinero. La locura de Artham… por abandonar a su hermano. Grigory Bunge, los Colmillos, los kimeranos traidores. ¿Acaso todos los corazones eran tan propensos al engaño? ¿No había nadie digno de confianza en todo Kistamos?

Sara Cobbler.

El nombre le llegó como el rasgueo de un arpa silbante.

Recordó sus ojos brillantes en la Fábrica Tenedor. Recordó su belleza brillando a través del hollín de su rostro cansado. Y recordó la noche en que la dejó, recordó su terror mientras conducía el carruaje a través de la noche. Esa noche, *él* había sido el abandonador. Había querido volver, pero no lo hizo. Se había marchado y la había dejado librada al ataúd del supervisor. ¿Acaso la dulce Sara lo habría maldecido como él maldecía ahora a Kalmar? ¿Se habría quedado a oscuras aquella noche en el ataúd y se habría preguntado por qué Janner había huido a toda velocidad?

Janner era tan débil como todos los demás en este mundo fracturado, y él lo sabía.

Protege.

La palabra le llegaba una y otra vez, tan constante como un tamborileo. De hecho, se la habían inculcado desde que era un bebé. Y ahora, el ritmo de la palabra de su madre y de su tío hacía retroceder la ira, no del todo, pero sí lo suficiente como para que pensara menos en su propia miseria y más en la de su hermano.

Recordó viejos cuentos, historias sobre la abnegación y el modo en que un acto único y hermoso realizado por el bien de otro podía brillar en la oscuridad de los tiempos como un amanecer. Cuando era pequeño, él y Kal habían hecho espadas con palos y habían derrotado a dragones, Colmillos y otros villanos, y Janner se había quedado despierto en su cama de la cabaña Igiby, *anhelando* ser uno de esos héroes. Quizás ahora el Hacedor le estaba dando lo que quería. Tal vez el Creador estaba respondiendo a la plegaria de su corazón de niño pequeño al guiarlo hasta aquí y darle la oportunidad de vivir una de esas historias.

Janner inclinó la cabeza en la oscuridad y acalló el clamor de las voces airadas de su cabeza. Cuando insistieron, las mandó a callar. Inspiró largamente y volvió a pensar en Anniera, donde vino al mundo en el resplandor de un gran amor con algún gran propósito. Pensó en los verdes campos y en la suave lluvia que caía en rayos de sol, en la risa de los niños en las blancas orillas de la Isla Luminosa, en el antiguo sueño de toda alma de paz, buen trabajo y mejor descanso. Era un sueño que había alimentado en Glipwood y en Ban Rona, y descubrió que era un sueño que aún corría como un río profundo incluso en las Profundidades de Throg.

Su corazón se tranquilizó.

Janner se imaginó a Kalmar, tan solo en la oscuridad como él.

—Protege —dijo en voz alta. Y el eco de su voz lo reconfortó esta vez. Era un sonido desafiante.

Janner tanteó en el suelo y encontró las cerillas; luego ató una tira de tela al extremo del hueso, lo empapó de aceite y lo encendió, descubriendo que el túnel era más pequeño y húmedo de lo que pensaba. Se echó la mochila al hombro y se cubrió con la embarrada capa durgana.

—Mi nombre es Janner Wingfeather, guardián del trono de Anniera —dijo, ajustándose la espada de Rudric en la cadera—. Resiste, Kal.

Entonces, siguió al Colmillo, adentrándose en la montaña.

62

La fila de la destrucción

El túnel seguía recto durante un largo tramo antes de abrirse en una cámara circular donde se cruzaban otros cuatro túneles. Janner acercó la antorcha al suelo y vio las huellas de las patas de Kal humedeciendo las zonas secas. Se adentraban en el túnel de la izquierda y, cuando Janner solo había avanzado unos pasos, se encontró con unas escaleras que ascendían empinadamente.

Subió durante mucho tiempo, deteniéndose repetidamente para recuperar el aliento antes de llegar a un rellano donde el pasadizo se dividía de nuevo. El suelo estaba seco y no había huellas que lo guiaran. Cada dirección llevaba a más escaleras, así que Janner cerró los ojos y escuchó. Lo único que oía era el parpadeo de su antorcha y su propia respiración. Quería volver a llamar a Kalmar, pero el instinto le dijo que se quedara en silencio.

Oyó —o creyó oír— un leve arrastrar de pies procedente de la escalera de la izquierda, así que subió y subió, ignorando el ardor de sus muslos, hasta que desde algún lugar de arriba estuvo seguro de oír señales de vida. Un resoplido, como un gorgoteo. Sacó la espada de la vaina y se agachó, intentando calmar los nervios y controlar la respiración.

Un hendido sin pelo y con aspecto de perro se tambaleó por un recodo de la escalera, bajó dos peldaños y se detuvo frente a Janner. Sus piernas, por lo que Janner podía ver, no tenían huesos. Su mandíbula se abrió de par en par y su lengua se sacudió para todas partes, mojando la piedra. Sus ojos lastimeros lo miraban desde una masa de carne gris y arrugada, y consiguió murmurar algo indescifrable con una voz inquietantemente humana. Era horrible y no tenía ninguna posibilidad de salir de las Profundidades.

Murmuró de nuevo, y Janner dijo: «Lo siento». Destapó su cantimplora, se acercó y vertió unas gotas de agua en su boca inútil. La bestia sorbió torpemente y luego bajó las escaleras y se perdió de vista.

Gnag, pensó Janner, apretando la mandíbula. *Tenemos que parar esto.*

Volvió a subir los escalones, tratando de ignorar el rastro pegajoso que había dejado el perro hendido, y llegó a una gran cámara abierta rodeada de antorchas apagadas. Janner encendió una y arrojó su antorcha de hueso a un lado.

Aquí, al menos, había algún signo de progreso. Ya no se arrastraba por una cueva, sino por una mazmorra. Tal era su buena suerte, se rio para sus adentros, que una mazmorra era una mejora.

En la cámara había siete puertas de hierro oxidado, todas abiertas. Las puertas conducían a pasillos llenos de jaulas donde seres vivos correteaban y raspaban. No pudo evitar imaginarse a Esben y a Artham encadenados a las paredes de una de aquellas celdas.

Caminó de puntillas por el pasillo más cercano. No quería mirar, pero su antorcha iluminaba cada celda a su paso y vio cadenas en las paredes, algunas de las cuales encadenaban esqueletos humanos. En otras celdas, vio animales acurrucados en los rincones, escuálidos y apáticos. Había lobos, serpientes enroscadas que lo miraban pasar con ojos fríos, flonejos y gorgoteadores con las narices crispadas, y sabuesos cornudos y flácidos gruñendo. Murciélagos tan grandes como cabras se aferraban a los techos de algunas celdas, agitando las alas a su paso.

Algunas de las formas parecían humanas pero con rasgos animales retorcidos o a medio formar, como las garras de Artham. Levantaban sus tristes ojos y gemían suplicantes a su paso. Janner llegó al final del pasillo y encontró otra cámara redonda con otro conjunto de pasillos. Las celdas contenían más de lo mismo: personas, o restos de personas, y animales, todos en diversos grados de fusión, la mayoría de los cuales parecían rotos y sin remedio. ¿Quiénes eran esas pobres almas condenadas a las Profundidades?

La mazmorra se extendía sin cesar. Siempre que Janner encontraba escaleras que conducían hacia arriba, las tomaba. A veces, los pasillos se retorcían y giraban, y otras veces eran largos y rectos. Algunas de las celdas estaban tan llenas de animales comunes siseando, ladrando, ululando, rugiendo, croando y mugiendo que parecían un establo. Y eso llevó a Janner a preguntarse qué pasaría con todos estos animales después de su fusión. ¿Acaso se marchitaban y morían? ¿El animal y el ser humano se combinaban de algún modo, formando un ser a partir de dos? ¿O había un lobo en algún lugar que era parte Kalmar, igual que había un Kalmar que era parte lobo? Y si era así, ¿significaba eso que podría haber aquí un oso que fuera en parte Esben?

Janner caminó durante tanto tiempo que empezó a descuidarse. La mazmorra era tan ruidosa por el parloteo, los murmullos y los gemidos que no se molestó en ocultar el sonido de sus pasos, y cuando llegaba a una puerta, ya no escuchaba antes de abrirla, ni miraba por las esquinas antes de entrar en una nueva habitación. Incluso rodeado de los semivivos, empezó a sentirse solo de nuevo. Así que, cuando llegó a la cámara donde cantaba la guardiana de la piedra, empujó la puerta y casi gritó de asombro.

La sala era tan grande que resultaba difícil ver el techo. El resplandor constante de muchos faroles iluminaba los rostros de una multitud que esperaba en una fila que rodeaba la sala, llenándola. En el centro de la habitación, había una caja de hierro, una versión más grande del ataúd del supervisor, pero de pie sobre su extremo. Estaba coronada de púas, con una ventanita en la puerta y una palanca en un lado.

Junto a la caja, estaba la guardiana de la piedra, una figura inquietante envuelta en una túnica y una capucha. Una música relajante surgía de las sombras de su capucha, y la gente de la fila se balanceaba con la canción. Janner se deslizó de nuevo por el pasadizo y pisoteó su antorcha hasta que se apagó, y entonces se asomó a la multitud, temblando de alivio al comprobar que nadie lo había visto.

En el lado opuesto de la cámara había una gran puerta flanqueada por guardias Colmillos. Sostenían lanzas y observaban a la gente con perezosa satisfacción.

De repente, la habitación brilló con una luz amarilla que emanaba de las rendijas de la caja de hierro. La puerta se abrió, salió humo y, a continuación, emergió una criatura. Brillaba con algún tipo de fluido y parpadeaba confundida.

La guardiana de la piedra anunció con voz musical: «¡Tu nombre es Raknarr!».

La criatura extendió dos alas negras y húmedas y chilló. Había nacido otro Colmillo Murciélago.

La multitud respondió con una aclamación apagada antes de calmarse en un cántico murmurante: «Cuando se canta la canción de las piedras antiguas, la sangre de la bestia impregna tus huesos».

Dos Colmillos Verdes guiaron al nuevo Colmillo Murciélago a través de las grandes puertas mientras un joven subía al estrado. La guardiana de la piedra le habló en voz baja, y luego el joven se metió en la caja con un entusiasmo escalofriante.

—Espera —dijo la guardiana, haciéndole señas a un Colmillo cercano—. Este murciélago está gastado. Tráeme uno nuevo.

Metió la mano en la caja y sacó un murciélago humeante y marchito, grande como los que Janner había visto en el calabozo. El Colmillo le entregó uno sano y que luchaba por escapar. Ella lo acunó y acarició como a un bebé, y el murciélago se tranquilizó cuando lo metió en la caja. Luego, hizo pasar al joven tras él. Cuando cerró la puerta, Janner oyó cantar al hombre, luego vino otro destello de luz, y salió húmedo y tembloroso como un bebé de un útero.

—¡Tu nombre es Murgle!

Él —o *eso*— extendió sus alas y chilló.

Otro Colmillo Verde estaba sentado en un escritorio junto al estrado, escribiendo en un gran libro. Janner vio cómo cada vez más personas entraban en la caja, una a una. Una y otra vez, hablaban con la guardiana de la piedra, cantaban la canción y se convertían en Colmillos. Cada dos fusiones (dependiendo del tamaño del humano), la guardiana de la piedra declaraba que el murciélago estaba gastado y pedía uno nuevo.

Janner observaba todo esto con sombría fascinación. Kalmar había descrito lo que había ocurrido en las Phoob, pero ver las maquinaciones de Gnag con sus propios ojos era algo totalmente distinto. No podía entender por qué la gente estaba tan ansiosa por convertirse en monstruos. Quería detenerlos de algún modo, sacarlos de cualquier hechizo maligno que los hubiera convencido de renunciar a sus nombres. Niños, mujeres y hombres de todas las edades parecían contentos, felices incluso, por su turno para cantar la canción de las piedras antiguas y perderse por la retorcida transformación.

Sabía que Kalmar había hecho lo mismo, pero también sabía que, en realidad, su hermano, y Artham y Esben no habían ido por voluntad propia... al menos al principio. Se habían roto. Se habían desgastado por el dolor y la soledad, por lo cual la fusión parecía la mejor opción.

¿Cuánto tiempo habían resistido Artham y Esben? ¿Meses? ¿Años? Janner dudaba de que él hubiera durado tanto.

La ira de Janner contra Gnag el Sin Nombre se multiplicó por diez al ver la forma en que Gnag había construido su ejército todos estos años: primero mediante la captura, luego a través de la tortura y el aislamiento, y después mediante este extraño poder que había descubierto. Janner incluso sintió lástima por los murciélagos, a los que se les quitaba —no se le ocurría otra palabra— su *murcielaguidad,* y luego se los desechaba como basura.

Entonces, vio a Kalmar.

63

La creación de Grimgar

Kalmar estaba entre los otros guardias Colmillos, observando la fila de prisioneros. Janner no podía ver sus ojos, no podía ver el resplandor amarillo que seguramente los llenaba, pero allí estaba su hermano, un Colmillo dispuesto entre muchos.

Antes de que Janner pudiera pensar, lamentarse o actuar, un guardia del Colmillo Gris abrió la puerta de golpe y lo vio.

—¿Qué crees que haces aquí? —dijo, gruñendo.

—Nada, señor. Solo… solo estoy mirando.

—Vuelve a la fila —el Colmillo le gruñó a Janner y le tiró del brazo.

Janner, agradecido de que su capa ocultara su mochila y su espada, mantuvo la cabeza baja y se unió a la fila, fingiendo que quería ser convertido en Colmillo. Avanzó arrastrando los pies con la multitud y perdió de vista a Kalmar.

Una y otra vez llegaba el destello de luz amarilla, seguido de la aparición de un Colmillo Murciélago, Colmillo Gris o Colmillo Verde recién fusionado, y el anuncio del nuevo nombre del Colmillo por parte de la guardiana de la piedra. La fila se movía en círculo, primero alrededor del borde exterior de la cámara y luego acercándose cada vez más al estrado central. Janner sentía que quedaba más en evidencia con cada fusión. La gente a su alrededor parecía regocijarse cada vez que el nuevo Colmillo salía de la caja, pero Janner no podía ocultar su repulsión. No entendía por qué la gente se alegraba tanto de perder su esencia.

¿Era su imaginación que el tipo flaco y barbudo que tenía delante lo miraba demasiado a menudo? ¿La mujer y el chico mayor que tenía detrás parecían más callados que el resto? ¿Sospechaban acaso del chico annierano con la sucia capa negra que ocultaba una espada y una mochila?

Un Colmillo Gris estaba apoyado contra la pared, masticando un trozo de carne cruda, y Janner estaba seguro de que alguien le haría señas para denunciarlo.

Pero la fila pasó con Janner por delante del Colmillo, y este siguió masticando, sorbiendo y gruñendo de placer. Nadie decía nada, lo cual era bueno, pero Janner se acercaba cada vez más al estrado, lo cual era malo.

Metió la mano bajo la capa y la apoyó en la empuñadura de la espada. Al principio, su mente se agitó tratando de encontrar una forma de escapar, pero cuando no se le ocurrió ninguna solución, su mente se cansó y se sumió en un trance sin pensamientos. *Algo* iba a pasar, él lo sabía. Llegaría al estrado, y la guardiana de la piedra se daría cuenta de que no quería ser un Colmillo... pero ¿entonces qué? ¿Y dónde estaba Kalmar? Lo había perdido de vista.

Janner agachó la cabeza y avanzó arrastrando los pies, destello tras destello, murciélago tras murciélago, nombre feo tras nombre feo. Incluso tarareaba la canción sin darse cuenta. Y entonces, un pensamiento revoloteó por su mente como una polilla: *Tal vez* sería *mejor cantar la canción y que todo se termine.* Basta de correr. Basta de buscar un hogar que no existía. Basta de preguntarse si Gnag estaba esperando en cada esquina para engullirlo.

Avanzar arrastrando los pies. Destello. Ovaciones. Charla emocionada. Avanzar arrastrando los pies. Destello. Así seguía, y la canción se hundía en la mente de Janner, cada vez más profundamente, hasta que la gente que lo rodeaba ya no le parecía ni tan tonta ni tan malvada. Después de todo, ¿quién podría culparlos? Simplemente habían elegido el bando ganador. En cierto sentido, elegían la vida antes que la muerte. ¿Y qué podía ser más lógico que preservar la propia vida? Incluso Podo dijo que era mejor luchar. Tal vez la fusión era una especie de lucha por la vida, aunque significara una vida hueca. Era mejor que nada, ¿no?

Janner se encontró frente al estrado y la caja de hierro. Ya casi era su turno. A pocos pasos, estaba la guardiana de la piedra. El hombre delgado y barbudo que tenía delante movía su peso de un lado a otro y se frotaba las manos con entusiasmo. La mujer y el chico que tenía detrás susurraban entre sí, preguntándose en voz alta con qué animal podrían fundirse. Solo había dos personas más delante de Janner, y entonces se encontraría cara a cara con la mujer encapuchada. Debería haber tenido miedo, pero su voz tranquilizadora le daba sueño.

Entonces, vio a Kalmar otra vez.

Janner abrió los ojos de golpe. La voz de la guardiana de la piedra ya no era dulce, sino siniestra, y de pronto pareció irrisorio que Janner llegara a entregarse. Kalmar estaba apenas detrás de la caja y a la izquierda, a la sombra de uno de los Colmillos más grandes, donde era imposible verle los ojos.

Janner sintió una gran tentación de gritar el nombre de su hermano, de intentar romper el hechizo de su condición de Colmillo para que pudieran luchar por salir. Pero ¿y si no funcionaba? ¿Y si solo conseguía que los atraparan a los dos? Si Janner se quedaba callado, tal vez Kalmar saldría de su trance y se escabulliría sin ser detectado.

Mientras la mente de Janner se agitaba, el hombre barbudo que tenía delante aplaudió como un niño y subió de un salto los escalones. La guardiana de la piedra le preguntó de dónde era.

—Yorsha Doon —dijo con un marcado acento—. Un pueblo en la parte sur de Hasini.

El Colmillo Verde lo anotó en el libro de contabilidad.

—Muy bien —dijo la guardiana de la piedra—. Nosotros, los de la tierra de Doon, somos de los *mejores* Colmillos.

—Oh, sí —dijo el hombre—. Los mejores.

Ella abrió la puerta de hierro y el hombre entró en la oscuridad.

—Conoces la canción —dijo—. Entrégale tu corazón y únete al ejército del vencedor.

Cerró la puerta y el hombre cantó con ella. La guardiana tiró de una palanca en el lateral de la caja, la luz salió disparada por todas las rendijas y ella volvió a abrir la puerta. Salió vapor y humo, y entonces el hombre —el Colmillo Murciélago— salió tambaleándose y sonriendo como un loco.

—¡Tu nombre es Grimgar! —anunció la guardiana de la piedra, y la multitud vitoreó mientras el Colmillo Verde garabateaba en el libro.

En cierto modo, Janner había llegado a conocer al hombre flaco y barbudo mientras caminaban, y en unos instantes, se había transformado en aquel monstruo. Janner conocía lo suficiente la desesperación como para compadecerse de él, pero le horrorizaba el modo en que el hombre acogía con gozo su propia destrucción.

Su mente estaba demasiado llena de estos pensamientos para hacer otra cosa que permanecer al pie del estrado como una oveja muda y preguntarse qué pasaría cuando la guardiana de la piedra dirigiera su atención hacia él.

64

La piedra antigua

—Anda —dijo el chico detrás de Janner, empujándolo por el hombro.

Pero los pies de Janner se negaban a moverse. Sintió un cosquilleo en el cuello al percibir cientos de ojos que lo miraban fijamente, sabiendo que en unos instantes entraría en acción. Apartó la mirada de la guardiana de la piedra, la cual conducía al recién transformado Colmillo Murciélago escaleras abajo, y buscó desesperadamente a Kalmar, pero no aparecía por ninguna parte.

Janner tenía que luchar contra ella, por supuesto. La mujer que había llevado a tantos a la perdición, que ejercía tal dominio sobre Colmillos y humanos por igual, que seguramente había sido la mano derecha de Gnag durante todos estos años y había ordenado el secuestro, la tortura y la muerte de tantas almas libres: la misma mujer que había destruido la mente del tío Artham y atormentado a su padre… había que detenerla. ¿Y quién más lo haría? ¿Quién más había llegado aquí, a las Profundidades de Throg, espada en mano, para desafiarla? *Si muero en el intento,* pensó Janner, *será una buena muerte.* Su sangre annierana cantaba en sus venas.

Janner metió la mano bajo la capa y la apoyó en la empuñadura de la espada. Intentó no mirar dentro de la sombra de la capucha de la guardiana de la piedra, temeroso de los ojos que lo observaban, temeroso de que le robaran el poco valor que tenía.

La guardiana empujó la puerta de la caja de hierro y preguntó:

—¿Cuál es tu nombre, chico? —su voz era apenas más fuerte que un susurro—. ¿Tu nombre? —repitió.

—Me llamo Janner Wingfeather.

Janner sacó su espada y se enfrentó a la mujer, con la piel fría y húmeda y la cabeza mareada por el peligro. Hizo todo lo posible por ignorar las miradas de asombro en todos los rostros de la sala, pero había una cara que no podía ignorar.

La guardiana de la piedra se echó atrás y chilló, y bajo la capucha, sus pálidos rasgos brillaron como los de un muerto viviente y furioso. Janner sabía que no escaparía y que no duraría mucho contra tantos, sobre todo sin la ayuda de Kalmar, pero tal vez fuera suficiente para detener a la guardiana de la piedra.

Aunque su instinto le gritaba que huyera, se lanzó hacia delante y dirigió su espada a la mujer que había matado a tantos.

Con una velocidad antinatural, ella esquivó la cuchilla, plantó una de sus huesudas manos blancas en el pecho de Janner y lo empujó hacia atrás contra la caja de hierro.

Janner chocó contra la pared y se desplomó en el suelo cuando la puerta se cerró de golpe y quedó trabada. Afuera, la guardiana de la piedra se reía a carcajadas y los Colmillos aullaban.

—Bueno, *eso* no salió como yo pensaba —murmuró Janner.

Un murciélago aleteaba débilmente en el suelo a su lado, tan débil e indefenso como él. Janner se puso de pie, con las rodillas aún temblorosas por la oleada de peligro, y golpeó la pared con el puño. Quería llamar a Kalmar, pero era posible que los Colmillos no supieran que estaba ahí fuera. No serviría de nada delatarlo, no si era la única esperanza de escapar de Janner.

—¡Déjame salir! —gritó, sintiendo la estupidez de sus palabras, como si la guardiana de la piedra fuera a encogerse de hombros y abrir la puerta. Pero él no sabía qué otra cosa hacer.

Entonces, notó un pequeño compartimento en la pared. Una tenue luz emanaba de las grietas, y así pudo ver al murciélago arrugado a sus pies. Las paredes de la cámara estaban mugrientas, embadurnadas de suciedad y pelos, pero la luz era tan hermosa como un amanecer.

Se asomó por las persianas metálicas para ver su origen. Era una astilla de piedra, no más grande que un guijarro. Brillaba como el sol, una luz constante y encantadora que era lo bastante brillante como para hacer que Janner entrecerrara los ojos, pero no tanto como para que le doliera mirarla. Al principio, pensó que la música había encendido la luz, pero ahora vio que la piedra no podía evitar brillar, y la guardiana de la piedra abría la persiana justo el tiempo suficiente para la fusión.

Con la punta de la espada, Janner abrió el postigo hasta que pudo meter la mano. Tragó saliva, esperando que la piedra no estuviera tan caliente como parecía, y luego metió la mano y la sacó. Estaba fría, era sorprendentemente pesada, y hormigueaba en la palma de la mano de Janner. Deseó poder quedarse mirándola durante horas.

El murciélago chirrió. Después, la puerta chirrió.

Janner levantó la vista. La guardiana de la piedra estaba junto a un Colmillo Gris ante la puerta abierta.

—Atrápalo —dijo la mujer.

El Colmillo gruñó.

Entonces, la guardiana de la piedra se echó la capucha hacia atrás y Janner vio un rostro que lo perseguiría el resto de su vida.

65

Bajo la capucha de la guardiana

El rostro de la guardiana de la piedra era viejo, pero no del tipo de viejo que era Podo, o tal vez Oskar, o incluso Bonifer Squoon, que era la persona más vieja que Janner había conocido. La guardiana de la piedra era vieja de una forma estirada y antinatural, como si su piel se hubiera aflojado y soltado con el tiempo, pero se la hubiera cosido a la nuca como una máscara. Tenía el pelo negro y ensortijado, pero por el aspecto de las manchas negras de su cuero cabelludo descamado, estaba claro que se lo había oscurecido con algún tipo de tinte. Sus pómulos eran altos y prominentes, lo que hacía que sus ojos fueran tan profundos como tumbas vacías. Su cabeza se tambaleaba, posada en un cuello parecido a un palo de escoba.

Cuando vio a Janner con la piedra antigua, gritó y siseó, enseñando los dientes. Tenía dos largos colmillos negros, grandes, redondos y brillantes en la boca, que se desplegaban y replegaban hambrientos. No era una anciana común y corriente, según Janner pudo ver, sino una cosa fundida.

Estaba de pie junto al Colmillo con los brazos abiertos —varios brazos, vio Janner— porque su túnica se había abierto lo suficiente como para que se viera movimiento entre sus pliegues. Cuando su grito se apagó, varios dedos se abrieron paso a través de la túnica y tiraron de ella para abrirla, revelando unas extremidades negras y arácnidas que terminaban en manos que se extendían hacia Janner.

Janner levantó la espada y cerró los dedos sobre la piedra, lo cual sumió el interior de la caja en la oscuridad. La guardiana de la piedra gritó algo al Colmillo y este entró. Janner gritó mientras levantaba la espada para atacar.

El Colmillo se movió rápidamente. Lo agarró de la muñeca y lo inmovilizó contra la pared, y su voz se abrió paso a través del pánico en la mente de Janner:

—¡Soy yo! ¡Janner, ¡soy yo!

—¿Kal? —dijo Janner entre jadeos, observando el rostro lobuno. Gracias al Hacedor, los ojos de su hermano estaban azules.

Kalmar agarró a Janner por la muñeca y lo arrastró fuera de la caja hasta la apertura de la cámara.

—Muéstrales —susurró Kalmar.

—¿Mostrarles qué?

—¡La piedra antigua! —gritó Kalmar, soltando el brazo de Janner y levantando su propia espada.

Janner abrió la mano y el brillo mantecoso de la piedra llenó la cámara. La multitud se quedó boquiabierta, y los Colmillos Grises y Verdes, apostados por toda la sala, se protegieron los ojos y alzaron las armas en señal de alerta.

Kalmar blandió su espada contra la guardiana de la piedra. Ella se corrió de un salto para evadirla, y Janner se dio cuenta de que estaba justo delante de la caja abierta.

Saltó hacia delante y la empujó. Sintió que los numerosos brazos de la guardiana se retorcían y lo arañaban mientras la empujaba, pero ella era enjuta y ligera bajo la túnica, y cayó hacia atrás en la oscuridad de la caja de fusión. Kalmar cerró la puerta y la trabó.

Todo esto había durado solo unos segundos, pero Janner se sintió años más viejo cuando él y Kalmar se giraron para enfrentarse a la multitud en la cámara.

La conmoción colectiva de humanos y Colmillos se desvaneció y la caverna estalló en aullidos, silbidos y gritos de ira.

—Creo que tal vez es hora de salir de aquí —dijo Kalmar.

Janner echó un vistazo a la puerta que había detrás de las jaulas de murciélagos.

—Creo que tienes razón —Janner abrió el puño y la luz estalló de nuevo. Los Colmillos retrocedieron como si algo los hubiera picado.

Los chicos saltaron del estrado y corrieron hacia la salida. Atravesaron la multitud atónita y cerraron la puerta detrás de sí. Janner se metió la piedra en el bolsillo y sujetó la puerta mientras Kalmar trababa la cerradura.

—No los retendrá mucho tiempo —dijo Kalmar—. Vámonos.

Corrieron por el pasillo iluminado con antorchas, mientras el sonido del caos se desvanecía tras ellos. Cuando llegaron al final del pasillo, este se dividía en tres. El de la derecha conducía a unas escaleras, y subieron de a dos escalones.

—Pensé que te había perdido —dijo Janner mientras subían.

—Yo también pensé que me había perdido —dijo Kalmar—, hasta que dijiste tu nombre. Eso me trajo de vuelta. Te ataqué, ¿no es cierto?

—Sí.

—Lo lamento.

—Te perdono. Y también te perdono por la próxima vez, y la siguiente.

Se detuvieron a descansar en lo alto de la escalera.

—Pero ¿y si te hago daño de verdad? —Kalmar agachó las orejas y se miró las manos—. ¿O algo peor?

—Eres mi hermano. Te perdono.

Los ojos de Kalmar se encontraron con los de Janner, y luego apartó rápidamente la mirada.

Janner le puso una mano en el hombro.

—Escucha. No puedes librarte de mí. Soy el guardián del trono. Además, no puedo luchar contra Gnag solo. Estamos juntos en esto.

Kalmar asintió.

—¿Qué hacemos?

—Subimos estos escalones. Mantenemos nuestras espadas listas. Y recordamos quiénes somos. ¿Cómo te llamas? Dilo.

—Me llamo Kalmar Wingfeather.

—Rey supremo de Anniera —añadió Janner—. Y estoy orgulloso de ser tu hermano. Estuviste increíble ahí atrás.

Los hermanos compartieron un silencio incómodo, luego reaccionaron y subieron los escalones, cada vez más cerca de los atrios de Gnag el Sin Nombre.

66

Vum por el pozo

Los hermanos subieron tan rápido como pudieron, pero a Janner le ardían las piernas y respiraba con tanta dificultad que temía vomitar. Oyeron ruidos de persecución detrás de ellos, un barullo de aullidos y gritos que aumentaba de volumen a cada paso.

Kalmar, que no estaba en absoluto agotado, se detuvo de repente.

—Huelo algo —aguzó las orejas y subió a toda velocidad los escalones antes de que Janner pudiera respirar lo suficiente para decir una palabra. Kalmar regresó silenciosamente con un dedo sobre la boca, haciendo señas a Janner para que lo siguiera. En la siguiente curva, llegaron a otra gran sala, mayor incluso que la cámara de fusión. Las antorchas ardían a lo largo de las paredes, y la caverna se extendía tanto a izquierda y derecha que las antorchas se reducían a diminutas motas de luz. En el lugar donde debería haber estado el techo, solo había una negrura diáfana y, a cierta distancia, el suelo también se desvanecía. La habitación no era más que una plataforma en la pared de un enorme vacío, un pozo que parecía llegar desde la cima de la montaña hasta sus mismas raíces. Entonces, Janner vio lo que Kalmar había olido.

Un pequeño grupo de trols estaba cerca del precipicio, conversando en gruñidos que a los chicos les recordaron a Oood. Pero estos trols eran adultos, el doble del tamaño de Oood. Estaban junto a una plataforma de madera y un enorme carrete de cadena. La bobina estaba tumbada, y de sus bordes sobresalían varios palos. Parecía una mesa con radios. Había un gran engranaje metálico junto al carrete, enhebrado con más cadena. Rotaba lentamente, emitiendo un eco de tintineos por toda la cámara. La cadena ascendía y ascendía hacia el vacío.

—¿Qué están haciendo? —susurró Janner.

—No lo sé —respondió Kal. Volvió a mirar hacia la escalera y sus orejas se apoyaron planas sobre su cabeza—. Ya vienen.

La conversación de los trols se vio interrumpida por un cambio en el traqueteo de la cadena. Se acercaron a la bobina gigante, cada trol rodeó con sus enormes manos uno de los radios e hicieron girar la bobina. Al girarla, una góndola de hierro (como el Carruaje Negro, pero sin ruedas ni caballos) descendió flotando desde la oscuridad y se detuvo en la plataforma. La puerta se abrió y salieron siete Colmillos Verdes, siseando y riendo juntos. Cruzaron la sala sin mirar a los trols y salieron por una puerta. Los trols hicieron muecas crueles a espaldas de los Colmillos, y luego uno de ellos cerró la puerta de la góndola y les hizo señas a los demás para que volvieran al carrete gigante.

—Eres mi prisionero —susurró Kalmar.

—¿Qué? —dijo Janner, y luego, sin dar explicaciones, Kalmar lo arrastró donde estaban todos.

—¡Esperen! —gritó Kalmar con su voz más ronca.

—¿Erp? —respondió uno de los trols.

—La guardiana de la piedra quiere que este prisionero sea llevado a Gnag.

Todos los trols entrecerraron sus pequeños ojos.

—¡Rápido! Dijo que no había tiempo que perder. Ella cree que esta —agitó el brazo de Janner— es una de las joyas de Anniera. El ejército vallerino se ha infiltrado en las Profundidades. ¡Deprisa, tontos!

Los ojos de los trols se abrieron de par en par y, cuando el sonido de los Colmillos resonó en el pasillo, gruñeron e hicieron señas a Kalmar y Janner para que subieran a la góndola.

—¡No! ¡Suéltame! —gritó Janner con dramatismo.

—¡Silencio! —ladró Kalmar, y empujó a Janner a través de la puerta.

A la luz del farol del interior de la góndola, Janner pudo ver que el suelo estaba cubierto de gusanos y mugre, y sintió arcadas. La puerta se cerró de golpe, los trols hicieron fuerza y la góndola se elevó de la plataforma y salió volando al pozo.

—¡Deprisa! —gritó Kalmar a los trols, golpeando el lateral de la caja. Janner se asomó por la ventana y vio que los trols cambiaban de marcha. Cada uno agarró una cadena y tiró de ella. La góndola dio una sacudida hacia arriba que hizo dar tumbos a los dos chicos, y luego empezaron a ascender lenta y constantemente.

—No llegaremos antes de que lleguen los Colmillos —dijo Kalmar.

—¡Diles que se apuren!

—¡Más rápido! —gritó Kalmar—. ¡Ya vienen, tontos!

Los trols discutían entre sí y señalaban desde el pasillo a la góndola. Entonces, uno de ellos se encogió de hombros y cruzó hacia una palanca en la pared. Encima de la palanca, había un cartel pintado con una letra grande, descuidada e infantil, que decía «vum».

Janner siguió con la mirada el largo de la cadena desde la palanca, a lo largo de la pared hasta una polea y luego hasta varias rocas colgantes. Justo cuando el trol agarró la palanca, Janner se dio cuenta de lo que estaba a punto de ocurrir.

—¡Agáchate! —gritó.

El trol tiró de la palanca y las rocas se precipitaron a las profundidades. La góndola se disparó hacia arriba tan rápido que Janner y Kal quedaron pegados al mugriento suelo.

Debajo, oyeron a los trols reír y gritar: «¡Vum! ¡Vum!».

Cuando el parto del segundo hijo de Madia era inminente, Bonifer corrió al castillo y se plantó ante la puerta de la partería. Ortham, como era costumbre, estaba en el otro extremo del castillo, paseando por su alcoba y rogando al Creador por su esposa y su nuevo hijo. En agonía, Bonifer escuchó los gritos de su verdadero amor mientras se esforzaba por dar a luz al hijo de su peor enemigo.

La lucha se prolongó hasta bien entrada la noche, y la comadrona, una buena anciana llamada Gineva, llamó a Bonifer. Muy confundido, entró en la sala de partos y contempló atónito la profusión de sangre. Madia estaba agotada y jadeaba entre las mantas ensangrentadas.

—Va a morir —dijo Gineva con tristeza—. Ve a llamar al rey.

—¿Y el bebé? —preguntó Bonifer entre lágrimas.

—Morirá también —respondió la comadrona.

Al oír esas palabras, la reina Madia reunió sus últimas fuerzas y pujó por última vez.

—¡Mi reina! —gritó Gineva—. ¡Ya está!

Dejando a un lado el decoro, Bonifer corrió al lado de la comadrona y contempló el fruto del vientre de Madia. Era una cosa pálida, fea y deforme, y cuando respiró por primera vez y se retorció, Bonifer se encogió de asco.

Gineva jadeó, entregó el niño retorcido a Bonifer y dijo:

—Hay otro. Un segundo niño había aparecido sano y salvo, bien formado y llorando, mientras que el primero era siniestro y silencioso.

Bonifer y Gineva se miraron, sin comprender el presagio.

La reina habló en voz apenas superior a un susurro:

—Déjenme ver —con una mirada al niño retorcido y roto en brazos de Bonifer, la comadrona le pasó el niño sano a Madia.

—Te llamaré Jru —susurró Madia al bebé que llevaba en el pecho—. Y a ti —dijo, extendiendo su brazo débilmente a la pálida criatura en brazos de Bonifer. Él le entregó al bebé, contento de librarse de él. Madia abrazó al niño roto y lloró de alegría, lástima y gran amor antes de perder el conocimiento.

Bonifer tomó al desdichado niño de Madia y luego apretó el rostro de la comadrona con la mano. Los ojos de Squoon dejaron al descubierto la maldad de su corazón, y Gineva se encogió de miedo.

—No le dirás a nadie de este niño.

—¡Mi señor, no lo mate! —suplicó ella.

—No temas, anciana —dijo Bonifer, y su rostro se transformó de una mueca asesina en una sonrisa compasiva tan rápidamente que Gineva sintió que miraba a los ojos del mismísimo mal—. Tú cuidarás de esta criatura —dijo—. Madia no necesita preocuparse por tal cosa.

Con amenazas asesinas, llevó en secreto a la anciana comadrona y al niño a su casa.

Mientras Madia dormía, Bonifer se acercó al rey y le explicó que, en efecto, había un gemelo, deforme más allá de lo imaginable, que había muerto poco después de nacer. El dolor de Ortham por el niño muerto se vio rápidamente eclipsado por su alegría por el nacimiento de Jru y la supervivencia de Madia. A instancias de Bonifer, Ortham le confió el entierro secreto del niño y nunca vio su cuerpo. Bonifer convenció al rey de que le evitara a Anniera un dolor excesivo no hablando del gemelo muerto y alegrándose, en cambio, de que Jru hubiera nacido y de que la reina hubiera sobrevivido al parto.

La noche siguiente, Bonifer huyó con Gineva y el bebé al amparo de la oscuridad. Navegaron por el estrecho de Symia hasta Yorsha Doon, donde reclutó a una nodriza —una viuda joven y embarazada llamada Murgah—, y envió a pedir una audiencia con el misterioso señor de Throg.

Viajaron durante mucho tiempo a través del páramo, y aunque la nodriza de Doon había sentido un escalofrío cuando vio al bebé por primera vez, ella, al igual que Madia y Gineva, llegó a sentir un gran afecto por él. Bonifer también empezó a pensar en el niño como si fuera suyo, y lo consideraba su recompensa por su largo y secreto amor por Madia, aunque más que eso, se deleitaba en el mal que le había hecho a Ortham al robar al propio hijo del rey.

—Tomado de *La Annieríada*

67

Fuera de la ventana de Leeli

Los chicos se asomaron por la ventanilla de la góndola, que iba a toda velocidad. El viento silbaba hacia abajo y, de vez en cuando, se veían rayas anaranjadas cuando los faroles y las antorchas pasaban volando y se reducían a tenues manchas muy por debajo. Si no hubiera sido por el hedor del suelo y porque Janner dudaba de que sobrevivieran, habría sido divertido.

—Esto podría llevar un tiempo —dijo Kalmar.

Janner miró hacia arriba, imaginando qué pasaría cuando la góndola se estrellara contra la parte superior del pozo.

—Y podría acabar mal.

—Entonces —dijo Kalmar tras una pausa, tamborileando con los dedos en el asiento—. ¿Trajiste algún juego o algo?

Janner sonrió.

—No, pero traje esto —sacó la piedra del bolsillo y su brillo eclipsó el del farol.

—Es tan pequeña —dijo Kal, entrecerrando un ojo—. ¿Crees que antes era más grande?

—No lo sé. Según la leyenda, Yurgen, el rey dragón, mordió una de las rocas, se rompió los dientes y desprendió dos pequeños fragmentos.

—El holoré y el holoél, ¿verdad?

Janner lo miró sorprendido.

—Así que estabas prestando atención en clase de historia después de todo.

—Nah, oí a Oskar hablar de eso con el abuelo hace unas semanas —dijo Kalmar con un gesto de la mano.

—Me pregunto si esto significa que la otra piedra está en las Phoob, con algún otro guardián de la piedra —dijo Janner.

—Sí —dijo Kalmar—. Esa no era la misma mujer que vi en las islas —se estremeció—. La de las islas Phoob era joven, incluso guapa. Nunca olvidaré su voz.

—Ojalá hubiéramos podido detenerla —dijo Janner—. Para siempre, quiero decir.

—Tal vez lo hicimos —dijo Kalmar—. No puede fusionar sin la piedra. Me alegro de que saliéramos vivos de esa habitación; de lo contrario, no estaríamos juntos en esta encantadora caja de la muerte llena de gusanos.

Se rieron, luego se sentaron en silencio, Kalmar olfateando el aire y Janner imaginando, con un escalofrío de terror, a qué altura se encontraban ya sobre el Mar Oscuro. El pozo parecía elevarse eternamente. Era fácil imaginar que se encontraban en una especie de carruaje volador que se elevaba hacia la negrura del cielo nocturno. Y en algún lugar, allá arriba en la oscuridad, el Castillo Throg los estaba esperando.

Te veo.

Leeli se despertó sobresaltada.

Su pierna se sacudió y casi tiró a Frankle al suelo. Incluso antes de abrir los ojos, ya se imaginaba a Gnag el Sin Nombre esperando para tenderles una emboscada a los chicos. Sintió el pánico como una serpiente retorciéndose en sus entrañas.

Desde que la batalla había comenzado hacía cinco días, había pensado en la Gran Biblioteca como una fortaleza. Pero ahora, parecía una prisión. Lo único que quería en el mundo era salir de allí, huir de algún modo a las Profundidades de Throg para poder ayudar a sus hermanos, o al menos estar con ellos cuando cayeran en manos de Gnag. No le parecía bien que ellos estuvieran tan lejos y ella atascada ahí. Estaba enfadada consigo misma por haberse quedado dormida, enojada con su madre por permitirlo cuando había tanto en juego.

Leeli bajó los pies al suelo y tomó su arpa silbante, decidida a encontrar la canción adecuada y a despertar de nuevo la visión. Quería saber dónde estaban sus hermanos, para asegurarse de que supieran que Ban Rona seguía bajo ataque y que se acercaba una nueva flota de barcos. Cabía la posibilidad de que también hubieran oído la voz de Gnag, pero lo dudaba; sus palabras parecían dirigidas a ella de algún modo, como si se burlara de ella.

Respiró hondo, se lamió los labios doloridos, levantó el arpa y tocó. La magia no surgió de inmediato, pero cada vez era más capaz de reunir la emoción necesaria para enviar la canción a sus hermanos y, cuando apenas había tocado un puñado de notas, pudo verlos.

Janner y Kalmar se incorporaron de repente. El arpa silbante de Leeli resonó en sus oídos y el mundo a su alrededor resplandeció.

Janner oyó la voz de su hermana en su mente. *¿Están a salvo?*

No exactamente a salvo, pensó Janner. *Pero estamos vivos.*

Vio a su hermana sola en una habitación conocida. Era la Gran Biblioteca. Descubrió que podía empujar su mente fuera de las paredes de la habitación, y vio a Rudric allí, cansado y embadurnado de sangre y suciedad. Oskar estaba en la mesa leyendo el Primer Libro con cara de desesperación, y Nia estaba arrodillada en el suelo para dar agua a un guerrero vallerino herido. Podo estaba apoyado en una pared de libros y afilaba su espada; tenía el ceño fruncido.

¿Dónde están?, preguntó Leeli.

Ya casi llegamos al Castillo Throg. A Gnag.

La música de Leeli vaciló y la imagen se tambaleó.

¡Leeli, espera!, gritó Janner en su mente. La canción se estabilizó y la visión se solidificó. *Ora por nosotros*, le dijo. *Diles a todos que los amamos.*

Entonces, a través de la bruma de la visión, vio que la cara de Kalmar cambiaba. Los ojos de su hermano se abrieron de par en par por el terror, se quedó con la boca abierta, se le aplanaron las orejas y sacudió la cabeza lentamente de un lado a otro.

Antes de que Janner tuviera tiempo de preguntarle qué le ocurría, una carcajada oscura, cargada de maldad, estalló y creció hasta sacudir el cráneo de Janner. Oyó una tercera voz en su mente, no la de Leeli ni la de Kal; era una voz desgarrada, gutural y miserable, una voz que hizo que a Janner le subiera bilis a la garganta.

JANNER, KALMAR Y LEELI, dijo, de algún modo susurrando y gritando al mismo tiempo. *LAS JOYAS DE ANNIERA. CUÁNTO HE DESEADO DARLES LA BIENVENIDA A TODOS EN MI CASTILLO.* Gnag volvió a reír. *Y AHORA QUE HAN LLEGADO, LAMENTO DECIRLES QUE NO ESTOY AHÍ. ¡PERO PÓNGANSE CÓMODOS! LEELI WINGFEATHER, ES A TI A QUIEN QUIERO. Y ES A TI A QUIEN HE ENCONTRADO.*

¡No!, gritó Janner. *¡Déjala en paz!*

Leeli, dijo Gnag con voz cantarina. *Asómate a tu ventana.*

Sin dejar de tocar su canción, Leeli se acercó a la ventana. Janner vio cómo se le caía el arpa silbante de las manos. La música se detuvo, la visión se desvaneció y la conexión se rompió.

Pero no antes de que Janner y Kalmar oyeran el grito largo y desgarrador de su hermana.

68

La flota skreeana

Fuera de la ventana de Leeli, una mujer vestida con una túnica negra colgaba en las garras de un Colmillo Murciélago. El viento echó hacia atrás su capucha, revelando una larga cabellera negra que enmarcaba un rostro tan bello como blanco. Ella le sonrió a Leeli y abrió la ventana.

—Leeli Wingfeather —dijo la mujer con voz tranquilizadora—. Ven conmigo.

Leeli intentó tocar el arpa silbante, pero no pudo mantenerla firme. *¿Dónde están los guerreros vallerinos?*, se preguntó. ¿Nadie vio el Colmillo Murciélago? ¿Justo aquí fuera de la ventana? Quiso gritar pidiendo ayuda, pero se le quedó la voz en la garganta.

La mujer se arrastró por la ventana y puso la mano en el hombro de Leeli.

—Ven conmigo ahora, o las personas que amas sufrirán.

Al contacto con la mujer, el grito de Leeli se liberó y resonó por todos los pasillos de la Gran Biblioteca y por las calles más allá. La mujer tironeó a Leeli hacia la ventana, le rodeó la cintura con un brazo y salió con ella. Leeli golpeó con su muleta las piernas de la mujer, pero no sirvió de nada.

El Colmillo Murciélago las llevó a ambas por encima del tejado del edificio. Leeli vio la confusión de los guerreros en el tejado mientras se encogían en la distancia, vio cómo algunos levantaban sus arcos para disparar, pero luego se daban cuenta de que no podían arriesgarse a darle a Leeli. El grueso de los guerreros, sin embargo, estaba congregado en el lado opuesto del tejado, lanzando flechas a las calles de abajo. Mientras el Colmillo Murciélago las elevaba más y más, Leeli vio una gran conmoción en el lado del puerto de la ciudad. Cientos de Colmillos Verdes se deslizaban desde el mar, y todos los vallerinos de la ciudad corrían al muelle para repeler la nueva invasión.

El Colmillo Murciélago llevaba a Leeli y a la mujer con un vuelo más seguro que el que había intentado secuestrar a Leeli antes, y era lo bastante fuerte como para elevarlas tan alto que Ban Rona parecía una ciudad de juguete abajo.

Volaron sobre el Aguacalle, hasta donde estaba amarrada la flota Colmillo. Los barcos debían haber llegado a la ciudad esa noche. Leeli vio multitudes de Colmillos Verdes saltando de las cubiertas y nadando entre las cadenas del Aguacalle. La superficie del agua ondulaba con vida venenosa.

Mientras ella observaba, muda de terror, el Colmillo Murciélago las llevó más allá de los últimos tramos pedregosos de tierra, y vio a Ban Rona desde el mar. Los acantilados que flanqueaban el Aguacalle estaban repletos de trols y Colmillos Grises, mientras que los Colmillos Murciélago se lanzaban al cielo para atacar la ciudad desde arriba. Ban Rona, atacada por mar, tierra y cielo, estaba perdida. Todos los seres queridos de Leeli estaban atrapados.

—Me tienes a mí —dijo, con los ojos llenos de lágrimas—. Dejen la ciudad en paz.

La mujer solo la apretó más fuerte.

El Colmillo Murciélago descendió en picada hacia una nave en la retaguardia de la flota. Las depositó suavemente sobre la cubierta e hizo una reverencia mientras retrocedía. Leeli se desplomó en cubierta, llorando, mientras la mujer se dirigía a los aposentos del capitán y se daba la vuelta.

—Ya sabes qué hacer —le dijo a un Colmillo Gris que estaba al timón. Luego, miró a Leeli e hizo un gesto hacia la puerta—. Gnag el Sin Nombre te verá ahora.

La tripulación zarpó y dos Colmillos Grises empujaron a Leeli hacia la escotilla. No quería ir, pero estaba demasiado débil como para resistirse. La empujaron hacia delante y entró medio arrastrándose, medio rodando, en la cámara, aferrándose a su muleta como si fuera su única esperanza.

69

Negociar con un Colmillo

—¿Qué pasó? —gritó Kalmar, sacudiéndose hacia atrás y balanceando la góndola.

—¡No lo sé! —dijo Janner—. ¿Qué viste?

—Vi… a Gnag. Lo vi a él —Kalmar se estremeció—. He visto destellos antes, pero esto era diferente. Estaba justo delante de mí. ¿Oíste algo?

—Dijo que mirara por la ventana. Está en…

—Ban Rona —susurró Kal.

Janner se sintió como un tonto. Enfrentarse a los hendidos. Perder a Oood. Sobrevivir a la guardiana de la piedra. Todos estos días de huida había estado impulsado por una loca esperanza de que, de alguna manera, él y Kalmar podrían ayudar a todos en Ban Rona deteniendo a Gnag. Pero todo era en vano si Gnag ya se había ido, y no solo se había ido, sino que estaba en los Valles, donde todos sus seres queridos probablemente estaban a punto de morir.

De repente, la góndola dio un bandazo y redujo la velocidad. Miraron por la ventanilla a un grupo de antorchas en lo alto mientras la góndola se acercaba flotando. Las antorchas estaban en manos de Colmillos Verdes, de pie al borde del pozo y sonriéndoles. Los Colmillos estaban en una cámara pavimentada con losas de mármol pulido. La sala era un gran semicírculo con un arco en la parte trasera. Janner se dio cuenta de que ya no estaban en las mazmorras, sino en el castillo Throg.

—¿Qué hacemos? —preguntó Kalmar. Los hermanos se pusieron uno al lado del otro mientras la góndola se acercaba a los Colmillos.

—Cíñete al plan —dijo Janner—. Soy tu prisionero.

—Cierto. Kalmar desenvainó su espada y agarró el brazo de Janner.

Uno de los Colmillos se deslizó hacia delante y guio la oscilante góndola hasta tierra firme. Janner respiró hondo y se preparó para pelear. Pero en lugar de abrir la puerta, el Colmillo hizo una mueca y puso un candado en el pestillo. Hizo sonar las llaves ante los chicos, luego se retiró y se inclinó ante un Colmillo más flaco y viejo... un Colmillo que les resultaba conocido.

—Diles que soy tu prisionero —susurró Janner.

—Tengo un prisionero —Kalmar gruñó—. ¡Déjenme pasar!

El Colmillo mayor dio un paso adelante, inclinó la cabeza y miró por la ventana con sus ojos negros y planos. Apestaba incluso peor que la podredumbre del suelo.

—Los chicos Igiby —dijo—. No los he visto desssde... ¿dónde era? Ah. El municipio de Glipwood. Justo antes de que el tonto de tu tío montara en el perro. Hemos recorrido un largo camino, ustedes y yo —dijo moviendo la lengua.

Kalmar gruñó.

—¡Soy un Colmillo! ¡Tengo un prisionero!

—¿Ah, sí? ¡Un prisionero! El chucho de ojos azules tiene un prisionero. Muy bien. Yo tengo dos. Los hermanos Igiby que me eludieron en Skree ya no me eludirán. El Sssin Nombre dijo que llegarían pronto.

A Janner se le heló la sangre. Recordó estar de pie en las calles de Glipwood en un mar de Colmillos. Y recordó al general Khrak, el Colmillo más temido de todo Skree.

—No sssé cómo han conseguido pasar a la guardiana de la piedra —continuó Khrak—, pero el vum prácticamente anunció sssu llegada. Solo lo usssamos en emergencias, ya ven, y nunca hay *emergencias* en el Castillo Throg. Y aquí están, tal como el Sssin Nombre dijo que estarían.

—P-pero —balbuceó Janner.

—¿Cómo lo supo? —Khrak se rio—. Los percibió en los Valles Exterioresss. Oyó a su hermana y sssupo que estaba sola en Ban Rona. Una vez que llegaron a las Profundidadesss, fue a buscarla él mismo —se dio la vuelta y se paseó por el suelo—. Los Colmillos Murciélago son estúpidosss, pero debo admitir que tienen muchos usosss. Pueden volar a Ban Rona en un día y medio. Sssospecho que lo sabrán muy pronto.

La ira ardía en las venas de Janner, una gran frustración por la inutilidad de todo lo que habían hecho. Habían llegado tan lejos solo para que Gnag hubiera abandonado Throg. Estaban a punto de ser enjaulados como animales, e incluso si lograban salir, ¿cómo podrían llegar a Ban Rona a tiempo para ayudar a Leeli y a los demás?

—No saben lo que pasó allí, ¿verdad? —preguntó Kalmar—. Creen que hemos llegado hasta aquí por casualidad. No saben nada de la guardiana de la piedra.

Khrak dejó de caminar y giró.

—Tenemos la piedra —dijo Kalmar.

—¿Tienen qué? —Khrak no intentó ocultar su sorpresa.

—La tenemos —Kalmar sonrió—. Y si no nos dejas ir, la tiraremos por el pozo.

—Mentirasss.

—Muéstrale, Janner.

—Barcos y Tiburones —dijo Janner en voz baja mientras rebuscaba en su bolsillo.

—¿Y eso qué *sssignifica?* —espetó Khrak.

—Algo que nos enseñó nuestro abuelo —dijo Kalmar, mientras Janner sacaba la piedra.

—Siempre hay una salida —dijo Janner, y abrió la mano.

La luz de la piedra brilló y salió por todas las rendijas de la góndola. Khrak retrocedió y los demás Colmillos sisearon sorprendidos. Los Colmillos se recuperaron rápidamente y avanzaron, rodeando la góndola y desenvainando sus espadas mientras intentaban bloquear las ventanas.

—No arrojarías una de las piedrasss antiguas a la fosa —dijo Khrak—. Esa pequeña roca tiene más poder del que puedas imaginar.

—Esta piedra —dijo Janner con firmeza— no nos ha causado más que problemas. Es la razón por la que medio mundo se ha arruinado. Me alegraría verla arrojada a las tinieblas —Janner entornó los ojos hacia la ventana situada frente a la puerta—. Ahora. Déjanos salir de aquí, o se termina. Kal, apuñala a cualquier Colmillo que intente bloquear esa ventana.

Kalmar asintió y apuntó su espada a la ventana. Los Colmillos que se asomaban se retiraron.

—¡No lo harás! —gritó Khrak—. ¡Los dejaremos pudrirse en esa jaula!

—Ah, pero ahí es donde te equivocas. Barcos y Tiburones, ¿recuerdas?

—¿Y eso qué sssignifica? —gritó Khrak.

—Significa que siempre hay una salida, como ya te dije —Janner sonrió.

—No sssiempre —dijo Khrak.

—No para ti —replicó Janner—. Pero nosotros estamos bajo el cuidado del Hacedor. Aun si morimos en el intento, la muerte no es más que otra salida. Pero ¿tú? Tú tan solo te convertirás en polvo.

—Morirás —dijo Khrak—. Igual que tu padre Esssben.

—Su muerte —dijo Kalmar— fue gloriosa. Que así sea.

Khrak no dijo nada. Después de un momento, asintió a los demás Colmillos. Estos retrocedieron, todos menos el de la llave.

—Vark —dijo Khrak—, abre la puerta, luego retrocede. No les permitas acercarse al acantilado.

—¿Estás seguro de que funcionará? —susurró Kalmar.

—No tengo idea —Janner respiró hondo—. Solo mantente cerca del borde.

—¿De verdad tirarías la piedra? —preguntó Kalmar.

—Por supuesto.

El Colmillo quitó el candado y abrió la puerta.

70

Los riscos del Castillo de la Roca

Janner y Kal miraron con recelo al general Khrak y a sus guardias. Si los Colmillos atacaban y Janner arrojaba la piedra al pozo, había muchas posibilidades de que él y Kalmar la siguieran por el borde hasta la muerte. Pero Gnag parecía quererlos vivos, y eso era un extraño consuelo.

—Vamos, ya —dijo Kalmar. Salió de la góndola y levantó la espada—. ¡Atrás! ¡Ya mismo, o mi hermano tirará la piedra!

Los Colmillos retrocedieron varios pasos y Janner siguió a Kalmar a la luz. Los chicos se colocaron de espaldas a la góndola y oyeron el susurro del viento a sus espaldas, que se arremolinaba en la garganta del abismo. Kalmar dio un paso a la derecha y se acercó al borde, haciendo señas a Janner para que lo siguiera. Los Colmillos sisearon y se agazaparon, listos para saltar a la orden de Khrak. Los hermanos estaban al borde del negro abismo, con las espadas preparadas y la piedra en la mano abierta de Janner.

Pero los ojos malévolos de Khrak estaban fijos en el rostro de Janner... no en la piedra. Entonces, Janner se dio cuenta de que los otros tres Colmillos entrecerraban los ojos, apartándolos de su resplandor como si le tuvieran miedo. Cuando Janner levantó la piedra a la altura de su cabeza, Khrak también entrecerró los ojos, y luego desvió rápidamente la mirada hacia el rostro de Kalmar, y después hacia el suelo.

La luz perturbaba a los Colmillos. O su poder era aterrador o su belleza era repulsiva. Janner dio un rápido paso adelante y les agitó la piedra en la cara. Ellos retrocedieron. Khrak siseó y enseñó los dientes.

—Quédate cerca —le susurró Janner a Kalmar.

Dieron un paso adelante y los Colmillos retrocedieron.

—Canta algo —dijo Janner.

—¿Eh?

—Canta algo… algo annierano.

—No sé cantar —dijo Kalmar—. Tú canta algo.

Janner se devanó los sesos, pero tenía la mente en blanco.

—Leeli siempre está cantando. ¿No recuerdas algo?

—¿Qué tal «Los riscos del Castillo de la Roca»?

—Perfecto.

A Janner no le gustaba cantar más que a Kal. Siempre que los habían obligado a cantar, solían dejar que Leeli hiciera todo el trabajo. Pero un momento después, los hermanos cantaron torpemente la primera estrofa.

La lluvia que azota el mar
El sol que la tierra rompe y hace calentar
Los arcos que entre los acantilados se encadenan
La hierba que reverdece la piedra y la arena
Las campanas que suenan en el reloj de la torre
La golondrina que canta y el cielo recorre
Y alrededor el mástil del velero desemboca
Alabado sea el Hacedor del Castillo de la Roca

Los Colmillos se agarraron a los lados de la cabeza y sisearon.

—¿Qué dice el siguiente verso?

Janner se acercó al lejano arco. Kalmar empezó a cantar de nuevo, y Janner se le unió.

Cuando las olas marchan y golpean la frente
De las piedras un recuerdo viene a mi mente
Nos paramos en la duna en medio del verano
Y al amanecer hicimos un voto tomados de la mano
Algún día al Castillo de la Roca volver

No importa cuán lejos nuestro hogar fuera a parecer
Fuimos allí juntos y una melodía entonamos
Al son de las campanas y bajo la luna nos quedamos
Para alabanza del Hacedor que nos dio la bendición
De los momentos que pasamos aquella estación.

Uno de los Colmillos tuvo arcadas. Khrak lo golpeó con la parte plana de su espada.

—¡Es solo una canción, tonto!

Era el momento que Janner había estado esperando.

—¡Corre! —gritó.

Janner y Kalmar se lanzaron entre los Colmillos tambaleantes y corrieron hacia la puerta arqueada. Pero en cuanto cesó la canción y el puño de Janner se cerró sobre la piedra, los Colmillos se recuperaron y se lanzaron a la persecución mientras Khrak bramaba maldiciones.

Kalmar llegó a la puerta antes que Janner y empezó a cerrarla. Janner podía oír a los Colmillos pisándole los talones y sabía que no lo lograría. Uno de los Colmillos enganchó su capa durgana y lo tiró hacia atrás, haciendo que se detuviera. Janner sintió dolor en la garganta, donde la capa lo asfixiaba, luego un fogonazo en el hombro al caer al suelo, y después vio un estallido de luz. La piedra había salido volando de su mano.

—La lluvia que azota el mar —entonó Kalmar, medio cantando y medio gritando—. El sol que la tierra rompe y hace calentar…

Janner vio estrellas, sintió garras en brazos y piernas, y oyó el siseo de Colmillos mientras luchaba por ponerse en pie. Intentó agarrar su espada, pero sus manos no parecían funcionar correctamente. Cuando por fin tuvo la empuñadura en su poder, asestó un golpe a ciegas con su espada y oyó un chillido. Agarrándose la garganta, se puso de pie tambaleándose, tosiendo por el polvo amargo que flotaba en el aire mientras Kalmar cantaba a pleno pulmón.

—Los arcos que entre los acantilados se encadenan, la hierba que reverdece la piedra y la arena…

Cuando la visión de Janner se aclaró, vio que solo quedaban dos Colmillos. Había matado a uno, y Kalmar había matado a otro. Khrak y el otro Colmillo que quedaba estaban agachados, protegiéndose los ojos de la piedra (que ahora estaba en la mano de Kalmar) y agarrándose las orejas. Janner estuvo tentado a taparse también los oídos, tan horrible era el sonido del canto frenético y desafinado de Kal. Leeli se habría sentido profundamente ofendida.

Janner atravesó el arco y ayudó a Kalmar a cerrar la enorme puerta de roble. Khrak se abalanzó sobre ellos, y Janner clavó la espada de Rudric por el estrecho hueco de la puerta. La delgada cara de lagarto de Khrak se clavó en la abertura, chasqueando los dientes y escupiendo veneno.

—¡Tira! —gritó Janner, y los chicos forcejearon con todas sus fuerzas. Janner soltó la espada para poder usar las dos manos en el picaporte, pero la espada no cayó: estaba incrustada en el pecho de Khrak. Mientras los chicos observaban, los ojos del viejo Colmillo se nublaron, su piel se secó, su lengua se agrietó y se endureció y, con un último tirón de la puerta, la cabeza del general Khrak estalló en una nube de polvo.

Janner sacó su espada de la brecha y la puerta se cerró de golpe. Kalmar encajó el travesaño en su sitio y lo cerró con fuerza.

Janner cayó al suelo, jadeando. Kalmar no estaba sin aliento, pero tenía los ojos muy abiertos por el miedo. Olfateó el aire, agarrando la piedra con una mano.

Escucharon junto a la puerta, pero lo único que oyeron fue el murmullo preocupado del único Colmillo que quedaba.

—¿General? Oh, gusanos. ¿General, Khrak? Luego, oyeron los pasos del Colmillo mientras huía.

—¿Estás bien? —preguntó Kalmar, ayudando a Janner a levantarse.

—Eso creo.

El cuello de Janner ardía y su capa se había rasgado, pero no estaba herido. Envainó su espada y miró a su alrededor. Se encontraban en un largo pasillo arqueado de relucientes losas bordeado de estatuas blancas de muchas criaturas extrañas. Había vacas colmillo, sapos de lodo, charvos, abomachacadores y ratociélagos, todos sobre pedestales y en poses temibles. Aparte de las estatuas, estaban solos.

Al menos, eso creían.

—Esa fue una canción maravillosa —dijo una voz conocida que hizo que Janner sintiera escalofríos—. Bienvenidos al Castillo Throg, chicos —un anciano salió cojeando de detrás de una de las estatuas—. Qué alegría volver a verlos.

71

Arañifer

—¡Squoon! —el corazón de Janner se llenó de ira—. Se supone que debes estar muerto.

Squoon se rio entre dientes.

—Se *suponía* que ocurrirían muchas cosas. Se *suponía* que debía casarme con Madia, pero no lo hice. Se *suponía* que Gnag el Sin Nombre iba a convertirme en araña, pero no lo hizo, por mucho que se lo rogué. Aunque lo serví durante años, aunque escapé de tu asqueroso padre, aunque nadé hasta refugiarme, aunque me abrí camino sobre roca y arena hasta Yorsha Doon, aunque crucé el abismo y me abrí paso sobre las cadenas hasta Throg, ¡Gnag no quiso fundirme! Pero se *suponía* que debía hacerlo.

Bonifer Squoon se acercó cojeando. Parecía más viejo que en Ban Rona, y más malvado. Sus ojos eran salvajes y terribles, inyectados en sangre y crispados. Iba vestido con el mismo traje que había llevado la noche en que traicionó a los Wingfeather y a todos los Valles, la noche en que secuestró a los niños y contribuyó a la muerte de su padre. Atrás había quedado el dulce anciano de porte erudito. Ahora se parecía a lo que siempre había sido: un asesino, una cáscara traicionera de un ser humano.

Se acercó un paso y agitó los dedos señalando a Janner.

—Sé que tienes la piedra —dijo—. Dámela.

—¿Por qué? —Janner intentó dar un paso atrás, pero se golpeó contra la puerta.

Kalmar se adelantó y blandió su espada.

—Atrás, Squoon. Y dinos cómo salir de aquí. Necesitamos llegar a Ban Rona.

—No tiene sentido, muchacho. Gnag se ha ido. Ha ido a buscar a tu hermana —Squoon extendió su huesuda mano hacia Kalmar—. Ahora, ¡dame la piedra!

Squoon llevaba algo bajo el brazo. Janner pudo ver una pequeña caja oxidada del tamaño de un ladrillo, metida contra el corazón del anciano. Entonces, Squoon empezó a cantar. Cantaba la canción de las piedras antiguas, con una voz ronca y vieja que le daba un tono oscuro y siniestro.

—¡Silencio! —gritó Janner.

Pero Squoon sonrió y cantó más alto mientras se acercaba a Kalmar. Cantaba de manera salvaje, arañando el puño de Kalmar y abriéndole los dedos. Janner intentó apartar a Bonifer, pero el viejo era más fuerte de lo que parecía.

Hubo un rápido destello de la piedra cuando Bonifer, todavía cantando salvajemente, retorció los dedos de Kal y al mismo tiempo abrió la cajita. De la caja, salió arrastrándose una araña negra y brillante del tamaño de un pájaro pequeño. Subió por el brazo de Bonifer hasta su cara justo cuando la luz parpadeaba. Janner y Kalmar gritaron y retrocedieron.

La canción retorcida de Bonifer se convirtió en una risa retorcida mientras un humo antinatural se arremolinaba a su alrededor. Se contoneaba en el suelo como un niño feliz. El humo se acumuló en el suelo y dejó oculto a Bonifer.

—Tenemos que salir de aquí —dijo Janner.

Entonces, ocho largas y relucientes patas de araña se desplegaron del humo. La ropa rota de Bonifer colgaba de ellas hecha jirones. Las patas negras se flexionaron y luego levantaron la forma peluda y palpitante a la que estaban unidas. El rostro triunfante de Bonifer Squoon estaba fusionado al abdomen hinchado de la araña, y en sus mejillas había ojos, docenas de ellos, negros y sin párpados.

La criatura Squoonosa levantó las patas delanteras y las admiró con feliz asombro; luego se volvió lentamente y miró a los hermanos con una sonrisa de dientes amarillos.

—Eso es —dijo con una voz rasposa—. Así está mejor.

Los hermanos recogieron sus espadas del suelo y echaron a correr.

—¡Métete esto en el bolsillo! No la quiero —gritó Kalmar mientras corrían por el pasillo, esquivando extrañas criaturas que los miraban con sorpresa. Kalmar le arrojó la piedra a Janner, el cual se la metió en el bolsillo. Janner miró por encima del hombro y vio a la araña Bonifer flexionando sus patas bamboleantes y girando hacia ellos.

El pasillo conducía a una escalera ancha y ornamentada que se dividía en la parte superior y llevaba en direcciones opuestas.

—¿Por dónde? —gritó Kalmar.

—¡No lo sé! ¡A la derecha!

Subieron los escalones de dos en dos hasta que llegaron arriba y se encontraron en una especie de armería. Las paredes estaban llenas de estantes con espadas y lanzas, que parecían totalmente inútiles contra una araña gigante.

Janner y Kalmar corrieron hacia el extremo opuesto de la armería y se detuvieron para recuperar el aliento.

—Tiene que haber una forma de salir de esta montaña —dijo Janner—. ¿Puedes oler algo? ¿Una salida o algo así?

Kalmar olisqueó el aire.

—Lo huelo… a él. A Bonifer, o lo que sea —volvió a olfatear—. Y huelo trols. Muchos.

—¿Por dónde?

Kalmar cerró los ojos y señaló a la izquierda.

—Ese es el camino.

—¿Eh? —dijo Kalmar—.

—Probablemente estén vigilando la salida.

—Chicos —la voz corrupta y arácnida de Bonifer retumbó en el aire—. Tengo hambre.

—¡Vamos! —Janner agarró a Kal del brazo y salió corriendo de la armería hacia una sala de banquetes llena de montones de comida podrida. No hay ni un Colmillo a la vista. En el extremo de la sala, sobre la entrada, cerca del techo, había una hilera de estrechas ventanas que se abrían al cielo. La visión de aquellas pequeñas manchas de azul claro hizo que a Janner se le hiciera un nudo en la garganta, y se dio cuenta de que había llegado a creer que nunca volvería a ver el cielo.

Atravesaron corriendo el vestíbulo, resbalando con la comida podrida esparcida por el suelo. Cuando llegaron a la puerta, Kalmar gimoteó.

—¿Qué ocurre? —preguntó Janner.

—Trols. Justo afuera.

Detrás de ellos, la puerta de la sala de banquetes estalló en astillas. Squoon se agachó a través del arco y se estiró hasta alcanzar su altura máxima. El arácnido Bonifer recogió un montón de comida podrida y se lo llevó a la boca, untándose la cara mientras lo sorbía. Vio a los hermanos, sonrió y se arrastró en su dirección, con las piernas repiqueteando en el suelo.

—Podemos elegir entre trols o una araña gigante que quiere comernos —dijo Janner con voz temblorosa.

—Trols —dijeron los chicos a la vez.

Abrieron la puerta de golpe y salieron disparados al mundo luminoso y azotado por el viento en lo alto de la Cordillera de la Muerte.

72

«Lluvia y fuego»

Janner y Kalmar salieron a un patio tan amplio como el Campo de Finley. Estaba rodeado por un muro de piedra de al menos seis metros de altura, con nieve amontonada en los bordes. El cielo azul profundo estaba despejado y frío. Al otro lado del patio había una abertura arqueada en la pared que enmarcaba innumerables picos nevados que se alejaban en la distancia. Los hermanos estaban en la cima del mundo.

Y la cima del mundo estaba atestada de trols —trols *enormes*— vestidos con pieles, lo cual los hacía parecer más grandes y temibles, como una manada de abomachacadores.

—Grrk —dijo uno de ellos.

Uno a uno, los trols dirigieron su atención hacia el niño y el lobo, que estaban de espaldas a la puerta del castillo. No había forma de que los hermanos pudieran cruzar el patio antes de que los trols los atraparan. O se los comieran. O los aplastaran. Pero Janner no veía otra opción. El amplio mundo que se extendía más allá del arco los llamaba.

Janner sacó la piedra de su bolsillo, pero aquí, a la luz del día, su brillo parecía algo insignificante. Además, los trols no estaban fusionados; dudaba de que el poder de la piedra ejerciera alguna influencia sobre ellos.

Los gigantones gruñeron unos a otros y señalaron con el dedo con desconfianza, acercándose a los chicos.

—¿Deberíamos hacer el intento y correr? —preguntó Janner.

Detrás de ellos, la araña arañaba la puerta de roble.

—Sí —Kalmar dejó escapar una risita nerviosa—. Sí, deberíamos.

Janner se agachó, tratando de ignorar el temblor de sus piernas cansadas. *Si muero, será una buena muerte,* se dijo. *El tío Artham estaría orgulloso, ¿verdad?*

La araña volvió a rascar la puerta, luego la golpeó con fuerza y la vieja madera crujió.

—¿Listo? —preguntó Janner mientras los trols se acercaban.

Kalmar rio entre dientes.

—Sabes, me vendría muy bien un poco de poesía trol ahora mismo. ¿Conoces alguna?

—De hecho, sí —dijo Janner con una amplia sonrisa—. Corremos a la cuenta de *squibbit.* ¿Listo?

—Listo.

—*Grrk. Glog-glog... ¡ack... woggy!*

Kalmar recitó la segunda línea.

—*Grrk. Glog-glogacsnoc-jibbit.*

—*Ooog, wacklesnodspadgenoggi,* —continuó Janner, tensándose para saltar.

—*¡Nacketbriggleswiiiiiiiim! Grrk...*

—... *¿squibbit?*

Antes de que echaran a correr, Janner se dio cuenta de que otra voz había terminado el poema. Uno de los trols se adelantó y repitió la frase:

—*¡Nacketbriggleswiiiiiiiim! Grrk. ¿Squibbit?*

Janner se quedó boquiabierto.

—¿Hablas trol? —preguntó el gigante.

—Eeh, grrk —dijo Kalmar—.

—¡Grrk! —soltó Janner. ¡Glog-glogacksnock-jibbit!

El trol les gruñó algo a sus compañeros. Los demás murmuraron y esbozaron sonrisas infantiles.

—¿Cómo niños saber hablar trol? —preguntó un segundo trol.

—Un amigo trol nos enseñó —dijo Janner, tratando de ignorar los golpes en la puerta detrás de él.

—¿Amigos trols? —dijo alegremente el primer trol, aplaudiendo.

—¡Sí! —Janner apenas se atrevía a esperar que eso estuviera pasando—. ¡Se llamaba Oood!

—¿Oood? —dijo el segundo trol—. Yo recordar Oood. ¡Oood, hijo de Glab y Thracky!

—¡Glab mi primo! —dijo otro trol por detrás.

De repente, la tensión en el patio desapareció y los trols se pusieron a charlar alegremente, congregándose alrededor de los chicos y mirándolos con caras horriblemente alegres. A Janner casi le fallan las piernas. La puerta detrás de ellos se estremeció con otro golpe, y los trols miraron a los chicos de manera inquisidora.

—¡Escuchen! —dijo Janner—. Oood era nuestro amigo. Iba a ayudarnos a aplastar a Gnag.

Los trols asintieron y se rascaron la cabeza y el ombligo.

—Aplastar bien a Gnag —el primer trol se golpeó el pecho—. Yiggit querer ir a casa con Glagron. Mucho frío aquí. Sin árboles. Los otros trols gruñeron para expresar su acuerdo.

—¿Nos ayudarán? —preguntó Kalmar.

—¿Por qué ayudar a Colmillo? —dijo Yiggit, entrecerrando los ojitos.

—¡No es un Colmillo! —replicó Janner—. Es el rey supremo de Anniera. Gnag le hizo esto —señaló a la piel de Kalmar.

—Anniera —dijo Yiggit, asintiendo—. Gnag aplasta Anniera.

—Sí —dijo Kalmar—. Y ahora, Anniera aplasta a Gnag.

Los trols lo pensaron un momento, y entonces toda la congregación levantó sus gigantescos puños al aire y gritó: «¡Aplastar a Gnag!».

Bonifer volvió a golpear la puerta y los trols se mostraron confundidos.

—Hay una gran araña al otro lado de esa puerta —Kalmar movió los dedos imitando el caminar de una araña—. Un monstruo malo. ¿Pueden detenerlo?

—Fácil —dijo Yiggit, encogiéndose de hombros, y gruñó algunas órdenes a los demás.

—Necesitamos llegar a Ban Rona —dijo Janner—. Hacia abajo desde Throg.

—Vengan —Yiggit hizo señas a varios de sus compañeros para que lo siguieran. Los demás se separaron y dejaron pasar a los hermanos, luego sonrieron y se reunieron en torno a la puerta del castillo, a la espera de aplastar lo que surgiera.

Justo cuando Janner y Kalmar atravesaban el arco que hacía solo unos momentos parecía imposible de alcanzar, la puerta se abrió de golpe. Janner miró atrás. Las patas arácnidas salieron disparadas por encima de las cabezas de los trols, pero estos se abalanzaron sobre la araña gigante, y la voz de Bonifer resonó en el aire por última vez.

—Yiggit ayudarlos a bajar —dijo su nuevo amigo.

Janner apartó los ojos del patio y contempló la vertiginosa extensión de la Cordillera de la Muerte que se extendía ante él. Más allá del muro, la montaña caía abruptamente. Al borde del acantilado, había otra góndola sujeta a otra serie

de cadenas. Las cadenas se extendían sobre el precipicio y descendían hasta una torre de hierro construida en una ladera distante, luego a otra y otra, por el lado de la montaña y alrededor de una cresta pedregosa más abajo.

Yiggit indicó con un gruñido que los chicos debían subir a la góndola, y luego se dirigió a una enorme rueda y se puso a trabajar con una serie de palancas. Janner y Kalmar subieron nerviosos los escalones de piedra de la góndola y se metieron dentro. Estaba tan sucia como la otra, pero Janner no iba a quejarse. Se asomó por la ventanilla, con los ojos llorosos por el frío viento, y esperó a que otros trols se unieran a Yiggit a la rueda.

—Oood es un buen chico —dijo Yiggit.

—Sí —Janner no tuvo el valor de decirles que Oood ya no estaba.

Yiggit y los demás resoplaron. La góndola se elevó del suelo y se balanceó, para luego girar hacia el aire libre.

—Estamos muy apurados —dijo Kalmar—. ¿Podrían hacernos vum?

—¡Vum! —Yiggit hizo señas a los otros trols para que se apartaran. Esperó a que los chicos se sentaran, accionó una palanca y la góndola salió disparada sobre el aire vacío.

Los hermanos se reclinaron en sus asientos, sin prestar atención a la suciedad ni a la peligrosa velocidad. Estaban agotados y sin palabras.

Janner miró por primera vez a la plena altura del Castillo Throg. Era hermoso a su manera, piedra sobre piedra, espigado y silencioso en las alturas heladas, un lugar solitario en una montaña solitaria, donde la locura había hecho su hogar. Nunca antes Janner había anhelado tanto las cosas verdes y cálidas, los árboles crecidos, las olas ondulantes y las caras sonrientes.

La góndola descendió hasta que la aguja más alta de Throg desapareció entre los picos.

73

Al otro lado del abismo

Bajaron sin saber qué había sido de su hermana, sin saber qué había al pie de la montaña, sin conocer otra cosa que hambre, sed, frío y cansancio. Habían llegado más lejos y hecho más en su corta edad de lo que la mayoría de los hombres haría jamás. Sus vidas se transformarían en leyendas.

Se escribirían historias sobre ellos, historias que leerían los niños y los padres a la hora de dormir. Los hermanos representarían sus escenas favoritas, disfrazándose de Colmillos o dragones de mar o incluso de Podo Helmer. Janner, Tink y Leeli lo habían hecho ellos mismos cuando eran niños, Podo lo había hecho con sus hermanos cuando era joven, y así hasta los primeros ciudadanos, que habían oído historias de la propia boca del Hacedor sobre otros mundos que había creado.

Sin embargo, ahora, lo único que los chicos conocían era el frío, la preocupación por su destino, el destino de su familia —el destino del mundo— y el ruidoso silencio del viento en las montañas.

Janner durmió un rato, se despertó en la oscuridad y luego se asomó por la ventanilla de la góndola a las vastas pendientes bajo una media luna. Kalmar dormitaba en el asiento de enfrente, removiéndose y cambiando de postura cada vez que la góndola pasaba a trompicones junto a otra torre incrustada en la pedregosa ladera de la montaña.

Llevaban horas descendiendo. Janner asomó la cabeza por la abertura de la puerta y escudriñó las estribaciones en busca de algún indicio de cuánto les quedaba por recorrer, pero no vio más que oscuridad. Rebuscó en su mochila, y luego en la de Kalmar, en busca de comida, migas o corazones de manzana para calmar su creciente hambre, pero no encontró nada. Tampoco había agua.

Estiró la mano y se esforzó por alcanzar el techo de la góndola, y sus dedos se clavaron en la nieve dura. Rompió un trozo y lo volvió a meter con cuidado. Se puso a masticar nieve y pensó largamente en Leeli y en el resto de su familia, en Oskar y Sara Cobbler, y pronto volvió a quedarse dormido por el interminable balanceo de la góndola.

—Janner, despierta —dijo Kalmar.

Janner se incorporó de un tirón. Kalmar señaló por la ventana el amanecer. No podían ver el sol detrás de las montañas, pero pintaba las nubes altas del este de tonos rosados y amarillos claros. Al oeste, había una llanura brumosa que parecía el Mar Oscuro al atardecer en Glipwood. Pero no era el mar. Era el desierto estéril de los Infortunios de Shreve.

La góndola estaba llegando a su destino. La ladera de la montaña era rocosa y sin nieve, y Janner notó que no tenía tanto frío como había tenido durante la noche. La cadena que los transportaba se extendía hacia un pequeño grupo de edificios.

—¿Ves a alguien? —preguntó Janner.

—Todavía no. Pero hay alguien en casa. Hay humo en las chimeneas.

Mientras Janner estudiaba el asentamiento, intentando calcular la distancia, vio algo que lo dejó sin aliento. Los edificios y la pequeña plataforma donde descansaría la góndola se encontraban al otro lado de un enorme abismo.

La góndola avanzó a trompicones, se tambaleó sobre otro poste y sacó a los chicos por una grieta en la tierra tan profunda que parecía tragarse la luz del sol. Se extendía a ambos lados hasta donde alcanzaba la vista, como si las montañas hubieran decidido un día separarse del resto del continente. La cadena caía a lo largo de varios cientos de metros y se conectaba con otra plataforma al otro lado. Las aves —halcones y gavilanes y al menos un raro grifendril— circulaban en el aire vacío bajo ellos como peces nadando en las profundidades.

Janner y Kal se quedaron quietos, como si un movimiento repentino pudiera romper la cadena y hacerlos caer en picada al abismo. La góndola avanzaba chirriando, bajando cada vez más, y pronto estuvieron bajo el borde del abismo, mirando hacia arriba a la plataforma en vez de hacia abajo. Janner podía sentir la gran nada bajo sus pies y se preguntaba cómo rayos alguien era capaz de llevar la cadena a través de semejante cañón. ¿Y quién estaba tan loco como para montar en la cadena por primera vez?

Ninguno de los chicos hablaba. No había nada que decir. Se enfrentarían a lo que les saliera al paso cuando la góndola se detuviera. Janner no veía la hora de volver a poner los pies en tierra firme, por muchos Colmillos que pudieran esperarlos.

La góndola se acercaba cada vez más al acantilado a medida que salía el sol. De las chimeneas, salía humo, y Janner sintió el familiar temblor del miedo en las entrañas. Algo estaba a punto de ocurrir, y no tenía ni idea de qué.

—Tal vez todo el mundo está dormido —susurró Kalmar.

—Tal vez —dijo Janner, pero lo dudaba.

Con un último tirón, la góndola se elevó, se arrastró por la plataforma y se detuvo. Justo cuando Janner se permitía creer que su llegada pasaría inadvertida, la góndola se desplazó de nuevo y la parte superior golpeó contra un mecanismo que hizo sonar una fuerte campana. El sonido sacudió el aire y resonó en el acantilado opuesto.

—Genial —refunfuñó Kal.

Los chicos se quedaron helados, como si su quietud pudiera deshacer la alarma. No ocurrió nada, así que Janner abrió la puerta y los hermanos salieron, con las articulaciones doloridas, y bajaron en puntas de pie de la plataforma. Un camino rocoso conducía entre los edificios a un espacio abierto. Con el abismo a sus espaldas, no tenían otra opción más que avanzar.

Kalmar olió el aire y susurró:

—Ten cuidado. Colmillos.

Entonces, la puerta del edificio más cercano se abrió de golpe y, de la oscuridad, emergió la guardiana de la piedra, deslizándose por el suelo sobre sus numerosas patas. Llevaba la capucha echada hacia atrás y su rostro enfermizo y estirado mostraba una sonrisa triunfal.

Avanzó tan rápido que Janner apenas tuvo tiempo de reaccionar. Buscó a tientas la piedra en el bolsillo, pensando que podría volver a intentar negociar como antes, pero la guardiana de la piedra agarró a los dos chicos por las muñecas. Los tiró al suelo con una fuerza sorprendente, sin dejar de reír. Janner estaba tumbado de espaldas, conmocionado, y apenas era consciente de la presencia de otro halcón en el cielo rosado.

Los chicos gimieron mientras intentaban ponerse en pie y desenvainar sus espadas al mismo tiempo. Colmillos Grises y Verdes salían de las puertas de los otros edificios, todos con desprecio y espadas y la victoria en los ojos. También había humanos, errantes de los Infortunios vestidos de negro, con las caras pintadas de rojo con pintura de sanguínea. Sus espadas eran curvas y observaban con indiferencia cómo los Colmillos sometían y desarmaban a los muchachos. Janner sintió que le torcían los brazos a la espalda y lo sujetaban con fuerza.

—Ahora —dijo la guardiana de la piedra—, me devolverás el holoél. Sé que lo tienes.

—P-pero ¿cómo…?

—Los Colmillos Murciélago tienen muchos usos —su sonrisa reveló sus afilados dientes negros.

Janner miró por encima del hombro de la guardiana de la piedra y vio varios Colmillos Murciélago aleteando en el cielo. Parecían torpes y ridículos al lado del grifendril y los halcones que daban vueltas sobre el abismo. Uno de los murciélagos bajó de repente y Janner vio con consternación cómo atrapaba a uno de los hermosos halcones y empezaba a comérselo en el aire.

—No es un viaje tan agradable desde Throg como el que tuvieron ustedes —dijo la guardiana de la piedra—, pero los murciélagos son *mucho* más rápidos.

Janner intentó no mirar cómo el Colmillo Murciélago cazaba otros pájaros —el grifendril, entre ellos— y planeaba hasta posarse en el tejado del edificio más cercano, donde se acuclilló y observó con sus inútiles ojos lechosos cómo los pájaros luchaban entre sus garras.

—Gnag me dijo que vendrían —continuó ella—. Y fui una tonta al no reconocerte cuando te acercaste por primera vez a la caja de fusión. Estaba ansiosa por conocerte a ti, Kalmar, sobre todo —esbozó su horrible sonrisa y acarició la mejilla peluda de Kalmar—. Quedaste precioso.

Kalmar se sacudió, pero los Colmillos Grises lo sujetaron.

—¿Qué quieres con nosotros? —preguntó Kalmar con los dientes apretados.

—Eso te lo dirá el Sin Nombre —la guardiana de la piedra dirigió su atención a Janner—. Ahora, muchacho. Nada de intentos de heroísmo. Dame la piedra. Todavía tiene algo de potencia, y pienso darle un buen uso.

—Jamás me convertirás en Colmillo —dijo Janner.

—Quizás. Pero te encerraremos y torturaremos durante unos años cuando Gnag acabe contigo —la guardiana de la piedra metió la mano en el bolsillo de Janner y extrajo la piedra, luego hizo un gesto a los Colmillos Murciélago para que se acercaran—. Átenlos.

Janner forcejeó mientras los Colmillos le ataban los brazos y las piernas. Dos de los murciélagos se acercaron, agarraron a los niños y los levantaron en el aire. La guardiana de la piedra se cubrió la cabeza con su capucha y se subió a una gran cesta con una cuerda en cada esquina. Cuatro Colmillos Murciélago más aletearon hacia ella, agarraron las cuerdas y la levantaron mientras los habitantes de los Infortunios y los Colmillos observaban en silencio.

—¿Dónde nos llevan? —exigió Janner, mientras se levantaban.

—A casa, por supuesto.

Cuarta parte:

Anniera

Bonifer y el bebé, junto con la vieja Gineva y la nodriza de Doon, cruzaron el abismo, atravesaron las cadenas hacia la Cordillera de la Muerte y llegaron por fin al Castillo Throg. Muy por encima de la línea de árboles, donde el aire era delgado y el viento chirriaba, el castillo se alzaba como un racimo de cuchillos apuntando al cielo. La puerta se abrió y los viajeros pasaron del aullido del viento al vasto silencio de Throg.

El vestíbulo estaba escasamente iluminado y Bonifer solo veía formas sombrías que se deslizaban y arrastraban de un pilar a otro, de un tapiz a un rincón.

—¿Hola? —llamó, y su voz resonó en el tenue vestíbulo.

Pronto llegó el sonido de pasos lentos, y Bonifer contempló a un anciano, viejo como la montaña. La barba del hombre se arrastraba por el suelo, y parecía tan frágil que podría haber estado hecho de papel.

—¿Squoon? —dijo el hombre, con una voz tan profunda y fuerte que parecía pronunciada por otro ser completamente distinto.

—Sí, señor —respondió él con una reverencia.

—Me llamo Will.

A Bonifer se le heló la sangre.

—¿Ouster Will?

—El mismo —dijo el hombre, y su risa heló a Bonifer como el viento de la montaña. El hijo rebelde de Dwayne y Gladys, más viejo que las épocas, protagonista de cuentos de terror y canciones oscuras, estaba ante Bonifer en persona.

—Es una maravilla lo que puede hacer el agua del Primer Pozo —dijo Ouster Will. Cojeó hasta la nodriza y le arrancó el niño de los brazos. Levantó a la pobre criatura por una de sus patas y le dio la vuelta como si estuviera inspeccionando un trozo de carne. —¿Esto es lo mejor que pudiste traer? Nunca podrá caminar, y su rostro es espantoso —Ouster Will le arrojó el niño de vuelta a Gineva—. Pedí niños humanos. No monstruos —el anciano volvió por el largo pasillo iluminado por antorchas.

—¡Espere, mi señor! —dijo Bonifer.

—Vete, antes de que mis mascotas te engullan.

Bonifer y las mujeres retrocedieron ante la visión de las criaturas que se escabullían desde las sombras. Había cabezas de caballo y cuerpos rezumantes que se agitaban sobre patas de insecto, serpientes con alas deshuesadas e inútiles que se agitaban hacia él como peces, una vaca colmillo a la que le salía de las costillas la mitad superior de un lobo, y sus dos bocas chasqueaban el aire.

—¡Este es el hijo del rey supremo de Anniera! —gritó Bonifer.

Ouster Will se detuvo e hizo un gesto a los animales para que retrocedieran hacia las sombras. Volvió cojeando hacia Bonifer y la nodriza, con una sonrisa siniestra. Tomó de nuevo al bebé y le preguntó:

—¿Cómo se llama?

—No… no tiene nombre, señor.

—Entonces le daré un nombre. Y lo transformaré en algo. Vete.

—¿El oro, señor? —preguntó Bonifer con una risita nerviosa.

—En Yorsha Doon. Ahora, vete —Ouster Will acarició los miembros retorcidos y la cara deforme del bebé—. Tengo trabajo que hacer.

Bonifer y Gineva se dieron la vuelta para marcharse, pero Murgah, la nodriza, se inclinó y dijo:

—Mi señor, permítame quedarme y cuidar del niño junto con los míos.

Así que Bonifer y Gineva dejaron atrás a la mujer y se adentraron en el aullante viento. Squoon respiró hondo y sonrió. Lo único que quedaba por hacer era asesinar a la vieja comadrona Gineva. Había decidido que ella era un riesgo que no estaba dispuesto a correr, y la arrojó de cabeza al abismo.

Bonifer encontró su barco en Yorsha Doon cargado de cofres de oro, y cuando regresó a Anniera, Ortham lo saludó cálidamente y le presentó a su hijo recién nacido, Jru.

—¿Dónde has estado estas últimas semanas? —preguntó el rey, y Bonifer le explicó que había tenido que ausentarse a causa de una disputa comercial con los vallerinos.

La reina Madia aún se estaba recuperando del parto y seguía llorando la supuesta muerte del gemelo de Jru. Pero cuando Madia vio a su viejo amigo, lo abrazó y le dio la bienvenida a casa, ansiosa por hablar de la reacción de la joven Illia ante su nuevo hermano. Aun mientras escuchaba a Madia con deleite, Bonifer la observaba atentamente en busca de signos de duda o sospecha. Pronto, tuvo la seguridad de que su traición no había sido descubierta.

Pasaron los años. Bonifer continuó suministrando animales a Ouster Will y ya no dudaba del propósito del antiguo señor: estaba fundiendo animales, utilizando tanto viejas tradiciones como el holoré y el holoél para crear nuevas bestias. Bonifer se preguntaba a menudo por qué, y pronto dedujo que Ouster Will estaba creando un ejército. Si eso era cierto, Bonifer se alegraba de ser su aliado, no su enemigo. Seguiría ayudando a Will en todo lo que pudiera, y no solo por dinero o alianza. Bonifer Squoon también quería estar cerca del niño, al que Ouster Will había llegado a llamar «el Sin Nombre».

El Sin Nombre se arrastraba por los pasillos de Throg en compañía de otros horrores. Bonifer Squoon lo visitaba varias veces al año y le contaba al niño historias de Anniera, un reino donde, según él, los débiles eran despreciados y exiliados. Le mentía al niño.

—Tu verdadero padre, el rey supremo Ortham, estaba asqueado por tu malformación y planeaba matarte. Solo yo te amé. Solo yo te rescaté de las garras de Anniera y te traje aquí ante el señor Will, que reparará lo que el Hacedor te ha hecho.

—¿El Hacedor? —preguntó el chico, con las piernas inútiles dobladas bajo él y el rostro retorcido mirando a Squoon.

—Sí. El Hacedor es quien te ha retorcido el cuerpo. Él es quien quiso que nacieras de un padre que te mataría sin siquiera darte la bendición de un nombre. Él es quien se llevó a mi Madia, quien me ha apartado del amor. Si quieres sanar, debes hacerlo tú mismo. El Hacedor no te ayudará. Solo el señor Will, que ha trabajado estos largos años para perfeccionar la miserable obra del Hacedor, te ayudará. Los hombres y las mujeres son débiles. ¿Sabes cuánto tarda un niño humano normal en aprender a caminar? ¡Un año! ¿Sabes cuánto tarda en andar una vaca

colmillo? Minutos. ¿Sabes cuánto tiempo sobrevivirías en el frío si te arrojo afuera esta noche?

—No, Bonifer.

—Estarías muerto por la mañana. Pero cualquiera de estas bestias a tu alrededor viviría muchas noches, calentada por su sangre y su pelaje y su constitución superior. El hombre es débil. Deja que Will te haga fuerte. Permite que la sangre de la bestia impregne tus huesos. Elévate por encima de la sucia obra del Hacedor, y rompe el yugo de la debilidad. Que Kistamos se llene de mejores bestias, y que Ouster Will las gobierne. ¿Sabes que eres el legítimo rey de Anniera?

—¿Lo soy? —preguntó Gnag.

—Y un día, la aplastarás.

Gnag sonrió.

—Tomado de *La Annieríada*

74

Gnag el Sin Nombre

Las portillas estaban cerradas. En la mesa, ardía una sola vela.

Cuando los ojos de Leeli se adaptaron a la tenue luz, contempló una figura encorvada junto a la mujer de la túnica. Era calvo y delgado como un esqueleto. Tenía las mejillas hundidas y la boca fruncida y hacia abajo, como si estuviera sumamente enojado. Las venas se retorcían por la superficie de su cráneo como trazos de relámpagos rojos. La cosa —pues era difícil llamarlo hombre— llevaba una túnica que se extendía a su alrededor en el suelo. Pero fueron sus ojos los que infundieron el terror más profundo en el corazón de Leeli. Parecían no tener párpados, observándola sin emoción alguna y sobresaliendo de un cráneo cubierto de carne lechosa.

Gnag el Sin Nombre parecía profundamente viejo. Le recordaba a un árbol muerto que se pudre en el suelo del bosque, y sus ojos eran como brillantes larvas blancas enroscadas en la carne de la madera en descomposición.

—¿Tienes el arpa silbante? —le preguntó la mujer a Leeli.

Leeli se aferró a ella sin querer y se apartó como pudo, apretando la espalda contra la puerta. Gnag no dijo nada, pero su mirada pesaba sobre Leeli como un montón de piedras.

—Bien —dijo la mujer—. La necesitarás.

—No la usaré para ti.

La mujer sonrió.

—Lo harás.

—¿Qué quieres con nosotros?

—Quiere lo que tú tienes. Poder.

—Pero solo somos niños.

—Niños con poder.

—No sé de qué estás hablando.

Sin apartar los ojos del rostro de Leeli, Gnag desplegó los brazos y se acercó, arrastrando la túnica por el suelo. Se tambaleaba y se balanceaba como si aún estuviera aprendiendo a andar, y el sonido de sus pasos era erróneo de algún modo.

Gnag extendió hacia ella una de sus largas y huesudas manos. Leeli empujó con más fuerza la puerta, como si fuera a colarse por una hendija de la madera.

—¡Hacedor, ayúdame! —suplicó.

El casco gimió cuando las velas se llenaron de un viento repentino. El barco se inclinó hacia un lado y Gnag perdió el equilibrio. Cayó por el suelo y se estampó contra la pared en una maraña de miembros. Leeli vio que no tenía dos piernas, sino cuatro… cuatro piernas rechonchas y robustas. Dos terminaban en pezuñas, y las otras dos en patas.

La mujer soltó un grito ahogado y se apresuró a ayudarlo a levantarse. Jadeando y resoplando como un cerdo, Gnag volvió a ponerse de pie y apartó a la mujer de un empujón. Parecía enfermo.

—¿Adónde me llevas? —preguntó Leeli.

Gnag la miró fijamente con sus ojos protuberantes y lechosos. Cuando por fin habló, su voz era grave y gorgoteante.

—A mi hogar.

Leeli se obligó a sostenerle la mirada.

—¿A Throg?

—A Anniera.

¿Gnag era de Anniera? Leeli desechó aquel absurdo pensamiento, pensando que Gnag intentaba perturbarla o confundirla de algún modo. Volvió su atención hacia la mujer, que parecía disfrutar de la confusión de Leeli.

—¿Y tú quién eres? —preguntó Leeli.

—Me llamo Amrah.

—¿Qué quiere él de mí?

La mujer miró a Gnag, pero él sólo se quedó allí, mirando fijo. Arrancó un trozo de pan de una hogaza que había sobre la mesa y lo masticó en silencio. Leeli se alegró de que la mujer estuviera en la habitación, solo para tener algo que la distrajera de los espeluznantes ojos de Gnag. Él se limpió las comisuras de los labios y volvió a cruzarse de brazos, lamiéndose las migas de unos dientes que parecían tostadas quemadas.

—Te llevaremos a Anniera —dijo Amrah, sonriendo de nuevo ante la duda en el rostro de Leeli—. Él es annierano, como tú.

—Eso no tiene ningún sentido. Detesta a Anniera.

—Porque Anniera lo detestó a él —dijo la mujer.

—No lo entiendo —dijo Leeli.

El rostro de Gnag permaneció inexpresivo, pero la mujer puso los ojos en blanco.

—Muéstrame tu arpa silbante.

Leeli la sacó de su abrigo y se la tendió con desconfianza. Los tubos de plata brillaban a la luz de las velas.

La mujer dio un paso adelante y se la arrebató de alrededor del cuello a Leeli.

—¿Sabes a quién pertenecía esto? —preguntó, sujetando el arpa silbante como si sostuviera un pez muerto.

—A Madia Wingfeather. Mi bisabuela.

—Madia. La gran reina de Anniera. La gran abandonadora de niños —dijo Amrah, y Gnag mostró cierta emoción mientras una mirada de odio pasaba por su rostro.

—¿Qué quieres decir? —preguntó Leeli.

—Lo que quiero decir, *niña* —dijo Amrah en voz baja, ocultando el arpa silbante en su túnica—, es que era la madre del Sin Nombre.

El pensamiento era tan extraño, tan imposible, que Leeli se sintió mareada.

—Eso significa que es mi… mi…

—Tu tío abuelo —dijo la mujer.

Gnag observaba a Leeli, sus fosas nasales se agitaban con cada respiración.

—Entonces, ¿por qué nunca has oído hablar de él? ¿Por qué no aparece su nombre en las historias de Anniera? ¿Por qué no lo mimaron en el Castillo Rysen como a ti? —Amrah se inclinó más cerca—. ¿Por qué la Isla Luminosa es una ruina en decadencia?

—No lo sé— susurró Leeli.

Amrah cruzó la habitación y puso su mano cariñosamente sobre el hombro de Gnag. Su voz se volvió enfermizamente dulce cuando dijo:

—¿Se lo digo, mi señor?

Gnag apartó la mano de Amrah. Apretó y aflojó la mandíbula antes de hablar.

—Soy el gemelo mayor de Jru Wingfeather. ¡He aquí al que fue expulsado!

Se tambaleó hacia delante y se quitó la bata.

Las cuatro patas de Gnag no eran las suyas, sino las de dos lamentables hendidos, encorvados y esforzándose bajo el peso de Gnag. Una de las criaturas tenía cuerpo y cabeza de cabra, pero brazos de hombre; la otra era peluda como un Colmillo Gris, pero tenía cabeza de cerdo. Sus hombros estaban atados a una tosca cesta que sostenía las piernas de Gnag, malformadas y arrugadas debajo de él como ramas muertas.

De todas las cosas horribles que Leeli había visto, esta era la peor. Gnag el Sin Nombre, sometiendo a estas pobres criaturas a tal humillación; Gnag el Sin Nombre, huesudo y malicioso; Gnag el Sin Nombre, torcido y cruel. Gnag el Sin Nombre… ¿el tío abuelo de Leeli?

Gnag dejó caer la túnica, ocultando a los dos hendidos. Se inclinó hacia su izquierda y lo llevaron hasta la mesa para que pudiera arrancar otro trozo de pan. Hizo un gesto con la mano a Amrah y le dio la espalda a Leeli.

—Enciérrala.

Amrah tiró de Leeli y la sacó de los aposentos de Gnag hacia la luz. Después de su encuentro con Gnag el Sin Nombre, los Colmillos de la cubierta parecían poca cosa… cachorros, en comparación. Cuando la puerta se cerró, separando a Gnag del resto del mundo de Leeli, ella respiró hondo y exhaló lentamente.

—Esa historia… no puede ser cierta —dijo Leeli.

—Cuando nació el Sin Nombre —dijo la mujer mientras cruzaban la cubierta—, Madia sintió asco. Cuando Jru nació después, se alegró. Consideró que Gnag era demasiado feo, demasiado deforme para formar parte de su preciada familia… *tu* preciada familia. Fue expulsado. Pero Bonifer Squoon lo rescató. Le contó todo a Gnag.

—Bonifer era un mentiroso —dijo Leeli.

—Todos son mentirosos.

—Es imposible que Madia haya… tan solo *tirado* a su bebé.

—Entonces, ¿por qué el señor Gnag fue criado en Throg sin que un alma supiera que había nacido otro Wingfeather? Porque era débil y feo. Y la Isla Luminosa, la tierra de la belleza y la fuerza —dijo Amrah sarcásticamente mientras abría una escotilla—, no estaba dispuesta a aceptarlo.

—Pero ¿quién lo cuidó en Throg? ¿Bonifer Squoon? —preguntó Leeli, no solo porque quería saberlo, sino porque no quería quedarse encerrada en la oscuridad.

—Bonifer lo visitaba a menudo, y mi madre cuidó de él durante años. Pero un viejo, un hombre muy viejo, crio a Gnag. Había vivido allí durante épocas, tratando de desentrañar el gran poder del holoré y el holoél. ¿Sabes qué son?

—Las piedras antiguas —Leeli fulminó a Amrah con la mirada—. Eso fue lo que usaste para cambiar a Kalmar. Pero ¿quién era el anciano?

—Era un tonto —dijo Amrah—. Un necio que carecía de la sabiduría del Sin Nombre. Fundía y fundía, pero lo único que creaba eran monstruos. Cosas que se arrastraban, bestias inútiles… hendidos. A muchos los guardaba en el castillo o en las Profundidades, y a muchos los arrojaba al Bosque Negro. Intentaba doblegar a sus súbditos a su… *voluntad* —Amrah ahogó una sonrisa que Leeli no entendió—. Pero no servía de nada. Sus súbditos tenían que elegir. Tenían que *querer* ser fundidos. Esa fue la revelación del Sin Nombre. No importaba si torcía sus cuerpos mientras sus almas permanecieran intactas. La fusión solo funcionaría si primero les mostraba el poder que les aguardaba, la gloriosa fuerza que podría ser suya si cantaban la canción a la luz de la piedra. Gnag intentó decírselo, pero él no quería escuchar. Entonces, el viejo nos desterró a mi madre y a mí de Throg —Amrah empujó a Leeli al camarote—. Así que mató al viejo mientras dormía.

Un escalofrío recorrió los hombros de Leeli, y ella se detuvo en el umbral de la puerta.

—¿Lo mató?

—Tenía tu edad en esa época.

—Pero ¿por qué?

—El viejo veía a Gnag como lo veía Madia, como una cosa inútil y odiosa. Quería fundirlo con una rata o un thwap… algo insignificante. Gnag se negó. El verdadero rey de Anniera no debía ser corrompido, sino glorificado. Así que mató a Ouster Will y nos trajo de vuelta para servirlo.

—Ouster Will —dijo Leeli, esforzándose por creerlo—. ¿*El* Ouster Will?

—Te dije que era viejo. Se mantenía vivo por el agua del Primer Pozo, todos esos años en Throg, intentando develar los secretos de las piedras antiguas. Por eso Ouster Will conspiró para asesinar al hijo de Yurgen, ya sabes. Necesitaba el poder del Hacedor, oculto en las profundidades del mundo, y engañó a Yurgen para que excavara en su busca.

—Pero ¿cómo sabía que existían las piedras?

—Porque Gladys y Dwayne habían caminado por el Templo de Fuego.

—No sé de qué estás hablando.

Amrah miró por encima del hombro hacia la puerta de Gnag, luego condujo a Leeli a la habitación, encendió un farol y cerró la puerta. El camarote era mucho más pequeño que el de Gnag, pero lo bastante grande para un catre y una pequeña mesa y silla.

Amrah se sentó en la silla y estudió el rostro de Leeli. La luz de la lámpara hacía que la pálida piel de la mujer se viera más cálida, y la hacía parecer más hermosa y menos malvada. Señaló el catre.

—Siéntate, Leeli Wingfeather.

Leeli apoyó su muleta contra la pared y se dejó caer suavemente en la litera.

—Te contaré lo que pueda —Amrah miraba fijamente el farol y hablaba en voz baja, y Leeli estaba tan embelesada que se olvidó de que estaba prisionera en el barco de Gnag—. El Templo de Fuego se encuentra bajo el castillo donde vivían los primeros ciudadanos. Es un lugar secreto y sagrado donde comulgan el rey y el Hacedor. Cuenta la leyenda que es una sala dorada donde habita el Hacedor, y que las piedras que allí se encuentran brillan como oro. Esas piedras, según los Primeros Libros, mantienen vivo el mundo. Tienen un poder inimaginable. ¿Conoces el cuento de los dragones de mar? ¿Cómo hundieron las montañas?

Leeli asintió de forma vacilante. Este era el territorio de Janner, pero ella tenía una vaga comprensión del viejo cuento.

—En la Primera Época —dijo Amrah—, Ouster Will navegó hasta el reino de los dragones en el mar del sur. Se disfrazó de su hermano Omer, que había sido amigo de los dragones muchos años, y allí en la orilla, en lugar de comulgar con el joven dragón como hacía Omer, hirió de muerte al hijo de Yurgen. Luego, despojándose de su disfraz, corrió a la sala del rey dragón y le dijo a Yurgen que su hijo había sido herido a manos de Omer. «Puedes salvar a tu heredero», le dijo a Yurgen, «si tan solo cavas en las profundidades y recoges las piedras que laten en el corazón de Kistamos».

»Ya conoces la historia. Yurgen y sus dragones cavaron, rasgaron la tierra, abrieron zanjas en el mar, hundieron las montañas para salvar al joven dragón, y efectivamente, Yurgen regresó con dos pedacitos de piedra. Pero ya era demasiado tarde. Su hijo había muerto. Yurgen no tardó en enterarse de la traición de Ouster Will, pero este se escondió. Se llevó las piedras a Throg, donde vivió mil años, haciendo caso omiso de la ira que se desató entre Yurgen y los hombres.

—Usando el agua del Primer Pozo —dijo Leeli.

—Sí. Pero cuando los dragones cavaron, doblaron la forma del mundo. Los bosques crecieron, las montañas se desplazaron, la propia Anniera fue arrancada del continente y el pozo se perdió.

»Pero Will tuvo suerte. Antes de matar al hijo de Yurgen, guardó un barril con agua del pozo, y la bebía cada vez que se debilitaba. Una pequeña cantidad, suficiente para mantener su viejo corazón latiendo. Gnag lo vio hacerlo. Pero poco a poco, el barril se fue quedando sin agua. Will se volvió frenético, imprudente, loco con la edad. Fundía sin cuidado, tan ansioso estaba por crear algo nuevo. Entonces, Gnag lo mató y bebió él mismo la última gota de agua.

—Pero ¿qué tiene que ver todo eso con Anniera? ¿Por qué quemar la isla?

—Tantas preguntas —dijo Amrah con una sonrisa—. Acuéstate. Podemos hablar más mañana. Deberías dormir —la voz de la mujer se suavizó, y los párpados de Leeli cayeron como por orden suya—. Descansa, Leeli Wingfeather.

Sintió los ojos de la mujer clavados en ella mientras se dormía.

75

La Isla Luminosa de Anniera

El barco chocó contra un muelle y Leeli se despertó con un grito. Un olor acre llenó sus fosas nasales. Humo, pero no el agradable olor de las chimeneas o las cocinas.

La puerta se abrió y un Colmillo Verde asomó la cabeza en la habitación.

—Bienvenida a Anniera.

Leeli entrecerró los ojos y miró al Colmillo silueteado por la luz del sol. Era de día, gracias al Hacedor. Había soñado inquieta toda la noche, despertándose de vez en cuando y volviendo a dormirse, llorando en la oscuridad. Había sido la noche más larga de su vida.

Puso los pies en el suelo y agarró su muleta, buscando su arpa silbante por costumbre. Al ver que no estaba, se asustó y recordó que Amrah se la había llevado la noche anterior. Leeli se sentía impotente sin ella. Respiró hondo y se recordó que Gnag la necesitaba viva.

Empujó la puerta y tosió por la cubierta en medio de una nube de humo. El sol era una antorcha roja, bajo en el este. Los Colmillos Grises y Verdes estaban ocupados amarrando el barco al muelle, tensando las velas y dando órdenes a más Colmillos en tierra. Nadie pareció reparar en ella, y no había ni rastro de Amrah ni de Gnag.

Se tapó la cara y entrecerró los ojos a través del humo para ver lo que quedaba de la Isla Luminosa.

La tierra estaba carbonizada, negra y fangosa. Ni una sola brizna de hierba reverdecía el suelo. Los muros de piedra y los restos de varias estructuras, todos ennegrecidos por el hollín, yacían desperdigados cerca del muelle. Tocones de árboles negros se agolpaban en una elevación lejana como viejos postes de vallas y lápidas. Aquí había habido un bosque alguna vez. Un bosque y un pueblo, al parecer. Solo quedaba sin quemar el muelle, pero su construcción era deficiente, lo que sugería que el muelle original había sido destruido y los Colmillos habían construido apresuradamente uno nuevo.

El barco flotaba en un pequeño puerto excavado en la roca, pero a izquierda y derecha se extendía una escarpada costa azotada por las olas. A Leeli le recordaba a los acantilados de Glipwood, pero más pequeños. Al sur del puerto se extendía el estuario de un río que vomitaba ceniza y lodo al mar. Mirase donde mirase, Leeli veía destrucción: cenizas, humo de tocones humeantes, montones de piedra esparcida y, a lo lejos, las suaves montañas de Anniera, ardiendo, ardiendo, ardiendo.

—La Isla Luminosa —gorgoteó Gnag desde detrás de ella—. Hermosa.

Estaba de pie en el muelle, junto a Amrah, envuelto en su túnica negra, y Leeli se estremeció al saber que los dos pequeños hendidos lo cargaban sobre sus espaldas. Sus globos oculares brillaban a la sombra de su capucha. Gnag se inclinó hacia delante y pareció flotar por el muelle hasta la orilla.

—Buenos días —dijo Amrah amablemente, haciendo una seña a Leeli con una de sus blancas manos—. Ven. Comeremos por el camino.

Leeli respiró hondo, cruzó las aguas cenicientas y llegó cojeando a su isla natal. La última vez que había estado allí, era un bebé. La había agarrado un Colmillo Verde y le había torcido terriblemente la pierna. Ahora, la sentía palpitar mientras se lo imaginaba. Entonces, se acordó de Wendolyn. La esposa de Podo. La abuela de Leeli, que había muerto a manos de los Colmillos mientras los Wingfeather escapaban. Leeli había oído esas historias, pero ahora eran tan reales para ella como el suelo bajo sus pies.

¡Cómo había añorado a Anniera! Había imaginado que la gente de su madre y de su padre la acogería, que la llevaría a un nuevo hogar al que siempre había pertenecido. Nunca había sido así en sus sueños, nunca con Gnag el Sin Nombre tambaleándose ante ella, rodeada de lobos y humo. Lo peor de todo era que estaba sola.

Gnag se detuvo ante un carruaje y dos Colmillos Verdes le quitaron la túnica. Desabrocharon las diminutas patas de Gnag de su pequeña plataforma y lo subieron al carruaje mientras los dos hendidos jadeaban, aflojando los hombros y balando de alivio. Los dos caballos enjaezados al carruaje estaban embarrados, con las crines y las colas enmarañadas y apelmazadas, y los ojos caídos por el cansancio.

—Vamos —dijo Amrah, haciendo señas a Leeli para que se acercara al carruaje—. Todo estará bien.

Leeli sabía que era imposible confiar en Amrah. La mujer había destruido muchas vidas y estaba aliada con Gnag el Sin Nombre, pero su amable presencia era la única fuente de consuelo para Leeli, aunque fuera una farsa. ¿Qué otra opción tenía?

Leeli se arrastró por el barro negro, resbalando más de una vez mientras los Colmillos observaban en un silencio desinteresado. Entró con dificultad en el carruaje y se apretó contra la esquina, lo más lejos posible de Gnag. La puerta se cerró, los caballos tiraron y Gnag la miró con ojos ansiosos.

Rodaron sobre las colinas, un mundo sombrío y estéril de cualquier color o vida o movimiento que no fuera el de las llamas que chisporroteaban en las colinas. La tierra estaba cetrina y silenciosa, tan muerta como un cadáver, plagada de profundos agujeros y montones de tierra. Los pocos Colmillos que divisó a lo lejos deambulaban sin propósito. Gnag, por lo que pudo ver, no miró ni una sola vez por la ventana, lo que probablemente significaba que ya había hecho este viaje muchas veces.

El Sin Nombre señaló con un dedo el paisaje negro.

—¿Eso te perturba?

—Sí —respondió Leeli en voz baja.

—Qué bueno.

—Pero ¿por qué? ¿Por qué hiciste esto?

Gnag sonrió a Leeli, mostrando sus dientes marrones.

—Porque podía.

—¡Eso no tiene ningún sentido! —Leeli se sorbió la nariz y se abrazó las rodillas.

—Díselo —dijo Gnag, golpeando el techo con sus nudillos blancos—. Tengo hambre.

Los dos hendidos bajaron del tejado y atravesaron las ventanas con bolsas de comida y un odre. Atendieron a Gnag con pequeños gruñidos y quejidos inquietantemente cariñosos.

—Una vez que Ouster Will ya no estaba —dijo Amrah—, el señor Gnag pasó muchos años perfeccionando la fusión, aprendiendo a remodelar no solo cuerpos, sino almas. Comenzó a formar un ejército. Colmillos Verdes al principio, pero eran revoltosos, indisciplinados y débiles… no soportaban el frío. Además, nos dimos cuenta de que, si los Colmillos volvían con demasiada frecuencia a lugares familiares, empezaban a recordar cosas de su vida anterior, y recordar los volvía locos. Por eso llevamos un cuidadoso registro de sus antiguos nombres y ciudades. Los vamos moviendo. El señor Gnag, en su gran sabiduría, también aprendió algo más —Amrah miró a Gnag con cariño, pero él estaba demasiado interesado en comer como para darse cuenta—. Aprendió que, si quería un ejército digno de Throg, había que entrenar a los soldados desde jóvenes. Necesitaba niños. Los niños podían ser… *moldeados.* Entonces, hizo Colmillos Grises.

—Más inteligentes, más rápidos. Capaces de luchar en la nieve o en verano —murmuró Gnag con la boca llena de carne—. Y capaces de encontrarte con su olfato, niña.

—Pero ¿por qué? Ya tienes a Anniera. ¡Ya arruinaste todo lo que había para arruinar!

Gnag se pasó el antebrazo por la boca para limpiarse la baba y miró con desprecio a Leeli. Sus pálidas mejillas estaban manchadas de ira. Cuanto más se acercaba el carruaje a su destino, más se agitaba Gnag.

—Porque las piedras antiguas son demasiado pequeñas —dijo Amrah. Puso una mano tranquilizadora en el antebrazo de Gnag. Él le lanzó una mirada y se relajó cuando ella continuó—. Su poder está disminuyendo. El Sin Nombre necesita más piedras… para él. Solo quiere curarse, Leeli. ¿Acaso no lo harías, si pudieras? Tú, al menos, puedes caminar con una muleta. Pero el pobre Gnag nunca ha dado un paso sin la ayuda de sus sirvientes —la voz de Amrah se endulzó—. ¿Acaso no tienes compasión?

Las palabras de Amrah tenían un extraño sentido, pero Leeli sabía que estaba equivocada. Gnag era malvado. Era un asesino.

—Toma tus tontas piedras y déjanos en paz —dijo Leeli, con los ojos llenos de lágrimas—. ¡Quédate con Anniera! Igualmente, ya no hay nada ahí para nosotros.

Gnag se inclinó hacia delante y apretó los puños.

—Anniera ya es mía, niña. Siempre lo fue. Yo nací segundo, ¿no lo ves? Según su tonta tradición, ¡yo soy el rey! Todo este tiempo he sido el heredero legítimo al trono de Anniera. ¿No es ese un pensamiento deleitoso? ¡Es *mi* isla! Los annieranos son *mis* súbditos. Rysen es *mi* castillo.

Leeli se limpió la nariz.

—Entonces, ¿por qué no nos matas y acabamos de una vez?

Gnag se recostó en su silla.

—Porque, aunque me duela decirlo, necesito tu ayuda.

—¿Qué?

—Durante nueve años he intentado abrir la puerta del Templo de Fuego, pero no puedo hacerlo. He destrozado el castillo, mis Colmillos han aporreado la puerta, hemos excavado en el corazón de la isla y fundido la mismísima piedra, pero el camino está cerrado para mí. Sin embargo, una cosa que encontré entre los recuerdos de tu padre fue otro de los Primeros Libros. Dice que la única forma de abrir la puerta es con las joyas de Anniera. Y la clave es la palabra, la forma y la canción. El rey no puede abrirla solo, aunque lo he intentado con toda mi astucia. Solo cuando había tres hijos del rey podía abrirse el Templo. Necesito a la doncella musical. Yo también necesito al modelador y al pintor. Solo los tres juntos pueden hacerlo.

—Los T.H.A.G.S. —dijo Leeli.

—¿Qué?

—Nada —murmuró ella—. ¿Y si nos negamos?

Gnag volvió a poner sus saltones ojos en blanco.

—¿Crees que no he pensado en eso? ¿Crees que me he tomado todas estas molestias solo para permitir que al final se *nieguen*?

—Señor Gnag —dijo Amrah, con voz tranquilizadora.

—¡Silencio, mujer! —se lanzó hacia delante y puso su cara a escasos centímetros de la de Leeli. Ella cerró los ojos, sintiendo el aliento caliente de Gnag en la cara—. Abrirán el Templo —susurró—. Me he pasado la vida doblegando voluntades a la mía, y la tuya no será diferente.

Por un momento más, Leeli sintió su apestosa presencia a escasos centímetros de su cara, y entonces él gruñó y se reclinó en su asiento. Leeli rompió en llanto sin disimulo, demasiado asustada para moverse, deseando despertarse y encontrarse en su cama de la Colina de la Chimenea.

—Shh —dijo Amrah—. Ya casi llegamos, niña.

El cochero refrenó los cansados caballos y abrió la puerta del carruaje. Leeli mantuvo los ojos cerrados, tratando de bloquear los sonidos de los gruñidos de Gnag y los bufidos de los hendidos mientras los Colmillos lo ataban a sus espaldas. Amrah sacó suavemente a Leeli del carruaje y le entregó la muleta.

Leeli abrió los ojos y miró a través de las lágrimas el lugar donde había nacido.

El Castillo Rysen parecía el esqueleto de una bestia gigante, con su caja torácica abierta a los cielos grises. El tejado se había quemado hacía tiempo y todos los arcos de piedra, salvo unos pocos, se habían derrumbado. Montones de escombros, restos carbonizados de vigas y maderas, cristales rotos y muebles ennegrecidos se esparcían por todos lados. Leeli vio lo que solía ser un patio, lleno de astillas de sillas o mesas donde los annieranos habían bailado y festejado alguna vez. Fragmentos de cerámica y tazas de plata deslustrada yacían semiexpuestos en el barro. El castillo había ardido, se había apagado por la lluvia y había vuelto a arder.

Más Colmillos, tanto Verdes como Grises, emergieron de las ruinas. Llevaban picos y martillos y parecían demacrados en comparación con los Colmillos que había visto luchar en Ban Rona. Cuando vieron a Gnag, se inclinaron y se quedaron quietos.

Gnag los ignoró. Dejó atrás su túnica y se inclinó hacia delante, y los hendidos lo llevaron hasta las ruinas del castillo. Amrah guio a Leeli tras él. La niña cojeaba por el barro, aborreciendo el chirrido de su muleta a cada paso. Intentó no preguntarse dónde habría muerto su abuela Wendolyn, dónde habrían paseado sus padres, dónde habrían jugado sus hermanos cuando eran pequeños. Janner tendría tres años, y Kalmar dos, cuando el martillo de guerra de Gnag cayó sobre la isla.

Leeli no apartaba los ojos del barro que tenía a los pies para no colapsar en llanto. Invocó la fuerza de Nia y luchó por mantener la espalda recta, la mirada feroz. No caería indefensa en el barro solo para que los Colmillos la pusieran en pie y la empujaran hacia delante. Este era *su* hogar, no el de ellos.

Su camino conducía a un pasillo entre los escombros, al final del cual había una escalera desgastada que se hundía en la oscuridad. Leeli se detuvo en la cima y miró hacia arriba, preguntándose si sería la última vez que vería el cielo. Incluso mancillado por el humo, era hermoso. Se despidió de él y siguió a Gnag el Sin Nombre hacia la oscuridad bajo el Castillo Rysen.

Al final de la escalera, había una habitación iluminada con antorchas.

—Madre —dijo Amrah.

Cuando los ojos de Leeli se ajustaron, vio a Amrah de pie junto a otra mujer con túnica. Más allá de ella, contra la pared, estaban Janner y Kalmar, amordazados y atados.

76

El Templo de Fuego

Janner se sintió tanto contento como asustado al ver a Leeli. Parecía ilesa, aunque cansada y un poco embarrada. Los ojos de Leeli se abrieron de par en par cuando vio a los chicos, y un miedo silencioso pasó entre los tres. Janner y Kalmar gruñeron y se tensaron contra sus ataduras... un acto inútil. Habían sido atados y manejados como fardos de heno desde su llegada a la isla.

Tras la conmoción y el alivio iniciales al ver a Leeli, Janner contempló a Gnag el Sin Nombre en persona. No fue necesaria ninguna presentación. El anciano pálido y retorcido se acercó tambaleándose sobre la espalda de los hendidos, observando a los hermanos con una mirada de regocijado triunfo.

—El guardián del trono y el rey lobo —dijo Gnag. Su voz era oscura y gorgoteante, como un arroyo fangoso—. El modelador, el pintor y la doncella musical. Por fin, los tengo.

Las dos guardianas de la piedra se quedaron quietas, observando a su amo. Janner no podía ocultar la repulsión en su rostro.

—Ustedes los annieranos tienen tanta aversión a la fealdad —Gnag soltó una risita y se volvió hacia una puerta de hierro. La guardiana de la piedra más anciana la abrió y Gnag la atravesó tambaleándose—. Tráiganlos.

Dos Colmillos levantaron a los chicos mientras la guardiana de la piedra más joven conducía a Leeli hacia delante.

—Me alegro de volver a verte, Kalmar —dijo—. Quedaste hermoso.

Janner quería gritar, romper la mordaza y las cuerdas que le ataban las muñecas y los tobillos, pero no podía hacer nada. Leeli parecía desesperanzada. Los ojos de Janner se encontraron con los de Kalmar, y la desesperación que vio allí le marchitó el corazón. Lo que Gnag había querido de ellos todos estos años estaba al otro lado de la puerta, y ya no había forma de detenerlo.

La habitación era redonda, como un pozo vacío. Las paredes estaban adornadas con bucles de enredaderas retorcidas y flores, entre las que había estrellas, lunas, nubes, colinas, olas y bosques. Quienquiera que las hubiera pintado poseía una gran habilidad, y a la luz parpadeante de las antorchas, la escena parecía respirar llena de vida. Las piedras del suelo formaban un círculo con tres símbolos tallados en el centro: un arpa silbante, un ojo y una pluma.

Esta era la cámara sobre la que Esben debió escribir en su carta a Janner. *Bajo estas piedras y ciudades, yacen antiguos secretos,* había escrito. *Se han perdido para nosotros, pero aun así, no debemos dejar que caigan en manos del mal.*

—Ayúdame, Murgah —dijo Gnag a la anciana guardiana de la piedra. Ella se acercó, le desabrochó las correas y lo abrazó como si fuera un niño—. Fuera —dijo Gnag, y los hendidos y los Colmillos se apresuraron a salir de la habitación—. Amrah, corta sus ataduras.

La guardiana de la piedra más joven sacó una daga de entre los pliegues de su túnica y cortó las cuerdas y las mordazas de ambos muchachos. Janner y Kalmar se apresuraron a llegar al lado de Leeli.

—¿Estás bien? —le preguntó Janner, aunque parecía una pregunta tonta.

—De maravillas —respondió Leeli.

Kalmar gruñó y se puso delante de los hermanos.

—Déjanos salir de aquí.

—¡Ah! Sí. Te liberaré porque tú lo ordenaste, ya que eres el rey, por supuesto. —Gnag descansaba en los brazos de la guardiana de la piedra y se estremecía de risa—. No, joyas de Anniera, las tengo justo donde las quiero.

—No lo haremos —dijo Janner—. Lo que sea que quieras que hagamos.

—¿Ah, no? ¿Incluso si eso significa que envíe la orden de matar a su madre?

—No la tienes —dijo Janner.

—Sí, sí la tiene —acotó Leeli—. Ban Rona ha caído.

—Entonces puede que ya esté muerta —dijo Kalmar—. Además, preferiría morir antes que dejarte ganar.

—Está viva. Me avisaron por cuervo esta misma mañana, y me aseguran que sufre mucho. Si estás tan seguro de que preferiría morir, entonces quizás la mantenga viva. Disfruté mucho el tiempo que pasé con tu padre. Al final, los quebré a él y a tu tío. Tu madre también se quebrará, si le das suficiente tiempo en las Profundidades —Gnag sonrió con aires de superioridad—. Y no intentes hacer ninguna tontería. Si me pasa algo aquí dentro, mis Colmillos afuera ya han recibido instrucciones sobre la pobre Nia Wingfeather.

—¿Qué quieres de nosotros? —preguntó Janner.

—Lo único que quiero, niños, es que abran esta puerta.

—¿Qué hay ahí abajo? —quiso saber Kalmar.

—Denme el holoré y el holoél —dijo Gnag a las guardianas de la piedra.

Tras un momento de vacilación, cada una sacó una pequeña bolsa que colgaba de su cuello y se la entregó a Gnag. Él sacó las dos piedritas y las sostuvo en la palma de la mano. La cámara deslumbró por la luz.

—Con estas piedrecillas fundí ejércitos. Bajo sus pies, yacen hordas de lo mismo. El poder que eleva la marea, cicla las estaciones, hace florecer los árboles: toda una caverna de piedras resplandecientes —la mirada de Gnag se desvió hacia el suelo, y su rostro se torció en una mezcla de profunda tristeza y terrible ira—. Lo único que quiero es ser hermoso, ¿no lo ven? Deshacer lo que el Hacedor ha hecho, enderezar lo que dobló, fortalecer lo que hizo débil —Gnag extendió los brazos y se pasó las manos por su miserable cuerpo—. ¿Acaso le guardarían rencor a un anciano lisiado por su única esperanza de sanidad?

Kalmar sacudió la cabeza.

—La sanidad es mucho más de lo que se ve a simple vista.

—Cotorreo y podredumbre —dijo Gnag con sorna. Su mano se cerró en torno a las piedras y la cámara volvió a oscurecerse—. Abrirán esta puerta o su madre lo lamentará durante una eternidad, *sobrinos.*

—¿Qué? —dijo Janner.

—Díselos, Leeli —dijo Amrah.

Leeli miró a su hermano con tristeza.

—Es verdad.

¿Acaso la guardiana de la piedra había hechizado a Leeli? ¿Por qué iba a creer semejante tontería?

—Abriremos la puerta —Leeli extendió la mano—. Pero necesitaré mi arpa silbante.

—Leeli, no —dijo Janner.

—No podemos dejar que lastime a Mamá.

—Pero tampoco podemos darle lo que quiere —dijo Kalmar.

—No tenemos otra opción —replicó ella, mirando con urgencia a los chicos—. Confíen en mí. Por favor —Leeli cojeó hasta el centro de la sala y se colocó sobre la talla del arpa silbante. Señaló el ojo—. Kal, creo que tú vas ahí. Janner, párate sobre la pluma.

Gnag sonrió con entusiasmo y observó cómo los chicos, estupefactos, hacían lo que se les decía. Amrah le entregó el arpa silbante a Leeli.

—¿Qué hacemos? —preguntó Leeli.

La anciana guardiana de la piedra metió la mano en una bolsa oculta entre los pliegues de su túnica y sacó un viejo libro. Se parecía al Primer Libro de Janner, pero más pequeño. Se lo entregó a Gnag, quien lo abrió en una página que parecía haber estudiado muchas veces. Lo levantó hacia la antorcha para poder ver.

—La doncella musical toca esta melodía —señaló con un dedo una serie de notas—. El modelador recita estas palabras —indicó algo escrito en un idioma antiguo— y el pintor traza este símbolo en el aire. Así, el Templo solo se abre con las joyas de Anniera, como fue desde el principio.

—Leeli, es una mala idea —dijo Janner—. No podemos dejarlo entrar ahí.

El rostro de Leeli estaba sereno, y Janner se sentía desconcertado. Kalmar se quedó mirando fijamente el símbolo del libro y movió el dedo, practicando la forma como si estuviera dibujando en una página invisible.

Antes de que Janner pudiera decir otra palabra, Leeli levantó el arpa silbante y tocó una melodía sencilla y encantadora. El aire destelló con ella, y las antorchas se agitaron como si una brisa soplara por la habitación. Sacudiendo la cabeza, Janner leyó las palabras en voz alta, aunque eran desconocidas y le resultaban extrañas en la boca... extrañas pero *correctas* de algún modo, como si siempre hubiera estado destinado a pronunciarlas. Mientras sonaba la melodía y sus palabras se mezclaban con ella, Kalmar levantó la mano, extendió un dedo y trazó el símbolo en el aire. Su dedo dejó un rastro de chispas centelleantes que colgaban entre los niños.

El suelo vibraba con una agradable resonancia, un acompañamiento profundo a la melodía de Leeli. Las palabras que pronunciaba Janner, la canción que rebotaba en las paredes y el símbolo centelleante en el aire parecían existir en una exquisita unión, llenando los oídos, los ojos, el corazón y los huesos de Janner con la vida misma de Kistamos. Nunca había sentido nada igual. Por el rabillo del ojo, vio a Gnag y a la guardiana de la piedra. Sus rostros estaban iluminados y asombrados, pero parecían lejanos e irrelevantes.

El símbolo que flotaba entre los niños alcanzó un estimulante brillo dorado, se inclinó hasta quedar paralelo al suelo de la cámara y descendió hasta las imágenes que rodeaban sus pies. Una luz cálida llenó las tallas del ojo, el arpa silbante y la pluma como oro líquido, y luego salió disparada por las vetas de todas las piedras de la cámara. La luz se disparó y luego se desvaneció, dejando la cámara en un silencio expectante.

Leeli bajó el arpa silbante. Janner dejó de hablar y se dio cuenta de que había estado recitando las viejas palabras sin mirar la página. La mano de Kalmar cayó a su lado. El único sonido era su respiración y el crepitar de las antorchas, que ahora parecían tenues y sin vida en comparación con la luz poco común que había inundado la habitación. Gnag jadeaba hambriento.

Entonces, el suelo se movió. Se oyó un profundo rechinar de piedra contra piedra, y los tres niños se apresuraron a volver a las murallas. Una luz amarilla brotó de los bordes del círculo central donde se encontraban. La piedra se hundió y la luz que inundó la cámara era tan cegadora que tuvieron que protegerse los ojos. El rechinar cesó y Janner se quitó las manos de la cara. La habitación volvió a brillar, ahora con una constante luminiscencia amarilla, como si el sol naciente brillara a través de la abertura del suelo.

Gnag el Sin Nombre se zafó de los brazos de la guardiana de la piedra, cayó de panza y avanzó hacia adelante, mirando por encima del borde. Levantó la cara hacia los niños con una sonrisa cadavérica y temblorosa.

—El Templo de Fuego —susurró, casi ahogándose con sus lágrimas—. Murgah, ayúdame a bajar.

Gnag arrojó las dos piedras antiguas al Templo y extendió las manos. La guardiana de la piedra se deslizó hacia delante, tomó las manos de Gnag y lo hizo descender.

—¿Qué hemos hecho? —susurró Janner.

77

El robo de la piedra

Las guardianas de la piedra estaban tan concentradas en la abertura que Janner estaba seguro de que él y sus hermanos podrían haberse escabullido sin ser vistos. Pero tenía tanta curiosidad como Gnag; ansiaba ver qué contenía la antigua cámara.

Los libros antiguos decían que el Hacedor caminaba con Dwayne y Gladys allí. ¿Significaba eso que el mismísimo Hacedor estaba allí incluso ahora? ¿Podrían verlo? Y si *estaba* allí, ¿qué haría con alguien como Gnag el Sin Nombre husmeando en este lugar sagrado?

Janner se adelantó, y Leeli y Kalmar lo siguieron sin decir palabra. La entrada era como un pozo de luz, pero la luz procedía de las propias piedras.

Gnag bajó con facilidad, agarrándose a las piedras de un lado del pozo mientras sus delgadas piernas colgaban. Llegó abajo y miró hacia arriba con una sonrisa horrible y extasiada.

—¡Hay piedras por todas partes! —gritó. Se escabulló por el pasadizo hasta perderse de vista y luego regresó agarrando con ambas manos una piedra del tamaño de una barra de pan—. ¡Murgah, Amrah, miren!

—¡Tráela arriba! —dijo Murgah.

—Es demasiado pesada.

La guardiana de la piedra señaló a Janner.

—Tú. Baja y trae la piedra.

Janner miró a Kalmar y Leeli, que asintieron. Se sentó en el borde y se maravilló del cosquilleo que la luz producía en su piel, incluso a través de la ropa. Fue bajando, enmudecido por la belleza de las piedras y el calor y la energía que surgían en sus dedos al tocarlas. Janner llegó abajo y miró las caras brillantes de sus hermanos y el destello de los ojos de la guardiana de la piedra en lo más profundo de su capucha.

El pasadizo estaba plagado de piedras, pequeñas y grandes, amontonadas contra las paredes: un millón de tesoros apilados a lo largo del camino. El túnel se adentraba en la distancia, ensanchándose cada vez más hacia lo que parecía ser una gran caverna. Janner oyó el sonido del agua corriendo y vislumbró el verde de cosas que crecían mezcladas con las piedras doradas.

Quería explorar, ver qué había más allá de la entrada, pero Gnag, ignorando la caverna en la distancia, se deslizaba sobre sus patas inútiles de pared a pared, pasando sus pálidos dedos por las piedras y riéndose con regocijo.

—¡Toma! —dijo Gnag, encajándole el ladrillo a Janner—. Toma esto y súbeme contigo.

—¿No quieres ver lo que hay más allá? —preguntó Janner sin apartar los ojos de la caverna—. Aquí… aquí es donde el Hacedor caminó con los primeros ciudadanos.

Gnag acarició la piedra.

—Semejante poder.

—Pero… eso podría significar que… *él está* ahí dentro —era un pensamiento aterrador, pero aterrador de una manera que hacía que Janner quisiera comprobar si era cierto. Avanzó un paso más por el pasillo, con la piel punzante de intriga—. Es decir… ¿y si es verdad?

—Haz lo que te digo, muchacho, o haré que Murgah le rompa la otra pierna a tu hermana. Lo hará en un abrir y cerrar de ojos.

Con un esfuerzo, Janner apartó los ojos del oro y el verde que tenía delante. Volvió a mirar hacia la entrada, donde esperaban sus hermanos. Si el Hacedor estaba realmente en el Templo de Fuego, y si era quien Janner creía que era, entonces dependía del Hacedor detener a Gnag. Janner no sabía qué hacer.

Tomó la piedra, mucho más pesada de lo que esperaba, y la llevó con torpeza mientras salía. Cuando llegó arriba, la vieja guardiana de la piedra la tomó. Su rostro seguía envuelto en sombras, pero por el brillo de sus dientes negros, vio que sonreía.

—Busca al Sin Nombre —dijo.

Janner hizo una pausa. ¿Qué les impedía cerrar la puerta? Si repetían el ritual, seguramente la puerta se cerraría y Gnag quedaría atrapado para siempre. Entonces, el Hacedor podría ocuparse de él.

—Toca —le susurró Janner a Leeli mientras salía por la abertura.

Ella y Kalmar lo entendieron al instante. Leeli comenzó la melodía mientras Kalmar trazaba el símbolo en el aire. Janner recordaba lo suficiente las extrañas palabras como para pronunciar la primera, y entonces algún recuerdo antiguo se apoderó de él.

Las guardianas de la piedra chillaron mientras la cámara cantaba con su antiguo poder. Amrah se abalanzó sobre el arpa silbante de Leeli, pero era demasiado tarde. El círculo de piedra que se había hundido volvía a levantarse.

Entonces, Janner vio con una punzada de derrota que Gnag se encorvaba sobre él, saliendo del Templo con cara de satisfacción.

Amrah arrancó el arpa silbante de las manos de Leeli cuando la puerta se colocó en su sitio con un ruido sordo.

—Pequeña desgraciada —dijo. Toda la dulzura de su voz había sido sustituida por un odio hirviente.

La luz parpadeó, la música se apagó y los niños se encontraron mirando desafiantes a Gnag y a las dos mujeres bajo el suave resplandor de la piedra robada.

—Pensé que podrías intentarlo —dijo Gnag con una sonrisa.

—Ya tienes lo que querías. Ahora déjanos en paz —dijo Kalmar.

—Tengo una tarea más para ustedes. Después de eso, habré terminado con las joyas de Anniera.

—¿Nos dejarás ir?

—No dije eso. Creo que preferiría acabar con ustedes. O, por supuesto, podría convertirlos en Colmillos. Hasta el final, claro —dijo con una mirada de desprecio a Kalmar.

—Preferiríamos morir —dijo Janner.

—Qué bueno —Gnag se retorció por el suelo y Amrah lo levantó—. Llama a los Colmillos. Tenemos que llegar al mar.

78

El plan de Gnag

Los Colmillos ataron a los niños de pies y manos y luego se los colgaron de los hombros, igual que Slarb había hecho con Leeli hacía tantos meses en Glipwood.

Cuando salieron del sótano, el sol estaba alto, abriéndose paso entre el humo. Fue la primera visión real que Janner tuvo de su patria en ruinas, y eso, junto con la posesión por parte de Gnag de una nueva y mayor piedra de fusión, expulsó la poca esperanza que quedaba en el corazón de Janner.

Gnag tenía la piedra. Lo habían ayudado a conseguirla. ¡Y Nia! Estaba capturada, lo que significaba que Oskar y Podo también lo estaban, si es que seguían vivos. Ban Rona había caído. El tío Artham estaba a un océano de distancia.

Janner sintió que su ira aumentaba no solo contra Gnag, sino contra el propio Hacedor. Si el Hacedor creaba mundos con el poder de su palabra y era un señor benévolo de todo lo que existía, entonces ¿por qué permitiría tanta miseria, tanta destrucción implacable de todo lo que era bueno y verdadero? Janner quería llorar, pero el calor de su ira quemaba las lágrimas. Además, ir rebotando sobre el hombro de un apestoso Colmillo Verde le dificultaba pensar con la claridad suficiente para llorar como quería. Se resignó a la derrota y se quedó mirando con apatía los pies del Colmillo mientras marchaban por el barro negro.

—Llévenlos al barco —dijo Murgah.

Los amordazaron, los metieron en un carruaje destartalado y los llevaron de vuelta al mar. Cabalgaron en silencio durante un largo rato, hasta que el olor del agua salada se abrió paso entre el humo, la mugre y el hedor de Colmillo.

Una vez en el barco, los recluyeron en un camarote oscuro. Un Colmillo Gris los desató y señaló un cubo de agua y una bandeja que contenía un cuenco de gachas y varios trozos de pan duro.

—Coman si quieren.

El Colmillo cerró la puerta tras de sí y, por primera vez desde la fiesta de cumpleaños de Janner, los tres niños pudieron hablar. Leeli les contó la historia de Gnag, sobre Bonifer y Madia y los gemelos. Janner recordó lo que Bonifer había dicho la noche que Esben murió. *Lo hice por amor.* Era difícil de creer, pero todas las piezas del rompecabezas encajaban.

—¿Qué va a pasar? —preguntó Leeli.

—Gnag gana —Janner bebió un trago de agua y se limpió la boca—. Y nosotros lo ayudamos a hacerlo. O *tú* lo hiciste, al menos.

—¿Qué quieres decir? —la voz de Leeli era pequeña y débil.

—Tú tocaste la canción. Dijiste que le abriéramos la puerta.

—¡Dijo que torturaría a Mamá!

—Igualmente, lo más probable es que fuera a torturarla. ¡Solo que ahora tiene exactamente lo que necesita para hacerlo bien!

—Janner… —el tono de voz de Kalmar le advirtió que se calmara. Kalmar se acercó a Leeli.

Janner lo ignoró.

—¿Por qué estabas tan decidida a abrir el Templo? —exigió.

Leeli parpadeó para contener las lágrimas.

—Porque pensé… pensé…

—¿*Qué* pensaste?

—Pensé que, si era cierto que el Hacedor caminaba por el Templo de Fuego, entonces tal vez detendría a Gnag. Quizás lo estaría esperando ahí dentro y nos ayudaría.

Janner apoyó la frente en la puerta y se sorbió la nariz. El Hacedor. Una vez más, les había fallado.

—Yo también pensé que el Hacedor nos ayudaría —dijo en voz baja—. Pero parece que estamos solos. Si es real, no le importamos.

—No digas eso —dijo Kalmar.

Janner levantó la mirada.

—¿Por qué no?

—Porque estamos vivos. Y estamos juntos. No estamos seguros de qué le pasó a Ban Rona ni a mamá ni al abuelo. Tal vez… tal vez todavía hay razones para la esperanza.

—Tal vez no.

—Pero tal vez *sí* —dijo Kalmar.

Janner suspiró y se dejó caer en el catre. Era una discusión inútil. El Hacedor haría lo que quisiera, y ellos sufrirían por ello.

Los niños permanecieron sentados en un incómodo silencio hasta que la puerta se abrió y un Colmillo Verde les sonrió a los tres.

—Gnag te necesssita, niña.

Agarró a Leeli por el brazo y la sacó de la habitación. Los chicos la llamaron y golpearon la puerta, pero no cedió.

—¿Qué está haciendo? —preguntó Kalmar.

—Lo que quiere —murmuró Janner.

Oyeron voces y pasos en cubierta. El barco se balanceaba, pero no navegaba. Hasta donde Janner entendía, seguían en el muelle.

Que Gnag poseyera la piedra nueva y más grande provocaba en Janner una terrible sensación, peor que la desesperación, el pavor o incluso el miedo. Era una sensación de vacío inmenso y sin salida, como si Gnag hubiera encontrado la forma de abrir un portal a una gran nada en la que Kistamos no existía, la luz no existía… quizás ni siquiera el Hacedor existía. En las maquinaciones de Gnag, percibía el final de todas las cosas.

Janner sudaba y temblaba de solo pensarlo, como si una fiebre le hubiera tendido una emboscada. Por más enfadado que estuviera con el Hacedor, elevó una oración, rogándole que fuera real y que tuviera algún fin en mente que los sorprendiera, a Gnag sobre todo. Pero desde su oscuro camarote en un barco atracado a orillas de una isla ennegrecida, Janner no podía imaginarlo. Fuera lo que fuera que Gnag estaba planeando sería terrible en formas que el mundo nunca había visto.

Entonces, Janner levantó la cabeza. Leeli tocaba el arpa silbante. Janner y Kalmar pegaron las orejas a la puerta. Después de que pasaran algunos acordes de la melodía, se oyó la voz de Gnag:

—Esa no es. No puedes engañarme, niña.

Oyeron llorar a Leeli.

Janner sacudió el picaporte de la puerta con desesperación.

—¡No! ¡No lo haré! —sollozó Leeli.

Unos pasos cruzaron la cubierta y se detuvieron ante la puerta. La cerradura chasqueó y un Colmillo abrió la puerta de un tirón, y entonces varios Colmillos más entraron corriendo y arrastraron a los chicos, pataleando y gritando, fuera del camarote.

Leeli estaba apoyada en su muleta en la popa, llorando al viento. Amrah estaba detrás de ella, agarrándola por los hombros. Gnag seguía en los brazos de Murgah, abrazando un bolso contra su pecho.

—Ahora, doncella musical de Anniera, tocarás «La melodía de Yurgen» o haré que maten a tus hermanos. No creas que no lo haré. Ya han cumplido su función.

—No —sollozó Leeli—. Si viene, nos matará a todos.

—Resulta que sé que no lo hará —dijo Gnag con una voz enfermizamente dulce—. Ahora sé una buena chica. *Toca la canción.* Les hizo una seña a los Colmillos, y Janner sintió que lo apretaban con más fuerza. El filo de una espada presionaba su garganta.

—¡No! ¡Espera! —gritó Leeli.

Se limpió la nariz y miró a sus hermanos con una terrible tristeza. Sacudió la cabeza con resignación y levantó el arpa silbante.

—Bien —dijo Gnag—. Llámalo.

Leeli temblaba, así que el arpa silbante chirrió al principio, pero encontró la melodía y rasgueó las cuerdas mientras soplaba. Los Colmillos del barco gruñeron, y los que no estaban sosteniendo a los chicos se taparon los oídos. El viento se levantó y disipó la película de humo, permitiendo que una débil luz solar bañara la cubierta del barco.

Leeli terminó la melodía, pero no pasó nada.

—Tú —dijo Gnag a un Colmillo Murciélago que colgaba de la botavara—. Llévame volando hasta allí. Rápido.

La bestia tomó a Gnag de los brazos de Murgah y aleteó por encima del palo mayor, dando vueltas lentamente. Gnag colgaba de sus brazos y se asomaba al mar gris.

—¡Tócala otra vez, niña! —gritó Gnag.

Leeli suspiró y volvió a lanzar la melodía sobre las olas.

—¡Miren! —gritó Gnag. Los Colmillos, aún agitados por la música, arrastraron a Janner y Kalmar hasta la borda de estribor y examinaron el horizonte. Janner vio una perturbación en las aguas. El mar se elevaba como una colina, la espuma se extendía a su paso, mientras una enorme forma bajo la superficie se dirigía hacia ellos.

—¡Ahí viene, Murgah! —exclamó Gnag. Los Colmillos murmuraron entusiasmados.

La elevación en el agua aceleraba el paso, y no disminuía. Janner se preparó para el impacto, pensando que Yurgen embestiría la nave y los mataría a todos.

—Hasta ahí llega Barcos y Tiburones —le dijo a Kalmar, el cual asintió sin apartar los ojos de la ira que se avecinaba.

En el último momento, el viejo dragón irrumpió en el mar en una explosión de espuma y se elevó sobre el barco. Su gran cuerpo brillaba a la luz del sol humeante y temblaba de furia. Balanceó la cabeza de un lado a otro y rugió al cielo con toda la fuerza de las profundidades.

En su terror, los Colmillos se acobardaron y corrieron a cubrirse, liberando a Janner y Kalmar. Incluso Gnag el Sin Nombre se encogió mientras su Colmillo Murciélago luchaba por mantenerse en el aire. Llovió agua de mar a su alrededor y el barco se escoró bruscamente antes de enderezarse y mecerse en el mar.

La voz de Yurgen retumbó en la mente de Janner.

¿Qué quieres conmigo?

79

La alianza oscura

El Colmillo Murciélago se aferraba a Gnag y se balanceaba en el aire, con sus alas de cuero trabajando duro para mantenerlo arriba, mientras que el barco se balanceaba en la marea del dragón.

—¡Rey Yurgen! —exclamó Gnag—. ¡Vengo con un gran regalo!

El dragón desvió su atención de Leeli y giró la cabeza para mirar al anciano marchito que colgaba del murciélago. Los brazos lechosos de Gnag estaban extendidos, agarrando la cartera de cuero. *¿Acaso le dará la piedra a Yurgen?*, se preguntó Janner. Eso era lo que Yurgen había querido, según la leyenda: una piedra curativa para salvar a su hijo herido. Pero eso había sido hacía épocas, y el joven dragón llevaba mucho tiempo muerto.

¿Qué regalo? ¿Quién eres?

—¡Soy Gnag el Sin Nombre! Del Castillo Throg.

Throg. Un profundo estruendo salió del pecho del dragón.

Yurgen sabía de Throg, entonces. Y no le gustaba.

Gnag el Sin Nombre. He oído hablar de ti. Esta época te debe su ruina.

Gnag inclinó la cabeza, como si fuera un cumplido.

—Sí, rey Yurgen. Pero no es la ruina lo que busco, sino la gloria.

El dragón entrecerró los ojos y acercó la cabeza a Gnag. Yurgen ladeó la cabeza y emitió un resoplido de aliento caliente por las fosas nasales. *¿Qué gloria buscas?*

—La gloria del poder. Del dominio. De la belleza. Soy el legítimo rey de Anniera. Tú eres el rey de las Montañas Hundidas. Hubo una vez una alianza entre mi reino y el tuyo, y me gustaría… unificarnos una vez más.

—¡Tú no eres ningún rey! —gritó Kalmar.

—Háganlo callar —dijo Gnag, y un Colmillo Gris puso una mano sobre el hocico de Kal.

Si no fuera un annierano de sangre real, no oiría mi voz, muchacho. Yurgen fue posando su mirada en Kalmar, Janner y Leeli. No había duda de que el dragón se acordaba de ellos. Janner sospechaba que Yurgen recordaba todo.

En el pecho de Janner se encendió una sensación de ira, como si el agua hirviendo se hubiera derramado del corazón de Yurgen y quemado el suyo. Kalmar gimió, agitándose en el agarre del Colmillo. Sus ojos se abrieron de par en par por la conmoción, y Janner supo que Kalmar contemplaba alguna visión interior que Yurgen le había mostrado. Leeli cayó de rodillas y se cubrió la cara con las manos, con un grito desgarrador.

Janner no entendía qué estaba sucediendo. Se esforzaba por entender lo que Yurgen estaba revelando a sus hermanos, pero de algún modo él no podía ver.

El dragón volvió a dirigir su atención a Gnag. *Estoy cansado de los asuntos de los hombres. Solo traen muerte y dolor. Perdí a mi hijo. Mis hermanos dragones han perdido muchos jóvenes a manos de hombres que buscaban gloria. No quiero la gloria, sino la satisfacción de la venganza. Ahora que la he encontrado* —Yurgen volvió a echar un vistazo a los niños Wingfeather— *quisiera descansar.*

¿La satisfacción de la venganza? Mientras Janner se esforzaba por comprender lo que el viejo dragón quería decir, un nombre flotó a su mente: *Escamador.*

Podo.

Imágenes asaltaron la mente de Kalmar. Los recuerdos de Yurgen se convirtieron en los suyos. Vio muchos dragones de mar acechando en las profundidades de un azul oscuro. Kalmar reconoció a Hulwen, la joven dragona tullida que habían conocido en el *Enramere* (a la cual Podo había herido años atrás), que se balanceaba cerca, con sus aletas rojizas planeando como alas en el agua.

Muy por encima, en la superficie, había una conmoción que Yurgen no entendía. Kalmar sabía por los recuerdos de Yurgen que lo que vio tuvo lugar en el puerto de Ban Rona, donde los dragones llevaban tiempo oliendo la cercanía del Escamador. El olor de Podo se agudizó en la mente de Yurgen (y en la de Kalmar) y, dejando atrás a los demás dragones, el gran dragón gris nadó hasta la superficie y sacó la cabeza del mar, lo suficiente para ver lo que ocurría en la ciudad.

Kalmar vio a través de los ojos de Yurgen que Ban Rona estaba invadida por Colmillos: Colmillos Murciélago en lo alto, Colmillos Grises en las calles y Colmillos

Verdes deslizándose por el agua hasta las orillas. Los vallerinos luchaban valientemente contra ellos, pero estaba claro que los Colmillos pronto los destruirían a todos.

Entonces, la atención de Yurgen se fijó en un hombre. El hombre de cabello blanco tenía una sola pierna, un hueso en una mano y una espada en la otra. Podo. Estaba cerca de la orilla junto a un hombre gordo con gafas, y el polvo de los Colmillos muertos se arremolinaba alrededor de ambos mientras luchaban.

Kalmar oyó, a través de los sentidos de Yurgen, las palabras que el gordo gritaba.

—¡Debemos convocar a los dragones! —gritó Podo—. ¡Es nuestra única esperanza! ¿Dónde está Leeli? ¡Tiene que tocar la canción!

—¡Se la llevaron! —dijo Oskar.

—¿Qué hicieron qué? —rugió Podo, girando sobre su muñón para mirar a Oskar.

—¡Se la llevaron desde la ventana de la Gran Biblioteca! —a Oskar le tembló la barbilla y se subió las gafas—. Lo lamento, Podo.

—¡No! —Podo cerró los ojos y dejó caer la cabeza—. No —repitió—. Mi Leeli.

Oskar y Podo permanecían juntos en medio de la batalla, dos ancianos cansados contemplando la destrucción de su mundo. Vallerinos y Colmillos luchaban a su alrededor, y los perros gruñían y aullaban y caían por centenares, y por encima de todo, la voz de Rudric clamaba pidiendo valentía.

Pero los Colmillos eran demasiados.

—Se acabó —dijo Oskar, apoyándose en su espada.

Podo levantó los ojos y miró con cansancio la bahía llena de Colmillos, y luego los Colmillos Murciélago que se alzaban sobre él. Parecía haber envejecido cien años en el espacio de un latido, como si todos sus días y todas sus penas lo hubieran alcanzado a la vez. Podo hizo polvo a dos Colmillos Grises que se abalanzaron sobre él y fijó su mirada en el mar. El viejo pirata levantó la espada en una mano y el hueso de la pierna en la otra.

—Esto no se acabó —dijo, apretando los dientes—. Siempre hay una salida.

Mientras los Colmillos Verdes salían burbujeando del agua, Podo Helmer se abrió paso hacia el mar, formando un camino de polvo y destrucción a través del cual Oskar se esforzó por seguir.

—¡Podo, no! —exclamó.

—¡Dijiste que no había otra manera! —gritó Podo por encima del hombro mientras blandía la espada y el hueso—. Los dragones son nuestra única esperanza.

—¡Podo! —Oskar cayó de rodillas.

Podo Helmer, hijo de Skree, varado del Recodo Oriental, pirata de los Estrechos de Symia, esposo de Wendolyn Igiby, padre de la reina suprema de la Isla Luminosa y amado abuelo de las joyas de Anniera, se sumergió hasta las rodillas en el Oscuro Mar de las Tinieblas para enfrentar su perdición.

—¡Ayúdennos! —gritó Podo, aniquilando a los Colmillos Verdes que se deslizaban fuera del mar—. ¡Pueden matarme si quieren, pero, por el Hacedor, ayúdennos!

Kalmar sacudió la cabeza y gimoteó, queriendo cortar los recuerdos de Yurgen, queriendo impedir que su abuelo pusiera un pie en el mar. Pero todo lo que vio ya había ocurrido. Se vio obligado a ver cómo Podo se adentraba más en el agua, cómo arrojaba a un lado el hueso de su pierna y su espada, cómo Yurgen rugía y salía disparado de la bahía junto con Hulwen y varios dragones más.

¡Escamador!, tronó la mente de Yurgen.

Kalmar miró a través de los ojos de Yurgen a su abuelo, noble y feroz mientras señalaba a Ban Rona, gritando: «¡Ayúdennos!». Las mandíbulas de Yurgen se ensancharon y empujó su gran cabeza hacia el anciano.

—¡ABUELO! —aulló Kalmar. Se agarró los costados de la cabeza y se agitó en la cubierta del barco hasta que Yurgen liberó su mente. Luego, abrió los ojos y miró a Janner, luchando por respirar a través del peso en su pecho.

—El abuelo ya no está.

Leeli se desplomó sobre la cubierta y lloró.

—¿L-lo mataste? —gritó Janner. Sintió todo el horrible peso de la venganza de Yurgen. El viejo dragón gris los miró con una sonrisa en los ojos.

Fue rápido. Una muerte más rápida y misericordiosa que la que el Escamador les dio a mis jóvenes.

Janner quería llorar, pero parecía que le habían chupado el aire de los pulmones. No había visto gran cosa, pero había oído cada palabra entre Oskar y Podo, hasta la valiente determinación en los gruñidos de Podo mientras se esforzaba por llegar al borde del agua.

Janner se dobló pensando en su abuelo, pensando en el dolor en los ojos del anciano cada vez que miraba al mar o cuando oía hablar de los dragones. No entendía qué pensaban Podo y Oskar que pasaría. Puede que hubiera habido una alianza con Anniera hace siglos, pero eso no significaba que Yurgen, el rey Dragón, fuera a ayudar de repente a los vallerinos. Evidentemente, no lo había hecho.

Y, sin embargo, saber que Yurgen había visto la inminente destrucción de Ban Rona, había visto que Podo intentaba que lo ayudara, y aun así no había hecho nada, hizo que el alma de Janner ardiera de rabia.

Janner apretó los puños y miró a Yurgen a los ojos con toda la rabia que pudo reunir.

—¡No tenías por qué matarlo!

Hubo justicia en su muerte, muchacho. El Escamador estaría de acuerdo conmigo.

—¡Solo intentaba lograr que ayudaras! Al menos podrías haberte quedado y luchar contra los Colmillos. Entonces su muerte habría significado algo.

Ahora Janner se unió al llanto de Kalmar y Leeli.

Significó algo para mí. Significó venganza. Y ahora, he terminado con los asuntos de los hombres.

—Pero… —replicó Janner.

—¡Cállenlo! —espetó Gnag, y antes de que Janner pudiera decir otra palabra, la fría mano de un Colmillo Verde le tapó la boca.

Janner intentó ordenar sus pensamientos, exigir a Yurgen una respuesta mejor, pero la pena le robó las palabras y solo pudo llorar. Sus lágrimas corrieron por sus mejillas y mojaron las escamas de la mano del Colmillo.

—¡Yurgen el Poderoso! —Gnag abrió con esfuerzo el bolso e hizo un gesto al Colmillo Murciélago para que lo acercase al dragón—. Te traigo una prueba de mi buena voluntad.

¿Qué prueba? —Yurgen parecía desinteresado. Gnag abrió la bolsa y sonrió al dragón mientras sacaba la piedra antigua.

Pero no era la piedra.

Janner pestañeó para combatir las lágrimas. Era un cráneo. Un cráneo humano blanco y limpio.

Gnag lo sostuvo triunfante sobre su cabeza.

—Si es justicia lo que quieres, te la entrego en nombre de nuestra nueva alianza. Esta es la cabeza de Ouster Will, traidor de los dragones, asesino de tu hijo.

Los viejos ojos de Yurgen se abrieron de par en par y su cuerpo gris se estremeció de emoción. Su cabeza se balanceó hacia atrás sobre su largo y liso cuello y se meció en el aire mientras abría de par en par sus fauces y rugía al cielo. De la garganta del dragón, salía humo como de una chimenea, y la espuma cubría el mar.

—Yo lo maté —dijo Gnag, inclinando la cabeza.

Lanzó el cráneo al aire, y Yurgen se abalanzó sobre él, atrapándolo con sus fauces. Se lo tragó con un gemido de placer, y Janner se estremeció al pensar en el destino similar de Podo. Lentamente, el temblor de Yurgen cesó, sus párpados se abrieron y miró a Gnag con una sonrisa perversamente satisfecha. Incluso se lamió los labios.

¿Una alianza, dices?

—Sí, Yurgen. Reinemos juntos. Construyamos el mundo como mejor nos parezca. Sometamos a hombres y mujeres y a sus viles ciudades. Dominemos el mar, el aire y la tierra. Ya he hecho muchísimo. Pero con tu ayuda, gobernaremos Kistamos desafiando al Hacedor, que en su insensatez le dio el dominio al hombre y a su descendencia. Nunca más perderás un hijo ni un joven dragón. Nunca más seré desechado como una rata muerta —Gnag extendió sus blancos brazos—. Únete a mí.

El agua a los lados de Yurgen se agitó cuando este se elevó del mar y estiró sus aletas que parecían alas. Los dos se enfrentaron como viejos amigos a punto de abrazarse.

Todo el dolor del corazón de Janner se convirtió en absoluto terror. ¿Quién podría vencer a semejante fuerza? Gnag con todos sus secuaces, y Yurgen con la fuerza de todos los dragones marinos a sus órdenes. Todos los buenos reyes de Anniera debieron gemir en sus tumbas.

Sin embargo, el Hacedor guardó silencio. Semejante maldad se desarrollaba bajo su mirada, y él no decía nada, no hacía nada. *¿Por qué?,* se preguntó Janner con un terror desesperado.

—Entonces, sellemos nuestra alianza con una canción —dijo Gnag. Janner lo vio mirar a la vieja guardiana de la piedra, y ella asintió sutilmente.

Yurgen inclinó la cabeza hacia Gnag. *¿Qué canción cantaremos, verdugo de Ouster Will?*

—Conozco una perfecta —dijo Gnag.

80

La fusión

Gnag el Sin Nombre cantó la canción de las piedras antiguas.

Yurgen cerró los ojos y se balanceó con la melodía. Incluso alzó su voz montañosa y tarareó, como si se tratara de una vieja melodía que se esforzaba por recordar. Los ojos de Gnag se abrieron con locura mientras sonreía a Murgah y luchaba por cantar la melodía en medio de su arrebato. Janner estaba mareado por el miedo, incapaz de moverse o apartar los ojos del mal que se desplegaba.

Kalmar sacudió la cabeza del agarre del Colmillo y gritó: «¡Yurgen, no!». Leeli intentó tocar su arpa silbante, pero Amrah se lo quitó de un golpe y sujetó los brazos de Leeli a la espalda.

Los Colmillos Grises y Verdes miraban con la boca abierta, asombrados ante la genialidad del plan de su amo.

Murgah metió la mano en su bolso y extrajo la piedra antigua en medio de una ráfaga de luz que atravesó el humo como el sol atraviesa una nube de tormenta. Los rayos dorados bañaban todo lo que tocaban con un resplandor mantecoso, pero cuando caían sobre un alma en particular —la que tenía un corazón inclinado a la transformación, y eso por su propio poder—, la luz le infundía al que cantaba la vida que tenía más cerca. Gnag gritó una orden, y el Colmillo Murciélago chilló y lo lanzó sobre el lomo del dragón. Gnag se precipitó hacia abajo, con los brazos y las piernas inútiles separados, con una expresión de alegría desenfrenada en el rostro al chocar contra Yurgen.

Entonces, sucedió.

La sangre y los huesos de Gnag se mezclaron con el antiguo poder de Yurgen. El corazón del viejo dragón también estaba inclinado a la promesa de poder, la de una oscura alianza con Gnag, y aunque no sabía lo que estaba ocurriendo, sintió la oleada de la fusión de la piedra y se entregó totalmente a ella. Aceptó la fusión, viejo como era y deseoso de desgarrar y arrasar el mundo como había hecho al final de la Primera Época.

La antigua piedra brilló con tanta intensidad que tanto los Colmillos como los niños se encogieron ante ella. Janner se obligó a abrir los ojos. Un remolino de vapor envolvió a Yurgen y a Gnag, retorciéndose hacia arriba como una tromba de agua, escupiendo su ofensa hacia el cielo gris. El agua burbujeaba y hacía espuma. Un sonido como un trueno lejano surgió del vórtice y sacudió los maderos del barco y los dientes de sus pasajeros.

La guardiana de la piedra volvió a cubrir la roca y el mundo se oscureció, iluminado solo por el sol rojo más allá de la cortina de humo.

Janner no quería mirar, pero no podía evitarlo. Si iba a morir, quería ver al monstruo que lo mataría.

Una silueta emergió de la bruma vaporosa.

El dragón Gnag, mitad hombre y mitad bestia, era más alto que el mástil del barco. Su cabeza había crecido hasta alcanzar el tamaño de una roca inmensa y permanecía calva y blanca, arrugada y manchada por la edad. La nariz y la boca se alargaron lo suficiente como para sugerir un hocico sin disminuir su semejanza humana. Tenía los ojos cerrados mientras movía la mandíbula y giraba la cabeza a izquierda y derecha, adaptándose a la sensación de su nueva constitución. La gran cabeza estaba montada sobre hombros anchos. Su pecho brillaba con escamas grises que recubrían su carne hasta dos fuertes piernas gruesas como árboles. Sus brazos, también sinuosos y fuertes, se flexionaron; tenía dedos con garras tan largos como remos que se cerraban y abrían sobre el aire vacío.

Al principio, solo parecía una versión gigante y no lisiada del viejo Gnag el Sin Nombre. Eso ya habría sido suficientemente malo. Pero entonces, desplegó sus alas, unas alas marrones que se movían como las velas de un barco demoníaco. No había duda de que eran capaces de transportar a Gnag en vuelo. Entonces, Janner vio la larga cola del dragón agitándose en una espuma de agua de mar.

El dragón Gnag abrió por fin los ojos, que se habían convertido en dos orbes negros con hendiduras verticales a modo de pupilas. Aquellos terribles ojos parpadeaban y miraban a su alrededor, al cielo, a la isla quemada, al muelle, al barco y, por último, a las asustadas almas de la cubierta.

Todos los Colmillos habían caído de bruces, junto con la guardiana de la piedra, y Murgah se abrazaba al bolso que contenía la antigua piedra en una especie de instinto de supervivencia.

Solo Janner, Leeli y Kalmar permanecían de pie. Pasaron por encima de las espaldas de los Colmillos tendidos y se quedaron juntos, tomados de la mano en el barco que se balanceaba.

—Inclínense ante su rey —dijo Gnag, y Janner también oyó las palabras en su mente como antes había oído las de Yurgen: *¡INCLÍNENSE ANTE SU REY!*

—Jamás —Kalmar se situó entre Janner y Leeli, mirando desafiante a Gnag—. Ya te lo dije. No eres ningún rey.

Gnag arqueó la espalda y rugió, mostrando los mismos dientes marrones rotos (aunque ahora eran tan grandes como puertas). Azotó furioso las olas con la cola y extendió los brazos y las alas todo lo que pudo… entonces vio, flotando en el mar, una cáscara arrugada de piel de dragón: lo que quedaba de Yurgen. Gnag lo sacó del agua con dos de sus dedos y arrugó la nariz. Luego, con una risa malvada, arrojó la piel al mar y lo que quedaba de Yurgen, el rey dragón, se hundió.

Gnag volvió a dirigir su atención a los niños.

—Después de que destruya Ban Rona y lo que queda de su familia, puede que no se sientan tan audaces.

¡DESPUÉS DE QUE DESTRUYA BAN RONA Y LO QUE QUEDA DE SU FAMILIA, PUEDE QUE NO SE SIENTAN TAN AUDACES! La voz de Gnag, adentro y afuera, desgarraba la mente de Janner tanto como sus oídos.

El dragón Gnag plegó las alas. Se acuclilló en el mar, cruzó los brazos blanquecinos sobre el pecho y luego se lanzó al aire con una risa triunfal. Al principio, batía las alas con torpeza, pero luego encontró un ritmo tan fuerte y seguro que parecía que una

tormenta había descendido sobre el mundo. El barco se soltó de sus amarras y se precipitó a mar abierto.

El dragón Gnag se elevó cada vez más alto, con su risa profunda y malvada sonando por todo el ancho mundo. Luego descendió en picada, con la cola rozando la superficie del Mar Oscuro, y voló hacia el noreste, en dirección a Ban Rona. Volaba tan alto como las nubes, pero su voz retumbaba clara y cercana:

—*¡SÍGANME!*

¡SÍGANME! dijo en la mente de Janner. *¡QUIERO QUE LO VEAN, NIÑOS! ¡QUIERO QUE CONOZCAN MI PODER!* La voz era de algún modo la de Yurgen *y* la de Gnag:

toda la fuerza del viejo dragón junto con el odio de Gnag, duplicado por el hambre de venganza que cada uno de ellos portaba.

Murgah se puso en pie.

—¡Zarpen hacia Ban Rona! ¡Presencien la victoria de su rey!

Los Colmillos se apresuraron por el barco, ignorando por completo a los niños Wingfeather, y minutos después, el barco tomó el viento y cortó las olas siguiendo la estela de la huida de Gnag. Murgah se echó al hombro la mochila con la piedra antigua, pasó junto a los niños sin mirarlos y desapareció en los aposentos del capitán con Amrah pisándole los talones.

A Janner le pareció que el Hacedor los había traicionado una vez más, porque una tormenta premonitoria se acumuló tras ellos y el aire aullaba con un vendaval constante, llevándolos directa y velozmente hacia las orillas de los Valles.

—¿Qué hacemos? —gritó Leeli por encima del viento, secándose las lágrimas de las mejillas.

—¿Qué *podemos* hacer? —dijo Kalmar.

—¿Qué hemos sido capaces de hacer alguna vez? —preguntó Janner con amargura—. Nada.

Se dejó caer cansado en los escalones que conducían a la cubierta superior y se sentó con la cabeza gacha. Kalmar y Leeli se sentaron a su lado, temblando de frío y mojados por el rocío del mar.

Detrás de ellos, las calcinadas costas de Anniera se reducían a una sombra mortecina en la distancia, mientras que, ante ellos, más allá del alcance de la tormenta, las colinas de los Valles Verdes se alzaban del mar como las espaldas de gigantes ahogados, cada vez más vívidas.

Gnag el Sin Nombre se deleitaba en el agresivo viento, dando vueltas y volteretas, deslizándose por la banda de babor del barco solo para batir las alas y elevarse de nuevo. Su risa eclipsaba los truenos.

Janner tenía pocas dudas de que quienquiera que aún viviera en Ban Rona oía la voz de Gnag en el viento como el repicar de las campanas del juicio final.

81

La destrucción de Ban Rona

—¿Está realmente muerto? —preguntó Leeli.

Kalmar se apoyó en los escalones del castillo de proa con los ojos cerrados. Parecía tan triste y desgastado como un perro callejero.

—Lo vi todo —dijo—. Fue rápido, al menos.

Leeli se quedó mirando al vacío, como en un letargo.

Janner la rodeó con el brazo y la trajo cerca de sí. Quería llorar, pero estaba demasiado cansado para sentir otra cosa que no fuera derrota.

—Miren —dijo, señalando más allá de la proa. A lo lejos, vieron los mástiles de decenas de barcos. La armada de Gnag estaba agrupada en la desembocadura del Aguacalle.

Leeli se limpió la nariz.

—No quiero mirar.

El humo nublaba el aire sobre los acantilados, como lo había hecho sobre la isla de Anniera. Janner agachó la cabeza. Dondequiera que fuera Gnag, el humo y la ruina lo seguían. ¿Y qué habría sido de Nia? ¿Y de Oskar? ¿Rudric y Danniby y los O'Sally? ¿El profesor Clout? La estruendosa carcajada de Gnag pareció responder con burla a los pensamientos de Janner.

El dragón Gnag se zambulló en el mar con una ensordecedora explosión de agua marina y luego nadó hacia la banda de estribor del barco. Su pálida cabeza se elevó por encima de la barandilla del barco y escudriñó la cubierta hasta encontrar a los niños. Una de sus gigantescas manos se levantó de las olas y les hizo una seña casi juguetona.

Ven aquí, dijo en la mente de Janner. Cuando Janner no se movió, gritó: *¡VENGAN AQUÍ! Los tres.*

Los niños se levantaron y se acercaron a la barandilla. Gnag los miró con ojos como cuevas, profundos, negros y terribles.

Quiero que esto sea una sorpresa.

La mano de Gnag salió disparada y agarró a los niños, apretándolos en su puño. La muleta de Leeli quedó presionada contra la espalda de Janner. El agarre húmedo de Gnag era frío y blando, y aunque Leeli gritó y los chicos gruñeron, no fueron aplastados.

Gnag se alejó nadando del barco, con la cola deslizándose por el agua, mientras los Colmillos enrollaban las velas del barco y lo amarraban a otro fuera del Aguacalle. Los niños luchaban inútilmente mientras el dragón Gnag se abría paso por la ciudad de barcos tan alegre como un niño en una bañera repleta de juguetes. Gnag se llevó un dedo a los labios y dijo: «¡Shhh!» con un apretón amenazador.

La tormenta que se cernía sobre ellos soplaba con fuerza, aunque aún no llovía. Janner apenas oía nada por encima del viento y el ruido sordo de un barco contra otro mientras Gnag se abría paso entre ellos.

—¡Mi señor! —dijo Murgah desde la cubierta—. ¡Espere!

—¡SHHH! —dijo Gnag, frunciendo el ceño mientras miraba por encima del hombro.

—¡Pero no lo nombramos! —gritó Amrah.

—¿Es que no se acuerdan? —preguntó Gnag con una sonrisa perversa—. ¡No tengo nombre! *¡Ahora, cállense*! Quiero que mis sobrinos vean cómo mis Colmillos contemplan al destructor de Ban Rona.

Murgah agitó los brazos.

—Pero…

Gnag se elevó un poco fuera del agua y gruñó, lo suficiente para verla retroceder, y luego continuó su camino. Janner trató de no pensar en lo desagradable que le resultaba la mano de Gnag, y menos aún en el horrible espectáculo que le esperaba al otro lado del Aguacalle.

Gnag nadó hasta el lado sur del paso y salió del mar encrespado, como un monstruo de algún cuento de terror que se arrastra por los riscos. Agitó las alas para mantener el equilibrio y luego las abrió para que atraparan el viento del este y lo apretaran contra el acantilado.

Cuando llegó al borde del abismo, se detuvo y se llevó a los niños a la cara. Si hubiera querido, se habría tragado a los tres de un trago apestoso. Los ojos de Janner recorrieron el rostro blanco y carnoso, poroso y veteado. Pelos tan gruesos como ramas recubrían el interior de la nariz del monstruo. Gnag vio la repulsión de Janner y sonrió.

—Incluso ahora, ustedes, los annieranos, piensan que soy horrible. Madre Madia estaría muy orgullosa de ti. Pero te enseñaré qué es la belleza. La belleza del poder.

—Hay distintos tipos de poder —afirmó Kalmar.

—Qué tontería —Gnag curvó el labio—. ¡Contemplen, joyas de Anniera, la gran ciudad de Ban Rona!

Gnag batió las alas y saltó sobre el borde del acantilado con un rugido. Aterrizó en lo alto del acantilado y adoptó una pose poderosa. Sus alas se desplegaron en toda su amplitud, levantó a los niños por encima de su cabeza y azotó con su cola los bramidos tormentosos, mientras los relámpagos raspaban el cielo a sus espaldas.

Janner no quería mirar, pero no podía evitarlo.

Tablones rotos y cascos astillados flotaban en el puerto, donde tanto el barco como el muelle habían sido aplastados. Las velas rotas flotaban tristemente entre los restos. La orilla estaba sembrada de armaduras y restos de la muralla, el muelle y la barricada. Las cáscaras destripadas de todos los edificios de Ban Rona humeaban en silencio y no se veía ni un alma.

Era como si la batalla hubiera estallado hacía un mes y la ciudad hubiera quedado librada a su suerte… pero Leeli había sido capturada ayer. ¿Dónde estaba todo el mundo?

Janner sintió temblar la mano de Gnag. Sus alas se plegaron y sus manos cayeron a los lados mientras giraba a izquierda y derecha, buscando abatido a alguien o algo que lo admirara.

¿Qué pasó aquí?, preguntó Gnag. *¿Dónde está mi ejército?*

Saltó del acantilado y descendió planeando por la superficie del agua, para luego posarse en la orilla y examinar la ciudad. Se paseó junto a la orilla, pateando los escombros como un niño malcriado. No había cadáveres, ni un ejército regocijándose por la llegada de su rey. Ni un solo Colmillo se deslizaba, aleteaba o merodeaba. Solo había una película de polvo que cubría las calles embarradas como nieve marrón, y el humo de guerra que se disipaba a medida que las primeras ráfagas de la tormenta aullaban a través del Aguacalle.

El monstruo aflojó su agarre y los niños resbalaron hasta la fangosa orilla. Gnag parecía haberse olvidado de ellos. Janner y Kalmar ayudaron a Leeli a ponerse en pie y luego retrocedieron para ocultarse tras un montón de escombros.

Gnag subió por la calle más cercana. Sus pies de dragón aplastaban el barro, raspaban los adoquines y partían vigas caídas de los tejados como palos secos. Los sonidos de su marcha resonaban en los huesos de la ciudad muerta.

Entonces, un débil sonido salió de las colinas.

Leeli frunció el ceño.

—He oído esa canción antes —dijo.

Llegó otra brizna de música, más clara y empujando hacia ellos contra el viento. A Janner le dio un vuelco el corazón, porque era una canción que brotaba de las colinas, una canción tan verde como los Valles en plena primavera, una canción tan antigua como Kistamos. Janner la recordaba. No sabía por qué, pero la recordaba. Y fue algo hermoso, bienvenido y cálido entre los escombros de Ban Rona.

Kalmar olfateó el aire y agarró el brazo de Janner.

—Están en el Campo de Finley.

—¿Quién? —preguntó Janner.

Leeli se aferró a su arpa silbante.

—Los dragones.

—Todos —dijo Kalmar.

—Funcionó —susurró Leeli—. Lo logró —una sonrisa inundó su rostro y miró a sus hermanos con ojos brillantes—. El abuelo lo logró.

Los truenos sacudieron el aire. La tormenta estaba a punto de desplomarse sobre la bahía.

—No entiendo nada —dijo Janner.

—Él llamó a los dragones. Yurgen lo mató, pero Hulwen… la dragona más joven, ¿recuerdas? Debió quedarse a luchar. Puedo oírla cantar.

—Eso no tiene ningún sentido. Es una dragona de *mar*, ¿recuerdas?

—Te estoy diciendo que esa es la voz de Hulwen.

—Es cierto —respondió Kalmar—. Puedo olerla. No solo ella. Hay varios dragones. Y cientos de vallerinos —Kalmar miró a Janner con un destello de esperanza en los ojos—. Tenemos que llegar al campo.

A varias calles de distancia, la cabeza del dragón Gnag se balanceaba por encima de los tejados mientras deambulaba por la ciudad, pataleando, pisoteando y murmurando para sus adentros. Janner percibió sus pensamientos, y todos eran de confusión, ira y decepción. Parecía un niño monstruoso en busca de un juguete perdido.

Pero mientras miraban, se detuvo en seco, inclinó una oreja al aire y escuchó. Luego, con un gruñido, giró su gran cabeza calva hacia el este.

—¡No! —aulló Kalmar—. ¡Déjalos en paz!

Gnag miró por encima de los tejados y los fulminó a los tres con una mirada malvada. Hizo una reverencia burlona y echó a correr por el camino del manzano hacia el borde de la ciudad. Su cola aplastaba edificios a medida que pasaba y ganaba velocidad, hasta que abrió las alas y emprendió el vuelo.

Cuando sobrevoló la gran sala, se abalanzó sobre sus robustos muros y los derribó con una explosión de piedra que se mezcló con los truenos que se oían en lo alto. El gran árbol se estremeció y las ramas se desprendieron en astillas. Gnag rio, deleitándose en su poder, y pasó volando por la colina y bajó a las hondonadas, directo al Campo de Finley.

—Tenemos que advertirles —dijo Kalmar. Luego, echó a correr. Salió disparado como una flecha gris, con los brazos y las piernas bombeando con toda la fuerza de su corazón.

—¡Vamos, Leeli! —dijo Janner, agarrándola por el codo.

—Espera —Leeli se mantuvo firme—. Todavía tengo esto —sacó el arpa silbante y arqueó una de sus cejas como habría hecho Podo—. Quizás me oigan.

Janner no quería decepcionarla, pero no había forma de que el llamado de su pequeña arpa silbante llegara al campo.

Entonces, la tormenta abatió la ciudad. El viento aullaba como Janner nunca había oído, y él y Leeli luchaban por mantenerse en pie.

82

Comienza la batalla

Leeli no tenía ninguna canción en mente. Buscó en lo más profundo de su alma y la música fluyó de la rica tierra de cientos de melodías que había cantado o tocado a lo largo de los años. El ramo musical que recogió era sencillo y cálido, y brillaba con toda la esperanza que su amor había sembrado.

Janner se quedó detrás de ella con los ojos cerrados, abandonando todo su resentimiento hacia el Hacedor y rogando con denuedo para que la canción sobrevolara velozmente las colinas hasta el Campo de Finley.

La tormenta era oscura pero no malévola, una alegre ráfaga de truenos y lluvia, viento y desenfreno. Limpió la ciudad de cada mota de polvo de Colmillo, cada teja suelta, cada fragmento de desecho. Levantó la canción de Leeli como un guijarro y la hizo saltar por las ondulantes colinas y hondonadas verdes como la primavera, pero la tormenta también pareció clavar la canción en el suelo, donde Janner sintió que latía hacia el este, fluyendo como un río subterráneo.

Janner cerró los ojos y luchó por mantenerse en pie mientras su capa durgana los envolvía a él y a Leeli, ondeando como una bandera en el vendaval mientras Leeli se entregaba a la magia de la música, sin prestar atención a la lluvia punzante ni a los truenos.

—Alteza, se avecina una tormenta —dijo Oskar.

—La veo.

Nia y los demás cansados sobrevivientes de la Batalla de Ban Rona estaban reunidos en el Campo de Finley para rendir homenaje a sus muertos. Viejos y jóvenes, heridos y sanos llegaron al campo creyendo que la gran batalla —y quizás incluso la guerra— había terminado. Con la ayuda de los dragones marinos, el último de los Colmillos había sido hecho polvo, y parecía que no quedaba nadie con quien luchar.

Hulwen, la princesa dragona, observaba la ceremonia desde el extremo oriental del campo; la grácil y maltrecha longitud de su cuerpo ambarino brillaba como una joya en la palma del valle. Sus dos aletas delanteras, ahora que estaba fuera del agua, parecían más bien alas, y las traseras, patas. Otros seis dragones, viejos y jóvenes, también descansaban en los bordes del campo, y entre ellos se encontraban dispersos vallerinos de todos los clanes.

En el centro del campo ardía un túmulo funerario, y Rudric permanecía cerca del fuego con la cabeza inclinada. Hulwen cantó la endecha para el hijo de Yurgen, la misma melodía que siempre entonaban en los acantilados de Glipwood bajo la desgarrada luna de verano.

—¡Esperen! ¡Silencio! —dijo Nia, y los dragones levantaron sus grandes cabezas para escuchar.

—¿Qué pasa, su alteza? —preguntó Oskar—. Se sentó en la hierba húmeda con el Primer Libro en el regazo y miró a Nia. Cuando el viento irrumpió en el campo, oyó la melodía y sus ojos se abrieron de par en par—. Es…

—¡Sí! —gritó Nia—. ¡Es Leeli!

Los vallerinos murmuraron. Los perros gimotearon y movieron sus colas.

Entonces, contra el negro lienzo del cielo, Gnag se abalanzó sobre la elevación y aterrizó en la colina. Adoptó la misma pose que había empleado en vano en el Aguacalle. Nia gritó. Rudric jadeó y desenvainó su martillo de guerra.

Gnag oyó el grito de Nia y sonrió al ver la reunión en el campo. Luego, su sonrisa se desvaneció. Vio cómo los dragones se elevaban sobre sus aletas hasta alcanzar toda su altura y lo miraban desafiantes.

Los sobrevivientes se enfrentaron a Gnag, con el coraje despertado por la música de Leeli como cuando la ciudad estaba sitiada, y desenvainaron sus armas. A la vista del monstruo, podrían haberse acobardado, podrían haberse arrojado a la misericordia de Gnag o haber huido, pero con la melodía surcando el aire y la tierra, atravesando sus corazones con su gran belleza, las heridas se olvidaron, las fuerzas se repusieron, y el miedo solo sirvió para renovar su furia.

Una forma gris apareció en lo alto de la colina, a no más de un tiro de flecha al norte del dragón Gnag.

—¿Kalmar? —susurró Nia.

Kalmar respondió con un poderoso aullido que se mezcló con la canción de Leeli, el silbido del vendaval y los gritos de los vallerinos. Los llamó a la batalla con la autoridad de un rey supremo de Anniera.

—¡Peleen! ¡Peleen por los muertos y los vivos! ¡Por las colinas, los valles y la Isla Luminosa! —su sangre ancestral pronunció las palabras, y su corazón respondió a su propio llamado como si un alma más valerosa que la suya se hubiera apoderado de él.

Kalmar corrió directamente hacia Gnag. Mostró los dientes y atacó. Con la brillante y temeraria voluntad de un tonto, saltó sobre la pierna escamosa de Gnag y se encaramó a su espalda. Gnag lanzó un gruñido de sorpresa y arañó a Kalmar como quien aplasta a una avispa.

Los vallerinos arremetieron con los dragones y los perros y subieron a toda velocidad la colina para ayudar al rey. Gnag se distrajo con Kalmar el tiempo suficiente para ser sorprendido por la ola viviente que se abalanzó sobre él. Los dragones le mordían los brazos y las piernas, los hombres y las mujeres vallerinos cortaban con espadas y golpeaban con martillos, y los sabuesos de los Valles le roían los talones.

Gnag se tambaleó y cayó, un manojo de alas y carne blanca luchando contra la santa ira de la multitud.

Entonces, llegó la lluvia. Toda la creación se inclinaba contra el alma negra de Gnag mientras la tormenta descendía y los guerreros se alzaban. Por un momento, pareció que sería tan fácil como eso.

Pero la fuerza de Gnag era grande, y su odio, mayor. El dragón Gnag irrumpió desde el medio de la multitud. Kalmar y los vallerinos volaron como hojas en una ráfaga, y los dragones retrocedieron.

Gnag gruñó, enseñó sus podridos dientes, puso en blanco sus saltones ojos negros y saltó por los aires con un gruñido de triunfo. Extendió las alas y aleteó libre. El viento lo zarandeaba de un lado a otro, pero él se regodeaba en el cielo, maniobrando y lanzándose en picada entre relámpagos, para luego abalanzarse sobre los vallerinos, los perros y los dragones por igual.

Kalmar se situó en el centro de la aglomeración con una espada que había tomado de un guerrero vallerino caído.

—¡Baja y pelea! —gritó, y sus palabras volvieron a despertar a los guerreros.

Gnag soltó un bramido bestial y volvió a lanzarse, apuntando solo a Kalmar. Kalmar se lanzó a un lado, dándoles a los dragones y guerreros la oportunidad de apuñalar y morder al monstruo. Gnag volvió a aletear en el aire. Estaba herido, con lodo negruzco corriendo por sus flancos en lugar de sangre roja, pero no se inmutó, y de nuevo se regocijó. Voló en círculos y rio como el trueno que retumbaba sobre el campo.

—¡Kal! —gritó Nia, corriendo colina arriba—. ¿Dónde están Leeli y Janner?

—Están vivos —respondió, sin apartar los ojos de Gnag—. Están en Ban Rona. Nia quería abrazarlo y sabía que él quería que lo abrazaran, pero no era el momento. No era solo su hijo: era el rey, y el pueblo necesitaba un rey al cual seguir.

—Kalmar —dijo Rudric mientras se acercaba—. ¿Es acaso él?

—Gnag el Sin Nombre —dijo Kalmar—, pero peor.

Nia estaba junto a Kalmar y observaba a Gnag, preguntándose cómo derrotarían a semejante enemigo, incluso con los dragones marinos de su lado. Miró a Hulwen, que se impulsaba hacia arriba como podía, chasqueando en vano el aire. Los demás dragones hacían lo mismo. Por el momento, Gnag parecía contentarse con burlarse de ellos mientras los rodeaba en el aire.

—¿Qué está haciendo? —preguntó Kalmar. La atención de Gnag se fijó en las colinas del sur, como si estuviera examinando las montañas lejanas, pensando en su guarida.

—Se está retirando —dijo Nia enfadada—. No podemos dejarlo escapar. Esta es nuestra oportunidad de acabar con esto para siempre.

—No se está retirando. Que el Hacedor nos ayude —Kalmar señaló hacia el sur.

Gnag echó la cabeza hacia atrás y bramó:

—¡Vengan, mis siervos! ¡Sometan y destruyan!

Kalmar, Nia y Rudric vieron una marea de correcumbres entrar en el valle. Entre ellos, corrían Colmillos Grises, gritando órdenes. Algunos de los correcumbres giraban hondas sobre sus cabezas, mientras que otros disparaban flechas, la primera de las cuales se clavó en el costado de Hulwen. Ella rugió de dolor mientras giraba para recibir la embestida.

Los vallerinos formaron una línea y se prepararon para el ataque de los correcumbres. Los correcumbres eran una raza de escaramuzas, poco acostumbrada a la batalla franca, por lo que nunca se habían visto tantos en un mismo lugar.

Kalmar les gritó que se detuvieran. Eran enemigos, sí, pero en realidad solo eran leales a ellos mismos y a sus frutos. La promesa vacía de Gnag de recompensarlos ahora los llevaba a su perdición. Los guerreros vallerinos miraban a Kalmar en busca de órdenes; no querían matar a los correcumbres, pero había miles de ellos.

Las flechas y las piedras de los correcumbres hirieron y mataron a hermanos, hermanas, madres y padres vallerinos, con la misma seguridad que si las hubieran lanzado Colmillos. La primera de las pequeñas criaturas cayó fácilmente ante la defensa vallerina mientras Gnag giraba y la tormenta sacudía los cielos. No había nada que hacer salvo defenderse. La incertidumbre de los vallerinos se convirtió en desesperación al darse cuenta de lo superados que estaban en número.

Entonces, mientras los Colmillos Grises entre los correcumbres aullaban y atacaban, otra oleada de Colmillos Verdes, Grises y Murciélagos se extendió por la colina detrás de ellos. Habían enviado primero a los artilleros para que se llevaran la peor parte de la defensa vallerina.

Los dragones de mar hicieron su parte, rastrillando con sus aletas y colas las filas de correcumbres, rugiendo, masticando y golpeando como si trillaran trigo. Incluso Oskar N. Reteep había encontrado una espada y la blandía como una vieja que espanta moscas. Los correcumbres cayeron, pero llegaron más... y más desde las colinas. Cada minuto, morían más guerreros y perros vallerinos, y estaba claro que pronto no habría más remedio que rendirse o ser aplastados.

Todo lo que Nia sabía de los hombres y mujeres de los Valles le decía que nunca se rendirían; cuando pasara la tormenta, el sol brillaría sobre un campo de muerte y derrota. Los dragones podrían sobrevivir, pero ¿y qué? Volverían al mar y seguirían viviendo en las profundidades silenciosas.

—¡Mátenlos a todos! —decía Gnag mientras sobrevolaba en lo alto.

Nia, empujada por los guerreros que presionaban en la batalla desde la retaguardia, miró atrás como si alguna ayuda imprevista pudiera barrer la colina contraria, pero no llegó ninguna. ¿Quién quedaba para luchar? Estos eran los últimos vallerinos. No había más annieranos.

Entonces, sus ojos se dirigieron hacia el oeste, hacia Ban Rona, y vio que Janner y Leeli habían llegado por fin al campo. Estaban juntos bajo el viento y la lluvia, mirando conmocionados. Sus ojos se encontraron con los de Nia, y la fuerza de su amor pasó entre ellos. Janner dio un paso adelante, hacia el caos. Nia sabía que quería pelear, pero agitó los brazos y gritó:

—¡Janner, no! ¡Mantén a salvo a Leeli!

Janner no podía oírla, pero pareció entenderle. Agarró a Leeli de la mano y tiró de ella hacia atrás, pero Leeli apartó el brazo de un tirón y se llevó el arpa silbante a la boca. Nia se defendió de un correcumbres chillón que había atravesado la línea de defensa, y luego agitó la espada en el aire y sacudió la cabeza.

—¡Leeli, no!

Leeli y Janner estaban indefensos y expuestos, de pie donde Gnag podía abalanzarse sobre ellos y matarlos en un instante. Su música tan solo atraería su atención.

Entonces, Nia vio que Leeli señalaba más allá del campo y le decía algo a Janner. Este miró hacia las colinas orientales y se quedó boquiabierto.

Nia no tuvo tiempo de preguntarse qué había visto Janner, porque Rudric gritó su nombre. Giró a tiempo para enfrentarse a un Colmillo Gris herido con una espada corta. La bestia le gruñó y se abalanzó sobre ella. Nia intentó esquivar el golpe, pero dos correcumbres tiraban de su vestido y le hicieron perder el equilibrio. Justo antes de que la espada del Colmillo la golpeara, el martillo de Rudric se estrelló contra el pecho del Colmillo y lo hizo salir disparado hacia atrás. Se convirtió en polvo antes de tocar el suelo.

Los seis dragones (uno había caído) se retorcían bajo un montón de correcumbres que los acuchillaban, cientos de las pequeñas bestias sobre cada uno de ellos. La pobre Hulwen gemía mientras luchaba. Mirara donde mirara Nia, su gente y sus aliados estaban heridos o muertos, y por encima de todo, glorificándose de su segura victoria, se alzaba Gnag el Sin Nombre.

83

La sanidad de Hulwen

—¡Oood! —gritó Janner, casi bailando de alegría. El trol estaba muy lejos, llegando a la cima de la colina opuesta, pero Janner sabía que era él. No entendía cómo, pero no le importaba. Oood estaba vivo.

Y estaba montando algo. Ese algo tenía la boca llena de peligrosos dientes amarillos… y mugía. La vaca colmillo giró la cabeza para morder a Oood, y el trol le golpeó la mandíbula y agitó un dedo de desaprobación. La vaca obedeció.

Justo detrás de Oood, una multitud de torpes y deformes hendidos apareció en la colina y se extendió a ambos lados de él. Elder Cadwick galopó hasta detenerse junto a Oood y examinó el caos. Levantó una espada y gritó, y su voz llegó a través de la lluvia y el viento hasta Janner y Leeli.

—No puedo creerlo —Janner se rio y señaló—. ¡No puedo creerlo!

—¿Quiénes son? —preguntó Leeli.

—Los hendidos —dijo Janner—. Y un trol maravilloso.

Cadwick cargó colina abajo, y los hendidos lo siguieron con Oood entre ellos. Los Colmillos y los correcumbres de la batalla no los vieron hasta que fue demasiado tarde. Los hendidos cortaron las filas enemigas como un arado en un huerto, y el ejército de Gnag rodó como tierra removida.

Había cientos de hendidos, pequeños y grandes, de largas extremidades y escurridizos, peludos y grumosos, cada uno de ellos gruñendo o chillando con furia de batalla. Oood, que parecía haber crecido desde la última vez que Janner lo había visto, blandía los puños como arietes.

La moral de los Colmillos se derrumbó. Se acobardaron, tropezaron y gimieron, y luego comenzaron a retroceder. Los correcumbres salieron disparados de la matanza como abejas de una colmena.

Los dragones, aunque casi abrumados, habían diezmado el número de enemigos, pero lo habían hecho a un gran precio. Otros dos dragones habían muerto, y los cuatro restantes se tambaleaban por el campo, malheridos.

Desde la colina, Janner observó cómo Kalmar, Nia y Rudric se apresuraban a acercarse a Elder Cadwick, mientras los guerreros vallerinos miraban con recelo al hendido. Intercambiaron unas palabras y luego empezaron a recoger las armas de los camaradas caídos, preparándose para el siguiente ataque. Cadwick ladró órdenes a los hendidos, y estos reforzaron la línea vallerina, que se dispuso de forma protectora frente a los maltrechos dragones.

La intensidad de la batalla disminuyó, pero solo un momento. Gnag el Sin Nombre estaba enfurecido. Bramó desde el cielo, ordenando a su ejército que atacara, y los comandantes Colmillo reunieron sus fuerzas y enviaron una nueva oleada al Campo de Finley.

—Janner, tenemos que ayudar —dijo Leeli, con el fuego de Podo en la voz.

—Mamá nos dijo que nos quedáramos atrás —dijo Janner—. Tengo que mantenerte a salvo.

—Entonces, mantenme a salvo.

Leeli se soltó y cojeó lo más rápido que pudo colina abajo. Janner la siguió, pero no intentó detenerla. Llegaron al campo justo cuando la nueva oleada de Colmillos y correcumbres se estrellaba contra la defensa.

Leeli cojeó hasta Hulwen y se arrodilló junto a su cabeza. La dragona estaba viva, pero su pecho subía y bajaba inestablemente mientras luchaba por respirar. Sus heridas sangraban abundantemente. La aleta rota de Hulwen (la que Podo había mutilado años atrás) yacía en el barro cerca de la pierna retorcida de Leeli. Leeli acarició el rostro de Hulwen y pronunció palabras tranquilizadoras, ajena a la batalla.

—¡Janner, quédate con ella! —gritó Nia mientras arrastraba a un guerrero herido del combate—. ¿Me oyes?

La risa de Gnag resonó en el cielo y a Janner se le encogió el corazón. *Debe estar ganando,* pensó Janner.

Sí. Estoy ganando, sobrino.

Janner miró por encima del hombro de Hulwen y vio a Gnag sonriéndole desde lo alto de la colina, observando la batalla con sus blancos brazos cruzados.

—Sal de mi cabeza —dijo Janner.

Gnag se echó hacia atrás y volvió a reír. *Saldré de la tuya si tú sales de la mía.*

A Janner le picó en la nariz un olor a la vez rancio y reconfortante, y se volvió para ver a Oood trotando hacia él. Janner quería preguntarle cómo estaba vivo y cómo había acudido en su ayuda, pero lo único que dijo fue:

—Estás más grande.

—Hurrmano darle a Oood agua *bueeeeeeena* —Oood se golpeó el pecho—. Hacer que Oood mejore. ¿Querer un poquito? —le ofreció a Janner una gran cantimplora.

—No, está bien —dijo Janner con una débil sonrisa.

Oood señaló a Hulwen.

—¿Oood dar a dragón agua buena? Mejorarla a ella también.

El trol se arrodilló junto a Leeli y acarició la mandíbula de Hulwen. Ella abrió la boca, mostrando hileras de afilados dientes blancos, y él vertió un poco del agua sobre su enorme lengua rubicunda. Hulwen movió con dificultad la mandíbula y arrastró la lengua por el paladar. Suspiró.

Leeli apoyó la cabeza sobre el hocico de Hulwen.

—Se está muriendo.

Doncella musical, dijo Hulwen, y su voz parecía más fuerte en la mente de Janner. *Me duelen las aletas.*

Leeli se deslizó a lo largo del cuerpo del dragón, echó un vistazo a las brillantes aletas rojas y se quedó sin aliento.

—¡Janner, está cambiando! ¡Mira!

Las heridas a lo largo de los flancos de Hulwen humeaban y se cerraban. De hecho, todo su cuerpo parecía expandirse, pero especialmente sus aletas. Se oyó un crujido y sus huesos se enderezaron en rápidas sacudidas.

—¿Dragón tener alas? —dijo Oood, rascándose la barbilla.

—Oood, ¿dónde dijiste que conseguiste esa agua? —preguntó Janner.

Oood señaló al este.

—Cuando hendido lastimar a Oood, Kahmmar traerle agua. Cuando Oood despertar, ir a buscar más agua buena, encontrar un estanque en medio de los árboles. ¡Árboles grandes, *gordos*! Cuando volver, hurrmanos no estar más —Oood pareció ponerse triste, luego palmeó su cantimplora y sonrió—. Hurrmano darle a Oood agua buena, *buena*.

Leeli se rio.

—Janner… ¡Kal encontró el Primer Pozo!

Hulwen gimió, y Janner no sabía si era de dolor o de placer. Pero *pudo* ver que sus aletas estaban cambiando. Sin embargo, no se estaban transformando en algo nuevo. Se estaban restaurando tras años de desuso.

Janner recordó el medallón que su madre le había regalado al comandante Gnorm, el que tenía el símbolo annierano del dragón. Un dragón con *alas*.

—Leeli —dijo Janner—. Pueden volar.

—¿Qué?

—Antes de que los dragones hundieran las montañas, creo que podían volar.

Nunca lo supe, dijo Hulwen. *Yurgen nos mantuvo en el mar después de que las montañas se hundieran.*

Con un sonoro gruñido, Hulwen se puso boca abajo y estiró las aletas: sus *alas*. Se deslizaron hacia el exterior, anchas y brillantes bajo la lluvia torrencial, y los huesos encajaron en su sitio. Sus aletas traseras también habían cambiado. Ya no eran elegantes y esbeltas, sino robustas y fuertes. Las púas que sobresalían de las puntas ahora se doblaban y flexionaban como garras. Tenía pies. Se puso de pie sobre sus piernas tambaleantes y flexionó sus alas.

Doncella musical, dijo Hulwen, *necesito una canción. Una antigua. Ayúdame a volar.*

Leeli tiró su muleta a un lado y se subió a la espalda de Hulwen. La dragona giró el cuello hacia un lado, situando a Leeli entre sus omóplatos, justo delante de sus alas. Leeli apretó con fuerza las piernas alrededor de la base del cuello de Hulwen, con los ojos muy abiertos. Respiró hondo y tocó «La llama de Anyara», una de las melodías más antiguas de Anniera que conocía.

Cuando Hulwen batió las alas y se levantó de la tierra fangosa, a Janner le flaquearon las rodillas y cayó al suelo maravillado. Leeli Wingfeather, doncella musical de Anniera, montaba un dragón.

Guardián del trono, dijo Hulwen mientras se levantaba, *sana a mi parentela.*

—Sí, señora —susurró Janner. Parpadeó para combatir las lágrimas y buscó a los otros tres dragones heridos en medio de la lucha.

Los vallerinos, los hendidos y los perros se habían separado en varias formaciones de ataque, y los Colmillos y los correcumbres se estaban debilitando. Gnag agitaba los brazos y gritaba frenéticamente a su ejército. Janner vio a Rudric y Kalmar luchando codo a codo, adentrándose más entre los enemigos con cada golpe de sus armas. Oskar, mientras tanto, había empleado su mejor táctica, que consistía en girar como un trompo con la espada extendida, despellejando todo lo que estaba a su alcance. (Por fortuna, no había sabuesos ni soldados vallerinos cerca).

Entonces, Janner divisó a los otros tres dragones, cada uno de ellos rodeado de denso combate. No había forma de llegar a ellos.

—¡Oood! —gritó Janner.

El trol se apartó de los Colmillos que estaba apaleando y le sonrió a Janner.

—Tenemos que llegar a esos dragones —Janner señaló con el dedo.

Oood bajó la cabeza y corrió directamente hacia las filas de los Colmillos, con Janner pisándole los talones. Derraparon hasta detenerse junto a la cabeza de un dragón verde. Janner le pidió que abriera la boca, vertió un poco de agua y luego le señaló a Oood el siguiente dragón. El trol se abrió paso a través de la batalla y protegió a Janner mientras volvía a administrar el agua. Janner miró hacia el dragón verde y vio que sus alas se desplegaban igual que las de Hulwen.

—¡Vamos! —gritó, y Oood corrió hacia el último dragón.

Cuando la cantimplora estuvo vacía, los tres dragones se elevaban en el aire para reunirse con Leeli y Hulwen. Los Colmillos hicieron una mueca de dolor y se taparon los oídos mientras la melodía de Leeli surcaba los vientos de tormenta. Rugiendo de júbilo, los dragones se alzaron, escuchando la canción de Leeli. Las flechas de los correcumbres y los Colmillos rebotaban de la piel de Hulwen y caían al suelo, mientras Colmillos Murciélago se lanzaban contra los dragones voladores y eran espantados como insectos. La música de Leeli desorientó a los Colmillos y a Gnag por igual, doblegándolos hasta el suelo con su belleza.

Por fin, el enemigo huyó. Colmillos y correcumbres aterrorizados corrieron colina arriba hacia su amo, pero allí no encontraron seguridad. Gnag el Sin Nombre estaba loco de furia, y los aplastaba a medida que se acercaban.

—¡Luchen! —gritaba—. ¡Luchen, cobardes!

Algunos obedecieron a Gnag y corrieron enloquecidos de vuelta hacia la línea de vallerinos, mientras que otros corrieron hacia las colinas. Los Colmillos se chocaron entre sí a mitad de la pendiente y empezaron a luchar entre ellos. Los correcumbres, lo bastante astutos como para darse cuenta de su insensatez, se dispersaron en todas las direcciones y desaparecieron tan rápido como habían llegado.

De repente, dejó de llover. El aire se calmó y los nubarrones se alejaron. Un fresco brillo gris de nubes altas suavizaba el firmamento, y el aire se sentía limpio y nuevo mientras los vallerinos y los hendidos golpeaban las espadas contra los escudos y se regocijaban en su victoria.

Lo único que mancillaba el cielo era Gnag el Sin Nombre. Volaba en círculo, sin prestar atención a su ejército disperso. El monstruo se elevó más y más hasta que pareció tan pequeño como un pájaro, y entonces plegó las alas y se zambulló.

Ganó velocidad mientras caía y apuntó a Hulwen y Leeli.

84

Amado

Mientras Leeli tocaba, Hulwen giró bruscamente a la izquierda para esquivar el ataque de Gnag. Leeli se vio obligada a soltar su arpa silbante y agarrarse con fuerza al cuello de Hulwen. Gnag pasó zumbando, arañando el ala derecha de la dragona mientras lo hacía.

Mientras los otros tres dragones atacaban a Gnag, Hulwen llevó volando a Leeli de vuelta con el ejército vallerino. Derrapó hasta detenerse y bajó un hombro para que Leeli pudiera deslizarse hasta los brazos de Nia.

Hulwen volvió a alzar el vuelo mientras Gnag rugía y batía las alas. Le dio un puñetazo en la mandíbula al dragón verde, el cual cayó hacia atrás como una hoja arrastrada por el viento. Gnag gruñó triunfante antes de placar al azul en pleno vuelo. Cayeron juntos mientras Gnag lo arañaba con sus garras. El dragón le mordió el hombro a Gnag y, de las heridas, brotó un lodo negro. Justo antes de tocar el suelo, se separaron y volvieron a elevarse en el aire. Gnag se limpió la sangre del hombro y sonrió, pero a medida que el dragón se elevaba, su fuerza cedió y cayó al suelo.

Ahora solo quedaban tres dragones: el verde, el dorado y Hulwen, roja como las brasas. Parecían cansados y cautelosos, revoloteando en el aire alrededor de Gnag mientras este los provocaba.

—Está ganando —dijo Kalmar.

Gnag escudriñó la tierra hasta que divisó a los Wingfeather. Entrecerró los ojos y estaba a punto de lanzarse cuando Hulwen chocó contra él.

—¿Por qué nos detesta? —preguntó Nia en voz baja.

—Porque la reina Madia lo expulsó —dijo Leeli.

Nia miró con sorpresa desde la batalla a Leeli.

—¿Qué quieres decir?

—Es nuestro tío abuelo —dijo Janner—. El hermano abandonado del rey Jru.

Oskar balbuceó espurreando, como si se estuviera atragantando con un pan de bayas.

Nia apretó la mandíbula y se enderezó.

—Eso es absurdo. Jru Wingfeather no tenía ningún hermano.

—En palabras de… —dijo Oskar.

—Gnag me dijo que eran gemelos —apuntó Leeli—. Uno estaba deformado. Madia lo expulsó, pero Bonifer lo salvó y se lo llevó a Throg.

Oskar tomó el Primer Libro y hojeó las páginas del final.

—En palabras de…

—Ella jamás habría hecho algo así —dijo Nia.

—En palabras de Madia Wingfeather, *¡no lo hizo!* —Oskar clavó su dedo en unas líneas escritas en las últimas páginas del Primer Libro—. ¡No lo expulsó! ¡Lo amaba!

—¿De qué estás hablando? —preguntó Nia.

—¡Ella lo escribió aquí mismo! —Oskar temblaba de la urgencia—. El final del Primer Libro es un breve relato de los reyes y reinas de Anniera. Cada soberano añadió sus propias palabras a estas páginas. Lo leí hace años, ¡pero no creí que importara!

—Entonces, Bonifer… ¿se *robó* a Gnag? —preguntó Kalmar.

—Seguramente —dijo Oskar, volviendo los ojos hacia Gnag—. Y luego le hizo creer la mentira de que no era deseado. Pero Madia escribió aquí que abrazó a los hermanos con todo su amor antes de perder el conocimiento. Cuando despertó, Bonifer le dijo que el gemelo había muerto. Los convenció a ella y a Ortham de que le ahorraran al reino el dolor de la muerte del niño, así que no dijeron a nadie que había un gemelo. Madia lloró durante semanas. Incluso le puso nombre.

—¿Cómo se llamaba? —preguntó Kalmar sin apartar los ojos de la batalla en el cielo.

—Ni siquiera quiero saberlo —dijo Janner. Ya no importaba. De todos modos, Gnag estaba a punto de conquistarlos a todos.

—¡Esto no tiene ningún sentido! —Nia se aferró a Leeli—. ¿Qué es lo que *quiere*?

—Quiere ser rey —dijo Leeli.

—No —respondió Oskar—. Eso es lo que él *cree* que quiere.

Nia volvió a sacudir la cabeza.

—No entiendo.

Gnag se separó de los tres dragones y voló directamente hacia los Wingfeather. Hulwen y los demás dragones volaron a su lado y le mordieron los flancos hasta que Gnag frenó y volvió a atacarlos.

—¿Qué está diciendo, señor Reteep? —preguntó Janner.

—Lo que Gnag realmente quiere —dijo Oskar mientras extendía el Primer Libro y señalaba una línea de escritura—, es un nombre.

Janner leyó el nombre y, de repente, lo comprendió. Cerró los ojos y se introdujo en la mente de Gnag. En lo profundo de la oscuridad, vio a un niño dañado. Un niño que vagaba por un castillo de horrores, un niño al que todos los días de su vida le habían dicho que no era querido ni amado… lo peor de todo es que nadie se había molestado siquiera en darle un nombre. Después de un tiempo, Gnag se había puesto un nombre, eligiendo uno que sonaba tan horrible como él creía ser, y por supuesto no le trajo ninguna paz.

Recorría los fríos pasillos de Throg con amarga pena, hambriento de un vacío que no podía explicar. La cavidad en su alma había endurecido su corazón hasta dejarlo tan frío y silencioso como una lápida. Una lápida tan anónima y vacía como el propio Gnag.

Destruyó Anniera para pagar la crueldad de su madre Madia con una crueldad mayor. Si no tenía nombre, entonces se *haría* uno para sí mismo. Más que eso, anhelaba hacerse hermoso, deseable, una cosa de aspecto tan llamativo que, si Madia pudiera verlo, nunca lo habría desechado como a una rata muerta.

Y entonces, después de que el Castillo Rysen fuera saqueado, Gnag se enteró del Templo de Fuego y de los niños: las joyas de Anniera. Tesoros para sus padres y su pueblo, protegidos, nombrados y amados. La amargura de Gnag se había retorcido en un impío nudo de desprecio. El agujero de su corazón era como un remolino que succionaba la vida, el amor y la belleza, no para absorberlos sino para destruirlos, para limpiar el mundo de lo que se había convertido en veneno para su alma.

Todo se desarrolló en la mente de Janner como un sueño terrible, y jadeó intentando respirar. Miró a Gnag a través de la tormenta de alas de dragón. La bestia de cráneo blanco miró a Janner a los ojos en medio del enfrentamiento, y quedó claro que Gnag sabía que Janner había invadido su mente.

Gnag se revolvió contra los dragones y clavó su rodilla en las costillas de Hulwen. Ella chilló y cayó al suelo. Cuando aterrizó, se deslizó colina abajo, dejando un surco de barro a su paso, y se quedó inmóvil. Luego, hubo un espeluznante silencio, solo interrumpido por el batir de alas. Aunque Hulwen era más joven y más pequeña que los otros dos dragones, su derrota conmocionó a todos.

Cuando los dos dragones, el verde y el dorado, se quedaron mirando a Hulwen, Gnag se abalanzó sobre ellos, los agarró por el cuello y los arrojó directamente a la tierra. Se estrellaron contra la ladera, rotos y moribundos.

Janner sintió una oleada de emoción en su mente, al percibir la euforia de Gnag. Las lágrimas goteaban de las comisuras de los ojos negros de Gnag mientras se deslizaba sobre el Campo de Finley con una sonrisa demencial dibujada en el rostro.

Sus ojos recorrieron el campo en busca de otro enemigo que pudiera oponérsele, pero todo lo que quedaba era un montón de hendidos entre una muchedumbre de hombres y mujeres cansados, y todos lo miraban fijamente como si fuera el rostro de la mismísima muerte. Su miedo era como un perfume para Gnag.

Janner sintió que se le helaba la sangre cuando los ojos de Gnag se posaron en él y su familia. Gnag aterrizó en el Campo de Finley y se acercó, arrastrando la cola por el barro y pisando a los dragones muertos. Ninguno de los vallerinos o hendidos se movió. Sabían que habían sido derrotados.

¿Lo ves, muchacho? La voz de Gnag en la mente de Janner era tranquila ahora. *Todo lo que me he propuesto, lo he hecho. Todo lo que quiero, lo tengo.*

—Eso es mentira —dijo Janner.

—Contempla a los muertos —dijo Gnag, elevándose sobre los Wingfeather—. He aquí los poderosos dragones, muertos por mi mano más poderosa. Piensa en las ruinas de Anniera. Piensa en la muerte de *Esben* —Gnag señaló con un gesto grandioso el campo de batalla sembrado de muertos—. ¡Contempla la belleza de mis obras!

Se agazapó ante los Wingfeather, acercando su rostro. Al respirar, el pelo de Leeli voló hacia atrás desde sus hombros.

—¿Dices que no tengo lo que quería? Yo digo que no queda nada que desear.

—Davion —dijo Janner.

Gnag lo miró fijamente.

—¿Qué?

—Ese es tu nombre.

Tras una pausa, Gnag resopló burlonamente.

—No tengo nombre.

—Siempre lo tuviste —dijo Kalmar—. Tu nombre es Davion Wingfeather. El amado de Madia.

Los músculos de la cara de Gnag se combaron un poco. Parpadeó lentamente. Sus alas bajaron y las venas de sus brazos disminuyeron. Sacudió la cabeza y entrecerró los ojos otra vez.

—¿Qué quieres decir?

Oskar avanzó a empujones con el Primer Libro sobre la cabeza. Se aclaró la garganta.

—En palabras de Madia Wingfeather, «Di a luz a dos hijos: uno sano y entero, el otro roto y tan hermoso. Al más joven, le puse Jru, y al mayor, Davion, porque lo amé con un amor especial. Mi corazón ardía por los dos, feroz como el fuego del sol. Pero cuando desperté, Bonifer me dijo que el mayor, el pobre Davion, había muerto. Lloré durante quince días. Anhelaba tanto ver cómo el Creador habría moldeado su hermoso corazón». Oskar le mostró el libro a Gnag.

—Ella siempre te amó —dijo Leeli.

Gnag retrocedió, tambaleándose hacia atrás. Mil emociones le pasaban por el rostro y palpitaban en la mente de Janner. Sacudió la cabeza y respiró entrecortadamente.

—No —murmuró—. ¡Es *mentira*!

—Bonifer es quien mintió —dijo Janner—. Ouster Will mintió.

—¡Silencio! —gritó Gnag.

Janner percibió los pensamientos de Gnag: una tormenta de preguntas, esperanzas y remordimientos que se arremolinaban en un mar de confusión.

—Tienes un nombre, tío.

—No significa nada —espetó Gnag.

—Significa todo —dijo Kalmar.

Gnag enseñó los dientes.

—Madia está muerta. Sea cual sea el amor que sentía por mí, ha *muerto*.

—Puede que esté muerta —dijo Leeli—, pero su amor por ti era real. Existió y siempre habrá existido. Hagas lo que hagas, nunca podrás cambiar la verdad de que un bebé nació, fue amado y recibió un nombre.

Gnag tosió y se apoyó sobre una rodilla. Cerró los ojos y apretó los dientes.

—Pero Bonifer dijo… —se dobló y se agarró el estómago.

—¿Cómo te llamas? —preguntó Kalmar.

—No tengo nombre. La voz de Gnag había perdido su enormidad. Sus labios grises se movían y convulsionó con un sollozo. *No tengo nombre. No tengo nombre. No tengo nombre. No tengo…*

¿Cómo te llamas?, preguntó Janner en su mente.

Gnag cayó hacia delante, se tumbó de lado y se abrazó las rodillas como un niño.

Sus alas se desplegaron en el barro a su alrededor. *No tengo nombre.*

Leeli, Janner y Kalmar se acercaron a la cabeza de Gnag. Era tan grande como una roca, blanca, húmeda y temblorosa. La doncella musical extendió su pequeña mano y la colocó contra la fría carne de Gnag.

—¿Cómo te llamas? —le susurró al oído gigante.

Gnag se cubrió la cara con las manos. Sollozaba, y fue el sonido más triste que Janner había oído jamás.

Con voz quebrada y temblorosa, respondió por fin: «Me llamo Davion Wingfeather».

85

Consecuencias

Gnag el Sin Nombre —Davion Wingfeather— rodó sobre su espalda. Se quitó las manos de la cara y abrió los ojos. Para sorpresa de Janner, se habían vuelto de un azul suave, del mismo color que los de Kal.

Se quedó mirando al cielo mientras las lágrimas brotaban de las comisuras de los ojos y se encharcaban en el barro. El lodo negro que había supurado de sus heridas era ahora rojo brillante y manaba de un centenar de cortes y perforaciones. Aunque su monstruoso tamaño no había cambiado, parecía más pequeño. Toda su carne blanca y suave se había vuelto flácida como un saco vacío. Ahora era más fácil ver al hombre en el monstruo.

Davion respiró hondo y exhaló un suspiro traqueteante. No parecía saber dónde estaba ni qué había pasado, pero Janner percibió sus pensamientos.

Mi nombre es Davion Wingfeather, hijo de Madia y Ortham. Mi nombre es Davion Wingfeather, y me estoy muriendo. Mi nombre es Davion Wingfeather, y estoy arrepentido. Mi nombre es Davion Wingfeather, y fui amado.

Sin estremecerse, convulsionar, ni siquiera moverse, su último aliento salió de sus pulmones y murió. El cuerpo de Gnag se volvió gris y crujió, y entonces una ráfaga de viento envió nubes de sus cenizas ondeando sobre las colinas. Ya no estaba.

Janner, Kalmar y Leeli sintieron una gran pena: pena porque las mentiras de Bonifer hubieran creado semejante monstruo a partir del niño que Madia había amado, y pena por todo el mal que esas mentiras habían desatado en el mundo.

¿Cuántos miles habían muerto a causa del odio y el dolor de Gnag? Janner pensó en los annieranos que cayeron en la invasión, en el terror de todos los skreeanos secuestrados y asesinados y fundidos, en la muerte de tantos vallerinos aquel día y todos los días desde que empezó la guerra. Pero a pesar de toda la destrucción, Janner sentía ahora más lástima por Gnag que rabia.

—Niños —dijo Nia. Se arrodilló y extendió los brazos. Ellos se hundieron en su abrazo. Mientras ella lloraba, la promesa de paz llegó al corazón de Janner, y lloró con ella. Todos los que quedaban de la familia Wingfeather estaban sentados en el lodo, un espectáculo lamentable pero alegre.

—Señora, lamento interrumpir, pero hay poco tiempo —dijo Oskar, mientras se quitaba las gafas y se limpiaba la nariz—. Se trata de Rudric.

Nia se sacudió y se puso en pie.

—¿Dónde está? ¿Qué ocurre?

Oskar la guio a través de una sombría multitud de vallerinos y hendidos. El custodio de los Valles yacía de lado entre los muertos, luchando por respirar. Una espada Colmillo sobresalía de su espalda, junto con siete flechas de correcumbres.

El rostro de Rudric estaba pálido mientras miraba al aire vacío.

—Nia —susurró—. Lo siento. No lo sabía.

Ella se sentó a su lado y apoyó la cabeza en su hombro. Sus heridas sangrantes y las armas alojadas en su cuerpo lo revestían de gloria. Había defendido su ciudad, su país y a sus parientes hasta el final y vivió para ver el amanecer de la restauración. Su cuerpo estaba flácido como un trapo, pero su puño derecho seguía apretando la empuñadura de su martillo de guerra.

—Suéltalo —dijo Nia, despegando sus dedos con sumo cuidado. El martillo resbaló hasta el barro—. Tu pueblo está a salvo.

—Lo lamento. No era mi intención... Esben...

—Todo está perdonado, mi amor —susurró Nia.

Rudric cerró los ojos. Nia le dio un prolongado beso en la frente y, cuando se retiró, él había atravesado el velo al son de la canción de bienvenida de sus padres en la fiesta del Hacedor.

Cuando Janner apartó la mirada del rostro angustiado de Nia, la tragedia de la guerra se instaló en su corazón. Mirara donde mirara, yacían los caídos. Habían entregado sus vidas, por lo cual había una especie de belleza en ello, pero esa belleza no era más que un manto sobre una montaña de dolor. Había hendidos muertos. Perros acurrucados, sin aliento y quietos, contra los cuerpos de sus amos. También había correcumbres muertos. Un lamento se elevó a los cielos mientras los sobrevivientes lloraban.

—¡Baxter! —Leeli se arrodilló mientras el gran perro corría hacia ella. Se abalanzó sobre ella y ella se desplomó hacia atrás, mientras el perro le lamía la cara y las orejas. Leeli se incorporó y le susurró algo. El perro ladró y salió corriendo.

—¿Adónde va? —preguntó Thorn O'Sally, mientras se abría paso entre la multitud.

—¡Thorn! —Leeli se puso de pie y saltó a sus brazos. Ahora fue Thorn quien cayó hacia atrás con Leeli encima. Ella se sonrojó y se levantó con dificultad, sacudiéndose la parte delantera del vestido embarrado—. Lo siento. Baxter, em, va a reunir a los otros perros para ayudar con los sabuestrillos. Necesitamos llevar a los heridos a Ban Rona.

Thorn se aclaró la garganta, demasiado avergonzado como para mirarla a los ojos.

Leeli se retorció un mechón de cabello.

—Me alegro de que estés a salvo. ¿Dónde está tu papá? ¿Y Kelvey?

—Están bien —señaló a Kelvey y Biggin, que atendían a dos perros heridos—. Heridos, pero no muy malamente.

Cuando pasó la conmoción de la muerte de Gnag, los sobrevivientes se ocuparon de los heridos. Con Rudric muerto, los vallerinos se quedaron sin líder y sin saber cómo proceder. Nia se puso a dar órdenes, y pronto el Campo de Finley se llenó de actividad. Los guerreros vallerinos atendían tanto a los humanos como a los hendidos, y pronto Oood y los hendidos que estaban en condiciones se unieron a ellos, llevando a los mutilados a los sabuestrillos o administrándoles agua. Janner se sorprendió al ver la facilidad con la que los vallerinos aceptaban la ayuda de los hendidos, cuando hacía solo unos meses estaban dispuestos a destruir a cualquiera que cruzara sus fronteras.

Al otro lado del campo, Hulwen gimió, se puso en pie y fue directo hacia los otros dragones. De los siete, cuatro estaban muertos y el resto, heridos. Hablaban entre ellos con gruñidos, zumbidos y bocanadas de aire, mirándose las alas con admiración mientras flexionaban sus nuevas patas. Su discurso musical fue un sonido bienvenido tras la cacofonía de la batalla. Sin embargo, se calmó cuando Hulwen les ordenó que la ayudaran a trasladar a los dragones muertos al centro del campo.

El profesor Clout y Olumphia Groundwich fueron algunos de los sobrevivientes, al igual que Nibbick y Grigory Bunge. Danniby y muchos de los maestros de las cofradías habían perdido la vida en defensa de la Sala de Cofradías y la Gran Biblioteca. Sin embargo, muchos de los cofrades habían sido protegidos de lo peor de la batalla, por lo que también hubo felices reencuentros. En total, Oskar informó que había 462 sobrevivientes, aunque esa cifra descendió a medida que pasaban las horas y las heridas se cobraban más víctimas.

Oood ayudó a reunir a los heridos, pero su olor era tan fuerte que provocaba ataques de tos a muchos de los guerreros.

—Oood —dijo Janner, mientras se acercaba trotando—. ¿Qué tal si descansamos? Quiero que conozcas a mi familia.

Al oír la palabra *familia* , el rostro de Oood decayó, gruñó y siguió a Janner hasta Nia y los demás.

—Mamá, este es mi amigo Oood, hijo de un poeta de las Selvas de Plontst. Nos salvó a Kal y a mí en el Bosque Negro.

Sin dudarlo, Nia abrazó a la bestia maloliente y tiró de él hacia abajo para poder besarle la mejilla.

—Gracias por cuidar a mis hijos. Estoy en deuda contigo.

Las mejillas callosas y verrugosas de Oood se pusieron rojas como manzanas y sonrió tanto que sus ojos desaparecieron. Leeli soltó una risita y Kalmar palmeó el hombro de Oood.

—Janner y Kal también salvar a Oood —dijo, encogiéndose de hombros con timidez. Se puso a jugar distraídamente con su ombligo y miró al suelo—. Oood pensar que mamá de Janner ser muy bonita.

Nia sonrió.

—Gracias. Seguro que tu madre también es bonita.

A Oood le brillaron los ojos y asintió con entusiasmo.

—Mamá de Oood ser *tan* bonita, como una pila de smigas grkklas —su rostro volvió a decaer—. Oood extrañar a mamá y papá. Querer irse a casa ahora.

—Creo que es una buena idea —dijo Kalmar—. Seguro que te echan de menos.

—¿Venir un día a casa de Oood en Glagron? —preguntó Oood—. ¡Mostrarte árboles y castillo y ocki vabs! ¡Leer poemas!

Los Wingfeather se rieron y dijeron que sería lindo visitarlo.

Oood respiró hondo y miró la carnicería a su alrededor.

—¿Quedarme y ayudar?

—Ya has ayudado muchísimo —dijo Janner—. Puedes volver a casa. Gnag ya no puede detenerte. Dile a tu gente que no nos aplaste si visitamos las Selvas de Plontst.

Oood se puso serio y se dio un golpecito en la cabeza.

—Bien pensar. *Muy* bien pensar. Trols machacar a chicos que no conocen —levantó un dedo en el aire—. ¡No preocupar! El papá de Oood escribir poema sobre niño, niño lobo y *gran* batalla. Hacer que trols de todo el mundo los amen.

El joven trol miró a su alrededor en busca de su vaca colmillo, pero alguien —vallerino o Colmillo— la había matado durante la batalla, lo cual era bueno. Sin Oood que la domara, no se sabía a cuántas personas podría haber masticado la bestia. Oood se despidió de ellos y partió al trote hacia las montañas, con el *tump-tump-tump* de sus pasos desvaneciéndose lentamente en el gran silencio de las colinas.

—Vino a buscarnos después de que entraron en las Profundidades —dijo Elder Cadwick, galopando hacia ellos con una mujer cerdo y el oso con la cabeza al revés a su lado. El brazo de Cadwick descansaba en un cabestrillo improvisado. Janner jadeó cuando vio cuatro flechas de correcumbres sobresaliendo de sus flancos. Cadwick hizo un gesto despectivo con la mano buena—. Estaré bien. Madre Mungry me atenderá pronto.

Recién entonces la vio Janner, yendo de guerrero en guerrero, curando sus heridas, pero claramente más preocupada por los pies de los heridos que por otra cosa. Su cola con mano se movía detrás de ella, lo cual hacía estremecer a los vallerinos.

—¿Cómo supieron que tenían que venir? —preguntó Kalmar.

—Oood regresó, más fuerte que nunca, lo que era un gran misterio hasta que nos mostró el agua que había recuperado del Primer Pozo. Al día siguiente, nuestros persuasores avistaron una multitud de correcumbres y Colmillos que salían de las montañas y se dirigían directamente a Ban Rona. El niño trol convenció a nuestra reina para que nos enviara. Los pájaros primaverales y la propia tierra ya le habían avisado que se avecinaba una gran batalla —Cadwick respiró hondo y sonrió—. Había olvidado lo hermoso que es el cielo abierto sobre estas colinas.

—Te damos las gracias —dijo Nia.

—Por supuesto, alteza —respondió Cadwick con una reverencia—. Es usted tan hermosa como la recordaba. Fui herrero en el pueblo de Pennybridge y las conocí a usted y a su madre, Wendolyn, una vez.

Antes de que Nia se recuperara de su sorpresa, Madre Mungry se acercó y se puso a trabajar en las heridas de Cadwick.

—¿Pennybridge? —preguntó Nia.

—¡A un lado! —dijo Madre Mungry—. ¿No ven que su pie está probablemente herido? —Janner no se molestó en mencionar que Cadwick tenía pezuñas, no pies—. ¡Y estas flechas! —Madre Mungry puso sus manos sobre las caderas y sacudió la cabeza—. Queda mucho trabajo por hacer aquí. Si no está herida o curándose, es mejor que se mantenga al margen, alteza. Con todo respeto.

Con una mueca de dolor, Cadwick se arrodilló y murmuró una disculpa a los Wingfeather, mientras las manos de Madre Mungry (incluida su mano de la cola) se deslizaban por el costado de Cadwick para inspeccionar sus heridas. Kalmar bostezó, lo que hizo que Janner y Leeli bostezaran a su vez. Janner no recordaba la última vez que había dormido.

—Tiene razón —dijo Nia a los niños—. El día se está desvaneciendo y somos de poca ayuda aquí.

Los Wingfeather y Oskar regresaron a Ban Rona pero no a la Colina de la Chimenea. Nia les dijo a los chicos que había desaparecido, quemada hasta los cimientos junto con otros cientos de casas y edificios. La ciudad estaba prácticamente destruida, primero por la guerra y luego por la gran tormenta y el dragón Gnag, pero encontraron suficientes refugios para albergar a los vivos.

Aquella tarde, cuando el último guerrero vallerino en el campo (un hombre llamado Paddy Durbin Thistlefoot) observó la escena desde la cima de la colina, vio los silenciosos montones de cadáveres de vallerinos, hendidos y correcumbres en el centro, y hacia el sur los polvorientos restos del monstruo que había intentado destruir el mundo. Sacudió la cabeza ante la insensatez de todo aquello y se dirigió pesadamente a su casa en el crepúsculo, detrás de los demás.

—¡Oy, Lennry! —llamó a un hombre en la retaguardia, que ayudaba a llevar a una mujer herida en una camilla—. ¿Cómo se llamaba esa cosa?

—¿Gnag?

—No, su nombre *real*. El que le contaron los chicos Wingfeather.

Lennry Gardensmith lo pensó y luego se encogió de hombros.

—No me acuerdo.

—Yo tampoco —dijo Paddy—. Vamos a buscar unas biditas.

86

Murgah y la piedra

Los Wingfeather y Oskar N. Reteep se refugiaron aquella noche en lo que quedaba de la Posada del Huerto. El propietario ya no estaba, y la mayor parte del edificio había desaparecido, pero quedaban dos habitaciones en pie, una de las cuales era el comedor donde habían comido en su primera noche en los Valles, meses atrás; la misma habitación, de hecho, donde Janner había conocido a Bonifer Squoon. Barrieron los cristales rotos del suelo, recogieron las mantas más secas que encontraron y se acurrucaron a la luz de una vela.

Oskar encendió una pipa, cuyo aroma los hizo pensar en Podo. Nia les contó a los niños sobre el heroísmo de Podo, y les dijo que ninguno de ellos habría sobrevivido si él no hubiera sacado a los dragones del agua para luchar. Todos lloraron su muerte, pero el dolor pronto dio paso a la alegría del recuerdo, y contaron historias sobre él y rieron aún más de lo que habían llorado. Podo había sido viejo, y detestaba ser viejo.

—Quería morir con las botas puestas —dijo Nia.

Entonces, Janner y Kalmar contaron a todos sus aventuras en el Bosque Negro y Hendidostia, y sobre Arundelle, la reina de los hendidos, que había enviado a Cadwick y a los hendidos para ayudar. A Nia se le dibujó una sonrisa en el rostro cuando la mencionaron, porque Arundelle era muy conocida entre los Wingfeather.[1] Todos en la corte real sabían que Arundelle y Artham se amaban, dijo Nia, aunque la pareja pensaba que su afecto era un secreto.

—La mayoría de las mujeres de Anniera tenían sus ojos puestos en él en esos días, pero su corazón le pertenecía a Arundelle —Nia sacudió la cabeza con asombro.

---

1. Los poemas de Arundelle, publicados bajo el seudónimo de Alma Rainwater, eran elogiados en Anniera como «mejores que un pastel» y «deliciosamente saltarines». Para un ejemplo, ver *Al norte, ¡o nos comerán!*, pág. 85.

—¿Entonces, quieren decir que algunos de los hendidos son *annieranos*?

—Eso nos dijeron Cadwick y Arundelle —respondió Janner—. Parecían entender quién era nuestro padre, al menos.

—Entonces, ¿se acordaban? —preguntó Oskar.

—Ese es el problema —dijo Kalmar—. Recordar los vuelve un poco locos. Como el tío Artham, pero peor.

El tío Artham. ¿Dónde estaba? Janner era el que más lo extrañaba, pero hasta que alguien navegara hasta Skree o Artham navegara hasta los Valles, no había forma de saber qué había sido de él. El rostro de Sara Cobbler flotó en la mente de Janner, pero no lo mencionó.

Cuando los muchachos describieron Throg, los prisioneros que había allí y la muerte de Bonifer Squoon, Nia y Oskar escucharon en solemne silencio.

—Siguen estando ahí —dijo Kalmar—. Todas esas personas. Siguen en la mazmorra de ese castillo. ¿Qué hacemos?

—Haremos algo —dijo Nia—. Pero no esta noche. Necesitamos descansar.

—Lamento lo de la Colina de la Chimenea, mamá —dijo Leeli.

—Yo también —Nia subió la manta hasta la barbilla de Leeli.

—La reconstruiremos, ¿verdad? —murmuró Leeli con sueño.

Nia sonrió.

—Incluso mejor que antes.

Janner sintió que se le caían los ojos. Dejó escapar un bostezo.

—Y esta vez, quiero mi propia habitación. Llena de libros.

—Yo puedo ayudar con eso —dijo Oskar.

—Eso no va a pasar —Kalmar no parecía tener nada de sueño. Estaba tumbado boca arriba con las manos cruzadas bajo la cabeza, mirando al techo. Janner ya había visto antes esa expresión en la cara de su hermano, cada vez que pensaba en un dibujo o en algo que quería construir—. No vamos a volver a la Colina de la Chimenea.

Janner se incorporó.

—¿Por qué no?

—Porque —dijo Kalmar—, ya tenemos un hogar.

Todos sabían a qué se refería, pero nadie dijo nada.

La mañana siguiente fue la más cálida de la primavera. El cielo era amplio, alto y azul, con una brisa que prometía nueva vida. Los escombros de Ban Rona eran algo terrible de ver, pero no parecían tan insuperables como la noche anterior.

Los niños salieron de la Posada del Huerto y oyeron el sonido de las canciones que resonaba por las calles. Los Wingfeather y Oskar caminaron hacia el centro de la ciudad y descubrieron a un grupo de vallerinos en una línea de trabajo, pasando maderas rotas hacia una hoguera mientras otro grupo rebuscaba entre los edificios caídos y separaba la madera reutilizable de las armaduras y armas de los Colmillos.

El aroma a comida caliente flotaba en el aire y Kalmar se dirigió a su fuente sin esperar a los demás. A Janner le rugió el estómago e intentó no pensar en la última vez que había comido. Lo único que quería en su cabeza era el presente y el futuro: la mañana era demasiado hermosa como para tener malos recuerdos.

Encontró a Kalmar en una fila de niños vallerinos que esperaban a que les sirvieran estofado de pescado en una tienda de campaña. Olumphia Groundwich estaba detrás de la mesa, sirviendo sopa en cuencos y ahuyentando a los niños para que comieran en la calle.

—Buenos días, alteza —dijo con una rápida sonrisa, mientras Nia la saludaba con un abrazo. Le habían salido tres bigotes más desde la última vez que Janner la había visto—. Hoy ha salido el sol, gracias al Hacedor.

Olumphia dejó que los Wingfeather se sentaran detrás de la mesa, donde engulleron su comida sin preocuparse por sus modales, y por una vez, Nia lo permitió.

Janner se limpió la boca y miró a su alrededor.

—¿Dónde están todos los hendidos?

—Se fueron por la noche —dijo una voz detrás de ellos. El profesor Clout entró con un brazo vendado—. Nadie sabe por qué —rodeó la mesa y besó a Olumphia en la mejilla—. Hola, mi amor.

—¡Aquí no, travieso! —Olumphia le lanzó el cucharón—. ¡Afuera!

—Como quieras, mi mordisquito de palabaza —dirigió su atención a los niños y retomó sus modales bruscos—. De todas formas, los hendidos eran un poco espeluznantes para nuestro gusto. Pocos sabían hablar y todos apestaban a hígado de pescado. Sin ese Cadwick cerca, temía que se volvieran locos y lastimaran a alguien.

—¡Afuera! —volvió a decir Olumphia.

—Mi cariñito quiere que me largue. Los veré luego, cofrades —Clout se detuvo antes de salir de la tienda—. Casi lo olvido. La dragona ha estado merodeando por el muelle. Parece que quiere verlos a los tres. Es difícil saberlo —le lanzó un beso a Olumphia, y ella le respondió arrojándole una cuchara.

—Me alegro de que por fin se hablen —le dijo Nia a su amiga.

—Oy. Me gustaba más cuando me ignoraba.

Cuando terminaron de comer, los Wingfeather fueron a buscar a Hulwen. Las calles estaban casi vacías y las estructuras, en su mayoría aplastadas, pero el cielo estaba tan despejado que era imposible no sentirse esperanzado. Cada edificio roto representaba una restauración que ya estaba en marcha. Cuando se acercaron a la orilla, Hulwen emergió del mar e inclinó la cabeza.

Las guardianas de la piedra se marchan, dijo Hulwen, y Janner les avisó a los demás.

Tienen la piedra.

—¿Dónde están? —preguntó Janner.

Navegando hacia el sur, hacia Yorsha Doon.

—No podemos dejar que escapen —dijo Kalmar—. Lo último que Kistamos necesita son dos brujas locas sueltas con una piedra antigua.

—¿Nos llevarías donde están? —le preguntó Leeli a Hulwen.

Como deseen. Hulwen salió del agua. Se había acostumbrado a sus piernas, y el agua del mar parecía haber curado sus heridas. Se tumbó en la orilla pedregosa y Leeli se subió a su espalda.

—Vamos —dijo Leeli cuando Janner y Kal dudaron. Los chicos se apiñaron detrás de Leeli. La piel de la dragona era suave y fría al tacto—. Tú también, Mamá.

Con un suspiro, Nia se subió detrás de los niños. En cuanto estuvieron acomodados, Hulwen nadó con elegancia hacia el Aguacalle, manteniendo a sus cuatro pasajeros bien fuera del agua. Se escabulló por una abertura de la puerta de cadenas y se abrió paso entre la masa de naves Colmillo vacías. Era espeluznante, como caminar por un cementerio. Los cascos chocaban entre sí, sonando tan huecos como ataúdes vacíos.

Cuando se alejaron de la masa de barcos, Hulwen aumentó la velocidad y nadó hacia un barco en la distancia, el mismo que había llevado a los niños a los Valles el día anterior, lo que ya parecía una eternidad.

Cuando llegaron al barco, la cubierta estaba despejada.

Antes de ver a Murgah, oyeron su voz.

—¿Qué quieren? —gritó desde el camarote de la cubierta de proa. Su voz gorgoteaba, como si hablara con la boca llena de sopa. Amrah y los Colmillos no aparecían por ninguna parte.

—¿Qué quieres *tú*? —preguntó Kalmar.

—¿Qué han hecho con nuestro amo? —preguntó. Sonaba desesperada—. ¿Dónde está?

—Está muerto —dijo Kalmar—. Todo ha terminado.

—¡No te acerques! —gritó ella—. ¡Tenemos la piedra!

—¿Y qué planeas hacer con ella? —preguntó Kalmar.

La mujer se rio como una loca.

—¡La arrojaré al mar!

Kalmar les sonrió brevemente a Janner y a los demás.

—¡No! ¡No lo hagas! —gritó—. Hagas lo que hagas, ¡no tires la piedra al mar!

—¡Lo haré si no me dejan en paz! Jamás se las entregaré.

—Acércanos —le susurró Kalmar a Hulwen.

—¡Te veo! —gritó la guardiana de la piedra—. ¡La arrojaré!

Cuando Hulwen estuvo lo suficientemente cerca, Kalmar saltó por encima de la barandilla del barco y aterrizó en la cubierta. Murgah y Amrah salieron por la puerta, pero no eran Murgah y Amrah. Eran dos de las hendidas más miserables y horribles que Janner había visto jamás.

La más vieja, que ya había sido fusionada una vez, estaba ahora abultada y verdosa y cubierta de branquias. Muchas aletas cubrían sus mejillas, cuello y hombros, aleteando como alas de polilla mientras avanzaba chapoteando sobre vainas translúcidas que se encontraban donde deberían haber estado sus pies. Lo único en ella que seguía siendo remotamente humano era su terrible rostro burlón.

Amrah, por su parte, seguía vistiendo su túnica, pero se arrastraba hacia adelante sobre su vientre, utilizando unas pinzas de cangrejo de color rojo brillante. Donde deberían haber estado sus piernas, una larga cola de pez aleteaba sobre la cubierta. Las branquias de su cuello se abrían y cerraban mientras jadeaba y enseñaba los dientes. Llevaba colgada del hombro el bolso que contenía la piedra antigua.

—¡Date prisa, hija! —gorgoteó el Murgah-pez, y se tambaleó hacia la barandilla opuesta. Con una risotada, se dejó caer por la borda y chapoteó al mar.

Amrah se abrió paso hasta lo alto de la barandilla y se giró. Janner vio miedo en su rostro, pero fue rápidamente sustituido por una mirada de odio. Luego, la hendida siguió a su madre hasta el mar.

Kalmar se quedó mirando por la borda, boquiabierto.

—No era exactamente lo que tenía en mente —dijo—. ¿Están…?

Hulwen sumergió la cabeza bajo el agua y volvió a sacarla un momento después. *Están vivas. Pero el Mar Oscuro de las Tinieblas es un lugar peligroso, incluso para un dragón marino,* dijo. *No durarán demasiado.*

—Pero ¿y la piedra? —preguntó Janner.

La encontraré.

La escotilla central se abrió y asomaron las cabezas de varios Colmillos Verdes y Grises.

—¿Se fueron? —preguntó uno de ellos—. ¡Se fundieron con un montón de peces! Intentaron convencernos de que hiciéramos lo mismo.

—Fue asqueroso —dijo otro Colmillo.

—Sí, se fueron —dijo Kalmar, mientras se retiraba a la barandilla, listo para saltar de nuevo a Hulwen si era necesario—. La guerra ha terminado. Gnag está muerto.

El Colmillo susurró a los demás y volvió a hablar con Kalmar.

—Eh… ¿y ahora qué hacemos?

Kal ladeó la cabeza. Miró a Janner, pero este se limitó a encogerse de hombros.

—Bueno, supongo que pueden irse.

Los Colmillos murmuraron entre ellos, y entonces el líder volvió a hablar.

—¿Adónde vamos?

—No lo sé —respondió Kal—. Tan solo váyanse. Dejen de lastimar a las personas.

—No estoy seguro de que podamos hacerlo. No sin nuestros viejos nombres.

—¿Los que el Colmillo escribió en el libro?

—Sí.

—¿Me estás diciendo que *quieren* conocer sus antiguos nombres?

—Algunos de nosotros sí.

—¡Yo no! —gritó uno desde abajo—. ¡Me gusta ser malvado!

—Yo estoy harto —dijo el primero—. Pero cuando intento recordar mi antiguo nombre o de dónde vengo, me duele la cabeza. Todo se vuelve turbulento.

—¿Y si les doy nuevos nombres?

La escotilla bajó y Kalmar los oyó susurrar de nuevo. La conversación subía y bajaba en acalorados murmullos y, de repente, las voces se acallaron y la escotilla volvió a abrirse.

—¿Serán buenos nombres?

Kalmar se encogió de hombros.

—No lo sé. Supongo que sí. ¿Por qué no salen para que podamos hablar de ello? Tengo un dragón, así que no hagan ninguna estupidez.

Tras una breve pausa, la escotilla se abrió de par en par y veintitrés Colmillos subieron a cubierta. Hulwen levantó la cabeza para que los Colmillos pudieran verla. Ellos se encogieron y extendieron las manos en el aire.

Janner no tenía idea de qué estaba haciendo Kalmar. ¿Creía que podía darles un nombre cualquiera y que los Colmillos volverían a ser buenos de repente? ¿Podía ser que fuera *así* de simple?

No lo era.

87

Misericordia

Cuando llegó a Ban Rona la noticia de que un barco de Colmillos se dirigía al puerto, hubo poco miedo y mucha ira. Kalmar había pedido que se bajara la cadena en el Aguacalle por primera vez desde que empezó la guerra, y tras discutirlo con el profesor Clout (que sin querer se había transformado en el sustituto de Rudric), así se hizo. Cuatro hombres y mujeres vallerinos se subieron a las torres situadas a ambos lados del Aguacalle y lanzaron las cadenas al mar. Hulwen reclutó a los demás dragones para que la ayudaran a retirar los barcos vacíos de Colmillos de la desembocadura y, una vez despejada la entrada, un dragón dorado remolcó el barco de Colmillos hasta el puerto. Una multitud de vallerinos esperaba en la orilla, cada uno con un arma en la mano.

Mientras Hulwen guiaba el barco hasta su atraque en el muelle, Kalmar se situó en la proa y explicó.

—¡Vallerinos! Hay diecisiete Colmillos Grises, cinco Colmillos Verdes y un Colmillo Murciélago muy grande en el vientre de esta nave. No los culpo si quieren ejecutarlos a todos ahora mismo —varios guerreros vallerinos lo afirmaron con gritos, y Kalmar asintió—. Pero yo sé lo que se siente que te transformen en Colmillo. Solo estoy en mis cabales porque Artham Wingfeather me rescató antes de que me dieran un nombre. Así que propongo que les mostremos la misericordia del encarcelamiento en lugar de la muerte.

—¡Oy! ¿Qué pasa si escapan? —gritó Clout—. Han matado a nuestros compatriotas. Volverán a matar, y lo sabes.

Kalmar se puso rígido.

—Han pedido misericordia. Debemos darla como el Hacedor nos la ha dado.

—Estos monstruos mataron a nuestra gente —gritó una mujer—. ¡A nuestras familias!

—Lo sé —dijo Kalmar—. Pero estos monstruos… solían *ser* la familia de alguien. Simplemente… perdieron el rumbo. Tal vez podamos hacer algo más que derrotar a Gnag. Quizás podamos deshacer lo que él hizo.

Los vallerinos sacudieron la cabeza y murmuraron, y aunque al final accedieron a enviar a los Colmillos a la mazmorra, Kalmar pudo ver que lo hacían a regañadientes.

—Eso salió bien —dijo Leeli con una sonrisa.

—Puede que sea una pésima idea —dijo Kalmar—, pero tengo que intentarlo.

Un grupo de hombres subió a bordo y Kalmar abrió la escotilla central.

—Los llevaremos al calabozo —anunció Kalmar—. Me temo que no será agradable.

En la oscuridad de la bodega, Janner solo podía ver a los Colmillos por la luz del sol reflejada en sus ojos. Incluso con Gnag muerto, no podía quitarse el miedo de que pudieran saltar con un gruñido e intentar matarlos a todos. Sin embargo, no lo hicieron. Salieron sigilosamente de uno en uno y permanecieron pasivos mientras los vallerinos les ataban los brazos a la espalda y los sujetaban con grilletes.

Uno a uno, los Colmillos Verdes y Grises (y un Colmillo Murciélago alto y silencioso) fueron bajados de la nave y conducidos entre la multitud. Los vallerinos observaron en silencio cómo los Colmillos, con la cabeza gacha y los brazos atados, atravesaban la ciudad que su especie había destruido. La visión evocó demasiadas emociones como para que los vallerinos pudieran expresar algo más que una angustia silenciosa.

Las paredes del gran salón estaban dañadas, pero el viejo árbol había aguantado y evitado la ruina total. Cuando se retiraron los escombros que bloqueaban las puertas del nivel inferior, Kalmar y Clout condujeron a los prisioneros a sus celdas. Janner los siguió, sintiendo una inexplicable necesidad de estar cerca de su hermano.

Cuando llegaron al pasillo más bajo, oyó el gruñido inhumano del Colmillo que había estado allí todo el tiempo: Nuzzard. Kalmar se detuvo en el pasillo, con las orejas temblando.

—¿Qué ocurre? —preguntó Clout.

—Nada —dijo Kalmar.

Kalmar condujo el tren de Colmillos más allá de la celda sin mirar en su interior. Pero cuando Janner pasó en la retaguardia de la comitiva, se detuvo y se asomó por la ventanilla enjaulada para ver qué era aquello que generaba tanta conmoción. La arrugada y lamentable bestia estaba en mucho peor estado que cuando Janner la había visto al llegar a los Valles. Se le había caído el pelaje a trozos y estaba agazapado en un rincón, agitando la cabeza como un loco. Era como si todo lo humano en el Colmillo se hubiera evaporado, dejando solo una bestia sin mente y sin alma.

No me extraña que Kalmar tuviera miedo, pensó Janner. Tenía miedo de transformarse en *eso.* ¿Era esto lo que les esperaba a los otros Colmillos? ¿Era eso lo que le esperaba a Kalmar?

Clout recluyó a los Colmillos en celdas individuales y cerró las puertas. Cuando estuvo seguro de que todos estaban bien seguros, sacó a Janner y Kalmar del calabozo.

—¿Cuál es tu plan aquí, cofrade?

—No tengo ningún plan —respondió Kalmar—. Simplemente, no quiero matarlos.

—Pero sabes que solo empeorarán. Como el otro.

—Sí. A menos que pueda evitarlo.

—¿Por qué querrías hacerlo? —preguntó Clout.

—Porque no soy Gnag, supongo.

—¿Y de verdad crees que quieren cambiar? —preguntó Clout.

—No todos. Pero si algunos de ellos quieren, entonces tal vez… no lo sé.

Tal vez haya esperanza. Podría haber un annierano o un skreeano o incluso alguien de los Valles ahí adentro que desearía no haber sido fundido en primer lugar.

—No funcionará —Clout atravesó las puertas del gran salón y dejó solos a los hermanos.

Kalmar suspiró y se sentó en un trozo de piedra que había caído del techo.

—¿Crees que soy un tonto, Janner?

Janner se sentó a su lado.

—No. Pero me gustaría saber qué piensas hacer.

—Necesito volver a Anniera.

—Sí, claro. La hermosa Isla Luminosa —dijo Janner con ironía, pateando una piedra suelta en el suelo—. Dicen que uno se acostumbra al humo después de un tiempo.

—Y las colinas cubiertas de ceniza. Tan encantadoras.

—No te olvides del Castillo Rysen. Dicen que sus ruinas son hermosas en primavera.

La sonrisa de Kalmar se desvaneció y se quedó tocando los escombros con el pie.

—Qué desastre.

—Bueno, sea lo que sea que estés planeando, te apoyo —Janner golpeó a Kalmar en el hombro—. Tengo que mantenerte fuera de problemas.

Los chicos encontraron a Nia y Leeli cerca de la Gran Biblioteca, ayudando a un afligido Oskar a ordenar montones de libros mojados. Los vallerinos habían reanudado su limpieza, y Janner los oía cantar mientras trabajaban a varias calles de distancia.

—Mamá, ¿podemos irnos? —preguntó Kalmar.

Nia levantó la vista de su pila de libros con sorpresa.

—¿A qué te refieres con *irnos*?

Kalmar asintió.

—Quiero irme a casa.

—Te refieres a Anniera —Nia miró a cada uno de sus hijos y luego se fijó en Oskar, que estaba enterrado hasta la cintura en libros—. Esperaba que dijeras eso. Oskar, ¿quieres acompañarnos?

—Libros —dijo Oskar sin levantar la vista.

—No es necesario que vengas. Y si quieres unirte a nosotros más tarde, está a poca distancia en barco. Me temo que no habrá libros en Anniera.

—Hay tanto por hacer —Oskar se quitó las gafas y señaló las pilas—. Iré. Solo esperen un momento mientras averiguo dónde colocar *Las mejores obras de teatro, poemas y recetas de gachas de avena de Smoodge*. ¡Hay tantas opciones! Podría ir en Poesía, por supuesto. Pero también pertenece a Placeres vallerinos. ¡Tanto por hacer!

—Y tú eres el indicado para hacerlo —dijo Kalmar—. Te necesitan aquí.

—Pero… —dijo Oskar.

—Es una orden del rey —dijo Janner.

Kalmar señaló con la mano los libros desperdigados.

—Ban Rona necesita un bibliotecario en jefe.

—Y Anniera necesita un rey —Oskar asintió—. Abrazos —dijo, sorbiéndose la nariz—. Necesito un abrazo —intentó zafarse de su pila de libros, pero no lo consiguió, así que los niños treparon sobre ellos y abrazaron al anciano. Les palmeó la espalda y apretó a cada uno de ellos, diciendo: «En palabras de...» una y otra vez, sin que se le ocurriera una sola cita.

—Nos veremos pronto —dijo Janner.

—Por favor —respondió Oskar.

Nia se inclinó hacia Oskar, le apartó el pelo blanco y delgado de la coronilla y le plantó un beso. Él se quedó atónito, luego inclinó la cabeza y lloró mientras las joyas de Anniera y su madre se dirigían al agua.

88

Navegando a casa

Los Wingfeather les dijeron a pocos que se iban. Leeli insistió en que encontraran a Thorn, lo que solo llevó unos instantes una vez que silbó a un perro y lo envió a buscarlo. El muchacho llegó al muelle con Baxter y Frankle pisándole los talones.

—Se van, entonces —dijo.

—Sí. Pero no para siempre. Es solo que...

—Entiendo. Déjame buscar a mi Pá.

Sin decir nada más, Thorn dejó a los perros con Leeli y trotó calle arriba hacia donde estaban trabajando.

—¿Adónde va? —se preguntó Leeli en voz alta. Thorn regresó unos minutos después con Biggin O'Sally y Kelvey.

—Thorn dijo que tú se va —dijo Biggin.

—Se van —corrigió Nia.

—Thorn dijo que tú *se van* —Biggin se encogió de hombros—. Me imaginé que así sería. Yo no sé mucho de navegación, pero Kelvey sí. Tiene una doble cotradía en sabuesería y marinería, con uno menor en pastelería —señaló una pequeña embarcación en el extremo norte del muelle, donde los daños eran menos graves—. El barco está listo pa' zarpar.

Biggin no dejó lugar a discusiones, y Nia y los niños los siguieron sin protestar. Pronto se encontraron navegando con viento suave, atravesando el Aguacalle y dirigiéndose a mar abierto. Era un barco pequeño, pero lo bastante grande como para que los siete cupieran cómodamente en la cubierta. Thorn se sentó junto a Leeli, charlando sobre la nueva obediencia de Frankle, mientras Kelvey tomaba el timón y dirigía a los chicos.

Después de anhelar ver la Isla Luminosa durante tantos años, y luego verla como prisioneros de Gnag durante tan poco tiempo, Janner se sentía extrañamente poco entusiasmado. El mar estaba en calma, sobre todo después del tormentoso viaje del día anterior, y Kelvey calculó que llegarían mucho antes del atardecer.

Janner se apoyó en la barandilla y escuchó hablar a los mayores durante un rato; luego, los ojos se le pusieron pesados, se hizo una almohada con su capa de durgano y se tumbó en el banco de estribor. La sensación del viento y el cálido sol, el sonido de la agradable charla y el balanceo de la barca lo sumieron en un profundo sueño en el que veía a su padre y al tío Artham jugando en orillas blancas.

El susurro de Nia lo despertó.

—Ya casi llegamos.

Janner se incorporó y bostezó mientras Leeli le daba un trozo de pan dulce y un puñado de moras. El sol los miraba desde abajo, en el oeste, brillando anaranjado en un campo de púrpura y azul. Kalmar se sentó en la proa, apoyando la barbilla en la barandilla. Janner observó cómo Anniera salía desde el mar.

Las olas brotaban de los pies de los acantilados a ambos lados de una pequeña bahía, la misma de la que habían embarcado el día anterior. No estaba seguro de si era su imaginación, pero parecía haber menos humo y menos desolación que el día anterior. La tierra visible entre los acantilados seguía ennegrecida, y el humo aún se elevaba en zarcillos, pero al menos pudo ver la grácil forma de la isla. Era fácil imaginar lo hermoso que sería si fuera verde y frondosa.

No sintió un escalofrío en los huesos ni un cosquilleo en la columna vertebral cuando el barco se adentró en las tranquilas aguas de la bahía, donde el río Rysen se encontraba con el mar. El barco chocó contra el muelle, y él y su familia pisaron por fin la Isla Luminosa, sin Gnag ni sus secuaces que los desafiaran.

No sintió la emoción que siempre había imaginado. Sin embargo, no estaba desilusionado. A Janner no le interesaba tanto la sensación de estar en casa como la realidad de estar ahí. Quería ayudar a su familia a construir una vida ahí. Quería recorrer la isla sin miedo, ver pasar las estaciones de año en año. Ah, cómo quería estar *quieto*. Ya no correr más, no sentir terror, ansiedad ni tener sueños agitados. Tan solo este lugar en todo el mundo en el cual la palabra *hogar* encajaría como en ningún otro sitio.

Janner, Kalmar, Leeli y Nia permanecieron juntos en la arena mientras los O'Sally manejaban el barco. El único sonido era el del agua: olas que hacían cosquillas en la orilla y lágrimas que hacían resoplar a Nia. No había estado en casa desde que Gnag había atacado por primera vez hacía casi diez años. Podo había dicho que flotaron por el río Rysen con un muro de fuego a cada lado, llorando la muerte de Wendolyn y la herida en la pierna de Leeli y la muerte segura de tantos annieranos.

Janner pudo ver cómo esos recuerdos se reflejaban en el rostro de Nia y cómo las lágrimas corrían por sus mejillas. Nia dio un paso adelante y se desplomó sobre la arena. Janner y Kalmar la ayudaron a ponerse en pie.

—Se acabó, mamá —dijo Leeli.

—¿Sí? —Nia escondió el rostro entre las manos y sacudió la cabeza.

—Sí —dijo Kalmar—. Y también está empezando. Estamos en casa.

Janner tomó a Nia de la mano y la condujo desde la orilla, a lo largo de un sendero excavado en la roca. Los O'Sally y los perros se unieron a ellos. Baxter y Frankle saltaban de piedra en piedra, intentando oler todo a la vez. Cuando llegaron a la cresta del acantilado, se toparon con las ruinas de varios edificios.

—Esto se llamaba Lorryshire. Allí había una panadería —Nia señaló un montón de tablones carbonizados—. Tenían el mejor pan de salchicha de toda la isla. Tu padre y yo veníamos aquí a menudo en otoño por el brebaje de alubias —sonrió y se limpió las mejillas—. Hay tanto trabajo que hacer.

Biggin O'Sally gruñó.

—Me vendría bien un poco de brebaje de judías ahora mismo.

—¿A qué distancia está el castillo? —preguntó Kalmar.

—No más de una hora a pie —Nia miró al sol que se ponía—. Si nos damos prisa, llegaremos antes de que oscurezca.

Las tropas de Gnag habían utilizado el camino con la suficiente frecuencia a lo largo de los años como para que estuviera bien desgastado y fuera fácilmente transitable. Por el camino, Nia les contó historias, despertadas en su memoria por el relieve del terreno y las ruinas de los edificios. Incluso en la humeante tristeza del lugar, había una sensación de paz que hizo que el viaje fuera sorprendentemente agradable. Mientras caminaban, la alegría que Janner había anticipado se le agolpaba en el pecho, un calor que aumentaba lenta y constantemente en lugar de hacer erupción, mientras se permitía creer que aquello estaba ocurriendo de verdad.

No vieron ningún Colmillo merodeando por las colinas, ni señales de malicia... solo lo que había quedado. Leeli señaló una ladera bañada por el sol, donde una bandada de pájaros blancos se abría paso entre las cenizas, prueba de que no todo en la isla estaba muerto. El sol comenzó a deslizarse por el horizonte e iluminó las nubes altas con tonos rosados y rojos que hacían resplandecer sus rostros y el aire mismo.

Entonces, vieron el castillo. Los niños solo habían estado allí el día anterior, pero ahora Janner lo *veía* de verdad, ¡y qué belleza habría sido en su época! Lo que quedaba de sus muros surgía de la misma piedra, como si el castillo hubiera sido un ser vivo, brotado del lecho de roca de la isla. Ahora, esas paredes estaban melladas y rotas, pero era fácil imaginarse el gran tejado que debían haber sostenido en otro tiempo.

Nia se detuvo y acercó a los niños. Señaló el lugar donde se alzaban las torres más altas, donde el patio se había abierto alguna vez a un gran jardín en el que la gente descansaba tras sus jornadas en el campo, donde ella y su corte les ofrecían festines de caza y frutos del bosque y cantaban bajo las estrellas y la luna creciente.

—Hablando de estrellas —dijo Nia—, están saliendo. Tenemos que encontrar un lugar donde dormir.

—Oy —coincidió Biggin—. Nos moriremo' de frío a la noche.

—Conozco el lugar perfecto —dijo Kalmar.

Frankle y Baxter trotaron a su lado mientras los conducía colina arriba y entre las ruinas hasta el sótano. Olfateó y confirmó que estaban solos, y luego los condujo escaleras abajo.

Biggin y Kelvey encendieron las antorchas abandonadas por los Colmillos mientras Nia y Leeli anidaban, retirando los escombros para disponer un lugar cómodo donde dormir. Janner y Kalmar dispusieron la comida que Biggin había traído, y al rato, los siete (y los dos perros) se sentaron en círculo, comiendo en silencio. Janner sabía por la expresión del rostro de su madre que sus pensamientos vagaban por las profundidades del bosque del pasado, y no quería interrumpirla. Los O'Sally masticaban, murmurando su asombro por estar compartiendo una comida en el Castillo Rysen.

Cuando terminó la comida, Nia les habló de su primera noche en el castillo, muchos años atrás, cuando, incapaz de dormir, se había escabullido de su nueva alcoba y había vagado por los jardines a la luz de la luna. Se había quedado dormida sobre la mullida hierba del jardín y se despertó bajo un montón de tierra. El jardinero y su equipo la habían cubierto de cintura para abajo y plantado un surtido de plantines de arbustos de fuego y totatas. Cuando Nia se incorporó, escupiendo con asco, vio a Esben y Artham doblados, riéndose como niños pequeños.

—Tu padre prometió llevar al jardinero y a su familia a navegar en el *Silverstar* como pago por su travesura —Nia sonrió a sus hijos y pidió a Biggin que apagara las antorchas—. Por la mañana, tal vez plantaremos algunos nuevos recuerdos.

Janner y los demás se durmieron rápidamente, aunque el ronquido de Biggin era clamoroso. Unas horas más tarde, Janner se despertó con la cara de Kalmar a escasos centímetros. Sus bigotes de lobo les cosquilleaban las mejillas.

—Shh. Te necesito —susurró Kalmar—. No hagas ruido.

Leeli estaba arrodillada a su lado, su silueta débilmente iluminada por la luz de las estrellas que entraba por la puerta. Janner y Leeli siguieron a Kalmar, confiando en sus ojos de lobo mientras se deslizaban alrededor del cuerpo dormido de Nia.

—¿Qué estamos haciendo? —susurró Janner.

—Espera un momento —Kalmar abrió de un tirón la chirriante puerta de hierro lo suficiente para que pudieran pasar. Cuando estuvieron dentro y la puerta se cerró tras ellos, Kalmar habló.

—Sé que pensarás que he perdido la cabeza, pero necesito bajar. Al Templo de Fuego.

Janner se frotó los ojos e intentó despejar el sueño de su mente. Estar de nuevo en esta habitación lo inquietaba. No pudo evitar imaginarse a Gnag el Sin Nombre saliendo del pozo con cara de satisfacción.

Pero su inquietud iba más allá. Recordaba haber estado en el pozo, mirando a lo largo del pasadizo resplandeciente que conducía a la cámara y sentir una presencia allí. Si las leyendas eran ciertas (y ya no tenía motivos para dudar de ellas), aquella presencia había sido la del mismísimo Hacedor. Janner se avergonzaba de toda la rabia que había lanzado contra el Hacedor: cuando estaba en las Profundidades, cuando estaba en la Fábrica Tenedor, cuando estaba en el barco de Gnag, capeando la tormenta que, de hecho, había llevado la música de Leeli al Campo de Finley. La idea de encontrarse cara a cara con esa presencia lo aterrorizaba.

—No creo que sea una buena idea —susurró Janner.

—¿Por qué no? —preguntó Leeli—. Los reyes de Anniera siempre han caminado con el Hacedor allí.

—No lo sé. Es que… no quiero bajar ahí.

Kalmar empezó a decir algo, pero dudó.

—¿Qué ocurre? —susurró Janner.

—Janner —dijo—, tú no debes bajar. Yo soy el rey, no tú.

Por supuesto. El Templo de Fuego era para el rey supremo. Cuando había entrado antes, Janner había estado invadiendo. Se estremeció al pensar lo que habría ocurrido si hubiera seguido el pasadizo hasta la cámara.

Pero ahora, Janner sintió una punzada de celos. ¿Por qué no se les permitía entrar a todos? Eran necesarios los tres para abrir la puerta. Había hecho tanto para luchar por Anniera como Kal. Su mente se agitó con todos los problemas que Kal había causado a lo largo de los años, desde sus días en Glipwood hasta su cobardía en Dugtown y su fusión en las Phoob. Y ahora *Kal* era el que podía caminar con el Hacedor. ¿Qué tenía eso de justo? La vieja ira familiar, que hacía unos instantes lo había llenado de vergüenza, ahora lo llenaba de indignación.

—¿Janner? —dijo Leeli.

Janner dejó escapar un suspiro que no se había dado cuenta de que estaba conteniendo. Sacudió la cabeza, agradecido de que en la oscuridad no pudieran ver cómo se sonrojaban sus mejillas.

—Lo siento —dijo... no solo a sus hermanos. Qué enredo tenía en el corazón—. Por supuesto. Sé que el Templo es para ti. Yo solo...

—Está bien —dijo Kalmar—. Lo entiendo. Créeme, te cambiaría el lugar si pudiera.

Janner sintió ganas de llorar, aunque no entendía por qué.

Kalmar los guio hasta el círculo en el suelo.

—¿Ambos recuerdan lo que se supone que deben hacer?

—Sí —dijo Janner—. Eso creo.

Solo había pronunciado las palabras dos veces antes, pero por algún extraño recuerdo en su sangre, sabía que una vez que empezara a hablar, le saldrían con facilidad. Leeli tocó la música en voz baja y Janner recitó el antiguo libreto. Kalmar trazó la forma resplandeciente en el aire. Al instante, la luz brilló a través de las costuras de la pared. Las formas talladas en el suelo brillaron y centellearon con chispas plateadas mientras la figura flotante giraba y descendía sobre ellas. El pozo se abrió y brillaron rayos de luz dorada.

Kalmar bajó, como si estuviera adentrándose en el mismísimo sol.

89

El Hacedor

Janner no sabía qué sentir mientras él y Leeli veían descender a Kalmar. Se sentía avergonzado por sus celos y por la mordacidad con la que había apuntado al Hacedor a lo largo de los años; tenía miedo de estar tan cerca de tanto poder y misterio; y le inquietaban los recuerdos de Gnag en la misma habitación apenas un día antes.

Kalmar llegó al fondo, los miró con una sonrisa nerviosa y se perdió de vista. Janner y Leeli se sentaron en el borde y escucharon durante largo rato. Esperaron sin hablar, mirando las motas de polvo que nadaban en el haz de luz.

El corazón de Janner se agitaba con vergüenza, bochorno, envidia, frustración consigo mismo, arrepentimiento, gratitud y más frustración. En cuanto se asentaba en un sentimiento, el siguiente lo desplazaba. Suspiró, deseando poder descansar y dejar las cosas como estaban. Se sentía como si fuera dos personas: un chico que veía la situación objetivamente, que conocía las respuestas correctas (que eran estar contento con su suerte, agradecido al Hacedor, humilde ante su llamado) y otro chico al que odiaba, que sentía las cosas con acaloramiento y exigía atención como un niño que hace un berrinche.

Incluso los buenos sentimientos lo traicionaban, porque una vez que los sentía, se sentía orgulloso de tenerlos, lo cual abría la puerta a la siguiente multitud de emociones conflictivas. *No,* pensaba. *Gnag está muerto. Eres el guardián del trono. Alégrate de que Kalmar actúe como un rey; alégrate de que el Hacedor sea real; alégrate de poder formar parte de esto.* Se calmaba un momento, incluso respiraba aliviado. Entonces, como una rata en la cocina, un oscuro pensamiento se deslizaba por el suelo de sus pensamientos.

Y así siguió, a la luz del Templo de Fuego, mientras Leeli apoyaba satisfecha la cabeza en su hombro y esperaba.

Poco a poco, Janner empezó a comprender, más profundamente en su corazón que cualquiera de esos otros pensamientos o sentimientos, que lo que ocurría en su interior era obra del Hacedor. El mero hecho de estar tan cerca del Templo de Fuego removió la mugre del alma de Janner, de modo que cada parte rota de él afloró a la superficie y se dibujó en nítido relieve, igual que aquellas motas de polvo.

Al cabo de más de una hora, con Leeli dormida sobre su hombro, Janner comprendió algo sobre su propio corazón: era profunda y manifiestamente *egoísta.* En tantas situaciones, desde Glipwood hasta las Profundidades, pasando por el barco de Gnag, siempre que había desatado su frustración contra el Hacedor, había pensado más en sí mismo que en nadie ni en nada más. Incluso en el cumplimiento de sus deberes, pensaba principalmente en su propia obediencia; en sus momentos de valentía, pensaba en su valor. Solo en su dolor y desesperación dirigía su atención al Hacedor, y solo para exigir respuestas o resultados.

La luz del Templo de Fuego iluminó su corazón y le mostró quién era en realidad: un joven débil y mezquino. Incluso en esa revelación, reconoció su egoísmo porque no estaba pensando en la gracia que el Hacedor le había concedido (y que seguía concediéndole), sino en su propia debilidad y mezquindad. No había salida.

Quédate quieto.

—¿Qué? —dijo Janner en voz alta, mirando a su alrededor en busca de la fuente de la voz. Alguien había hablado, pero ¿quién? Cuando intentó recordar cómo sonaba la voz, su calidad desapareció de su memoria. Entonces se dio cuenta de que, por supuesto, Aquel que había hablado también había hecho el mundo. Janner tembló.

Quédate quieto.

—Sí, señor —susurró Janner. Conocía la voz y siempre la había conocido. Parecía provenir del Templo, pero también del suelo donde estaba sentado, y del cielo y del agua y del viento y de la sangre en sus venas y del aire en sus pulmones. Su corazón se hinchó y algo parecido a un grito surgió de su garganta, pero salió como un gemido.

Quédate quieto.

—Sí, señor —repitió Janner, y ahora estaba llorando. Sintió en su corazón una trenza de dolor y deleite y anhelo que le hizo arder los huesos y temblar el corazón. Toda su atención se desvió de sí mismo, y anheló al que pronunciaba aquellas palabras tan desesperadamente que deseó morir y volver a nacer como una sola sílaba pronunciada de su boca, solo para conocer el placer de su presencia.

Sintió vívidamente la dulce y suave respiración de Leeli y la música que envolvía su querido corazón; vio las heridas de Kalmar y anheló abrazar al niño en el lobo;

incluso vio su propia alma atribulada y egoísta —la carne llena de cicatrices y los ojos cansados y las emociones encontradas— y amó al Janner que vio a través de los ojos del Hacedor. Se conoció tal como era conocido. Pudo ver, y se quedó quieto.

Un gran amor lo envolvió, y pensó en el abrazo de su padre, solo que ahora sabía que aquellos brazos no eran más que una sombra del brillante amor que latía en el corazón del mundo y lo sostenía ahora, como siempre lo había hecho, con una ternura ineludible e indescriptible.

Quédate quieto.

La voz repitió las palabras una y otra vez, como un corazón palpitante, hasta que Janner pudo por fin obedecer y descansar, descansar, *descansar*. Allí, a la luz del Templo de Fuego, Janner Wingfeather encontró —absorbió— una paz duradera que jamás olvidaría en todos los días de su vida.

Estaba quieto. Y era amado.

—¡Psst! ¡Janner! —dijo Kalmar, tocando el hombro de Janner.

Janner se incorporó, temiendo de inmediato que solo hubiera soñado la presencia del Hacedor; sin embargo, para su alivio, seguía en la habitación, todavía inundado por la luz dorada. No solo eso, sino que sintió el cambio en su corazón. No había sido un sueño.

Leeli se incorporó y se estiró mientras Kalmar se arrodillaba junto a los dos con una sonrisa sencilla en el rostro.

—Vámonos.

Janner quería preguntarle a Kalmar qué había pasado, pero prefirió esperar. En la habitación reinaba una quietud sagrada que él no quería perturbar.

Las joyas de Anniera ocuparon sus lugares y repitieron la palabra, la forma y la canción, y la cámara volvió a sumirse en la oscuridad. Los niños subieron las escaleras y se arrastraron alrededor de Nia y los O'Sally. Encontraron sus camas y permanecieron a oscuras durante largo rato antes de sumirse en un sueño profundo y reparador.

La luz del sol y el canto de los pájaros los despertaron. En el resplandor de un fresco amanecer, los Wingfeather y los O'Sally salieron del sótano, y cuando miraron hacia las ondulantes colinas, contemplaron una resurrección de flores blancas, brotadas de la tierra cenicienta durante la noche, convocadas por la tormenta del día anterior y el calor de la primavera. Los pétalos de las flores cubrían la isla y brillaban con el rocío, como si las propias estrellas hubieran bajado flotando como nieve mientras dormían. Pequeñas enredaderas verdes adornaban los escombros y las cáscaras de todas las casas destrozadas, bendiciendo los restos con floraciones plateadas tan alegres como el día de una boda. Las abejas zumbaban de flor en flor como niños en una tienda de golosinas, mientras el río Rysen lo atravesaba todo, riendo camino al mar.

—No me había dado cuenta —dijo Leeli—, de que la Isla Luminosa en realidad, ya saben, *ilumina.*

Nia se rio.

Desayunaron rápidamente y los O'Sally se pusieron manos a la obra, rebuscando entre las ruinas madera para construir un refugio. Fue un buen trabajo bajo un buen sol, pero solo consiguieron encontrar unos pocos tablones adecuados.

—Es peor de lo que pensaba —dijo Biggin, sacudiendo la cabeza—. No servirá de nada quedarnos. Tenemos que volver a Ban Rona por provisiones. Necesitamos herramientas. Necesitamos carpinteros. Y necesitamos plantar semillas antes de que la temporada de siembra se nos escape.

—Y eso significa que necesitamos caballos, arados, azadas y palas —añadió Kelvey.

—Tienes razón —Nia arrancó un puñado de flores y las olió—. Pero creo que yo me quedaré. No podría soportar irme otra vez tan pronto.

—Oy, me lo imaginaba. Kelvey y yo podemos manejar el barco. Buscaremos ayuda y volveremos en unos días. Hay peces en el río, o esas aves no estarían zambulléndose. Hay una red en el barco que Thorn sabe usar.

—Oy, saqué buena nota en pesca —dijo Thorn, obviamente tratando de impresionar a Leeli.

—Y hay un saco lleno de frutos secos que también les dejaremos. La leña no debería ser un problema —Biggin se rio entre dientes—. No hay tiempo que perder. Nos vemos al ratito.

—Janner y yo también tenemos que irnos —soltó Kalmar, como si hubiera estado conteniendo la respiración—. Necesito ayudar a los Colmillos.

—¿Ayudar a los Colmillos? —preguntó Nia—. ¿Y tu madre y tu hermana? A nosotras también nos vendría bien algo de ayuda, y no destruimos el mundo. No, de ninguna manera. Cada vez que nuestra familia se separa, ocurren cosas terribles.

Kalmar tragó saliva.

—Tenemos que irnos, Mamá.

—El Hacedor se lo dijo —dijo Leeli, rascándole detrás de las orejas a Frankle.

—¿El Hacedor *qué*? —preguntó Nia—. ¿Qué quieres decir?

—Es difícil de explicar —Kalmar suspiró—. Confíen en mí. Tengo que hacerlo.

—Si vienen tus chicos —dijo Biggin—, Kelvey puede quedarse aquí. ¿No es cierto, muchacho?

—'Toy para ayudar.

—Estoy —corrigió Nia—. Oy.

Nia se alisó la parte delantera del vestido y se enderezó.

—Tan solo dense prisa.

—No hace falta que me lo cuentes —dijo Janner cuando ya estaban mar adentro—. Lo entenderé si es, ya sabes, entre tú y *él*.

Kal se quedó mirando al horizonte un rato antes de contestar.

—No es que no quiera contártelo. Es difícil de explicar. El Templo era hermoso. El mero hecho de estar en la habitación me hacía sentir como si estuviera flotando. Había árboles y agua corriente y tanta luz que cada color era más… no sé… *colorido*. Entonces, dijo mi nombre. Pero cuando lo dijo, era más que mi nombre —Kalmar se rascó la barbilla y entrecerró un ojo—. Me resulta difícil expresarlo. Tú eres el que es bueno con las palabras. Cuando pienso en *él*, se me nubla el cerebro. No es que no me acuerde. Es que, cuando me acuerdo, no se me ocurre ninguna palabra.

Janner imaginó lo difícil que sería describir la voz que había oído la noche anterior: una voz que se escuchaba con algo más que los oídos; una voz fuerte y tranquila y hermosa y enorme y prístina; una voz tan vasta como el cielo y tan pequeña como un grano de arena, conmovedora y a la vez tranquilizadora, y… bueno, no podía describirla.

—Pero ¿te dijo algo?

—Una mirada de tristeza pasó por el rostro de Kalmar—. Me ayudó a entender algo.

—¿Cómo ayudar a los Colmillos?

—Sí. Eso creo —Kalmar sacudió la cabeza—. Cuanto más hablo de ello, menos lo entiendo. Simplemente, necesito hacer algo —miró a Janner y se encogió de hombros—. Lo siento, no tiene mucho sentido.

—Está bien. Como dije, te apoyo.

El día se desvanecía cuando navegaron a través del Aguacalle, pero Ban Rona estaba volviendo a la vida. La luz de las lámparas brillaba en las ventanas de los edificios menos dañados y los vallerinos cantaban en las calles. Desde el barco, los chicos vieron a niños y perros jugando en el paseo marítimo, y el aroma de la cena flotaba en el aire.

Como era tarde, los chicos decidieron dormir en la litera del barco, y a la mañana siguiente, mientras Biggin salía en busca de voluntarios y provisiones, los chicos siguieron el olor a gachas calientes hasta la tienda de comida de Olumphia.

—¿Ya de vuelta? —preguntó Olumphia.

—Sí, señora —Kalmar se relamió—. Necesito ocuparme de algunas cosas.

Los chicos devoraron su desayuno y subieron la colina hacia la gran sala. Janner sintió que Olumphia los observaba mientras revolvía las gachas. Parecía que todos los vallerinos los miraban ahora de forma diferente. Las conversaciones se detenían cuando se acercaban y se reanudaban en voz baja cuando habían pasado. Ahora que la guerra había terminado y los chicos habían vuelto a reclamar Anniera como su hogar, Janner se sentía alejado de Ban Rona y su gente. También sospechaba que los vallerinos desconfiaban de que Kalmar protegiera a los Colmillos. Cuando los hermanos llegaron a la Fortaleza y los guardias durganos los miraron con el ceño fruncido, sus sospechas se confirmaron.

—Tendrán que esperar al profesor Clout —dijo uno de ellos—. Tenemos órdenes estrictas de no abrir estas puertas sin su permiso.

—Qué desastre —murmuró el otro.

—¿Qué quieres decir? —preguntó Kalmar.

—Ya lo verás.

Clout llegó unos minutos más tarde, con el mismo semblante severo que el primer día de clase.

—Alteza —dijo ásperamente—. Guardián del trono.

—¿Algo anda mal? —preguntó Janner.

—Sí. Algo decididamente anda mal.

—¿Son los Colmillos? —preguntó Kal.

—¿Estos Colmillos? No. Están bien encerrados. Son los demás los que me preocupan —la voz de Clout hervía de ira—. Están por todos los Valles.

90

La llegada del rey

—Ayer por la mañana, fuimos al Campo de Finley para ocuparnos de los muertos —dijo Clout. Estaba frente a la puerta del calabozo con su capa durgana, la mano apoyada en el pomo de la espada, como si no tuviera intención de dejar entrar a los chicos—. Cuando llegamos, encontramos a toda una turba de Colmillos reunida en torno al montón de polvo de Gnag. Colmillos Verdes, Grises y Murciélagos, todos alrededor del polvo, como niños perdidos. Ninguno ha atacado, lo reconozco, pero han siseado y aullado bastante. Pensé que íbamos a tener otra batalla, pero al cabo de un rato, lo único que hicieron fue quedarse allí y observarnos mientras enterrábamos a nuestros camaradas.

—¿Cuántos eran? —preguntó Kalmar.

—No lo sé —Clout curvó el labio y apartó la mirada—. Cientos. Tal vez mil. La cuestión es que no los queremos aquí. No los queremos en el calabozo ni en las colinas ni en el puerto. Queremos que se *vayan,* ¿entienden?

Los vallerinos querían recuperar su vida tranquila, y Janner no los culpaba. Los Wingfeather habían llevado la guerra a su tierra, y los pobres vallerinos habían pagado un precio terrible.

—Nosotros nos los llevaremos —dijo Kalmar.

Clout y Janner lo miraron como si estuviera loco.

—Hijo —dijo Clout—, sé que eres el rey. Respeto tu postura. Pero también eres un niño. No estoy seguro de que sepas lo que estás diciendo.

—Sus naves siguen ahí fuera, más allá del Aguacalle. Los cargaremos y nos los llevaremos —Clout entrecerró los ojos con desconfianza, pero Kalmar le mantuvo la mirada—. ¿Quieres que se vayan o no?

—Supongo que sí —Clout miró de Kalmar a Janner y de vuelta a Kalmar—. No creerás que estos monstruos pueden ser controlados, ¿verdad?

Janner no entendía mejor que Clout lo que Kalmar planeaba hacer. No podía imaginarse la vida en la Isla Luminosa con una multitud de Colmillos, aunque ya no tuvieran ganas de pelear. Pero también sabía que Kalmar había caminado con el Hacedor en el Templo de Fuego; si eso era lo que el Hacedor quería, Janner sabía que no debía discutir.

Clout gruñó.

—Bueno. Pueden quedarse con sus Colmillos, y enhorabuena. Pero si hay problemas, lucharemos, ¿entiendes? No permitiré que estas bestias derramen ni una gota más de sangre vallerina.

—Lo entiendo —dijo Kalmar—. Pero creo que ya no quieren pelear. La mayoría, al menos.

Clout les dio a los chicos dos sabuestrillos y se dirigieron al campo. Innumerables montículos de tierra salpicaban la hierba donde los vallerinos habían enterrado a sus caídos. Pero más arriba de la colina, donde Gnag se había hecho polvo, se había reunido una congregación de Colmillos. Algunos se sentaban en el suelo y miraban el horizonte, mientras otros se arremolinaban sin rumbo.

—Es como si estuvieran esperando algo —dijo Janner.

Kalmar se adelantó con su equipo de perros y llamó por encima del hombro.

—Tal vez nos estén esperando a nosotros.

Los hermanos desmontaron de sus sabuestrillos y saludaron a los Colmillos con nerviosismo. Los sabuesos gimieron y agacharon las orejas, que era exactamente lo que Janner habría hecho si fuera un perro. Pero con Gnag eliminado y Kalmar tan confiado, encontró valor.

Los Colmillos no hicieron ningún movimiento para atacar, pero centraron toda su atención en Kalmar.

—¡Colmillos de Dang! —dijo Kalmar, subiendo al montón de ceniza de Gnag—. Mi nombre es Kalmar Wingfeather, rey de la Isla Luminosa de Anniera. He venido a ofrecerles paz —los Colmillos se limitaron a mirarlo como si hablara una lengua extranjera—. ¿Entienden lo que les digo?

—¿Paz? —siseó uno de los Colmillos Verdes, como si fuera una palabra que nunca hubiera oído.

—Sí. No más peleas —Kalmar esperó mientras los Colmillos reflexionaban sobre la idea—. Pero eso no es todo. Les daré nuevos nombres si los quieren. Gnag los convenció de cambiar sus viejos nombres por poder. Aquí —dijo, pateando las cenizas— es donde eso se termina. Les pido que cambien su poder por nuevos nombres. Algunos de ustedes quieren eso, ¿no?

Un Colmillo Murciélago se adelantó cojeando y dijo:

—Yo quiero.

—Pero ¿adónde podemos ir? —preguntó el Colmillo Verde—. Throg está vacío. Sin un señor que nos alimente y nos guíe, moriremos de hambre o nos aburriremos hasta la médula, y sin un guardián de la piedra que funda a nadie, no tiene sentido secuestrar más humanos. No hay más joyas que buscar —el Colmillo se encogió de hombros con tristeza—. No sabemos qué hacer.

—¿Qué me dicen de construir? ¿O de… la agricultura? —preguntó Kalmar.

—Kal, ¿hablas en serio? —susurró Janner.

—¿Qué era la agricultura? —preguntó uno de los Colmillos Grises desde atrás—. Me parece recordar esa palabra.

—Les enseñaremos —dijo Kalmar—. Pueden venir conmigo a Anniera. Pero tienen que volver a cantar la canción, esta vez por la paz, y no por el poder.

Los murmullos se extendieron entre los Colmillos y muchas cabezas asintieron.

—Sin embargo, escuchen —continuó Kalmar—, si no vienen conmigo, no podré ayudarlos. Los habitantes de los Valles Verdes tienen derecho a proteger sus tierras. Tal como lo veo, tienen tres opciones. Pueden quedarse aquí y lidiar con los vallerinos. O pueden volver al Castillo Throg y quedarse allí. O… —dijo Kal, recorriendo con la mirada a los Colmillos y respirando hondo— pueden deponer las armas y venir conmigo —permitió que la idea se asentara, volvió a subirse al sabuestrillo y se sentó—. Piénsenlo. Si quieren paz, reúnanse conmigo aquí en tres días y navegaremos a Anniera.

—Kalmar asintió a Janner, tiró de las riendas y condujo a los perros, pero no en dirección a Ban Rona. Se dirigió al este. Hacia el Bosque Negro.

—¿Sabes lo que estás haciendo? —preguntó Janner cuando lo alcanzó. Su cabeza, como de costumbre, rebosaba de preguntas—. ¿Es esto lo que el Hacedor te dijo que hicieras? ¿Dónde estamos yendo?

—A Hendidostia —dijo Kal sin mirar atrás—. Para llevar a nuestra gente a casa.

Janner enarcó las cejas y no hizo más preguntas. Fuera lo que fuera que Kalmar estaba haciendo, estaba decidido.

Condujeron a los perros sin parar y llegaron a los Valles Exteriores al anochecer. Acamparon cerca de un arroyo, atendieron a los perros y hablaron poco. Janner se despertó a la mañana siguiente con olor a wexter y a dos topoespines asados que Kalmar había capturado en algún momento de la noche.

Alimentaron y dieron de beber a los perros, luego los engancharon a los cascos y siguieron adelante, y llegaron al anochecer a la frontera del Bosque Negro, cerca del lugar donde las vacas colmillo los habían perseguido hasta el bosque. Acamparon y hablaron de Oood, preguntándose cómo le iría en su largo viaje de vuelta a casa y riéndose del poema trolino que había prometido escribir sobre sus aventuras. Los hermanos callaron a la luz del fuego, y Janner detectó otro destello de tristeza en el rostro de Kalmar. Quería preguntarle al respecto, pero tenía miedo.

Cuando salió el sol, cabalgaron hasta el borde del Bosque Negro y llamaron a los persuasores. Nadie contestó, así que desengancharon a los perros y se adentraron cautelosamente en los árboles, agachándose bajo las ramas y escuchando alertas en busca de vacas colmillo y hendidos.

Al cabo de una hora, oyeron una voz chillona entre los árboles.

—¿Qué quieren?

—¡Buscamos a Elder Cadwick! —gritó Janner.

De entre la maleza, salió un hendido alto y delgado con cara de gato y alas arrugadas. Podría haber sido hermoso si no fuera por las patas de insecto que sobresalían de su torso.

—Los ha estado esperando.

Siguieron a la criatura a través de la maleza, encontrándose con más y más hendidos que se escabullían, corcoveaban y chirriaban a su paso. Por fin, la muralla de madera de Hendidostia se alzó ante ellos, y las puertas se abrieron de par en par para revelar una poderosa multitud de hendidos. Una ovación sacudió las copas de los árboles cuando el guardián del trono y el rey lobo atravesaron las puertas. Elder Cadwick salió trotando a recibirlos. Tenía los costados vendados y el brazo en cabestrillo, pero por lo demás, parecía sano. Sus hijos se aferraban a sus patas de caballo y espiaban a los chicos.

—Mis amigos —dijo con una cálida sonrisa—. Mi rey.

—Elder Cadwick —dijo Kalmar—. Si los hendidos no hubieran venido en nuestra ayuda, Gnag seguiría por ahí volando.

—Y probablemente estaríamos todos muertos —dijo Janner.

—Te lo agradecemos, muchacho —le dijo Cadwick a Janner—. Tu llegada aquí inició un gran desenredo de nuestras ataduras. Hubo dolor, pero la paz lo siguió de cerca —Cadwick se puso una mano sobre el corazón—. Porque recién cuando dejamos Hendidostia para ir al campo de batalla, nuestros mejores recuerdos se alzaron para bendecirnos. Volvimos solo para descubrir que ya no era nuestro hogar —Cadwick se inclinó hacia delante y sonrió—. Pero eso no es todo. Quiero enseñarte lo que encontramos a nuestro regreso.

Siguieron a Cadwick a través de la susurrante multitud de hendidos y entre las hileras de viviendas. Shimrad seguía allí, admirando los postes de su valla. El oso con la cabeza al revés estaba cerca de una hoguera, calentándose la cara y la grupa al mismo tiempo.

Entonces, los hermanos se detuvieron al ver a una multitud de seres humanos corrientes —hombres, mujeres y niños— reunidos en el patio, con aspecto esperanzado y asustado, como una multitud de huérfanos perdidos. Tenían los rostros sucios. Muchos de ellos bajaron la cabeza, avergonzados.

—¿Quiénes son? —preguntó Janner.

—Te vimos —dijo un hombre al frente de la multitud—, en la sala de fusión. Después de que te defendieras, la guardiana de la piedra y los Colmillos nos dejaron allí. Y cuando nadie volvió a buscarnos, nos fuimos.

—Pensamos que si habías podido entrar —dijo un joven de la edad de Janner—, tal vez podríamos encontrar una salida.

—¿De dónde son? —preguntó Kalmar.

—De todas partes —respondió el hombre—. De los Valles Exteriores. De Yorsha Doon. Algunos de nosotros somos de Skree.

Janner no podía creer que fueran las mismas personas que habían estado tan ansiosas por fundirse. Sabía que, si se lo permitía, podría sentir cierta superioridad, algún juicio justo sobre su comportamiento en la mazmorra, pero la paz que el Creador le había infundido era un suave recordatorio de su propia desesperación y su propia amargura justo antes de encontrarse con ellos en las Profundidades. ¿Habría hecho algo diferente si hubiera pasado el tiempo suficiente en aquella oscuridad?

La mirada de Janner se posó en una mujer con el rostro embarrado de lágrimas.

—Queremos ir a casa —dijo.

—Nosotros también —acotó Cadwick—. Hemos anhelado la llegada de nuestro rey.

—Entonces, ¿*quieren* venir con nosotros? —preguntó Kalmar—. ¿A Anniera?

—Es nuestra mayor esperanza, mi rey —Elder Cadwick hizo una reverencia—. Si usted acepta a un pueblo roto.

—Pensaba que tendría que convencerlos.

Cadwick se echó hacia atrás y se rio.

—Nosotros pensamos lo mismo.

Un murmullo comenzó en la retaguardia de la multitud y se extendió hacia delante, y entonces el verde resplandeciente de las hojas de Arundelle apareció sobre las cabezas de los hendidos. Sus raíces serpentearon por el frondoso suelo hasta situarse junto a Cadwick, con su extraño y encantador rostro radiante de esperanza.

—¿Nos aceptas, mi rey? —preguntó.

—¡Por supuesto! —dijo Kalmar, riendo. Se acercó a ella y bajó la voz—. Y creo que sé cómo curarte.

La sonrisa de Arundelle desapareció y se quedó mirando a Kalmar durante tanto tiempo que Janner temió que la hubiera ofendido de algún modo.

Kalmar se aclaró la garganta.

—Si eso es lo que deseas, claro. Tienes que quererlo.

—¿Es esta la voluntad del Hacedor? —preguntó Arundelle con cara de asombro.

—Creo que sí —dijo Kalmar—. Aunque no sé bien qué estoy haciendo.

—Elder Cadwick, ¿puedes decirles? —susurró Arundelle, con las hojas temblorosas.

Cadwick trotó hacia el centro de la congregación.

—¡Hendidostia! —Su mirada recorrió a la multitud, desde sus hijos y su esposa, pasando por Madre Mungry, hasta los más estrafalarios hendidos encaramados a los tejados—. Su rey ha venido con la esperanza de la sanidad. ¿Lo seguirán a la Isla Luminosa?

Los gritos de júbilo hicieron brotar de las copas de los árboles bandadas de tragadores.

Janner y Kalmar festejaron con los hendidos en los patios de Arundelle mientras el sol sonreía en los árboles que reverdecían. Mientras los hendidos se preparaban para salir, Kalmar y Janner se metieron en la guarida de Esben.

Leyeron sus nombres, vieron sus rostros esbozados en la piedra plana y contemplaron largamente la talla de Esben de los annieranos trabajando en los campos de cosecha. Janner deseaba poder desenterrar las rocas y llevarlas hasta la isla, donde podría contemplarlas todos los días. Anhelaba volver a sentir los brazos de su padre, oír aquella voz cálida y osuna pronunciar su nombre. Los hermanos permanecieron allí hasta que la sombra de Cadwick oscureció la entrada.

—Mis señores —dijo en voz baja—, estamos listos.

Janner y Kalmar se despidieron en silencio de las últimas imágenes que dibujó su padre, y luego se unieron a los hendidos a las puertas de Hendidostia. Kalmar dio la señal, y la ciudad de los hendidos y rotos se vació en la procesión más extraña que las épocas de Kistamos habían conocido jamás.

Cuando Janner y Kalmar se alejaron del bosque en sus sabuestrillos, con Cadwick y Arundelle a ambos lados, los árboles se balanceaban y traqueteaban tras ellos. Cientos de extrañas criaturas salieron, hombres y mujeres entre ellos, sonriendo al sol de la tarde mientras viajaban hacia el oeste, hacia el mar.

91

El ofrecimiento del rey

A la mañana siguiente, Kalmar dio la orden de que Elder Cadwick despertara al campamento, y luego condujo a la multitud al Campo de Finley. Marcharon duro por colinas y hondonadas durante todo el día, impulsados por la promesa de las blancas orillas de Anniera, y llegaron al campo bajo un cielo crepuscular.

Janner se quedó atónito cuando llegaron a la cima de una colina y miró hacia el campo de batalla para contemplar lo que parecían ser todos los Colmillos de Dang, esperando en la ladera. Los Colmillos Grises aullaron (con respeto, de algún modo) cuando los sabuesos se asomaron sobre la cima de la colina, pero cuando los hendidos penetraron en el valle, los Colmillos retrocedieron y estrecharon sus filas. Kalmar se adelantó y habló con los Colmillos, mientras Janner ordenaba a los hendidos y a los humanos que entraran en el campo.

Cuando estuvieron todos reunidos, Kalmar hizo un gesto para que todos se sentaran, y la multitud obedeció sin vacilar. Janner estaba asombrado por lo extraño de la situación, y no solo por la imponente presencia de Kalmar. Los hendidos eran monstruos de cuento que habían rondado el bosque; los Colmillos habían sido los brutos más malvados de Kistamos; los humanos de aquí habían estado dispuestos a entregarse a las órdenes de la guardiana de la piedra. Sin embargo, ahora todos estaban sentados juntos como escolares obedientes, esperando una palabra de la única persona de Kistamos a la que escucharían.

—Ya no tienen por qué tener miedo —dijo Kalmar, de pie sobre el asiento de sabuestrillo. Les sonrió a los Colmillos, que se habían congregado a su izquierda—. Ahora, tienen una opción. Así como la tuvieron cuando cantaron la antigua canción y fueron fundidos. En ese entonces, no veían mucha esperanza —los hendidos y los humanos asintieron, pero la mayoría de los Colmillos parecían confundidos—. Cuando la guardiana de la piedra les dio un nuevo nombre, el *tú* que existía en su sangre y sus huesos… murió. Y dejó un agujero.

Algunos de los Colmillos se hurgaron los brazos y las piernas, como si fueran a descubrir una cavidad en la que no habían reparado antes.

—¿Y nosotros? —eructó uno de los sapos de lodo hendidos—. Ella nunca nos dio ningún nombre.

—Pero cantaron lo suficiente de la canción como para comenzar la fusión. Tal vez, como mi padre y mi tío, Artham, cambiaron de opinión y dejaron de cantar antes de que el cambio se completara. Y ahora están atrapados en el medio, divididos entre animal y humano. Ni fundidos del todo ni con nombre. Simplemente... torcidos.

Janner estaba tan intrigado y confundido por las palabras de su hermano como todos los demás en el campo.

—Pero pueden sanarse —dijo Kalmar—. Si quieren.

Los hendidos asintieron y cuchichearon, emocionados entre ellos. Los Colmillos, sin embargo, estaban divididos. Algunos gritaban: «¡Sánanos!», mientras que otros entrecerraban los ojos y gruñían.

—¿Y si no queremos cambiar? —siseó uno de los Colmillos Verdes.

—Sí, ¿y si nos gusta ser malos y aleteadores? —chilló un Colmillo Murciélago.

Kalmar ladeó la cabeza y se encogió de hombros.

—Entonces supongo que los dejaré aquí. No soy Gnag el Sin Nombre. Pueden hacer lo que quieran. Pero no tendrán lugar ni aquí en los Valles ni en la Isla Luminosa. Deberán enfrentarse a los vallerinos, y créanme, no ven la hora de convertirlos a todos en polvo —Kalmar señaló al este—. También podrían dirigirse al Bosque Negro, a Hendidostia. O a las montañas otra vez. Pero no tendrán la piedra antigua para restaurarlos cuando llegue la locura. Y cuando lo haga, solo empeorará. Morirán ahí afuera.

Kalmar se bajó del sabuestrillo y se movió entre los Colmillos.

—Les ofrezco una vida en la Isla Luminosa, con campos que arar y casas que construir. Les ofrezco belleza, música y paz.

—¡Puaj! —dijo uno de los Colmillos Grises.

Pero otro dio un paso al frente.

—¿Qué tenemos que hacer?

—Vengan conmigo —dijo Kalmar—. Si no quieren lo que les ofrezco, los dejaré aquí y morirán de todos modos, ya sea a manos de los vallerinos, de los correcumbres o de los demás Colmillos. Pueden venir conmigo. Si lo hacen —Kal extendió las manos—, entonces todo lo que tengo es suyo.

Un fendril cantó a lo lejos. Kalmar seguía hablando de sanar, pero Janner no creía que fuera posible «descolmillar» a un Colmillo. ¿Creía que darles nombres los haría más humanos, como lo eran Kalmar y Artham? Janner trató de imaginar la Isla Luminosa repleta de Colmillos y hendidos, pero en todos sus sueños sobre Anniera, nunca la imaginó como Kalmar proponía. Aunque las criaturas estuvieran más mansas en cierto sentido, seguía siendo algo ofensivo. Janner tampoco creía que un solo Colmillo de Dang entregaría voluntariamente su vida a los pies de Kalmar. Mirando a la horda peluda, escamosa y con alas de murciélago que apestaba en el Campo de Finley, empezó a preocuparse de que Kalmar hubiera perdido el juicio.

Kalmar volvió a subir al sabuestrillo y alzó la voz.

—Si aceptan mis condiciones, entonces síganme a las naves. Si no, los dejo librados a sus propios recursos.

Sacudió las riendas y condujo a los sabuesos colina arriba hacia Ban Rona. Janner lo siguió, queriendo mirar por encima del hombro, pero sin apartar los ojos de su hermano. Oyó a los hendidos muy cerca, resoplando y cuchicheando entre ellos. Cuando llegaron a la cima de la colina, Janner no pudo aguantar más. Refrenó a los sabuesos y se volvió.

La mayoría de los Colmillos seguían agrupados en el campo, pero cada pocos segundos, más se separaban y se dirigían hacia la ciudad. Uno de los Colmillos Grises aulló e hizo un gesto burlón a los que se marchaban, luego condujo al resto de los Colmillos en dirección al Bosque Negro. Al final, menos de la mitad de los Colmillos se unieron a ellos.

Cuando aparecieron las primeras estrellas, el Campo de Finley estaba vacío. Una ráfaga de viento sopló sobre el valle y esparció las cenizas que quedaban de Gnag el Sin Nombre. Las cenizas se asentaron entre la hierba nueva y los tréboles, donde permanecerían en silencio durante todas las épocas venideras.

92

Navegando a casa (otra vez)

Cuando los chicos condujeron la procesión más allá de la Sala de Cofradías, encontraron a Clout esperando con un contingente de durganos. Cada hombre tenía una antorcha en una mano y un arma en la otra. La cara de Clout estaba roja de ira.

—Custodio Clout —dijo Kalmar, asintiendo con la cabeza mientras un contingente de hendidos pasaba arrastrando los pies.

—¿Qué crees que estás haciendo? —demandó Clout.

—Le dije que me los llevaría, señor.

—Pero —dijo Clout, mirando de Janner a Kalmar y a los hendidos y los Colmillos que pasaban en silencio—. Pero…

—Necesito a los Colmillos del calabozo, señor —dijo Kalmar—. A todos. Nos iremos tan pronto como podamos —Kalmar desmontó al sabuestrillo y caminó con los Colmillos colina abajo hasta las primeras calles de la ciudad.

—¿Qué cree que está haciendo? —le preguntó Clout a Janner.

—Sinceramente, no lo sé —respondió Janner.

—¿Tan solo va a… liberarlos? ¿Los dejará vivir? ¡Mataron a miles! Mataron a tu *padre*.

—Sé quién mató a mi padre —dijo Janner con firmeza—. Pero también sé que Kal está construyendo un reino.

—Un reino de monstruos —murmuró Clout.

Janner salió de su sabuestrillo.

—Dicen que el pueblo de Anniera era un pueblo de canciones. Dicen que los annieranos cantaban en los campos, que la alegría fluía por la tierra como el río Rysen.

—Oy. ¿Y qué?

—Si Kalmar puede hacer que vuelvan a estar sanos —dijo Janner, mientras veía pasar a un joven arrastrando los pies con un sapo de lodo dentado a su lado—, quizás pueda darles algo sobre lo que cantar —Janner se unió a la procesión y bajó la colina en dirección a la ciudad.

—¡Espera! —llamó Clout—. ¿Esos son todos los Colmillos?

—No, señor. Varios cientos de ellos se dirigieron al Bosque Negro y a las montañas —dijo Janner por encima del hombro—. Suficientes como para mantener ocupada a la patrulla durgana.

Janner alcanzó a Kalmar en la gran sala y lo siguió hasta las mazmorras. Los guardias no les dieron problemas y observaron, estupefactos, cómo Kalmar abría las celdas. Reunió a los Colmillos y les explicó su oferta, y todos aceptaron seguir al rey lobo hasta Anniera.

—Janner, espera —dijo Kalmar, mientras los Colmillos salían de la mazmorra en silencio—. Hay uno más.

Janner sabía a quién se refería. Los chicos se adentraron en el calabozo y se asomaron a la celda de Nuzzard. La bestia andrajosa se agazapó en un rincón, observando a los chicos con malicia.

—Kal, no creo que sea una buena idea. Es demasiado peligroso.

—Tengo que intentarlo —Kalmar destrabó la puerta y esta se abrió lentamente.

Janner retrocedió y desenvainó su espada. Pero los ojos de la cosa no se apartaban de la cara de Kalmar, y no hacía más movimiento que el producido por su jadeo rugoso. Kalmar se agachó frente al Colmillo y le tendió la mano. Nuzzard se encogió y se quedó quieto cuando Kalmar le tocó el hombro.

—Quiero llevarte a casa. ¿Te parece bien?

La quietud del Colmillo fue su respuesta. Mientras Janner observaba, Kalmar se arrodilló y lentamente recogió a la criatura en sus brazos. Como el viejo Colmillo estaba en una condición muy frágil, Kalmar lo sacó fácilmente de la mazmorra. Le pasó a Nuzzard al primer Colmillo Gris que vio.

—Mantén este a salvo. Por favor, ocúpate de que tenga comida y agua.

El Colmillo Gris miró a la marchita bestia en sus brazos y asintió con lo que a Janner le pareció lástima. Los vallerinos se escondieron en sus casas rotas y se asomaron a las ventanas, mientras los chicos caminaban con el solemne desfile hasta la orilla donde esperaba Biggin O'Sally. Biggin parecía tan confundido como Clout.

—Oy, rey Kalmar —dijo Biggin, mirando a los Colmillos con recelo—. Intenté encontrar ayuda, pero nadie quería abandonar Ban Rona tan pronto con tanto por hacer. Tengo que admitir —añadió—, que yo tampoco tengo muchas ganas de irme.

—Tenemos toda la ayuda que necesitamos —afirmó Kalmar.

—No dije que no voy a ir —dijo Biggin—. Pero solo me quedaré el tiempo suficiente para que te instales. Todo esto es para ti —señaló una pila de suministros: sacos llenos de semillas de totatas, clumpentinos, bayas de miel, verdeos y zingrid; una carreta cargada de azadas y rastrillos, sierras, martillos y bolsas de clavos; y varias cajas más llenas de frutos secos de invierno. Además, había una manada de perros—. La gente quiere ayudar a Anniera lo mejor que puede, pero me temo que por ahora se quedarán aquí.

—Estamos agradecidos —dijo Janner—. Pero a Leeli se le romperá el corazón sin Thorn.

—Oy, yo no me preocuparía por eso —dijo Biggin—. Pretende casarse con ella en cuanto su edad lo permita. Está loco por ella.

Como estaba claro que los vallerinos estaban ansiosos por sacar a los Colmillos de la ciudad, Elder Cadwick sugirió que no perdieran tiempo y abordaran los barcos. Janner ayudó a dividir a los pasajeros en grupos y averiguó cuál de los Colmillos sabía lo suficiente para tripular cada barco. Al amanecer, todos los barcos de Colmillos estaban cargados y zarpando del puerto. El último barco transportaba a Janner, Kalmar y Biggin O'Sally, junto con Elder Cadwick y su familia, la reina Arundelle y varios de sus diminutos cortesanos thwaps y tragadores, y una tripulación de Colmillos Verdes y Grises.

Janner dio la orden de alejarse del muelle, y recién entonces los vallerinos salieron de sus casas para ver a la flota navegar a través del Aguacalle hacia el Mar Oscuro de las Tinieblas. Janner no culpó a los vallerinos por su desconfianza. Sus heridas eran profundas y tardarían en cicatrizar.

Los Colmillos, para sorpresa de Janner, parecían menos malvados aquella mañana que la noche anterior. Sospechaba que era porque estaban acostumbrados a seguir órdenes. Su líder había sido malvado, por lo que habían sido entrenados en la maldad. Ahora que se habían sometido a la autoridad de Kalmar, reflejaban su benevolencia, aunque fuera involuntariamente.

De vez en cuando, se oían gruñidos, y estalló más de una pelea; algunos de los Colmillos incluso cambiaron de opinión y abandonaron el barco para nadar de vuelta con sus camaradas. Kalmar no trató de detenerlos; incluso si lograban volver a la orilla, solo habría vallerinos enojados para recibirlos. Pero tras unas horas en mar abierto, su inquietud se desvaneció e incluso los Colmillos que tenían dudas se dieron cuenta de que no tenía sentido intentar volver.

Kalmar se mantenía callado. Hablaba cuando le hablaban y sonreía ante las ocasionales muestras de preocupación de Janner. Sin duda, algo estaba mal, pero fuera lo que fuese, Janner no podía negar que también parecía *correcto*. Kalmar estaba en paz de una forma que Janner nunca había visto, aunque era una paz marcada por una extraña tristeza. Cuando Kalmar se retiró al camarote del capitán, Janner lo siguió. Quería estar cerca de su hermano, y aunque se dijeron pocas palabras, Kalmar agradeció su compañía.

Varias horas después, Cadwick llamó a la puerta del camarote.

—Alteza —dijo—. Hemos divisado tierra.

Los chicos salieron al sol radiante y se colocaron en la barandilla junto a Cadwick y Arundelle. Sus hojas, cada vez más verdes, crujían con la brisa marina. Las ramas le caían sobre la cara como largos mechones de pelo verde plateado.

—Lo recuerdo todo —susurró—. Los acantilados. Las orillas blancas. Las colinas verdes. La música que corre por el viento para saludarnos.

—Escuchen —dijo Kalmar.

Una melodía baja surgió del mar y los rodeó como una niebla. Cuando el puerto se hizo visible, Janner divisó destellos rojos y azules, dorados y verdes, brillando en la ensenada. Los dragones de mar giraban y giraban sobre el agua. Cantaban y bailaban como todos los años bajo los acantilados de Glipwood, pero ahora, cuando salían del agua, se elevaban sobre alas doradas, girando en espiral por encima de las olas, antes de sumergirse de nuevo en el mar.

Hulwen dirigía el baile. Cuando la dragona divisó los barcos que se acercaban, cantó más alto que el resto y voló hacia ellos. Mientras planeaba en lo alto, Janner notó otro sonido entretejido entre las hebras del canto del dragón: un arpa silbante.

—¡Leeli! —gritó Janner, y los dos hermanos saludaron, mientras Hulwen volaba sobre ellos con Leeli a la espalda. Su hermana les devolvió el saludo, pero el canto del dragón era tan profundo y cercano que ahogó su voz.

Los dragones escoltaron a la flota —algunos nadando, otros volando— bajo montones de nubes ondulantes e iluminadas por el sol. Los hendidos de las cubiertas clamaban y gruñían alegremente, haciendo lo mejor que podían por cantar con ellos, mientras los Colmillos se tapaban los oídos y hacían muecas.

Hulwen aterrizó en la orilla y bajó a Leeli al muelle. Casi sin poder contener su alegría, Leeli se deslizó hacia abajo y saltó hasta donde esperaba Nia.

Cuando los chicos se acercaron, Nia los abrazó como si hubieran estado ausentes durante años. «Espero que sepas lo que haces», dijo en voz baja cuando desembarcó el primero de los Colmillos.

Los dragones callaron y flotaron en el mar, observando con curiosidad cómo los Colmillos y los hendidos iniciaban el lento y torpe proceso de atracar sus naves y llegar a tierra. Algunos saltaron por la borda y nadaron, mientras que otros se contuvieron, aún inseguros de su decisión de venir.

Kalmar le hizo señas a Hulwen para que se acercara al extremo del muelle, y ella levantó la cabeza hasta ponerla a la altura de la suya. Janner no pudo oír lo que dijo Kalmar, pero la voz de Hulwen llenó su cabeza.

Sí, rey Kalmar. La traeré por la mañana.

Hulwen asintió y se alejó nadando.

Kalmar trotó hacia Nia y Janner mientras Cadwick se acercaba.

—Mi reina —dijo Cadwick—. Es bueno estar en casa.

—Esta es Arundelle —dijo Janner, mientras la mujer árbol se acercaba, con sus raíces acariciando el suelo, escarbando en busca de agua.

—Arundelle —dijo Nia con una sonrisa—. A ti sí te recuerdo.

—Su alteza —la corteza gris de las mejillas de Arundelle se estiró hasta esbozar una sonrisa—. Me inclinaría, pero… —sus hojas temblaron mientras reía e inclinaba un poco el tronco.

—Mis hijos me dicen que eres la reina de Hendidostia.

—*Era* la reina —corrigió Arundelle—. Prefiero servirte a ti y a los tuyos el resto de mi vida que gobernar Hendidostia un día más.

—Elder Cadwick —dijo Kalmar—, dile a los hendidos y a los Colmillos que se reúnan por la mañana en el Castillo Rysen.

—¿Qué les digo que sucederá?

La tristeza volvió a recorrer el rostro de Kalmar antes de hablar.

—Voy a cumplir mi promesa.

Nia y Janner intercambiaron una mirada preocupada cuando Thorn se acercaba a ellos a paso holgado.

—Aquí tienes —dijo Thorn, entregándole a Leeli su muleta.

—Gracias —respondió Leeli, sonrojándose. Últimamente, se sonrojaba mucho—. ¿Volverás al castillo con nosotros?

—Creo que me quedaré y ayudaré a Pá y a Kelvey con las provisiones. Esta noche, dormiremos en uno de los barcos —Thorn sonrió, y Janner se dio cuenta de que era la primera vez que lo veía sonreír—. Hasta mañana, doncella musical.

Leeli se puso muy colorada mientras Thorn y los perros se dirigían a los muelles.

—*Hasta mañana, doncella musical* —dijo Kalmar con voz aguda, y Leeli le dio un puñetazo en el hombro.

—Deberíamos ponernos en marcha si queremos volver al castillo antes de que anochezca —dijo Nia—. De camino, Kalmar, puedes decirme qué está pasando.

Los Wingfeather caminaron de vuelta al Castillo Rysen a través de campos de flores blancas mientras los Colmillos y los hendidos se amontonaban en la orilla.

93

La mañana en el Castillo Rysen

Después de que Janner y Kalmar le contaran a Nia sobre la reunión de Colmillos en el Campo de Finley y el viaje a Hendidostia, los Wingfeather caminaron en silencio a lo largo del río Rysen. Las flores blancas se tiñeron de rosa al resplandecer el cielo, y los peces chapoteaban de vez en cuando en la superficie del río. El corazón de Janner estaba más contento que nunca, saltando de alegría cada vez que sus ojos se posaban en alguna nueva belleza de la Isla Luminosa. Los skonks se metían a toda velocidad bajo los troncos, masticando enredaderas en flor; había fendrils que se elevaban en lo alto; unos búhos ululaban y se abalanzaban silenciosamente entre los árboles ennegrecidos, arrebatando ratones de las orillas del río. La isla había ardido, pero distaba mucho de estar muerta.

La tierra se elevaba suavemente desde el río y el mar hasta la loma donde se alzaba el castillo Rysen. Ya se veían pequeños caminos alrededor del castillo, senderos enhebrados entre las flores blancas por donde habían caminado Leeli y Nia, como si sus pisadas hubieran empezado a escribir una nueva historia en el libro de la isla. La forma de la tierra, también era agradable y suave, con colinas no tan empinadas como las de los Valles Verdes, sino amplias, fáciles y visibles por kilómetros a medida que se extendía hacia el mar.

—Sigo sin entender lo que está pasando —dijo Leeli, mientras se acomodaban alrededor de un farol en el suelo del sótano aquella noche—. Quiero decir… ¿vas a ponerles nombres nuevos?

—Algo así —dijo Kalmar—. Es difícil de explicar. El Hacedor… —miró a Nia con timidez—. El Hacedor dijo que sabría qué hacer cuando llegara el momento.

—¿Cómo puedes estar seguro de que los Colmillos no cambiarán de opinión y atacarán? —preguntó Nia.

—No puedo. Pero ya los viste —dijo Kalmar—. Están perdidos. No saben qué hacer sin Gnag que los mandonee.

—¿Y si se vuelven locos? —preguntó Leeli—. Nos dijiste que eso te pasó a ti, igual que al tío Artham.

—Creo que eso *ocurrirá* si esperamos demasiado —suspiró y miró la luz de la lámpara que parpadeaba en el techo—. Lo único que puedo decirte es que el Hacedor me dijo que los trajera aquí. Sé lo que pasa por la cabeza de alguien cuando es fundido. Es terrible. Es una sensación oscura y sin fondo en las entrañas, y parece que la única forma de sobrevivir es cantar la canción y aceptar la fusión. Me avergüenzo de no haber luchado más en las Phoob, pero estaba confundido. Y sin esperanza —cerró los ojos—. Y, para ser sincero, una parte de mí realmente *sí* deseaba el poder que prometió la guardiana de la piedra. Parecía mejor que la tortura o la muerte. Cuando te quedas sin esperanza, todo se da vuelta. Tu corazón quiere lo contrario de lo que necesita.

—¿Así que crees que estos Colmillos pueden volverse *buenos* de nuevo? —preguntó Nia.

—No lo sé —Kalmar sacudió la cabeza con frustración—. En realidad, sí lo sé. Pero no puedo explicarlo. Tendrán que confiar en mí. ¿Por favor?

—Confío en ti —dijo Janner—. Pero para ser sincero, tengo pánico de mañana.

—Yo también —dijo Kalmar.

—Bueno, yo creo que eres muy valiente —dijo Leeli muy segura mientras se acostaba—. Otra persona lo habría pensado dos veces antes de intentar ayudar a todos esos Colmillos —Leeli bostezó—. Desearía que el abuelo estuviera aquí.

—Yo también —dijo Kalmar otra vez.

Nia apagó el farol y se tumbó junto a las joyas de Anniera.

—Los amo a los tres— dijo al cabo de un rato—. No queda nada por hacer más que dormir. Mañana veremos qué nos depara el día.

—El desayuno —murmuró Kalmar con voz soñolienta.

Janner permaneció despierto largo rato. Pensó en el Templo de Fuego, justo al otro lado de la antigua puerta, donde el mundo estaba hecho de luz. Deseaba que pudieran abrir esa puerta y dejar salir la luz.

Se preguntaba qué pasaba por la cabeza de Kalmar. Sobre todo, se preguntaba por qué Kalmar parecía tan preocupado, y por qué su propio corazón estaba tan apesadumbrado por lo que pudiera ocurrir por la mañana.

Por fin estaban en casa, pero de una forma que él nunca habría imaginado: durmiendo en las ruinas del Castillo Rysen con mil Colmillos y hendidos reunidos en la isla.

Janner se despertó antes del amanecer, preocupado por un sueño que no podía recordar. Se incorporó y supo de algún modo que Kalmar se había ido. Pasó de puntillas por encima de Nia y Leeli y subió las escaleras para salir del sótano.

El cielo brillaba con estrellas tan cercanas que se sintió tentado a intentar tocarlas. El aire era fresco y tranquilo, y todo el mundo estaba en silencio con la anticipación de la llegada del sol.

Janner deambuló por las ruinas del castillo, intentando en vano no hacer ruido en toda aquella quietud, y finalmente trepó a lo alto de un muro roto desde donde podía ver la tierra de abajo brillando débilmente con la luz de las estrellas atrapada en las palmas abiertas de las flores.

Entonces, divisó a Kalmar, una sombra a la deriva por la ladera. Janner no lo llamó, sino que lo observó durante un rato, preguntándose qué estaría haciendo, pero sin querer molestarlo. Entonces, se dio cuenta de que Kalmar se movía en su dirección. Por supuesto. Sus ojos de lobo y su agudo sentido del olfato probablemente habían percibido la presencia de Janner apenas había salido del sótano.

Kalmar se acercó, silencioso como una nube, y se quedó de pie junto a Janner, contemplando el conjunto de flores estrelladas.

—Tengo miedo —dijo.

Como Janner no tenía palabras, lo mejor que podía ofrecer era su presencia. Los dos se apoyaron contra los restos de un muro. La mente de Janner estaba demasiado llena de preguntas y confusión como para dormir, pero Kalmar asintió con la cabeza. Colgaba bajo, con el hocico casi apoyado en el pecho, y entonces Kal cambió de posición y apoyó la cabeza en el hombro de Janner. Normalmente, Janner lo habría apartado de un empujón, pero el calor peludo de Kalmar era bienvenido. Además, el rey lobo, a pesar de su valentía y su nuevo liderazgo, no era más que un niño de once años. Janner rodeó a su hermano pequeño con el brazo.

La llama del amanecer se extendió por el cielo y calentó la Isla Luminosa de Anniera. Cuando los rayos del sol rompieron el horizonte, cayeron suaves y dorados sobre los dos hermanos profundamente dormidos y apoyados el uno contra el otro en la colina pedregosa. Janner abrió los ojos estirándose con un estremecimiento y le dio un codazo a Kalmar.

—Kal, despierta. Están aquí.

—¿Mmm? —preguntó Kal, relamiéndose los labios.

Janner se puso en pie y tiró de Kal.

—Mira.

Reunida al pie del montículo del castillo estaba toda la multitud de Colmillos por un lado y hendidos por el otro. Los pocos humanos se interponían entre ellos. Había esperanza en todos los rostros.

Entonces, los chicos vieron una forma alada, silueteada por el sol naciente, volando hacia ellos.

—Hulwen —dijo Kalmar—. Muy bien.

La dragona rodeó las ruinas del castillo de Rysen y luego se posó junto a los chicos en una ráfaga de aire. Plegó las alas, arqueó su reluciente cuello y bajó la cabeza. Asintió a los hermanos, y Janner oyó su voz en su mente.

He recuperado la piedra. ¿Qué quieren que haga con ella?

—¿La trajo? —preguntó Kalmar con un bostezo.

—Dijo que tenía la piedra.

Kalmar tocó el hocico de Hulwen.

—Gracias. Puedes dejarla aquí. Después, vuelve al mar. Escóndete. Hasta que sepas que es seguro volver.

Hulwen hizo una pausa, estudiando los ojos de Kalmar. *¿Qué quieres hacer, rey lobo?*

—Quiere saber qué vas a hacer —dijo Janner, cuya ansiedad crecía minuto a minuto. ¿Qué quería decir Kal al decirle a un *dragón* que se escondiera? ¿Qué pasaría con Janner? ¿Y su familia?— ¿Kal?

—Todo va a salir bien —le dijo al dragón—. Pero hagas lo que hagas, no cantes ni una nota. No hasta que sepas que es seguro.

Hulwen exhaló una bocanada de aliento caliente. *Muy bien. Que el Hacedor te ayude.*

Hulwen bajó la cabeza hasta el suelo, a los pies de Kal. Al principio, Janner pensó que estaba haciendo una reverencia, pero luego vio que se le movía la mandíbula y salía el ladrillo de piedra brillante del Templo de Fuego.

Hulwen alzó el vuelo y sobrevoló las cabezas de los Colmillos y los hendidos, en su camino de regreso al mar.

—¿Ahora qué? —preguntó Janner.

94

Se planta la semilla

Janner y Kalmar se encontraban en las ruinas del Castillo Rysen ante una multitud de monstruos. Había hendidos de todas las formas y tamaños (Elder Cadwick y Arundelle a la cabeza), junto con Colmillos Verdes, Colmillos Grises y Colmillos Murciélago, todos siseando, gruñendo y resoplando mientras se acercaban a los chicos.

Kalmar sostenía la piedra antigua en el pliegue de un brazo, y las criaturas más cercanas se protegían los ojos de su luz.

—Esto pesa mucho —murmuró Kalmar, y se pasó la roca al otro brazo.

—¿Quieres que la sostenga? —preguntó Janner, aunque en realidad no quería hacerlo. La piedra era hermosa, pero su poder lo asustaba.

—Kalmar, ¿qué estás haciendo? —preguntó Nia, mientras ella y Leeli salían a toda prisa del sótano y se unían a los hermanos.

Leeli se frotó los ojos y bostezó.

—Los va a sanar, Mamá.

—Pero ¿cómo? —Nia echó un vistazo a la piedra y dijo—: Kalmar, esa cosa es peligrosa.

Kalmar asintió y volvió a mover la piedra.

Un Colmillo Gris se adelantó, llevando a Nuzzard en brazos.

—He traído a este, como me pidió, señor.

Los miembros de la escuálida criatura colgaban como si ya estuviera muerta, pero tenía los ojos abiertos y respiraba entrecortadamente.

—Gracias —Kalmar se inclinó más hacia Nuzzard—. ¿Sabes cantar?

Nuzzard gruñó débilmente y asintió con la cabeza.

Arundelle se deslizó más cerca y miró desde arriba a Kalmar. La piedra encendió el envés de sus hojas y ramas como una hoguera en el bosque.

—Los hendidos están aquí, rey Kalmar. ¿Qué quiere que hagamos?

—Canten la canción —dijo Kalmar—. Cuando se canta la canción de las piedras antiguas, la sangre de la bestia impregna tus huesos.

Los hendidos y los Colmillos murmuraban entre ellos, algunos repitiendo emocionados la frase.

Nia se arrodilló frente a Kalmar y lo agarró de los hombros. Tenía el rostro pálido del miedo.

—Hijo, ¿qué te pidió el Hacedor que hicieras? ¡Dímelo!

Kalmar miró a su madre a los ojos.

—Dijo que yo sabría qué hacer. Y lo sé, Mamá. La piedra los sanará.

—Pero no funciona así, Kal —dijo Janner—. Siempre había otro animal en la caja de fusión. Tienen que fundirse *con* algo.

—Lo sé —dijo Kalmar. Levantó la piedra sobre su cabeza y gritó: «¡Cuando se canta la canción de las piedras antiguas, la sangre de la bestia impregna tus huesos!».

Se abrió paso entre la multitud hasta que lo único que Janner pudo ver fue la luz de la piedra flotando entre las bestias como un segundo sol a punto de salir.

Cadwick y Arundelle se miraron nerviosos cuando los primeros Colmillos empezaron a cantar, y luego ellos también comenzaron a entonar la vieja melodía.

Janner recordaba las cáscaras humeantes y arrugadas de los murciélagos que quedaban en la caja de fusión una vez drenada su esencia, e imaginó que a Kalmar le ocurría lo mismo. Su hermano iba a morir.

Tenía sentido: la extraña tristeza de Kalmar desde que había salido del Templo de Fuego, su promesa de sanar a los rotos… pero el corazón de guardián del trono que latía en el pecho de Janner lo impulsaba. No podía quedarse de brazos cruzados viendo cómo su hermano pequeño se entregaba, se dejaba morir.

Proteger. Ese era el único deber de Janner como hermano mayor. Esa era la vocación de un guardián del trono. Proteger al rey. Protegerlo de los Colmillos, de Gnag… incluso de sí mismo. *Proteger.*

Entonces, un recuerdo de las palabras de Arundelle afloró en su mente. *Me dijeron en un sueño que un niño vendría a Hendidostia, y sería la semilla de un nuevo jardín.* Esto era lo que ella había previsto, pero Janner no lo aceptaba. Kalmar no era un niño. No funcionaría. Tan solo lo mataría. Era un Colmillo… o un hendido, o como quisieran llamarlo.

Protege, pensó Janner. *Protege al rey.*

Entonces, una voz cálida y poderosa recorrió la mente de Janner. *Cuando se canta la canción de las piedras antiguas, la sangre del niño impregna tus huesos.*

¿La sangre del niño?

—¡Kalmar, no! —gritó Janner, y corrió.

Empujó a Elder Cadwick, a los malolientes Colmillos y a los torpes hendidos mientras sus voces se unían en una sola melodía y la luz de la piedra palpitaba y crecía. Janner se acercó cada vez más a la luz hasta que divisó entre todas las formas retorcidas y deformes el pelaje de su hermano pequeño y su rostro lloroso mientras luchaba por sostener la piedra sobre su cabeza.

—¡Kalmar, canta la canción! —gritó, mientras se abría paso entre la multitud.

—¿Qué? —dijo Kalmar, parpadeando ante Janner, confundido.

—¡Cántala!

Los labios de Kalmar se movieron mientras unía su voz a la de los demás. La piedra ardía cada vez más brillante. Rayos dorados salieron disparados de la antigua piedra, brillando a través de los dedos de Kalmar.

Janner alcanzó por fin a Kalmar y lo miró fijamente a los brillantes ojos azules.

—Te quiero —le dijo.

Luego, le arrancó la piedra de las manos, asombrado por su peso y su calor, y la abrazó con fuerza. Cayó al suelo y enroscó su cuerpo alrededor de ella.

Lo último que vio Janner fueron los pies de Kalmar y la luz viva que los bañaba. Fluía hacia arriba como el agua de la piedra, de la tierra, de las flores blancas y también del corazón de Janner: un brillo puro y vivificante que resplandecía como la palabra que había creado el mundo.

Janner se sintió vaciado de vida, de aire, incluso de pensamiento, y sus huesos ardieron con un amor terrible y eufórico. Sintió la presencia y el placer del Hacedor como el retumbar de un trueno, el romper de una ola, una lluvia fresca, el aliento de un recién nacido, todo desplegándose como la alegría de la primavera desde la tumba invernal de la tierra.

95

El precio de la sanidad

Leeli retuvo a Nia cuando Janner se precipitó en medio de la multitud que cantaba. El dolor que sentía en el alma le calaba hasta los huesos, pero no tenía duda de que, pasara lo que pasara, tan cerca del Templo de Fuego, sería obra del Hacedor. Se aferró al brazo de su madre, aunque Nia gritaba y luchaba, y cuando Nia cayó, Leeli cayó con ella. Se aferraron la una a la otra y ocultaron los ojos mientras la luz las envolvía.

De repente, la antigua canción terminó.

Una niebla antinatural envolvía el monte y bloqueaba la luz del sol. Leeli tomó su muleta y se puso de pie, esperando lo que vio cuando el viento se levantó y la niebla se disipó.

Cientos y cientos de hombres y mujeres, brillantes por el rocío y ataviados con capas y armaduras de Colmillos mal ajustadas, permanecían juntos en el silencio del amanecer. Una mujer alta y hermosa, que Leeli supo que era Arundelle, admiraba sus brazos, girándolos a un lado y a otro, como si nunca antes hubiera visto brazos. El hombre que estaba a su lado le echó la capa sobre los hombros y se giró para mirar al sol mientras tres niños pequeños se abrazaban a sus piernas. Poco a poco, como el sonido de una lluvia que se aproxima, las risas y los gritos de júbilo recorrieron la multitud, seguidos de llantos de alegría.

—Lo hizo —dijo Leeli.

Y entonces, una voz que Leeli no había oído en mucho tiempo gritó: «¡Janner!». Era Kalmar, pero el gruñido lobuno había desaparecido, y su voz era la única llena de angustia entre toda la multitud.

—¡Janner, no! —exclamó—. ¡Se suponía que debía ser yo!

Nia se puso en pie de un salto y Leeli la siguió entre la multitud. Cuando el gentío se separó, Leeli vio a Kalmar: Kalmar el niño, más grande y sin rastro de pelaje, en el suelo junto a la piedra incandescente, con Janner en sus brazos.

El cuerpo de Janner estaba delgado como un esqueleto y humeante, y aunque toda la vida había desaparecido de él, la expresión de su rostro era de abundante paz. Las viejas cicatrices de su cuello y mejillas lo adornaban como insignias de honor.

Nia y Leeli cayeron de rodillas junto a su cuerpo. El gemido de Nia rastrilló el cielo mientras acunaba a su hijo, meciéndolo como había hecho cuando era un bebé.

—Mi niño —lloraba—. Mi pequeño.

Kalmar y Leeli apoyaron la cabeza en el pecho hundido de su hermano y lloraron con su madre, y pronto los hombres y mujeres de alrededor se unieron a ellos en un lamento hecho más dulce por su gratitud.

Una sombra se cernió sobre los Wingfeather, y Leeli entrecerró los ojos para ver una figura alada que planeaba en lo alto. Artham Wingfeather aterrizó entre la multitud sin decir palabra y miró a Janner, a la piedra y al restaurado Kalmar, pareciendo comprender de inmediato lo que había sucedido. Extendió las alas sobre los niños y Nia, y puso la mano en la frente de Janner.

Artham miró a la silenciosa multitud.

—Este es el precio de su sanidad.

—No fue mi intención —dijo Kalmar—. Me dijo que cantara y…

—No te abandonó —dijo Artham, sonriendo entre lágrimas—. Nunca te abandonó.

Kalmar se sorbió la nariz y sacudió la cabeza.

—Hasta ahora.

Envolvieron a Janner en su capa durgana y luego Nia, con la espalda recta y la barbilla en alto, lo llevó al sótano. Kalmar llevaba la piedra. Leeli estaba demasiado triste para tocar una sola nota, al observar cómo Nia depositaba suavemente el cuerpo de Janner en el suelo.

—Abre la puerta —ordenó Nia, señalando la puerta que conducía al Templo de Fuego—. Llévenlo allí abajo. Díganle al Hacedor que haga algo.

—No podemos —dijo Leeli—.

—Necesitamos a los tres para abrirlo —Kalmar contempló la figura de Janner bajo la capa.

—Artham es guardián del trono —dijo Nia—. Que los ayude.

—Aunque pudiéramos abrir el Templo, no funciona así —dijo Kalmar—. No se le puede decir lo que tiene que hacer.

—¿Por qué no? —las lágrimas de rabia de Nia brillaban en el resplandor de la piedra.

Kalmar sacudió la cabeza.

—Lo lamento, Mamá.

—¿Y tú dónde estabas? —preguntó Nia, entrecerrando los ojos al mirar a Artham—. Llegaste demasiado tarde.

—Vine lo más rápido que pude. Estaba tan perdido, Nia —dijo Artham—. Pero Sara me encontró.

—¿Sara? —preguntó Nia.

—Sara Cobbler. Una chica que Janner conoció en la Fábrica Tenedor. Me encontró en el bosque y me dijo que, si realmente existía un lugar llamado Anniera, ella y sus huérfanos querían vivir allí. Navegamos en el *Enramere* directo desde Skree hace cinco días... debería haber tomado más tiempo, pero una tormenta nos aceleró. El barco no tardará en llegar —Artham suspiró y miró el cuerpo de Janner—. Fue un buen viaje. Le habría encantado.

Tomó la mano de Nia y esperó hasta que ella lo mirara a los ojos.

—Nia, lo que hizo Janner fue magnífico. Era la única manera.

Nia bajó los hombros e inclinó la cabeza.

—¿La única manera de qué?

—De sembrar el nuevo jardín —dijo Kalmar—. Eso fue lo que Arundelle nos dijo que pasaría.

A Artham se le cayó la mandíbula.

—¿Arundelle?

Parecía tan confundido que Nia se rio a pesar suyo. Levantó la vista y sonrió entre las lágrimas.

—Sí, Arundelle.

—Está...

—Viva. Y está justo afuera —la ira de Nia volvió a convertirse en dolor, y se unió a Kalmar y Leeli junto al cuerpo de Janner—. Ay, Janner... —dijo—. *Estuviste* magnífico.

—Mamá —dijo Leeli—, vamos a ver el nuevo jardín.

Los Wingfeather salieron del sótano bajo un cielo azul brillante y contemplaron a los nuevos ciudadanos de Anniera, todos de pie respetuosamente entre las ruinas del castillo, como si estuvieran esperando algo.

Arundelle se ciñó la capa de Cadwick alrededor de los hombros y dio un paso adelante.

—Artham Wingfeather —dijo, con su larga melena al viento—. ¿Todavía me aceptas?

Artham se olvidó de ocultar sus garras y su piel rojiza. Se olvidó de tartamudear o de bambolear la cabeza, y se olvidó de escuchar todas las voces acusadoras de su mente. Olvidó por completo su vergüenza. Entonces, levantó a Arundelle en brazos y la besó, y pasaron varios minutos antes de que se diera cuenta de que estaban volando alto sobre las cabezas de la multitud que los aclamaba.

96

Los primeros Colmillos pasaron

En las historias de Kistamos, se contaba que la muerte de Janner Wingfeather y el renacimiento de la Isla Luminosa de Anniera marcaron el primer día de la Quinta Época, una era de paz y provisión… un reposo duradero que fue experimentado, en cierta medida, por todo ser viviente que caminaba por la tierra, nadaba en el mar o se elevaba en el cielo.

Mientras el cuerpo de Janner descansaba en el sótano del Castillo Rysen, el rey supremo Kalmar Wingfeather bendijo a los nuevos ciudadanos de Anniera con nuevos nombres. Los antiguos Colmillos se inclinaron ante él uno a uno, y él les dio los nombres más finos, fuertes y elegantes que podía imaginar. Recibieron sus nuevos nombres con humildad y alegría, porque comprendían el precio que se había pagado. Incluso los hendidos que recordaban sus antiguos nombres, alegres por la esperanza de sus vidas venideras, pedían otros nuevos. Los hombres y mujeres que nunca habían sido fundidos hicieron lo mismo, acogiendo con satisfacción la ciudadanía que Kalmar les ofrecía gratuitamente.

Mientras Kalmar bendecía a su pueblo, algunos de los recién nombrados annieranos formaron un campamento en los campos bajo el Castillo Rysen, mientras otros empezaban a apilar piedra sobre piedra, reconstruyendo ya los muros del castillo. Con las herramientas de Biggin O'Sally, hombres y mujeres marcaron los campos para la siembra y, al final del día, las nuevas semillas estaban enterradas en los surcos, esperando la lluvia y la resurrección.

Casi al final de la fila, una muchacha de la edad de Kalmar se acercó y cayó a los pies del rey.

—¡Mi rey! La guardiana de la piedra me llamó Nuzzard —dijo la niña—, pero tú me sacaste de la mazmorra.

Kalmar tomó la mano de la chica y la puso en pie. Era hermosa.

—Tu nuevo nombre es Galya. ¿Qué te parece?

Ella respiró hondo, temblorosa, y susurró:

—Me gusta, su majestad.

—Llámame Kal —le dijo, y la vio partir hacia el campamento en compañía de un matrimonio que se había reencontrado tras muchos años de oscuridad.

Sara Cobbler llegó al atardecer con todos sus huérfanos, y con Armulyn el Bardo. Él se puso a besar el suelo y luego caminó descalzo por la isla, como aturdido, diciendo una y otra vez a quien quisiera escucharlo: «Las historias son ciertas».

Sara lloró ante la noticia de la muerte de Janner. Artham le presentó a Nia, que la recordaba de Glipwood y se deleitó con el afecto de Sara por Janner, prometiendo criarla como a su propia hija, para gran alegría de Leeli. Mientras Artham y Arundelle paseaban por los campos que rodeaban el castillo, Sara les contó todo sobre Maraly y Gammon —también conocidos como la Daga Sombría y la Espada Florida— y lo felices que eran, saltando por los tejados a la luz de la luna para proteger a los skreeanos de los canallas de la Ribera.

Aquella noche, Sara acompañó a los Wingfeather mientras Artham colocaba el cuerpo de Janner, aún envuelto en su capa durgana, sobre un féretro en el patio del Castillo Rysen.

Leeli tocó una canción para Janner, una melodía que se alojó en los corazones de los annieranos. Muchos años después, Armulyn el Bardo le añadió palabras —palabras de redención y valor—, garantizando la historia de honor de Janner para muchos guardianes del trono venideros, para que todos los niños, ya fueran annieranos, vallerinos o skreeanos, o de alguna otra tierra lejana, conocieran la gloria del servicio, el sacrificio y el amor desinteresado.

«Janner Wingfeather», decían, «nunca se separaba de su hermano. Lo amó hasta el final».

El mundo está susurrando… ¡niño, escucha!
El mundo un cuento está relatando.
Cuando la espuma de mar el agua encapucha
O el fendril en el vendaval pasa volando,

Cuando el cielo enloquece con la tormenta que arrasa
Y un trueno la sala hace sacudir,
Niño, mira bien la forma que pasa
De Aquel que todo hizo existir.

Escucha, niño, el viento vallerino,
Cómo los brezos hace susurrar,
A la voz del arroyo en el recodo del camino
Y las campanas de Rysen repicar.

La del corazón es una oscuridad profunda
La noche envuelve como con una mortaja
Y cuando el pueblo llora, el dolor del corazón abunda
Corta hondo, como una navaja

Y, sin embargo, cuando la marea baja
Como la marea siempre habrá de hacer
Y el cielo pesado por fin se relaja
Y brillante y azul se ha de poner

Y el sol asciende en la tranquila mañana
Y la pena se hunde y desaparece,
Cuando la muerte y la oscuridad parecen ya lejanas
Cuando el día por fin amanece,

Entonces la luz del amor puede la primavera encender
Y el caudal del río fuerte levantar aún más
La esperanza del corazón con una canción sostener
En una canción eterna que no terminará jamás.

«Verde y oro», anuncia el invierno en un susurro tan esperado
Y el corazón también susurra con poder…
Es una historia que el Hacedor siempre ha contado
Y la historia, hijo mío, cierta siempre ha de ser.

—Armulyn, bardo real de la Isla Luminosa

Epílogo

Al amanecer del día siguiente, Kalmar encendió una antorcha en la bodega del castillo y se aclaró la garganta.

—¿Qué estás haciendo? —preguntó Nia. Se incorporó y se frotó los ojos, aún enrojecidos por el sueño y el llanto.

El sonido de su voz despertó a Leeli y a Sara, y todas entornaron los ojos hacia Kalmar, que les sonrió con una mirada de picardía. Estaba vestido con su capa durgana y se había atado la espada de Rudric a la cadera.

—Es hora de irnos —dijo Kalmar—. Todos, arriba.

Artham asomó la cabeza por la abertura al final de la escalera.

—Cuanto antes, mejor —dijo Artham—. ¿Vienen?

—Sí, están despiertas y malhumoradas —dijo Kalmar.

—¿Qué está sucediendo? —preguntó Leeli, bostezando.

Kalmar la ayudó a ponerse de pie y le entregó la muleta.

—Nos vamos de aventura.

Nia, Leeli y Sara estaban muy confundidas cuando salieron del sótano a la fresca mañana. Hulwen, la dragona marina, estaba allí, junto con otros dos dragones. Uno de los dragones se desplomó bajo el peso de un hombre muy regordete con gafas.

—¿Oskar? —preguntó Leeli.

—En palabras de Skeglin el Cuestionable: «Organizaré la Gran Biblioteca cuando vuelva» —Oskar movió las ancas para mantener el equilibrio sobre el lomo del dragón—. Estoy muy feliz de estar en su compañía de nuevo, Wingfeathers.

Nia fue la primera en darse cuenta de que el cuerpo de Janner ya no estaba en el féretro del patio, sino envuelto en paños y atado a la espalda del dragón verde.

—Kalmar, ¿qué estás haciendo? —preguntó Nia.

—El tío Artham y yo estuvimos hablando —dijo Kalmar—, y nos dimos cuenta de que hay un pozo, en lo profundo del Bosque Negro, un pozo que ha estado perdido durante años y años.

Nia miró lentamente de Kalmar al cuerpo de Janner y de vuelta a Kalmar.

—Y yo sé dónde está —dijo Kalmar.

Leeli dejó escapar un gritito, se subió a Hulwen y se abrazó al cuello del dragón.

—¡Sara, siéntate conmigo!

—Espera… ¿qué? ¿Sobre un *dragón*? —ahora, Sara ya estaba totalmente despierta—. ¿Adónde vamos?

—Dicen que el agua hace cosas increíbles —dijo Artham, mientras levantaba a Sara y la situaba detrás de Leeli—. Dicen que sana… y que puede hacer incluso más. Hace tiempo que quiero probarla.

—Vale la pena intentarlo —dijo Kalmar—. En cualquier caso, será una gran historia. Kalmar montó sobre el otro dragón y le tendió la mano a su madre. —¿Vamos?

Reconocimientos

Mi eterna gratitud a Pete Peterson, editor y confidente. No es casualidad que el amor fraternal sea un tema central en esta historia. Gracias también a mi editora, Jessica Barnes, por animarme y guiarme, y a Laure Hittle (¡señora Sidler!) por poner su ojo erudito en esta nueva edición y afinarla considerablemente. Mi amor y gratitud para Jamie (más fuerte y adorable que la propia Nia) y a Aedan, Asher y Skye (mis preciosas joyas), por preocuparse por esta historia y por su padre más de lo que hubiera soñado posible. Joe Sutphin captó perfectamente el espíritu de este libro con sus ilustraciones; no solo eso, sino que dio forma a algunos de los personajes y a algunas partes de la historia simplemente porque sus dibujos eran demasiado geniales. Es un alma bondadosa y un profesional consumado. Nicholas Kole es uno de los mejores del mundo, y se ha lucido con las portadas de esta nueva edición y ha sido el director artístico del cortometraje. Y hablando del cortometraje, gracias también a los increíbles Chris Wall, Keith Lango, Tom Owens, la buena gente de Magnetic Dreams y los muchos fans apasionados que han hecho posible el cortometraje. Qué alegría que ha sido. Gracias a Justin Gerard por el mapa que ahora cuelga sobre mi chimenea, y a Brannon McAllister por su excelente y elegante trabajo de diseño. Gracias a Brian Rowley por hacerme la pipa perfecta para hilar cuentos, y a la comunidad de Rabbit Room por recordarme lo que es verdad. Gracias a Shannon Marchese y al resto del equipo de Penguin Random House por darle un soplo de aire fresco a esta serie. Es un gran honor. Por último, debo mi eterno agradecimiento a los pocos miles de lectores que confiaron en mí para seguir adelante. Su entusiasmo por estos libros era una voz segura y la motivación perfecta cuando la tarea parecía demasiado grande.

Joe Sutphin quiere dar las gracias a: Gina, por tu fuerza, fe, amor y paciencia. Tony, por ser el mejor mentor que jamás podría haber imaginado. Andrew, por arriesgarte y apostar por mí.

Guía para el lector

1. ¿Cuál fue tu personaje favorito? ¿Cambió a lo largo de la serie? ¿A qué crees que se debió esto? Haz un dibujo de este personaje en una escena que te haya gustado mucho.

2. ¿Se te ocurre alguna luz en medio de cielos oscuros: personas que demuestren que, aunque la oscuridad es densa, la luz brilla con más fuerza todavía? ¿O tal vez historias o sacrificios que lo demuestren? ¿Qué te ayuda a ser valiente?

3. ¿Preferirías explorar Dugtown desde arriba (por los tejados) o desde abajo (a través de los túneles de los varados)?

4. ¿Qué poder tiene el perdón? ¿Cuál es su precio? ¿Puede acaso costar demasiado? ¿Vale la pena si la otra persona no cambia?

5. ¿Hay algún lugar que te haga sentir que todo está bien en tu mundo? Quizás sea la casa de tus abuelos o algún lugar al cual tu familia haya hablado de mudarse con tanta frecuencia que ya sientes que has estado ahí. O tal vez el hogar en el que vivías de pequeño te hacía sentir así. ¿Qué tiene ese lugar que te hace sentir tan bien?

6. Leeli prueba todas las canciones que se le ocurren para encontrar a sus hermanos: «Melodías vallerinas, canciones de navegación, de batalla, canciones tristes, alegres, cantos fúnebres skreeanos, canciones de sopa, de tocino, de salsa, canciones de cuna para cabras, canciones sobre el Hacedor, canciones al Hacedor e incluso algunas canciones tan antiguas que la gente decía que habían sido escritas *por* el Hacedor» (página 80). ¿Cómo crees que suenan algunas de estas canciones? Elige una y compón tu propia versión (incluye tanto la música como la letra, y quizás añade un solo para el arpa silbante).

7. ¿Qué te infunde esperanza?